PUHUA BOOKS

我们一起解决问题

CULTURE

2nd Edition

第二版

丰富多彩的人类文化

[美] 丽萨 · 格宗（Lisa Gezon）
康拉德 · 科塔克（Conrad Kottak） / 著
赵旭东 等 / 译

人民邮电出版社
北 京

图书在版编目（CIP）数据

丰富多彩的人类文化 ：第二版 / (美) 丽萨·格宗 (Lisa Gezon) ，(美) 康拉德·科塔克 (Conrad Kottak) 著 ; 赵旭东等译. -- 北京 : 人民邮电出版社, 2017.9
ISBN 978-7-115-46396-8

Ⅰ. ①丰… Ⅱ. ①丽… ②康… ③赵… Ⅲ. ①文化人类学—研究 Ⅳ. ①C912.4

中国版本图书馆CIP数据核字(2017)第167580号

内容提要

什么是人类学？文化与人类学的关系是什么？我们该如何学习人类学和文化？

美国人类学家丽萨•格宗与康拉德•科塔克所著的《丰富多彩的人类文化（第二版）》，使用了现实世界的大量实例与数据资源，从功能论、冲突论和互动论的视角解读文化、语言、生计、政治、宗教、家庭、经济、种族和民族，解释了人类学在解决社会冲突以及全球化中的作用，使我们在领略人类学严谨的学术性的同时，也能感受到强烈的时代气息。

本书用图文并茂的内容、风格多样的行文和活泼不拘的排版给人以强烈的视觉冲击。再加上“流行文化”“文化思考”“学习小贴士”等丰富多彩的互动栏目，为我们创造了一种妙趣横生的学习方式，促使我们批判性地思考和自己密切相关的社会问题，帮助我们更轻松地拨开迷雾、看透真相，并以人类学家的视角观察人类自身，最终通过改变自己的选择来改变世界。

《丰富多彩的人类文化（第二版）》是我们学习人类学、了解当今世界不同文化的入门读物，适合在校大学生、社区工作人员、机关干部及其他对此感兴趣的读者阅读。

◆ 著 ［美］丽萨·格宗（Lisa Gezon）
［美］康拉德·科塔克（Conrad Kottak）
译 赵旭东 等
责任编辑 姜 珊
执行编辑 朱兆瑞 赵艳君
责任印制 焦志炜

◆人民邮电出版社出版发行 北京市丰台区成寿寺路 11 号
邮编 100164 电子邮件 315@ptpress.com.cn
网址 http://www.ptpress.com.cn
三河市中晟雅豪印务有限公司印刷

◆开本：787×1092 1/16
印张：17.5 2017 年 9 月第 1 版
字数：450 千字 2017 年 9 月河北第 1 次印刷
著作权合同登记号 图字：01-2014-5789 号

定 价：79.00 元

读者服务热线：（010） 81055656 印装质量热线：（010） 81055316
反盗版热线：（010） 81055315
广告经营许可证：京东工商广登字20170147号

目录

1 什么是人类学

2 文化

3 从事人类学工作

4 语言与交流

5 生计

6 政治制度

7 家庭、亲属关系与婚姻

8 性别

9 宗教

10 世界体系与殖民主义

11 族群与种族

12 应用人类学

13 全球化世界中人类学的作用

第一章

什么是人类学

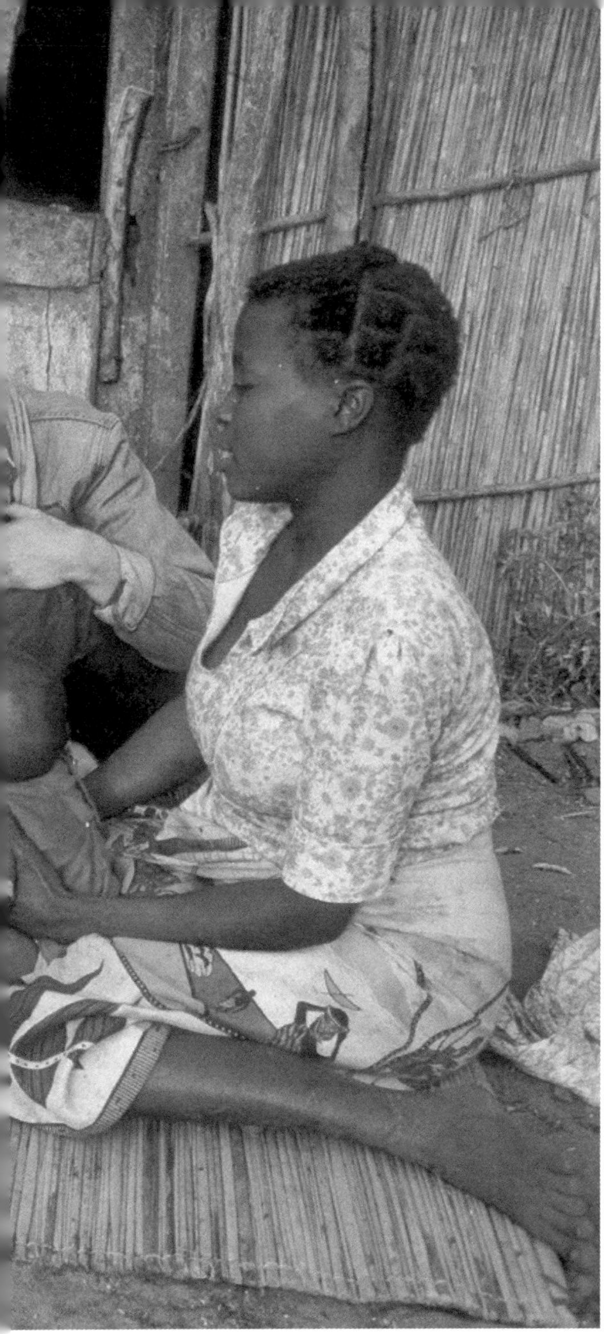

本章要点

- 跨文化视角
- 人的适应性
- 普通人类学
- 塑造人类生物学的文化力量
- 人类学的分支学科
- 人类学与其他学术领域
- 应用人类学

了解我们自身

幼年时，你的父母可能会告诉你，喝牛奶和吃蔬菜有助于你长得高大且强壮。

他们可能没有那么容易认识到文化在塑造身体、人格和个人素质方面所扮演的角色。如果营养对成长十分重要，那么它也可以成为文化的指导方针。我们的身体受自身所从事工作的类型、家庭生活、娱乐休闲方式、性别角色、宗教信仰，以及我们与家人、朋友和邻居沟通方式影响。文化是一种影响我们发展的环境性因素，比如影响我们对营养的摄取、对温度的感受以及对事物的态度。

想一想你在自我简介中或网站个人主页上描述自己的喜恶、爱好和习惯时所使用的语句。假设你出生在其他地点或时间，这些语句中有多少会保持一致？通常我们认为“我们是谁”这个问题是一系列关于性格和倾向描述的集合，但是这个想法就跟我们会用一堆描述品性的词来填充“关于我”的列表一样，都是由文化决定的。在其他文化中，人们可能会用他们自己和神之间的关系、他们狩猎的战绩，抑或是他们在家庭中扮演的角色来描述自己。

在学科门类中，人类学为这一领域提供了跨文化考察。如果仅仅研究我们自身，我们对人类的行为、思想和情感能够了解多少？如果我们对人类行为的理解是基于对俄勒冈州的大学生所填写的问卷的分析，那会怎么样？对于我们想要了解“什么是人类”的需求来说，一种文化、年龄或性别并不能告诉我们一切。文化通常是“无形的”，也是未经检验的，直到它被用来与另一种文化相比较。例如，要理解看电视如何影响人类，我们不仅需要研究如今的北美地区，也要研究其他地区或不同时期北美地区的情况。跨文化考察是人类学方法的基础且贯穿全书。

>> 跨文化视角

“这是人的本性”，“世界各地的人几乎都一样”，诸如此类我们能在人们的交谈中、在大众媒体、一系列场景和日常生活中听到的对话，促使人们错误地认为其他国家的人与我们有相同的欲望、情感、价值观和抱负。这种观点认为，由于人的本质相同，其都渴望得到相似的思想、信仰、价值观、制度、实践以及文化产品。这种假设通常被证明是错的。

人类学提供了一个更广泛的视野——一种独特的、比较性的跨文化视角。大多数人认为，人类学家研究非工业社会，的确如此，但这并非全部。即使丽萨·格宗（Lisa Gezon）研究过格鲁吉亚和美国的可持续农业和水资源利用问题，她仍然花费了很多精力研究马达加斯加的各种问题。当康拉德·科塔克（Conrad Kottak）担任她所在的研究生院顾问时，她首次研究关于当地首领如何响应森林保护的问题。而在下一个研究中，她追踪研究毒品是如何从农田流入商人手里，最后再进入城市消费者口中的。同样，康拉德·科塔克的研究也将她带到巴西和马达加斯加偏远的村庄中。在巴西，她与渔民一起搭乘简易帆船徜徉于大西洋；在马达加斯加，她与贝齐寮人一同耕种稻田，还参加一种进入坟墓重新包裹腐烂尸体的祖先的仪式。

人类学最初起源于对非工业化社会民族的研究，属于一种比较科学，研究范围现已延伸至所有群体，无论古今、简单或复杂。而其他社会科学往往集中在一个单一的社会，诸如对美国或加拿大这样的工业化国家进行研究。人类学则提供了一种独特的跨文化视角，不断地将社会习俗与其他事物进行比较。

成为一位文化人类学

在莫桑比克共和国加沙地区，荷兰民族志学者詹尼·万·维基特（Janine van Vugt）（右三）坐在用芦苇盖的房子附近的一个垫子上与当地妇女交谈。

学习小贴士

人类学的两个重要假设：

- 理解人性需要比较性的、跨文化研究；
- 最好从整体性上去理解人类，融合包括生物性和文化性影响在内的人类整体。

家，通常需要撰写**民族志**（ethnography，即根据所获当地文化的第一手资料进行的个人研究）。人类学的田野调查通常需要在异文化社会中居住一年或更长时间，与当地人一起生活，并了解他们的生活方式。这些民族志学者无论有任何发现，对当地人而言，始终都是一个外来者。而这种被疏离的体验会对其产生深远影响。随着学会尊重其他文化习俗和信仰，人类学家将铭记这个广阔的世界，他们拥有与我们不同的思维方式和行为。

>> 人的适应性

人类学家能够随时随地研究人，可以坐在土耳其的咖啡馆，也可以进入美索不达米亚的古墓或北美地区的大型购物中心。他们探索时空中人的多样性，对人类的整体状况进行研究：过去、现在和未来；生物、社会、语言和文化，尤其是人类适应能力的多元性。

人是世界上适应能力最强的生物。在南美洲安第斯山脉地区，人们不仅生活在海拔 4 877 米的村庄里，还要长途跋涉去高达 457 米的锡矿工作；澳大利亚沙漠里的部族具有动物崇拜情结并谈论哲学；热带地区的人能够从疟疾中存活；人类已经登陆月球；位于华盛顿的史密斯学会（Washington's Smithsonian Institute）里的进取号航天飞机，象征着去人类尚未踏足的新天地以及大胆探寻新生命和文明的欲望；了解未知、掌控一切以及在混乱中重建秩序的渴望在人类中得以表现。创造性、适应性以及灵活性都属于人的基本属性，而人的多样性便是人类学的研究对象。

民族志 对特定文化的田野调查。

作为一门对人类及其祖先进行研究的学科，**人类学**（anthropology）研究范围之广令人惊讶，这是一门独特的强调比较性和**整体性的**（holistic）科学。整体性指的是对人类整体状况的研究：跨越过去、现在和未来，涵盖生物、社会、语言和文化诸方面。

人类学 对于人类物种及其最近祖先的研究。

整体性的 对于人类状况的过去、现在和未来以及生物、社会、语言和文化的完整性追求。

文化 控制行为和信仰的传统与风俗；为人类所独有；通过学习而得到传递。

人与其他动物，包括狒狒、狼、鼹鼠，甚至蚂蚁等共享社会，并有组织地各自成群生活在一起。然而，文化却独属于人类。**文化**（culture）即指人们通过学习所习得的能够形成和指导人们信仰和行为的传统与风俗。儿童在成长的过程中逐渐适应文化，并通过这一过程学习某种特定社会的文化传统。适当的或不适当的文化传统（包括习俗和观念），在人们代际相传的过程中不断发展。这些传统可以回答诸如此类的问题：我们应该怎样做事？如何使世界变得有意义？如何区分是非黑白？什么是正确的以及什么是错误的？一种文化会使生活在一个特定社会中的人们在行为和思想上产生一定程度的一致性。

文化传统最为关键的元素就是它们通过后天习得并得以传承而非生物遗传。文化本身不具有生物性，但它取决于人类的某些生物特性。一百多万年来，人类已经具备了一些文化赖以存在的生物能力。这些能力即指人类学习，象征性思考，使用语言、工具和其他产品，以便组织人类生活并适应环境的能力。

人类学在其探究人类在时间和空间上的生物学和文化多样性之时，面对着并思考人类生存的重大问题。借助分析古代遗骨和工具，我们揭开人类起源之谜。我们的祖先是何时与后代是猿猴的姨妈和大伯辈的人分离开的？智人（Homo sapiens）起源于何时何地？人类自身是如何发生改变的？现在我们是什么，我们将怎样发展？文化和社会的变迁是如何影响生物变化的？人（Homo）这一物种在过去的二百万多年中不断发生变化。人类还将继续在生物和文化两方面适应和改变。

文化思考

如何让人们适应不断变化的经济条件？问问你周围的人们，他们或者他们认识的人都在做什么样的工作？在某些特殊时期比如美国独立战争时期或者第二次世界大战后，人们的工作有什么不同？那时适合做什么样的工作呢？

适应、多样性与变迁

适应（adaption）是指有机体应对气候和地势（或者地形，也叫地貌）等带来的环境压力的过程。比如在干燥的气候条件下或高山上，生物体如何变化以适应其生存环境？与其他动物一样，人类也会利用各种生物性的适应方式去适应环境。但人类的濡化方式却是独一无二的。表 1-1 总结了人类适应高海拔地区环境时所运用的文化和生物性适应方式。

适应 有机体借此去应对环境压力的过程。

多山地形之所以对人类来说具有挑战性，与高海拔和缺氧有关。细想四种人类可能应付高海拔地区低氧环境的方式（一种文化和三种生物性因素），可以说明文化（技术）适应意味着一架配备了氧气面罩的加压飞机机舱。高海拔地区的生物性适应有三种方式：遗传性适应、长期生理适应以及短期的生理适应。首先，生活在安第斯山脉和喜马拉雅山脉的高海拔地区的人，似乎获得了某些能够在高海拔地区生存的基因优势。安第斯人丰满胸部和肺部的发育倾向可能具有一定的遗传基础。其次，抛却基因因素，比起基因相似但是在平原地区长大的人，高海拔地区的人的生理性能力更加强大。这说明了身体在成长发育过程中的长期生理性适应。最后，人类也具有短期或者直接生理适应能力。因此，当长期在低海拔地区生活的人到达高海拔地区，他们的心率和呼吸频率会立即增加。频繁换气会增加肺部和动脉的氧气，伴随着脉冲增大，血液运输速度更快。所有这些不同的适应反应，无论是文化还是生理性方面，都能够实现唯一目标：保持身体供氧充足。

随着人类历史的推进，社会与文化的适

表 1-1　文化和生物的适应形式（高海拔）

适应形式	适应类型	举例
技术	文化性的	受到大气层压力的客机
遗传适应（代代传承）	生物性的	在高原上更大的桶形胸腔
短期生理反应（当个体有机体进入新环境后自发产生）	生物性的	增加心律，过度换气
长期适应（在个体成长和发展过程中发生）	生物性的	更有效的呼吸系统，以从稀薄的空气中吸氧

应方式变得日益重要。在此过程中，人类已经发明了不同的方式来应对不同时空中的环境变化。特别是在过去的一万年中，濡化和变迁的速度逐渐加快。数百万年以来，在大自然中狩猎和采集（即觅食），是人类生存的唯一基础。然而，**食物生产**（food production）（植物栽培和动物驯养）仅仅花费几千年时间（也就是 1 万 ~1.2 万年前），就在大多数领域日益取代觅食。人类最初的文明在距今 5 000 年到 6 000 年前出现，那时，庞大有力而复杂的社会，如古埃及，征服和统治着大片地域。

如今，工业化生产的飞速发展对人类生活产生着深刻的影响。纵观人类历史，大部分得以传播扩散的创新都是以牺牲先前的创新为代价的。每场经济革命都会体现在社会和文化方面。当今全球化的经济和通信将所有同时代的人直接或间接地链接在现代世界体系中，人们必须应对包括区域、国家以及世界在内的日益增多的大型系统所产生的力量。这种对现代人的适应性的研究向人类学发起新的挑战："世界人民的文化需要在历史背景重塑的过程中不断被重新发现"（Marcus 和 Fischer，1986：24）。

明白了吗？ 你能界定什么是适应吗？确认人类是怎样通过文化与生物学的途径适应的？

>> 普通人类学

人类学学科，也称为**普通人类学**（General Anthropology），或"四大分支"人类学，它包括四个主要分支（或分支学科），分别是社会文化人类学（本书中又称"文化人类学"）、考古人类学、生物人类学以及语言人类学。四大分支领域中，对文化人类学的研究占据较大比重。在大多数人类学学科中，四个分支学科的课程均有设置。

文化思考

是什么将四个人类学分支联合成为一个学科？作为一门包括生物及文化视角的学科，人类学的多样性怎样体现？会变得更强，还是更弱？

将这四个分支学科划分至一个学科名下是有历史原因的。作为一个科学的领域，人类学的起源，特别是美国的人类学，可以追溯至 19 世纪。早期美国人类学家十分关注北美土著人的历史和文化，他们对印第安人的习俗、社会生活、语言和身体特性的起源和多样性具有浓厚的兴趣，他们一直在思考这样的问题：印第安人是从哪里来的？多少次移民浪潮最终给他们带来了新的世界？在美洲土著之间及其与亚洲人之间，语言、文化和生物联系是什么？（注意：这种包含四个分支的人类学没有出现在欧洲，那里的分支学科倾向于单独存在）。

食物生产 植物种植与动物驯养。

普通人类学 作为一个整体的人类学领域，由文化、考古、生物以及语言人类学构成。

美国人把人类学的四个分支整合在一起也是顺理成章的，因为每个分支都承认时间和空间的多样性（也就是不同的地理区域的文化多元）。文化和考古人类学家还会通过对许多其他主题的研究来探索社会生活和习俗的变化。考古学家利用当今社会研究去想象过去的生活是什么样的；生物人类学家研究物质形态在进化过程中的变化，例如，解剖学所研究的变化可能与人类所使用工具或语言的起源有关；语言人类学家则可能通过研究现代国家的基础知识来重建古代语言体系。

人类学各分支领域相互交叉，人类学家彼此间也相互影响，他们阅读书籍和期刊，并成立专业组织。一般人类学探讨人类生物、社会、文化的基础及其相互关系，人类学家们则就此分享某些关键假设，认为人类学是对“人性”的研究，并不能仅仅通过研究一个单一群体、国家、社会或文化传统而得出结论，运用跨文化的方法研究至关重要。

明白了吗？ 请列举人类学四大分支，并解释它们被整合在一个单一学科中的历史和逻辑的原因。

>> 塑造人类生物学的文化力量

从人类学的比较的、**生物文化性**（biocultural，采用结合生物和文化的视角和方法评论或解决特定问题）的视角可以认为，文化在不断塑造人类生物学，对人的生长发育起着重要作用。文化传统能够促进或提升人的某些行为和能力，约束他人，并决定着健康和审美标准。受文化的影响，体育活动能够帮助人们增强体质，例如，北美地区的女孩热衷于参与竞技项目，比如花样滑冰、体操、田径、游泳、跳水及其他运动在内的竞赛，而她们也因此能够做好；巴西女孩虽然在篮球和排球等团体运动中表现优异，但个人项目却不突出，美国和加拿大选手的个人项目则表现不错。为什么在一些国家成为一名优秀运动员会受到鼓励，而在另一些国家不会？为什么有些国家的人们在竞技体育项目上投入大量的时间和精力，而不去改善他们的体质呢？

生物文化性 将生物和文化的方法与视角相结合。

文化人类学 是针对人类社会和文化的研究；描述、分析、解释，并阐明社会和文化的异同。

文化标准和规范是否具有吸引力，影响着人们对体育活动的参与度以及从参与体育活动中获得的成就感。美国人跑步或者游泳，不是为了竞赛，而是为了保持苗条和健康；巴西的传统审美标准是以胖为美，尤其是女性的臀部，尽管巴西男运动员在游泳和跑步等项目上取得了一些国际性的成果，但巴西很少派女性运动员去参加奥运会的游泳或跑步项目，原因之一就是在巴西人的文化观念中，不提倡女性参加竞争性的游泳，否则会对形体造成影响。长年累月的游泳会使人形成独特体格：宽阔的上半身、巨大的脖子、强大的肩膀和背部，成功的女游泳运动员往往显得高大强壮而笨重。女性游泳运动员的体型在有些国家并不会遭受歧视，但巴西文化认为女性应该拥有柔软丰满的臀部和窄小的肩膀，所以许多巴西年轻的女游泳运动员选择放弃这项运动以保持女性的完美体形。

尽管基因决定了我们的成长和发展的基本属性，但人的生物性仍具有一定的可塑性。文化是一种环境性的力量，通过影响我们对营养的吸收、对冷热的感知和视角的高度，从而影响我们的发展，同时它也引导我们的情感和认知成长，决定着我们成年后的个性。

明白了吗？ 你能解释一下文化和生物因素如何共同影响我们的成长和发展吗？

>> 人类学的分支学科

文化人类学

针对人类社会和文化的研究，被称为**文化人类学**（Cultural Anthropology），它是描述、分析、解释以及阐明社会与文化异同的人类学分支学科。为了研究和理解文化的多样性，文化人类学家通常参与两种类型的活动：民族志（基于实地考察）和民族学（基于跨文化的比较）。民族志是为一个特定社区、社会或文化提供一种阐述。在民族志的实地考察期间，民族志学者收集用于组织、

人类学的工作

什么是人类学呢？人类学博士唐娜·迈尔斯（Donna Myers）最近成立了一个专门从事文化遗产旅游的个人非营利组织，她向团队展示旅行时收集的彻罗基（Cherokee）族人（北美印第安人之一族）的文化和历史制品，她提供彻罗基文化遗产的导游服务。另一个人类学博士卡尔·洪利格（Karl Hoerig）则被白山阿帕契部落雇用，帮助开发建设他们的博物馆以及广泛的文化遗产项目。他撰写项目拨款申请书的技能十分吸引这些部族，他讲授的很多本科课程都提供学习市场营销技能的机会，比如拨款项目申请书和博物馆展览开发等。

描述、分析和解释的资料，从而构造和呈现某一阐述。这种阐述可以以书籍、文章，或电影的形式出现。在一般传统上，民族志学者会居住在一个小型社区之中，研究当地人的行为、信仰、习俗、社会生活、经济活动、政治以及宗教（Wolcott，2008）。

以实地考察为基础的人类学视角常常不同于经济学或政治学。那些领域通常关注国家、官方组织、政策和精英群体；而传统上人类学家通常所研究的群体为相对贫困和弱势的，其中民族志学者注重观察人们对存在粮食短缺、营养不良和其他贫困问题的人群的歧视性行为。政治学家倾向于研究国家规划者所发展出来的研究项目，而人类学家则善于发现这些项目对当地生活造成怎样的影响。

文化不是孤立的。弗朗兹·博厄斯（Franz Boas，1940/1966）许多年前就注意到了这一点，邻近部落之间总是存在联系，并向更大的领域扩展。人类文化在彼此互动中建构，而非孤立产生的（Wolf，1982：ix）。村民们越来越多地参与地区、国家和世界大事。伴随大众媒体、移民以及现代运输工具的发展外部力量逐渐暴露出来，伴随着游客、投资商、政府和宗教官员以及政治候选人的到来，城市和国家日益入侵到当地社会中去。这种联系是地区、国家和国际政治、经济以及信息系统的重要组成部分。这类大型系统影响着传统人类学研究的人群和地区，因此对这种联系和系统的研究成为现代人类学主题的一部分。

民族学 是针对社会和文化的比较的理论研究；比较不同时间和空间的文化。

民族学（Ethnology）检验、解释、分析和比较民族志的成果（即在不同社会当中所收集的数据），并将数据进行比较和对比，对社会和文化做出概括性总结。从特殊性向更为普遍性的问题看，民族学家试图去识别和解释不同文化的差异和相似之处，以检验假设，并构建理论来提高我们对社会和文化系统是如何工作的理解。民族学进行比较所用的资料不仅来自民族志，还来自其他分支学科，尤其是考古人类学对过去的社会制度的重构（表 1-2 总结了民族志和民族学之间的主要差异）。

考古人类学

作为人类学分支之一的**考古人类学**（Archaeological Anthrology，简称“考古学”）是指通过分析保存的遗物，重建、描述和解释人类行为和文化模式。在人们生活或生活过的场所，考古学家寻找那些古人曾经使用或改进的器物，如工具、武器、营地、建筑，甚至垃圾。动植物的遗骸和古代垃圾能够反映古人的生活。野生和养殖的谷物所具有的不同性质使得考古学家可以区分游牧社会和农耕社会；通过检查动物骨骼可以辨识死亡动物的年龄，并判断该物种是野生的还是驯养的。

考古人类学 人类学的分支之一，一般称之为考古学，是指通过保存的遗物重构、描述及解释人类行为和文化模式；以史前史研究闻名。

通过分析这些资料，考古学家试图了解古代贸易的相关问题。人们是狩猎还是驯养

你了解吗

美国教育部2009年的报告提倡，通过垃圾消费学来了解大学校园里的饮酒模式，即通过计算不同时间中宿舍啤酒罐的数量来了解学生饮酒的时间。你怎样看待有人通过你的居住地的垃圾来了解你的生活这一现象？

繁殖动物？是否只捕食那些特定年龄或性别的？食用性植物来自野生植物还是自己耕种的庄稼？人们是自己种养、交易还是购买特定的物品？原材料产于当地吗？如果不是，它们又来自哪里？考古学家通过这些信息重建过去的生产、贸易和消费模式。

考古学家花费很多时间研究瓦片、陶器碎片，并认为瓦片比纺织品和木材等许多其他人工制品更耐用，利用陶器碎片的数量可以估计人口规模和密度，而陶工使用本地没有的材料说明存在贸易交换系统；不同地点的产品和装饰的相似性可以证明文化间存在相互的交流与联系；拥有相似锅具的族群间历史上可能存在某种关系，也许他们有共同的文化起源、交易或属于相同的政治体制。

许多考古学家研究古生态学。生态学是一门研究同一环境中生物之间的相互关系的学科，生物和环境共同构成在同一时刻进行能量流动和交换的生态系统。人类生态学研究人与其环境间的相互关系，研究主题包括人对环境的影响、环境对人进化与发展的影响以及人与其他生物物种之间的关系（Bennett，1969：10—11）。古生态学则关注过去的生态系统。

除了重建生态模型以外，考古学家还可能根据观察某地和同类地点之间的不同以及它们之间的距离来推断文化转型。一座城市由一个几个世纪前只有城镇和大小村落的地区发展起来，社会的聚落（城市、乡镇、农村）数目是社会复杂性的一个测度。建筑可以提供具有政治和宗教特征的线索；寺庙和金字塔表明一个权威和等级分明的古代社会需要构建这样的纪念碑，就像古埃及和墨西哥的金字塔，揭示了不同聚落之间功能性的差异。例如，有些供城镇居民举办各种仪式，有一些是墓地，还有一些则属于农耕区。

考古学家也通过挖掘重构过去的行为模式和生活方式，包括在一个特定场所接连不断地重复挖掘。随着时间的流逝，在特定的区域，定居的形式或不同聚落之间的联系都可能发生改变。挖掘可以证明经济、社会和政治活动的变化。

尽管考古学家研究的史前史，也就是说文字被发明之前的时期的研究最负盛名，但他们还研究历史文化，甚至民族生活（Sabloff，2008）。通过研究佛罗里达海岸的沉船，考古学家已经能够验证，将非裔美国人的祖先作为奴隶带入新大陆的船只上的人的生活状况。1973年，一个研究项目在亚利桑那州的图森市展开，考古学家威廉·拉

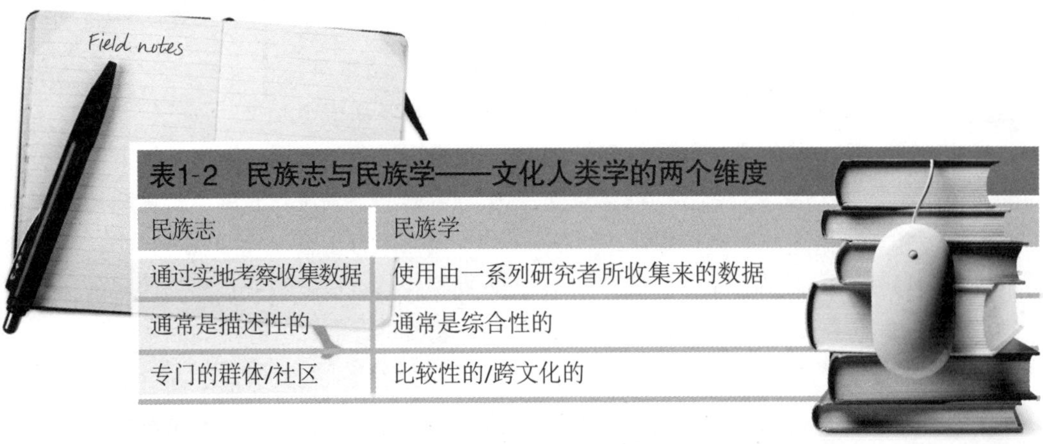

表1-2　民族志与民族学——文化人类学的两个维度

民族志	民族学
通过实地考察收集数据	使用由一系列研究者所收集来的数据
通常是描述性的	通常是综合性的
专门的群体/社区	比较性的/跨文化的

文化思考

纵观历史，为什么在世界各地我们都能寻找到令人印象深刻的城市建筑，例如埃及金字塔、玛雅寺庙和现代摩天大楼？

这些建筑是否传递了建筑者及设计者的什么信息？

特杰（William Rathje）等人通过研究现代垃圾了解当代人的生活，拉特杰称之为“垃圾消费学”（Garbology），并认为它的价值在于它提供了“人们做了什么的证据，而不是他们认为自己做了什么，或他们认为自己应该做什么，又或者访问者认为他们应该做什么事”（Harrison，Rathje 和 Hughes，1994：108）。垃圾消费学揭示出人们的言行可能出现的强烈反差，例如垃圾消费学家发现了三个据报道是啤酒消费量最低的图森社区，但实际上却是平均每户废弃啤酒罐最多的地方（Podolefsky 和 Brown，1992：100）！拉杰特的垃圾消费学也暴露出人们对都是什么样的垃圾进入垃圾填埋场所存在的误解：大多数人认为，快餐容器和一次性尿布是主要的浪费源，事实上与环保、可回收纸张、报纸的浪费问题相比，它们实在是太微不足道了（Rathje 和 Murphy，2001）。

生物（体质）人类学

生物（体质）人类学（Biological，or Physical Anthropology）研究人类在时间和空间上所体现的生物多样性，关注生物变异方面的五种专门的旨趣：

- 依据化石记录揭示的人类进化过程（古人类学）；
- 人类遗传学；
- 人类的生长和发展；
- 人类的生物可塑性（应对如热、冷和高海拔等压力时的身体变化）；
- 猿猴及其他非人类灵长类动物的生物学、进化、行为和社会生活。

这些旨趣将体质人类学与其他领域（如生物学、动物学、地质、解剖学、生理学、医学和公共卫生等）连接起来。骨科学，即针对骨骼的研究，有助于古人类学家通过检测头骨、牙齿和骨骼，来识别人类祖先以及随着时间的推移其在解剖学上的变化。古生物学家是专门研究化石的专家；古人类学家也属于古生物学家的一种类型，专门研究人类进化的化石遗迹。古人类学家经常与研究人工制品的考古学家合作，重建人类进化的生物和文化部分。化石和工具经常被同时发现，不同类型的工具提供关于使用它们的人类祖先的习惯、习俗和生活方式的信息。

生物（体质）人类学 人类学分支之一，研究不同时空人类的生物多样性，例如，原始人的进化、人类遗传学、人类生物适应性，还包括灵长类动物学（猿猴的行为与进化）。

一个多世纪以前，查尔斯·达尔文（Charles Darwin）注意到在任何种群都存在一些生存和繁殖能力更好的个体的多样性（那些最受欢迎的特色）。后来兴起的遗传学解释了这种多样性的原因和传播。然而，并不是基因导致物种的多样性，而是在个体的生命历程中，由环境与遗传的相互作用决定，如具有高个基因的人如果在儿童时期营养不良也会很矮。因此，生物人类学也研究环境对人体生长发育和成熟的影响。环境因素伴随营养、海拔、温度和疾病以及文化因素的变化影响人类身体变化，例如我们之前提及的吸引力（审美）标准。

生物人类学（连同动物学）还包括灵长类动物学。**灵长类动物**（primates）包括人类的近亲猿和猴子，灵长类动物学家通常研究它们在自然环境中的生物学、进化、行为和社会生活。灵长类动物学有助于古人类学的研究，因为灵长类行为可能揭示早期人类行为和人类的天性。

灵长类动物 包括人类、猿、猴以及像狐猴这样的猿猴类动物序列中的成员。

语言人类学

尽管生物人类学家已经可以通过观察人类面部和头骨的解剖结构来推测语言的起源，灵长类动物学家也描述过猴子和猿的交流系统，但我们仍不（或许永远不会）知道我们的祖先何时具备语言能力。**语言人类学**（Linguistic Anthropology）跨越时空，在一定的社会和文化背景下研究语言。我们知道，发达的、语法复杂的语言已经存在了几千年，语言人类学能够进一步说明人类学对比较、差异和变化的兴趣。一些语言人类学家对语言的普遍特征做出推论，普遍认为语言与人类大脑有关；另一些语言人类学家通过对比他们当代的后代重建古代语言，并探索历史；还有一些语言差异研究发现不同的文化会产生不同的认知和思维模式。

语言人类学 人类学的一个分支，它研究语言在时间和空间上的变化，包括语言和文化之间的相互关系；包括历史语言学和社会语言学。

社会语言学 研究社会与语言变化的关系；在其社会场景中的语言研究。

历史语言学关注时间的变化，如中古英语（约公元1050年到公元1550年间的英语）和现代英语之间在声音、语法和词汇上的变化；**社会语言学**（Sociolinguistics）研究社会和语言变异之间的关系。没有一种语言是使人与人说话都相同的同质系统，不同的说话者如何使用一个给定的语言？语言特征如何与社会因素（包括阶级和性别差异）联系起来（Tannen，1990）？其中一个导致差异的原因是地理因素，如不同地区的方言和口音。语言差异在少数族群的双语上也得到体现。语言和文化人类学家合作研究语言和文化各方面之间的联系，比如人们如何看待血缘关系，如何看待颜色并对其分类。

文化思考

人文主义是指尊重人类的多样性和福祉。人类学是如何成为最具人文关怀的学科？每个分支领域又是如何有助于人文主义的？

明白了吗？ 你能描述一下各人类学分支领域的主要特征吗？

>> 人类学与其他学术领域

正如前文所述，人类学和其他研究人的领域之间的一个主要差异就是整体论。人类学是唯一融合生物、社会、文化、语言、历史及当代视角于一体的综合性学问，当区分人类学的时候，这种综合性仍需要将它与其他学科相关联。技术用于测定化石，而手工制品则从物理、化学和地质学来到了人类学当中。因为植物和动物仍经常与人类骨骼和工件一起被发现，因此人类学家会与植物学家、动物学家以及古生物学家在一起合作。

作为一门科学和人文并重的学科，人类学与许多其他学术领域相关。人类学是一门**科学**（Science），一个“进行系统领域的研究或通过实验、观察和推理，产生关于物质和生物世界的可靠的现象解释的知识体系”（*Webster's New World Encyclopedia*，1993：

937）。接下来的章节将呈现人类学作为一门人文科学，如何致力于发现、描述、理解和解释现代人类与我们的祖先在不同时空的异同。克莱德·科拉克洪（Clyde Kluckhohn，1944）形容人类学为“关于人类相似性和差异性的科学”。他对这个领域仍然宣称“人类学为解决当今世界的关键难题提供科学依据：具有不同的外貌、无法相互沟通的语言以及不同的生活方式的人们能够共同和平相处吗？”本书试图阐述的是人类学遵从的令人印象深刻的知识体系。

除了与自然科学（如地质学、生态学）和社会科学（如社会学、心理学）的联系外，人类学与人文学科也有着紧密联系。人文学科包括英语、比较文学、古典文学、民间文学、哲学、艺术等，这些领域研究语言、文字、哲学、艺术、音乐、表演和其他形式的创造性表达。民族音乐学研究全球基础上的音乐表现形式，与人类学的关系尤为密切，同时也与民间传说、故事和来自多元文化的神话和传说的系统研究相关。人们可能会认为，人类学是所有学术领域中最具人文关怀的，因为它从根本上尊重人类的多样性，人类学家倾听、记录并展示不同国家和文化的声音。人文主义是指尊重人类的多样性和福祉。

科学 一个系统性的研究领域或者知识体系，其目标便是通过实验、观察以及推论，而得出可以让人信服的对周遭物质和身体现象的解释。

明白了吗？ 能比较和对照一下人类学与人文及社会科学等其他学科的差异所在吗？

>> 应用人类学

人类学并不是一门局限于象牙塔内的古板科学，相反它有很多东西可以讲给公众听。人类学最权威的专业组织——美国人类学协会——已经正式承认公共服务的作用，认为人类学应当包括两个维度：（1）学院派或普通人类学；（2）实践或**应用人类学**（Applied

流行文化

想想史蒂文·斯皮尔伯格（Steven Spielberg）执导的四部系列电影《夺宝奇兵》（*Indiana Jones*）中的任意一部。考古学家们常常抱怨这些电影把考古学家塑造成贪婪的、不道德的、不讲科学的、充满危险的掠夺者的形象，从而扭曲了公众对他们的认识。如果真的如此，印第安纳·琼斯（《夺宝奇兵》的主要人物）如何影响你对考古学的看法呢？

或者更广泛地说，媒体对考古学家形象的刻画是否或多或少使你开始对考古学领域感兴趣了？

Anthropology)。后者指的是运用人类学资料、视角、理论和方法来识别、评估或解决当代社会问题。埃尔维·钱伯斯(Erve Chambers, 1987: 309)就认为,应用人类学是"涉及人类学知识和在世界范围内跨越人类学学科应用这些知识之间的关系的领域",如今来自四大分支领域的人类学家越来越多地在公共卫生、计划生育、商业、经济发展、文化资源管理等应用型领域从事研究或工作。

应用人类学 人类学资料、视角、理论以及方法的应用,以确定、评价以及解决当下的社会问题。

文化资源管理(CRM) 应用考古学的一个分支,目的在于受到大坝、高速公路及其他项目所威胁的场地。

应用人类学包含应用四大分支领域的任何知识和(或)技术,借此来识别、评估和解决实际的问题。人类学涵盖面如此宽泛,可以应用在各个方面。例如,应用医学人类学思考疾病和病痛对社会文化和生物环境方面产生的影响。不同社会关于健康观念的好坏标准以及实际的健康隐患和问题是不同的。不同的民族针对不同的疾病、症状、原因以及卫生保健系统和治疗策略的发展也是不同的。

明白了吗? 你能确定如何利用应用人类学去解决问题吗?

应用考古学,通常被称为公共考古学,涵盖文化资源管理、合同考古、公共教育以及历史文物保护等方面的内容。公众考古学的一个重要作用是按照立法要求对大坝、高速公路等建设项目进行评估。决定什么需要保存以及当遗址无法保存时保护哪些重要信息是**文化资源管理**(Cultural Resource Management,缩写为CRM)的工作。"管理"这一术语指的是评估和决策的过程。CRM在保护遗址的同时,能够容忍一些不太明显的损害。文化资源管理器服务于行政机构或其他客户;应用文化人类学家有时也与公众考古学家共同工作,评估并试图减少人类代际变迁所引发的问题。

本章回顾

I. 什么是人类学？它如何区别于其他研究人类的领域？

- 人类学是整体、生物文化和人性的比较研究。不同于其他研究人类的领域，人类学探讨人类的整体状况：人类生物和文化的适应性以及世界范围内社会、语言、习俗和信仰多样性的起源和变化，并且试图解释不同族群之间从过去到未来的差异性和相似性。

II. 人类学的四个分支学科分别是什么？

- 人类学四大分支包括文化、考古、生物和语言人类学。文化人类学探讨人类社会和文化，描述并解释文化异同；考古通过物质遗存重建、描述和解释文化模式，通常是史前史研究；生物人类学研究人类在不同时空的生物多样性；语言人类学研究某个社会和文化环境中语言在时间和空间的变迁。这些分支学科研究维度各有不同，但人类学家从每个分支越来越多地应用他们的知识来判断、评估和解决当代社会问题。

突击测验

选择题：

1. 下列哪项最符合对人类学作为一个独特的研究领域的描述？
   a. 它只研究古代和非工业社会
   b. 它包括生物学
   c. 它处理至关重要的世界难题
   d. 它注重整体和比较
2. 什么是文化传统的最核心要素？
   a. 人类生物学稳定不变的特点
   b. 代际传承变迁的趋势
   c. 通过学习而不是生物遗传进行的传承
   d. 不随历史环境变化的趋势
3. 人类对濡化方式的依赖有什么变化吗？
   a. 人类刚刚开始依赖它们
   b. 人类越来越依赖它们
   c. 人类变得完全依赖生物性方式
   d. 人类不再运用文化方式
4. 人类学的四大分支：
   a. 主要源于早期美国人类学家对印第安人的兴趣
   b. 缺乏统一，因为只有考古和生物人类学考虑时间和空间的变化
   c. 缺乏统一，因为四个分支学科并不共享重要假设
   d. 在生物和文化之间关系的研究方面较为薄弱

5. 下列哪一项最能准确区分民族志和民族学？
   a. 民族学关注特定文化的研究，民族志注重文化比较研究
   b. 传统民族志研究大型社会中财富和权力问题，而民族学关注小型社区
   c. 民族志研究彼此孤立的文化，民族学研究全球化影响下的国家
   d. 民族学家对某种特定文化的研究比民族志学家对社会和文化比较和概括性的描述和解释更有远见
6. 人类学是一门最具人文关怀的科学，是因为：
   a. 它使用的技术来自各种各样的科学，包括那些研究人类与其他动物间关系的领域
   b. 它发现、描述并试图解释人类之间的相似与差异之处，并关注不同族群的世界观和声音的多样性
   c. 这是一门尊重实验、观察和推理，并能运用于当代人类生活和人类进化过程的系统性研究
   d. 多年来，它是有一整套关于人类生活的知识体系
7. 下列哪一项关于应用人类学的描述不正确？
   a. 它运用人类学四大分支的知识视角或方法识别、评估和解决人类所面临的实际问题
   b. 随着越来越多的人类学家发挥其工作的应用性，它已成为人类学日益兴起的一部分
   c. 它与考古不甚相关，因为考古关切社会中不复存在的物质文化
   d. 由于人类学的广度它可以被应用在很多方面

填空题：

1. 一种 ________ 的视角是指运用包含融合生物和文化的多元视角和方法，评论或解决特定的问题。
2. ________________ 是对在一个特定社区、社会或文化进行田野工作的阐述。
3. _______________ 是指运用人类学四大分支任何一个领域的知识和技术进行识别、评估和解决实际问题的方法的涵括。越来越多的人类学家开始广泛从事这项工作。
4. ______________ 是指人类学家在制定研究问题、收集或应用系统资料来验证假设等方面所做的尝试。

答案：1. d；2. c；3. b；4. a；5. d；6. b；7. c
1. 生物文化性的；2. 民族志；3. 应用人类学；4. 科学方法

Culture

第二章

文化

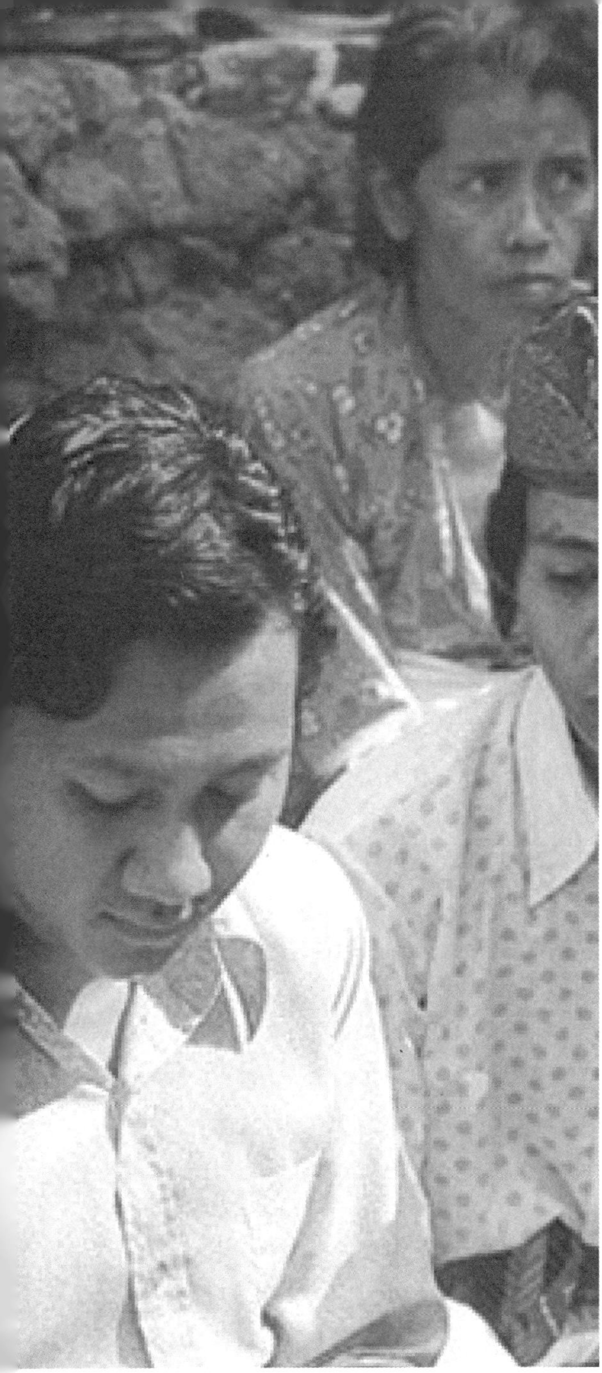

本章要点

- 什么是文化
- 文化的进化基础
- 普遍性、一般性与特殊性
- 文化与个体：能动性与实践
- 流行的、民间的与公共的文化
- 文化的层次
- 族群中心主义、文化相对主义与人权
- 文化变迁的机制
- 全球化

了解我们自身

你有什么特别之处？你在多大程度上是你自己，又在多大程度上成为了你所属特定文化的产品？美国人并不完全理解文化的力量，因为他们的文化价值强调“个体”。然而，个人主义本身就是一种独特的共享价值，是美国文化的特征之一，在我们的日常生活中不断传播。从已故的“儿童电视之父”弗雷德•罗杰斯先生（Mr. Fred Rogers）到父母、祖父母和老师，濡化机构都宣称我们是“独一无二”的。我们首先是个体化的人，其次是这一章节所述与文化相对立的群体中的成员。确定地讲，我们是“个体人”，这是我们的区别性特征，但我们也有其他不同的属性，因为我们身属某个文化团体。

例如，比较美国与巴西、意大利及拉美各国，不提倡身体爱抚的（美国）民族文化与其他支持身体接触的民族文化形成鲜明对比。巴西人靠近、触摸、互吻的频率比北美国家或地区的人更频繁。在私人交往方面，巴西人是典型的亲密靠拢型，而北美国家或地区的人则容易退却。长此以往，便逐渐形成了特定的接触文化传统。巴西的中产阶级会教孩子——无论男孩或女孩——亲吻每个他们遇到的大人，在巴西的大家庭中通常都有数百人。女性持续亲吻每个生活中遇见的人，而男性通常亲吻女性的亲属和朋友，以及他们的父亲和叔叔。

你会亲吻你的父亲、叔叔或祖父以及母亲、姑婶或祖母吗？这些问题的答案可能会在男人与女人间、男性亲属和女性亲属间因人而异，文化则有助于我们理解这些差异。

>> 什么是文化

人类与猴子、狼和蚂蚁等社会动物共享社会，组织生活。其他动物特别是类人猿，具备基本的文化能力，但只有人类有能力充分阐述文化——通过学习和语言将独特的传统和习俗代代相传。

文化是人类学之基石。超过一个世纪前，英国人类学家爱德华•泰勒（Edward Tylor）在其著作《原始文化》（*Primitive Culture*）中就定义“文化”是人类遵守自然法则且可以进行科学研究的行为和思想系统。泰勒关于文化的定义至今仍被广泛引用，成为人类学研究主题的一个概述。

“文化……是一个复合的整体，它包括知识、信仰、艺术、道德、法律、风俗以及作为社会成员的人所习得的其他任何能力和习惯”（Tylor，1871/1958：1）。这里的关键术语是“作为社会成员……所习得”。泰勒关于文化的定义侧重于说明文化属性并非通过生物遗传，而是人们在某个特定社会中受某种特殊的文化传统影响所获得的。**濡化**（enculturation）则是孩童学习他所在的特定文化的过程。

濡化 文化习得并在代际之间传递的社会过程。

文化是习得的

孩子能够轻松地吸收任何文化传统有赖于人类独特而又复杂的学习能力，其他动物则可能是从经验中学习，例如，在受伤后才懂得避免火灾。社会化动物还可以从所属群体中的其他成员身上学习，例如，狼从其他成员身上学习狩猎策略。对与人类关系最密切的血缘亲戚猿猴类动物来说，这样的社会学习尤为重要。但是我们自身的文化习得取决于人类被开发的使用**象征**（symbol）符号的独特能力，而这些符号本身并非必然地与它们所代表或象征的东西相联系。

在文化学习的基础上，人们创造、记忆并应对观念。他们掌握并应用特定的象征意义系统。文化人类学家克利福德·格尔兹（Clifford Geertz）将文化定义为基于文化学习与象征的观念。文化被定性为一套“控制机制——计划、方法、规则、指令、项目等对于行为的掌控”（Geertz，1973：44）。这些项目在特定的传统中通过濡化被人们吸收，人们逐渐内化先前建立的意义和象征系统，帮助指导其在生活中的行为和观念。

每个人都通过有意或无意的过程即时地进行学习和与他人交往，在濡化的过程中内化或融合某种文化传统。父母教孩子应在待人接物或受到帮助时说“谢谢”，说明文化有时是可以被直接教导的。

文化也能通过观察来传递。儿童懂得观察四周，他们改变自己的行为，并不仅仅是因为别人告诉他们应怎样做，还由于自身的观察和对其文化中是非观念认识的增多。文化也是在无意识间被吸收的。北美人对于交谈时应该保持多远距离的认知，即通过观察、体验和有意识或无意识的行为矫正日益学会的，并不是被直接告知应保持一定距离，没有人告诉拉丁人应比北美人站得更近，他们将其作为文化传统的一部分去学习和实践。

文化是象征性的

象征性思维对人类以及文化的学习而言是独具特色的，并且是关键的。象征就是指在一种特定的语言和文化中能够代表其他事物的语言或非语言的东西。人类学家莱斯利·怀特（Leslie White）将文化定义为：

“依赖于象征化……文化乃是由工具、器械、餐具、服装、饰品、习俗、制度、信仰、仪式、游戏、艺术品、语言等组成的。”（White，1959：3）

怀特认为，文化起源于人类祖先获得使用符号的能力之时，也就是为一个物品或事件赋予一定的意义并能够对此予以领会和欣赏的时候（White，1959：3）。

象征与其所象征的事物之间无明显的、天然或必然的联系。我们熟悉的“狗”的英语 dog 并没有比法语里的 chien、德语里的 Hund 以及斯瓦希里语里的 mbwa 更自然。语言乃是智人所独自拥有的。没有任何其他动物发展出了拥有多样并且复杂的象征性语言。

象征通常是有语言的属性，也有无数的非语言象征，比如旗帜代表不同国家；拱门象征某家特定的快餐连锁店。在象征与被象征事物之间的联系是任意的和约定俗成的。

所有人类都具有文化所依赖的能力——学习、象征性地思考、操控语言、使用工具以及其他文化产品，以组织他们的生活，应对周边环境。每一个现代人类都具有使用符号来创建和维护文化的能力，人类的近亲（黑猩猩和大猩猩）同样具备基本的文化能力。然而却没有其他动物能够像人类一样在一定程度上具备阐释文化的能力。

象征 某种语言或非语言信号，能够在并非必然或自然产生联系的条件下人为地以及约定俗成地去代表其他事物。

人类学的工作

艾米·伍德沃德（Amy Woodward）拥有人类学学士学位和公共管理硕士学位。她是一位业务分析师，目前供职于一家为“疾病控制中心”（CDC）开发信息技术的公司。在国际公共卫生领域中工作，需要具备与来自不同国家及美国不同专业背景的人相处的能力。“疾病控制中心”自身也有能够影响运行的文化。艾米感觉她对文化的理解，促使她可以更快地与他人建立合作关系。例如，当与一个来自印度的 IT 团队合作时，她对他们文化背景的欣赏使彼此感到相互尊重，他们能够比她曾见过的其他项目团队更轻松地跨越文化和语言差异。

文化是共享的

文化在社会中传递，不仅属于个人的属性，而且属于作为群体成员的个体的属性。难道我们不是通过观察、倾听、谈论以及与很多人交流来学习我们的文化吗？共享的信仰、价值观、记忆以及期望连接着在同一文化氛围中长大的人。濡化通过为我们提供共同经历而使人类结合在一起。

今天的父母曾经也是昨天的孩子，如果他们在北美长大，他们会吸纳某些世代相传的特定价值观和信仰。人们开始成为他们孩子濡化的代理人，就像他们的父母一般。尽管文化会不断变迁，但某些基本的信仰、价值观、世界观以及育儿经验却是持久不变的。

你了解吗

导演乔治·卢卡斯（George Lucas）制作的经典电影《美国风情画》（*American Graffiti*）就是受到人类学训练的灵感启发，为了捕捉19世纪50年代和60年代初期摇滚乐汽车巡航文化而制作的。

举一个在美国关于持久共享濡化的例子，当幼年的我们浪费饭菜时，父母会提醒我们想想国外那些正在挨饿的儿童，就像我们的祖父母也曾这样教诲他们一样。一些特殊的国家在发生变化（印度、孟加拉国、埃塞俄比亚、索马里、卢旺达——你的家乡情况怎样）。然而，美国文化仍在传承，与一个饱受贫困和战争蹂躏的国家的饥饿儿童相比较，我们可以通过吃掉所有芽甘蓝或花椰菜来证明自己的幸运。

文化与自然

文化借助自然生物力使得我们与其他动物共享它，并且教导我们如何以特定方式表达文化。人必须要吃饭，文化教导我们吃什么、何时吃以及如何去吃。在许多文化中，人们在中午吃正餐，但大多数北美人更喜欢在晚上吃大餐；英国人早餐吃鱼，但北美人一向喜欢薄煎饼和冷麦片；巴西人喝浓缩咖啡时要加热牛奶，而许多北美人会在淡啤中倒入冰牛奶；美国中西部地区的人一般在五点或六点用餐，而西班牙人则是十点。

文化习惯、知觉以及发明，塑造出了“人性”的多种形式。人体必须进行新陈代谢，一些文化教导人们站着排便，而其他文化则要求坐下来排便。安第斯高地的农村妇女蹲在街头小便，因此也习惯穿着能满足其所需遮蔽隐私的大裙子。这些习惯都是已将自然行为转化为文化习俗的文化传统中的一部分。

学习小贴士

文化传播的三种方式：直接教育、观察以及无意识吸收。

文化思考

由于象征符号与其象征意义之间没有逻辑关系，意义可能会随着时间而改变。相同的符号对不同的人可能意义不同，例如纳粹党所用的万字符。在第二次世界大战之前，万字符作为装饰元素曾广泛用在建筑设计上。德国纳粹党将其作为象征，在世界范围内改变了该符号的意义。

我们的文化以及文化的变迁在影响着我们看待自然、人性以及“大自然”的方式。通过科学、发明和发现，文化进步已经克服了许多“大自然”的局限性。我们能够预防和治疗小儿麻痹症和天花等曾凌虐我们祖先生命的疾病；通过克隆技术，科学家已经挑战了我们对生物身份和生命本身意义的思维方式。当然，文化并非总能保护我们免受自然的威胁。飓风、洪水、地震和其他自然力量往往会推翻我们用建筑、发展和扩张来改善环境的愿景。你能想到自然与文化抗争的其他方式吗？

文化无所不包

对人类学家而言，文化不仅仅包括高尚、高品位、成熟、教育和对艺术的欣赏。不仅仅是大学生，所有人都在“受文化的熏陶”。最有趣和最重要的是那些影响人们日常生活，特别是那些能影响儿童濡化的文化力量。

正如人类学所定义的，文化具有无所不包的特征，尽管有时候有些东西会被认为是微不足道或不值得认真研究的，如“流行”文化。但是要理解当代北美文化，我们必须研究电视、快餐店、运动和游戏。作为文化的一种表现形式，一个摇滚明星可能和交响乐指挥一样有趣（反之亦然）；一本漫画书可能和一本获奖图书一样重要。

文化是完整的

文化并不是习俗和信仰的随机组合。文化是一套完整的模式化的系统，如果这个系统的一部分（例如整体经济）发生变化，其他部分也随之变化。例如，20 世纪 50 年代，大部分美国妇女计划做家庭主妇和母亲，而相比之下，现在大多数女大学生都希望在毕业之后能够找到一份带薪工作。

什么是在这个特定的经济变革中的社会反应？就婚姻、家庭和孩子而言，其行为态度也改变了，晚婚、同居、离婚变得越来越普遍。工作与婚姻和家庭责任之间的竞争减少了对孩子照看方面的时间投入。

文化整合并不是简单地由主导的经济活动和相关社会模式决定，也与价值观、思想、符号和判断有关。文化会让个别成员学会分享特定的品格特征，一组**核心价值观**（core values）特征（重要、基本、中心价值）将不同文化整合，以帮助区别于其他价值观，例如职业道德和个人主义即是美国文化核心价值观的整合。不同的主导价值观体系影响不同的文化模式。

文化是工具性的、适应性的及不适应的

文化是人类获得适应能力和成功的主要原因。其他动物依靠生物性的适应方式（如可以御寒的毛皮或脂肪），人类也能够进行生理调节，例如感冒发抖或发烧出汗。但除了生物反应，人类也有文化的适应方式。我们习惯性地使用技术或工具应对环境压力；我们猎捕耐寒动物，用他们的毛皮制成大衣；我们可以根据冬天或夏天等不同的季节调高或降低恒温器；我们通过计划行动来提高舒适度。我们在夏天感到热时有冷饮解暑，可以游泳，或者去较凉爽的地方避暑；冬天感到冷时可以去温暖的地方旅游。人们充分利用文化来满足其基本的生理需求，如食物、饮水、住所、舒适度和繁衍。

> **核心价值观** 整合一种文化并有助于与其他区分的重要的、基本的或中心的价值观。

> **流行文化**
>
> 我们可以通过分析思想、图像和流行歌曲中反映的主题来了解文化。看看你能通过研究一些当代最流行排名 Top10 的歌词了解多少美国当代文化（最流行歌曲列表可参考“The Billboard Hot 100”，歌词参见 www.lyrics.com）。

> **文化思考**
>
> 从长远来看，许多文化模式，例如过度消费和污染似乎并不相适应，你同意吗？还能举出其他的例子吗？

人们也利用文化来满足心理和情感需求，比如友谊、爱情、赞同以及性欲。人们像寻求正式组织和机构的支持一样，也会寻求来自关心他们的人的帮助等非正式支持。为了实现这个结果，基于共有经历、政治利益、审美感知以及个人吸引力，人们与他人培养关系。

在某种程度上，若文化特质能够帮助个体应对环境压力，这些特质（如空调）可能被称为自适应。但是，在不同的层面上，这样的特质也可以是不适应的。也就是说，他们可能威胁某个群体的继续生存。比如来自空调的氯氟化碳能够破坏臭氧层，这样会伤害人类和其他生命。从长远来看，许多现代文化模式可能会适应，但也有一些文化不适应方面的例子，如鼓励人口过剩的政策、不良的粮食配给体系、过度消费和工业带来的环境污染等。

明白了吗？ 你能够辨别并描述文化的主要特征吗？

>> 文化的进化基础

人类文化能力的进化基础，至少可以追溯到250万年前的早期工具制造者。考古证据记录着这些早期制造工具者的存在。然而，由于猿类通过观察也能够使用并制造工具，科学家们便认为文化的进化基础可以追溯至更远。

人类及其近亲类人猿的相似之处在解剖学、大脑结构、遗传学和生物化学方面是很明显的。非洲类人猿（黑猩猩和大猩猩）与人类关系最为密切。人科动物家族包括人类化石、现存的人类以及黑猩猩和大猩猩，我们称这个家族的成员为**人科动物**（hominidae）。我们使用术语**人亚科原人**（hominins）来指代那些包含所有曾经存在的人种在内，但不包括黑猩猩和大猩猩的群体。

人科动物 指动物家庭的成员，包括已灭绝和现存的人类、黑猩猩和大猩猩。

人亚科原人 包括现代人类在内的进化序列产生的成员，区别于黑猩猩和大猩猩。

许多人类特征反映了人类的原始祖先曾生活在树上的事实。这些特征包括理解能力和手工（特别是大拇指）的灵活度、视觉深度和色觉、大脑的学习能力、父母对数量有限的后代的大量投资，以及社交和合作的趋势。人类和其他灵长类动物一样，拥有灵活的五指，并且每个拇指可以触摸同一只手的其他手指。人类也有很出色的视觉深度和色觉，我们的眼睛位于头骨上并能够直视前方视野重叠的区域，没有重叠的视觉领域则不可能形成深度的认知能力，也就无法证明人类在距离判断方面的适应性。有颜色和深度的视觉促进了对各种食物来源的识别，也能够相互整饰（从毛发里挑出杂毛、昆虫或其他细小的东西），这种整饰是形成和维护社会关系的一种方式。

手工灵巧度和深度知觉的结合使得猴子、类人猿、人类能够捡拾小东西，并观察和欣赏它们。穿针引线体现了灵长类动物历经数百万年进化而获得的一种复杂的手眼搭配能力。这样的灵巧性（包括可弯曲的拇指）使灵长类动物在操控方面具有明显优势，而且对工具制造这种人类适应能力的发展至关重要。

灵长类动物（特别是人类）的脑容量的比例超过大多数哺乳动物，并且连接记忆、结合和组成的大脑皮层相对较大。猴子、猿和人类将图像陈列存储在他们的记忆中，使得他们能够学到更多，这种学习能力是适应性方面的又一巨大优势。像其他多数灵长类动物一样，人类通常一胎只生一个孩子，一个婴儿能够更多地受到父母的关注，扩展学习机会，对后代更长久和更细心的照顾，能够更好地支持社会群体的发展。由于在生活中和其他种族成员定期交往，灵长类动物向社会化动物变化的趋势蓬勃发展。

我们与其他灵长动物共享什么

非人类灵长类动物的社会（群体生活）和充分发展的人类文化之间在象征性思维方

学习小贴士

所有灵长类动物共享人类以下特征：对生拇指、深度和色觉、大脑学习能力、巨大的亲代投入、社交与协作。

面存在巨大鸿沟，然而对非人类灵长类动物的研究揭示了其与人类的众多相似之处，如从经验中学习并改变行为结果的能力。猿和猴子像人类一样，学习贯穿一生，如在一群日本猕猴（陆地猴子）中，一只三岁雌猴吃红薯前先清洗，她的母亲、同龄伙伴，甚至整个群体看到后也都开始清洗红薯，这种行为得益于经验给它们带来的巨大的适应性优势，也可以使它们避免致命错误。面对环境变化，人类和非人类灵长类动物不必等待基因或生理反应的改变，他们自己可以优化习得的行为和可替代的社会模式。

尽管人类相比任何其他动物而言，都更频繁地使用工具，但工具的使用仍在一些非人类物种（包括鸟类、海狸、海獭，尤其是类人猿）中出现。人类并不是唯一为特定意识目的制造工具的动物，生活在象牙海岸大森林中的黑猩猩为了打开金色的圆形坚果，也制造并使用工具（石器）（Mercader，Panger 和 Boescn，2002；Wilford，2007）。在特定地区，砸裂坚果是母亲给年幼的孩子展示的一种技能，黑猩猩收集坚果，放在树桩或扁平的石头上，用重石砸击坚果，这要求黑猩猩必须找出适合砸碎坚果并可以随身携带的石器。

1960 年，简·古道尔（Jane Goodall）开始在东非坦桑尼亚冈贝河国家公园观察野生黑猩猩，包括它们使用工具和狩猎的行为。他研究得最多的猿类制造的工具形式，其中包含黑猩猩用来探测白蚁蚁丘的工具。它们选择较细的树枝，剔除叶子，并剥掉外皮，使树枝露出具有黏性的表面，然后将树枝运到蚁丘，用手指挖洞，再插入树枝，最后，它们拔出树枝和吃掉黏附在树枝上的白蚁。猿类可以使用并制造工具，早期人亚科原人也拥有这种能力，并且早期古人类使用并制造石器的证据可以追溯到距今 260 万年前。此外，直立行走促使早期人类能够在开放的草地携带武器、使用工具，并与捕食者和竞争对手进行对抗。

猿类还具有一些基本的文化能力，野生黑猩猩和其他猩猩能够瞄准并投掷物体；大猩猩可以筑巢，投掷树枝、草叶、葡萄和其他物体。在人类还没有发明投射技术、武器或者棒球之前，人亚科原人已经充分体现了瞄准和投掷的能力。

如同工具制造，狩猎曾经被认为是人类独有的行为。然而，灵长类动物研究表明，非人类灵长类动物（尤其是黑猩猩）同样拥有猎捕的习惯。例如，在乌干达基巴莱国家公园（Uganda's Kibale National Park）里，大猩猩自觉组成平均包括 26 名成员在内（几乎都是成年和青年雄性）的组织进行大型狩猎活动，在大多数（78%）的狩猎活动中，都至少能抓获一个猎物，成功率远高于狮子（26%）、土狼（34%）和猎豹（30%）。在基巴莱公园里，黑猩猩比较青睐的猎物是红疣猴（Mitani 和 Watts，1999）。

考古研究表明，根据埃塞俄比亚和坦桑尼亚发现的石器可以推断，至少在 260 万年前，人类已经具有了狩猎行为。根据我们对黑猩猩的狩猎和工具制造的当前了解，可以推断，人科动物的狩猎活动比第一个考古证据更早。然而，因为黑猩猩通常会吞食掉大部分它们杀死的猴子，并且很少剩下，所以我们可能永远不会找到第一个原始人打猎的证据，尤其是在它可能没有利用石头等工具的情况下。

如何将我们与其他灵长目动物相区别

猿猴却（除了哺育婴儿之外）倾向于独立养活自己，黑猩猩则经常共同分享集体捕猎获得的食物，而人类的合作和分享意识更为发达。直到最近一万年前，人类都在采集狩猎社会中过着群居生活。人种学者研究发现，在有些地区采集狩猎的生活方式延续至近代。在这样的社会中，男女皆会将食材带回营地食用，人人共享大型动物的肉。在年轻成员的照顾和呵护下，年长者的寿命均超

文化思考

“人类心智的统一性”，意味着所有人类都具有相同的文化能力，也是人类学的基本原则。然而，被认为智力低下和文化低劣的种族歧视仍然存在。你能举出其他例子吗？

过生育年龄，它们由于拥有知识和经验而备受尊重。在灵长类动物中，人类在觅食或其他社会活动中的合作意识最强，并且人类的脑容量远胜于任何其他类人猿群体。

人类和其他灵长类动物在交配方面也存在差异。狒狒和猩猩大多数会在雌性进入发情期排卵时交配，在发情期，雌性阴道肿胀并变红，发情的雌性和雄性短暂交配；相比之下，人类女性缺乏可见的发情周期，排卵是隐藏的，在排卵期，人类交配受孕成功率最大化。比起黑猩猩，人类在交配和配偶方面更加专一和长久。人类社会以某种婚姻形式维持两性关系。婚姻给了两性关系一个可靠的基础，赋予每一对特定的配偶专用的，但并不总是专一的性权利。

婚姻使得人类和非人类的灵长类动物之间产生了另一个对比：异族通婚和亲属制度。大多数文化要求必须和亲属或本族以外的异族通婚，再加上亲属认同，异族结婚具有适应性的优势，因为它缔结了配偶双方不同亲属团体之间的联系，后代便有两方亲属群。这里的关键是，不同群体之间影响和相互支持的关系是除了智人以外非人类的灵长类动物所没有的，其他灵长类动物往往倾向于在青春期分散。雌性黑猩猩和大猩猩倾向于迁移，在其他组织中寻求伴侣，人类尽管也倾向于在所属群体以外寻找伴侣（通常至少有一方需要迁移），但人类通常会终身保持与儿女的联系，亲属和婚姻制度使得人类和其他灵长类动物之间呈现明显差异。表2-1列出了人类和人类近亲黑猩猩在文化能力方面的差异。

表 2-1　黑猩猩（进化初期）和人类（完全进化）的文化特征

	黑猩猩	人类
文化学习	最初阶段	充分发展
工具使用	偶尔使用	习惯地使用
工具制造	偶尔使用：石锤、白蚁	习惯地使用高级的工具
投掷目的	偶然目标：无工具	投射技术
狩猎	重要，但无工具	基本人类的生存策略 使用工具
食物共享	狩猎后共享肉食	人类生活的基本
合作	偶尔狩猎	人类生活的基本
交配和婚姻	女性发情周期，局限于对偶婚	整年的交配、异族通婚
亲属关系	青春期受限	通过子女传承

明白了吗？ 你能解释文化的进化基础并阐明人类和其他灵长类动物的异同吗？

普遍性、一般性与特殊性

人类学家认为文化习得是对人类及所有人类文化的独特阐述。人类学家也接受在19世纪被称为“人的精神统一”的学说。这意味着，尽管个体的情感、智力和能力都不同，但无论他们的基因或外表如何，所有的人类种群都具有相同的文化能力，人们可以学习任何文化传统。

为了理解这一点，鉴于当代美国人和加拿大人都是来自世界各地的混合基因的后代的人。我们的祖先生物性不同，住在不同的国家和大洲，并且卷入了数以百计的文化传统中。而早期的殖民者、后来移民和他们的后代，都又积极参与到美国和加拿大的生活中，现在享有共同的民族文化。

认识到生物心理的同等性，并不意味着否认人群中的差异性。人类学家置身于不同的时空中研究人类多样性，区分**普遍性**（universality）、**一般性**（generality）和**特殊性**（particularity）。某些生物的、心理的、社会的和文化的特性是普遍的，在每种文化中都可以找到；另一些则仅仅是一般的，存在于常见的但不是所有人类群体中；特殊性是另外其他特征，某种独特的文化传统。

普遍性与一般性

基于普遍性的生物性包括一整年（而非季节性）的婴儿依赖期，以及一个能使我们运用符号、语言和工具的复杂大脑。社会的普遍性之一体现为群体和一些家庭生活（Brown，1991）。一般性在特定时间、地点广泛存在，但并非普遍存在于所有文化中。文化中的一种一般性即大多数社会（并不是所有社会）都存在由父母子女组成的亲属家庭，尽管许多有优越感的美国中产阶级认为核心家庭本身自然存在，但这并不能达成世界范围的共识。例如，生活在印度马拉巴尔海岸的纳亚尔人就不属于这种家庭类型，传统纳亚尔社会以女性为首，夫妻不在一起居住。在许多社会中，核心家庭被更大的亲属团体，如大家庭、血统、家族等所涵盖。

文化思考

人类学家倾向于强调文化的多样性，但人类共享许多共同特征。想想一个或一群很不同于你的人，你们之间有什么共同点——例如，在生物学方面，有意义的社会属性或价值？

你了解吗

麦当劳是全球化的，但菜单是因国家或地区不同而有变化的。在印度的麦当劳，你可以订购一个素食主义者 McAloo Tikki 汉堡；在德国，可以订购啤酒；在加拿大，可以订购麦香龙虾；在日本，可以订购绿茶香味的奶昔；在乌拉圭，可以在麦香龙虾汉堡上加个荷包蛋。

普遍性 存在全部社会中的文化模式或特征。

一般性 存在于部分社会中的文化模式或特征。

特殊性 独特的文化特质、模式或集成。

社会由于继承同一文化而共享相同的信仰和习俗。北美和澳大利亚等国家和地区普遍说英语，正是由于英国移民的缘故，一般性的另一个解释是在殖民统治中，一种更强大的文化习俗对另一种文化产生了影响。在许多国家，英语使用都能反映其被殖民的历史。如今，英语作为世界上最重要的商旅语言已经在许多国家广泛传播。

特殊性：文化模式

文化特殊性是指文化的特征或特性，它并非广泛存在，局限于一个地方、文化，或社会中。一方面，由于现代运输和通信系统的发展促进了文化采借，曾经局限分布在某些地方的特征变得更加普遍。有用、使大众满意且不与潜在适应者的文化价值观冲突的文化特征，比其他文化特征更有可能是借来的。不过，某些文化特质依然存在。例如，南卡罗来纳地区的芥末酱烤肉，密歇根上半岛地区的炖牛肉烤馅饼等特殊的食物。另一方面，麦当劳的食品来源已经从过去仅限于加州圣贝纳迪诺扩散到全世界。然而，还有许多罕见的文化特征，在被共享为文化普遍性的同时，还被共享为独立发明的结果。不同地方的人们针对类似的问题提出了相似的解决方案，周而复始，一些相似的文化原因已经导致了许多类似的文化成果。

在个人层面的文化特质或要素（如弓、箭、热狗、MTV），其特殊性可能会变得稀缺，而在一个更高的层次，特殊性会变得更为明显。不同文化是整合的，具有不同的模式，强调不同的事物，并展现了巨大的变化和多样性。当文化特征经过采借，就会被重新整合、再塑，以适应新环境。比如德国或巴西的MTV，与美国的MTV就不一样。如上所述，被塑造的独特的信仰、习俗和经验能够被特定的文化传统所采借。

思考许多文化中能够普遍观察到的诸如出生礼、青春期、婚礼、生育、葬礼等生命周期事件。尽管场景可能是同样的和普遍的，但仪式的模式却可能截然不同。在人们特别庆祝的事件上更能体现出文化差异。例如，比起奢侈的葬礼，美国人认为昂贵的婚礼更适当。而马达加斯加贝齐寮人则持相反观点，他们认为婚礼只是一个汇集了这对夫妇和双方为数不多的几个亲友的次要事件，而葬礼则有可能吸引千人，可以借此衡量死者的社会地位和终身成就。贝齐寮人认为，如果一个人可以花钱被厚葬在坟墓里与逝去的亲人永远团聚，就无需在世时花钱买房子。这与当代美国人对房屋所有权的追捧，以及通常采取的快而廉价的薄葬方式十分不同。火化已经成为美国人日益普遍的选择，而对贝齐寮人而言，祖先的骨头和文物是很重要的仪式物品。

不同文化在信仰、实践、整合，以及塑造模式等方面都有巨大差异。通过关注和试图解释另一种文化，人类学促使我们重新评价我们熟悉的思维方式。在充满文化多样性的世界，相较于其他文化，当代美国文化只是其中一种强大但却并非天生的文化变体。

明白了吗？ 你能描述普遍的、一般的和特殊的文化特质吗？

>> 文化与个体：能动性与实践

几代的人类学家已经对“系统”和“个体”之间的关系进行了理论化的研究。系统能够推出不同的概念，包括文化、社会、社会关系、社会结构等，但居住在这个系统内的个体，在一定程度上会受系统的规则和其他个体行为的限制。文化规则为人类行为提供指导，但是人们并不总是按规则行事。人们积极而富有创造性地运用他们的文化，并不是墨守成规（Handwerker，2009）。文化是动态的且不断变化的，人类不是像机器人一样只知道被动地守规矩。人们学习、阐释和执行相同规则的方式各有不同，又或者他们认为不同的规则更能满足他们各自的利益需求。文化一直以来饱受争议：不同社会群体之间为彼此的观念、价值观、目标和信仰的优劣而争斗，即使是最常见的符号，对在同一文化中的不同个人和团体的意义也不尽相同。麦当劳的金色拱门标志使一部分人流下口水，但却有可能遭到素食主义者的抗议；挥舞着的旗帜既可以表示支持战争，也能够表示反对。

即使是某些社会公约，人们也并不总是按照文化守则或者他人期待的那样行动，许多规则常常被打破（例如汽车超速）。一些人类学家认为应当将理想和现实的文化区分开来。理想的文化由人们应该做的行为和他们说出的行为组成，而真实的文化是指人类学家观察到的人们的实际行为。

文化是公共的，也是个体的，不仅存在于世间，也根植于每个人的心中。人类学家感兴趣的不仅仅是公共和集体行为，还有个体的思想、感觉和行为。个人与文化息息相关，因为人类的社会生活是一个个体内化公共（文化的）信息的意义过程。同时，无论独处还是群居，每个人都会通过将个人的（经常是多样的）理解转化为公共表达来对文化产生影响（D’Andrade，1984）。

传统意义上，文化已被视为代代相传的社会黏合剂，将人类共同的历史捆绑在一起，而不是当下被不断创建和修改了的东西。现在比较趋于将文化视为一个整体而非动态的过程。当代人类学家现在强调日常行动、实践或利用阻力塑造和再塑造文化（Gupta 和 Ferguson）。能动性是指个体在形成和改变文化身份时采用的单独的或群体的行动。

这种被称为“实践理论”（Ortner，1984）的文化研究方法认为，个人身处某个社会或文化中，都有不同的动机和意图，以及不同程度的力量和影响，这种对比与性别、年龄、种族、阶级或其他社会变量相关。实践理论重点关注个体的多样性（通过他们日常或特殊的行为和实践）如何影响、创建和改变他们生活的世界。实践理论也认可文化和个人之间的互动关系，系统在塑造个体应对外界的反应和经验的同时，个人也在社会运行及变迁的过程中发挥积极作用。实践理论同时也承认个人以及文化和社会的可变性和灵活性都具有局限性。

明白了吗？ 你能解释个体如何通过日常行为塑造或重塑文化吗？

>> 流行的、民间的与公共的文化

在当今世界，我们作为个体所参与的系统，不仅仅指在某个地方或区域内，而是全球性的。民族文化包括流行的、民间的、公共的文化，任何现代国家如美国、加拿大、意大利、巴西、印度和日本，都有它自己的国家民俗传统、媒体和流行文化，以及以法律为基础的公民文化、机构协会和公共场所行为准则。确定地说，这些内容也会产生国际性的散播效应。例如，美国、加拿大和印度的公民文化深受英国法律的影响。这种散播效应在流行文化方面表现得更为明显：美国电影闻名于世界；西蒙·考威尔（Simon Cowell）在英美两国媒体界首屈一指；你可以在洛杉矶学习瑜伽或宝莱坞的课程；哥斯拉能够到访纽约。尽管全球通行，但不同国家的流行文化仍不尽相同。

今天的消费模式反映并促进流行文化，为身处同一民族文化内的多数人提供大量有意义的共享影像、信息、产品、事件和庆祝活动。例如，在美国有感恩节、万圣节、同学会、舞会、真人秀，“晚餐-电影”约会和退休派对。尽管流行文化人人都可以接触到，但我们会有选择性地使用它，并且每个人赋予它的意义也各有千秋。约翰·菲斯克（John Fiske）在他的著作《理解流行文化》（1989）中指出，运用流行文化是一种创造性行为。例如，《欢乐合唱团》、Lady Gaga、世界杯、超级碗或饥饿游戏对其各自的粉丝而言所产生的意义是不同的。菲斯克说：“我做这些……（在流行文化中）的意义是我从中获得了快乐，并且它们对我的日常

生活有直接的帮助。”（1989：57）。人们创造性地利用或演绎纸媒、音乐、电视、电影、主题公园、名人、政客和其他流行文化产品。

一国的公民文化包括公民遵守法律制度，享有选举权以及宗教信仰自由。人们共享一种公共文化：这种公共文化体现在大众所接纳的社会行为、着装礼仪、演讲和公民在酒吧、公园、大卖场甚至悲伤的网站（如世贸大厦）等公共场合的表达方式（Morrill，Snow 和 White 2005；Shaffer，2008）。

>> 文化的层次

人类学家认为文化系统（文化水平）的范围可能大于或小于单一民族国家。我们在前面小节中研究过的**民族文化**（national culture），体现了同一国家的公民所共享的信仰，习得的行为模式、价值观和机构；而**国际的文化**（international culture）则能够跨越国界。由于文化是通过学习而不是依靠基因传递，因此文化特质可以在不同的群体间相互采借或扩散传播。

民族文化 同一个国家的公民所共享的文化经验、信仰、习得的行为模式和价值观。

国际文化 超越国界的文化传统。

亚文化 在同一复杂社会中共存的与亚社会群体有关的不同的文化传统。

由于受到文化传播、人口迁移、殖民主义和全球化等因素的影响，许多文化特质和模式已在世界范围内被接受。如今的美国、加拿大、英国和澳大利亚，由于其语言和文化都源自英国，所以这些国家具有一些相似的文化特征；不同国家的罗马天主教徒在各自教堂中共享共同的信仰、符号、经验和价值观；世界杯已经成为人人都熟知其规则的世界性足球文化活动。

文化有时也可能比民族国更小（Jenks，2005）。尽管生活在同一个国家的人共享同一民族文化传统，但文化具有多样性。个人、家庭、社区、地区、阶级和在同一文化中的其他组织，尽管共享同一文化传统，但在学习经验方面也存在差异。**亚文化**（subculture）是在同一个复杂社会中，特定人群所持有的不同的符号化的文化模式和传统。在美国、加拿大等大国中，由于地区、种族、语言、阶层和宗教的差异，会产生多元亚文化。犹太教、浸信会、罗马天主教等由于宗教背景不同，产生了亚文化差异；美国南方人和北方人即使身处同一国家，由于国家和地区的历史渊源不同导致其信仰、价值观和习惯行为存在差异；在同一国家，说法语的加拿大人有时会和讲英语的加拿大人针锋相对。意大利裔的美国人和爱尔兰裔、波兰裔、非洲裔的美国人拥有不同的民族习俗。表 2-2 列了一些关于运动和食物的例子来说明不同文化层级间的差异。

如今，许多人类学家不愿使用亚文化这个术语，他们觉得前缀“亚”是攻击性的，因为它意味着“较低的 / 次要的”。“亚文化”因此可能被视为“次于”或某种程度上不如主流的、精英的或民族的文化。我们所讨论的文化层次，不包含这样的含义。我们的观点是，国家可能包含许多拥有不同文化定义的群组。如前所述，文化是有争议的。各种团体可能会在与其他群体或国家的比较中，努力促使自己的行为、信仰和价值观更加正确、有价值。

明白了吗？ 你能分别描述大于和小于民族国家范围的文化层次吗？

>> 族群中心主义、文化相对主义与人权

认为自己的文化更加优越，并根据自己的文化价值观来判断其他文化中的人的行为和信仰的倾向，称为**族群中心主义**（Ethnocentrism）。族群中心主义有助于促进共享同一个文化传统的人们更加团结，更

具社区感和价值感。我们常听到关于种族优越感的陈述，这种观点认为自己所熟悉的解释、观点和习俗就是真实、正确、适当和道德的，从而视异己行为为陌生的、不道德的或野蛮的，甚至经常将其他社会的人视为未完全开化的人，那些异己群体的成员可能被斥责为食人族、小偷或者不埋葬尸体的野蛮人。

文化相对主义（Cultural Relativism）反对族群中心主义的观点，认为一种文化不应该成为评判其他文化行为的标准。当然，这种观点也存在问题。极端文化相对主义者认为不存在更优秀、国际化的普世道德，所有文化的道德和伦理规则都应该得到平等的尊重。

如今，人权拥护者们开始逐渐挑战许多文化相对主义的原则。例如，在部分非洲的传统社会中仍存在割礼现象。人权拥护者，特别是妇女权益组织强烈反对这种做法，认为这侵犯了基本人权——对自身身体和性欲的控制权。一些接受了西方国家移民文化的非洲国家已经禁止或阻止这种现象。在美国未经本人允许，就给一个男婴进行包皮环切这是正确的吗？那么澳大利亚和非洲部分地区要求青少年接受集体割礼以履行文化传统的行为是合适的吗？

一些人认为，相对主义的问题可以通过区分方法和道德相对主义来解决（Kellenberger，2008）。从人类学的视角，文化相对主义并不是一种道德姿态，它只是一种方法论：要充分了解另一种文化，你必须设法了解这种文化中的人看待事物的方式。什么刺激他们的行为？他们的所思所行是什么？这种方法并不排除做出道德判断或采取行动。当面对纳粹暴行时，一个方法论相对主义者在道德上有义务停止人类学研究，而采取行动干预。以割礼为例，人类学家通过这些参与其中的人们的观点来观察具体场景，从而理解割礼实践的动机。但与此同时也面临着道德问题，即是否要阻止割礼行为。我们应该或多或少了解到生活在同一个社会和团体中的男女老少对什么是正确的、必要的和道德的，都有不同的看法。

人权（humanrights）包括言论自由、无迫害的宗教信仰，不被谋杀、伤害、奴役或监禁等权利。这些权利是不可剥夺和国际化的。四个联合国文件列举了几乎所有已被国际公认的人权。这些文件包括《联合国宪章》《世界人权宣言》《经济、社会和文化权利公约》及《公民权利和政治权利公约》。

文化思考

举一个或多个你遇到的与族群中心主义相关的例子。

族群中心主义 认为自己的文化是最好，评判不同人群的文化的行为和信仰是按照自己的标准。

文化相对主义 认为文化有差异，并尊重文化差异的观点。人类学是以方法论为特征的，而不是道德相对主义：为了充分了解另一种文化，人类学家试图理解其成员的信仰和动机。方法论上的相对主义并不排除做出道德判断或采取行动。

表2-2 文化层次：以运动和食品为例

文化的层次	运动项目举例	食物举例
国际文化	足球、篮球	比萨
民族文化	大脚车拉力赛	苹果派
亚文化	室外滚球	大乔烤猪肉（南卡罗来纳）

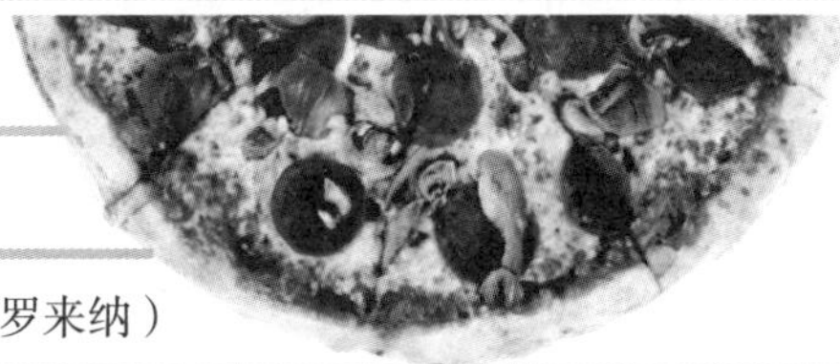

文化思考

基于文化相对主义的认可范围和基于人权抗争的反对之间的界线究竟是什么？一些例子显而易见：例如，大屠杀显然是不可接受的。然而，一些当下争议的问题是什么？涉及包办婚姻是否总是错的？女性（或男性）割礼、毒品交易等问题上。其他有争议的问题，要求文化理解促使评估他们是否涉及不可接受的人权侵犯。

人权 人权人人都有，通常包括言论自由的权利，持有宗教信仰而不受迫害、不受奴役等权利。

文化权利 指某些赋予群体而不是个人，如宗教、少数民族和土著社会的权利。

知识产权（IPR）是每一个社会的文化基础——它的核心信念和原则。知识产权是一种群体权力（文化权利），允许土著人掌控可能知道和使用他们的集体知识和其应用的人。

人权运动的兴起唤醒了保护文化权利的意识。与人权不同，**文化权利**（cultural rights）是既定的，不是个人的，而是属于群体的，如宗教和少数族群及本土社会。文化权利包括一系列保护其文化的能力，使得子孙后代能够将祖先的语言文化传承下去，而不是被它所处国家的经济基础所剥夺（Greaves，1995）。**知识产权**（Intellectual Property Rights，缩写为IPR）这一相关概念的产生就是为了保护每一个社会的文化基础（它的核心信念、知识和惯例，Merry，2006）。许多传统文化知识具有商业价值。例如，民族医学（传统的医学知识和技术）、化妆品、培育植物、食物、民俗、艺术、工艺品、歌曲、舞蹈、服装、仪式（Nazarea，2006）。根据知识产权（IPR）的概念，一个特定的组织可能决定地方性知识及其产物如何被使用和分布，以及所需补偿的水平。

文化扩散 不同文化间直接或间接地借用。

文化权利的概念与文化相对主义观念相关，因此前文讨论过的问题再次被提出。当文化权利妨碍到人权时该怎么办？我们认为，人类学的主要工作是准确地描述并解释文化现象。然而，每一个人类学家都有权利选择其开展田野工作的地点。一些人类学家选择不去研究一个特定的文化，因为他们提前或在早期的田野工作中发现了某些道德败坏的行为实践。人类学家尊重人类的多样性。大多数民族志学者试图客观、准确、明智地描述和记录他者文化。然而，客观性、敏感性和跨文化的视角并不意味着人类学家忽视正义和道德的国际标准。你怎么认为？

明白了吗？ 举出一个人类学家在评估人权和应用族群中心主义、文化相对主义及人权这些术语时尊重多样性的例子。

>> 文化变迁的机制

文化为什么变迁？如何变迁？我们已经举出一些关于早期**文化扩散**（cultural diffusion）或文化采借的例子。由于文化从未被真正孤立过，这样的信息交换和产品交换贯穿于人类历史。相邻群体之间联系一直存在，并扩展到更广袤的区域（Boas，1940/1966）。当两种文化相互贸易、通婚或者一方对另一种文化开战，传播是直接进行的。一种文化征服另一个，将其习俗施加于被统治的群体，传播是被迫的。间接的传播是一些物品或特征从A群体通过B群体与C群体传播流动的情况，而A和C原本没有任何直接联系。在这种情况下，B群体可能是一些从各地给新市场带来产品的商人；或者在地理位置上，B位于A和C之间，以便它能将从A处获得的物品投入到C处，反之亦然。当今世界，很多国际化的传播都是间接的，文化通过大众媒体和先进的信息技术进行传播。

学习小贴士

文化变迁的三种机制是扩散（直接、强制和间接）、濡化和独立发明。

濡化（acculturation）是第二种文化变迁的机制，是不同族群持续不断交往所引发的文化特征的融合和交流。通过接触，文化一方或者双方都被改变（Redfield，Linton 和 Herskovits，1936）。随着濡化，部分文化会发生改变，但每个族群仍有独特之处。濡化的一个例子是“洋泾浜”语言——为缓解文化不同但发生联系的成员之间沟通而出现的一种混合语言。这通常与贸易和殖民情形相关。例如，“洋泾浜”英语是一种简化了的英语形式，它糅合了英语语法和母语语法，这种英语最初用于中国沿海贸易市场中。

后来在巴布亚新几内亚和西非出现了类似的洋泾浜语言。文化由于持续接触而发生变化，食物、菜谱、音乐、舞蹈、服装、工具和技术逐渐混合在一起。

独立发明（independent invention）是人类创造性地解决问题进行创新的过程——也是第三种文化变迁的机制。面对类似的问题和挑战，来自不同社会的人们以相似的方式进行发明改造，这也是文化代代相传的原因之一。这从中东地区和墨西哥农业的独立发明可见一斑。在人类历史上，一些重大发明以早期创新进行传播。通常一个重大的发明，例如农业，能够引发一系列相关变迁。这些经济革命已经具有社会与文化反应。因此，在墨西哥与中东各国，农业导致了很多社会、政治和法律变化，甚至包括财产观念及财富、阶级和权力的区别（Naylor，1996）。

>> 全球化

全球化（globalization）概念包含了一系列促进全世界范围发生变化的过程，在这个过程中越来越多的国家和民众相互关联、彼此依赖。现代交通和通信系统的日新月异，使得经济和政治力量也日益全球化。全球化力量还包括国际贸易和金融、旅行和旅游业、跨国迁移和包括互联网媒体及其他高科技信息流动的媒体（Appadurai 等，2001；Friedman 和 Friedman，2008；Kjaerulff，2010；Scholte，2000）。新经济联盟（在成员国遇到相当大的阻力）已经通过世界贸易组织（WTO）、国际货币基金组织（IMF）和欧盟（EU）共同创建。

> **濡化** 不同文化直接持续接触时导致的文化特征的交换；部分或全部族群的文化模式可能发生改变，但各个群体仍有独特之处。
>
> **独立发明** 相同的文化特质或模式由于类似需求和环境变化，在不同文化中的变化。
>
> **全球化** 包括传播、迁移、濡化在内的一系列过程，能够促进如今这个相互关联的世界的变革。

包括互联网在内的媒体在全球化中扮演着重要角色。远距离通信比以往任何时候都更便捷，并且几乎覆盖全球。我现在可以给在巴西阿勒姆波普（Arembepe）地区的家人打电话或发邮件，而在我开始社区研究的初期，这里电话十分稀少，连邮政服务都十分罕见。如今，通过数以百计的网址，人人都能查到关于阿勒姆波普的任何信息，包括潜在的游客。媒体在传播有关产品、服务、权利、机构、生活方式和全球化的成本与效益的信息时，它们能够帮助推动跨国消费文化的形成。跨国移民在与家人联系（电话、短信、邮件、探访、寄钱等）时传递着信息和资源。从某种意义上来说，这样的人在不同的地方和文化中生活能够立即适应其中。他们学会根据不同情境调适行为和身份来扮演各种社会角色（Cresswell，2006）。

全球化影响广泛，却并不总是受欢迎。

学习小贴士

全球化是一个复杂的过程，主要包括以下三个特点。

- 提高全球政治和经济的相互依存度。
- 增强人员的流动性（移民和旅行）。
- 全球范围内高效快捷的通信技术。

当地人必须越来越多地应对地区、国家和世界等日渐扩大的体系所产生的力量。一群外来者和潜在的变革推动者正在侵占人们生活的方方面面。旅游业已经成为世界头号工业（Holden，2005）。经济发展部门和媒体在宣扬这样一种观点，即工作应该是为了金钱而不是维持生存。原住民和传统社会衍生出各种各样的策略来应对其自主权、身份和生计所遭受的威胁（Maybury-Lewis，2002）。包括前面所讨论的权利运动在内的文化表达和政治动员的新形式，正在从一些新兴的地方、区域、国家和国际性的文化力量间相互作用过程中涌现（Ong 和 Collier 等，2005）。

事实表明反对全球化的政治动员是常规的抗议，就像近年来主要国际贸易会议的遭遇，其中最大的抗议活动发生在 1999 年 12 月西雅图举行的一场会议，会场外爆发了一次大型的反世贸组织的暴力示威。抗议者持续抗议世贸组织、国际货币基金组织和世界银行的政策。2009 年 11 月，在世贸组织日内瓦会议开幕式上，抗议的游行示威者和警方发生冲突。世贸组织称，出席该会议的 153 名成员将设法重振世界贸易，使全球经济走出衰退（Huffington Post，2009）。

WTO 反对者声称企业之间促进财富增长的协议是以农民、工人和其他低端经济群体为代价的。环保主义者要求进行更严格的环境影响评估。人权组织认为，国际发展政策仅仅对大型企业有益，而并没有惠及贫穷国家及其公民。工会主义者倡导全球统一的劳工标准。这样的抗议对全球化会有作用吗？你认为什么是全球化？

明白了吗？ 请列举并定义文化变迁的机制。

参与进来！

采访一位来自不同国家的亲友，也可以请朋友推荐一位。如果你不认识任何人，可能朋友能够推荐一些他所知道的人。询问其特定的信仰、传统、价值观或符号。哪一种观点或习俗可能在美国人眼中是奇怪或不适合的？有什么是你的被访者觉得美国民族文化中奇怪的地方？记录下你从他那里听到的族群中心主义以及任何你在访谈过程中所经历的族群中心主义的观点。

从哲学课、心理课、历史课和人类学课上学到的比我在其他任何表演课上学到的关于表演的知识都多。

蒂姆·罗宾斯（Tim Robbins）

本章回顾

I. 什么是文化，我们为什么要学习它？

- 文化乃是指人类特有的通过学习和符号所形成的习惯性行为和信仰。我们研究文化来理解人类状况：人类发展文化的能力起源于灵长类祖先，我们共享人类的文化能力。文化的独特和普遍的形式包括我们如何作为群体成员进行思考和行动，我们如何组织和改变我们的生活，以及我们与他人的关系，文化研究也能够教导我们理解与自然的独特关系。理解我们作为具有生理和文化特征的生物，理解我们是否适应环境的互动。

II. 文化和个人之间的关系是什么？

- 文化规则限制个人但不能支配其行为。人们能够积极且富有创造性地应用文化。他们以不同的方式解释并实践规则，强调规则应该最符合其需求，而且向规则发出挑战和质疑。人对社会功能及变革发挥积极作用。在内化文化信息的含义后，人们通过将他们的个人（通常是不同的）理解转化为公共表达，从而对文化产生影响。

III. 文化如何变迁？

- 文化变迁主要包括三种机制：传播、濡化、独立发明。传播是群体间相互借用的文化特征的过程。濡化是指群体持续直接接触导致的文化特征的交换。独立发明是在可比较的环境下，同一文化特质在不同文化中的发展。此外，全球化是一系列包括传播、濡化和迁移在内的过程，能够促进当代世界变革，使得越来越多的国家和民族产生相互依存的联系。

突击测验

选择题：

1. 下列哪一项不属于个体习得文化的方式？
   a. 基因遗传
   b. 有意识和无意识的学习
   c. 观察
   d. 直接教学

2. 下列哪一项关于文化的描述是不正确的？
   a. 尽管濡化的手段不断提高，人类仍需生理调适
   b. 文化传统通过学习传承
   c. 文化模式可以为特殊群体带来短期收益，

但会威胁到集团的长期生存

d. 如果某些文化模式能够带来短期利益，也有利于长远发展

3. 本章所讨论的人类与类人猿异同在于：

a. 所有人科动物已经进化产生相同的文化能力

b. 强调文化的进化基础以及生物与文化之间的互动

c. 遗传学在决定人类独特的进化路径方面所发挥的作用比文化更重要

d. 阐释缺乏可见发情周期的女性如何决定人类独特的文化能力

4. 人类的“心智一致说”是大多数人类学家所认同的原则，这意味着：

a. 心理学是心理学学科的专属领域

b. 来自世界各地的人们结合所生育的后代不能获得他们所处国家共同的民族文化

c. 尽管个人的情感和智力倾向不同，但所有的人类都具有相同的文化能力

d. 心理属性是由基因决定的

5. 人类学家发现，某些生物、心理、社会和文化特性是普遍的，存在于任何一个社会。以下哪一项不属于普遍特征：

a. 婴儿长期依赖

b. 季节性（而不是全年性）的性欲

c. 群居生活，并过某种形式的家庭生活

d. 使用符号、语言和工具的能力

6. 人类学家指出，文化往往产生争议。这意味着：

a. 同一社会的不同群体在思想、价值观、目标和信仰方面占主导优势

b. 对不同个人和群体，符号可能有不同的含义，即使是文化中最常见的人们约定俗成的符号

c. 人是被动的，必须遵循他们的文化传统

d.“真正的”文化（个体在社会中的实际行为）都是人类学最重要的研究主题。然而“理想的”文化没有意义

7. 人类学学科中，文化相对主义是：

a. 只是从方法论的角度出发，不涉道德判断

b. 对其他文化的道德和方法论立场相同

c. 是道德相对主义的同义词

d. 是一种政治立场，为任何文化捍卫人权

8. 使国家和人民联系日益紧密、相互依赖的过程被称为：

a. 濡化

b. 独立发明

c. 传播

d. 全球化

填空题：

1. 文化特征、模式和发明也可以 _______，威胁族群的可持续存在（生存和繁殖）。

2. 根据莱斯利·怀特（Leslie White）的说法，文化与人性是当人类开始使用 ______ 就出现的。

3. 术语 _____ 指的是任何化石或人类、黑猩猩、大猩猩等生命痕迹，而术语 ___ 仅指人类的化石或健在的人类。

4. 与人权不同，_____ 是某些赋予团体（包括土著人群、宗教群体和少数民族）而非个体的权利。

答案：1. a；2. d；3. b；4. c；5. b；6.a；7.a；8.d
1. 适应不良；2. 象征；3. 人科动物，人亚科原人；4. 文化权利

Culture

第三章

从事人类学工作

本章要点

文化人类学的研究方法

民族志：人类学的独特策略

民族志技巧

问卷调查

从事人类学的对与错：伦理问题

了解我们自身

“最近在做挖掘吗?”向你的老师提出这个问题，然后再问他/她实际上多久挖掘一次。值得一提的是人类学有四个分支，而只有两个分支（考古学和生物人类学）需要大量的挖掘，至少是对土地进行挖掘。确切地说，文化人类学“挖掘出”了不同生活方式的相关信息。从传统意义上来说，文化人类学从事的是变种的工作，就像电影《星际迷航》中那样，如果说不是寻找新的生命和文明，但至少是不同的生命和文明。

尽管全球化的进程无法阻挡，人类学审视下的文化多样性像从前一样繁盛，因为人类学家当前研究的是现代国家。今天的文化人类学家可能会像研究南太平洋的特洛布里恩岛的水手那样，研究迈阿密的艺术家或者贝鲁特的银行家。然而，我们不能忘记的是人类学确实起源于非西方，也非工业化的社会。它的研究技巧是从研究少数人口中发展出来的。即使是在现代国家工作，人类学家仍认为研究少数群体的民族志是一种探索人们如何生活和做决定的绝佳方式。

在这门课程开始之前，你知道一些人类学家的名字吗？如果知道，是哪些呢？对于大众来说，由于研究领域的不同，生物人类学较文化人类学来说更广为人知。你们更可能看到的是珍妮·古道尔（Jane Goodall）与黑猩猩的影片，或者是一位古人类学者拿着一块头盖骨的影片，而不是一位正在工作的民族志学者。有一位特别聪慧而富有魅力的文化人类学家，同时也是一位重要的公众人物，于1978年辞世，她就是玛格丽塔·米德（Margaret Mead）。米德以对萨摩亚青年的性行为以及新几内亚的性别角色研究而闻名，她可能是有史以来最著名的人类学家。她曾经频繁地出现在NBC电视台的《今夜秀》节目中。在她所有的活动领域中，包括教书、博物馆工作、电视台、人类学影视、流行读物和杂志，米德促使美国人欣赏人类学与其对日常生活的理解之间的相关性。她的作品会在下文中反复使用。

>> 文化人类学的研究方法

文化人类学与社会学都对社会关系、社会组织和行为感兴趣。社会学和人类学这两门学科的创立者就诞生在早期的社会学学生中，如法国学者埃米尔·涂尔干（Émile Durkheim）。涂尔干研究了澳大利亚土著的宗教（Durkheim，1912/2001），同时也研究了集体行为，例如，在现代国家中的自杀率（Durkheim，1897/1951）。人类学与社会学之间的关键分野源于各自研究不同类型的社会：社会学家将注意力集中在工业化的西方社会，人类学家则关注非工业化的社会。针对不同类型的社会，开发出了不同的数据收集与分析方法。为了研究复杂的大国，社会学家越来越依赖于问卷和其他能获得大量定量数据的方式。多年来，抽样和统计工具已经成为社会学的基础，然而统计训练对于人类学来说却并没有那么普遍（虽然随着人类学家对现代社会的研究越来越多，这种局面已经在某种程度上正在改变）。

参与观察 一种具有代表性的民族志方法，参与到研究者所观察、描述和分析的事件中去。

你了解吗

1925 年，著名的人类学家、时年 25 岁的玛格丽特·米德（Margaret Mead），乘着轮船来到了萨摩亚岛，并在那里度过了 9 个月，研究当地的青年人。回到美国后，她成了美国最有名的人类学家，通过写作和演讲向公众呈现她的研究成果，直到 1978 年去世。

学习小贴士

社会学与人类学之间关键的不同在于，社会学传统的关注点是用定量方法研究工业化的西方社会，而人类学传统的关注点则是在田野工作中运用民族志的手段研究非工业化的社会。

传统的民族学者研究一些小规模的、无书写文字的群体，同时采用与其情境相适应的民族志方法。“民族志是一个研究的过程，在这个过程中，研究者近距离观察、记录，同时参与到另一个文化的日常生活中——一种被认为是田野工作方法的经历，然后描述这一文化，着重强调描述性的细节”。在上述这段马库斯（Marcus G.E.）和费希尔（Fischer）的引文中有一个重要的方法就是**参与观察**（participant observation），即参与到研究者所观察、描述和分析的事件中去。

>> 民族志：人类学的独特策略

早期，一些学者从事印第安（美国土著）居留地的研究，他们旅行到遥远的地方去研究觅食者（狩猎者和采集者）和栽培者这类小规模的群体，这些经历使得人类学发展成为一门独立的领域。从传统意义上来说，成为文化人类学家的过程要求有在其他社会中的田野经历。早期的民族志学者住在一些小规模的、相对来说隔离的社会中，这些社会只有一些简单的技术和经济。

这样，相比于大规模的现代工业国家，民族志作为一种研究方法在那些文化融合更强且社会差距更小的社会中出现了。传统意义上来说，民族志学者曾试图去理解一个独特文化的全貌（或者更现实地说，尽他们所能提供有关时间和观念的限制）。为了追寻这个目标，民族志学者采用了一种自由的方法去收集信息。在一个给定的社会或社区中，民族志学者从一个环境转移到另一个环境，从一个地方转移到另一个地方，从一个主题转移到另一个主题，去发现社会生活的整体性和相互关联性。通过扩展我们有关人类多样性的知识，民族志提供了一种有关人类行为和社会生活普遍性的基础。民族志学者通过不同的手法将其他奇特的生活方式整合在一起。人类学者通常会运用好几种（但很少全部用上）在这里讨论到的方法（Bernard，2006；Wolcott，2008）。

≫ 民族志技巧

民族志学者运用的典型田野方法包括以下几条。

- 直接对行为进行第一手观察，包括参与观察。
- 不同程度的交谈，包括每天的闲谈——帮助维持交往并提供事情进展的信息；同时也有深度访谈，可以是无结构的，也可以是结构式的。
- 系谱学方法。
- 与关键报道人和咨询员一起进行的、有关特定公共生活区域的详细工作。
- 在深度访谈中，通常以对特定人（叙述者）的生活史收集为主。
- 发现当地人（本土）的信仰和观点，这有可能与民族志学者自己的观察和结论相对比。
- 带有问题意识的研究。
- 纵贯研究——对某个地点进行连续的长时段研究。
- 团队研究——不同民族志学者的合作研究。
- 多点研究，这种研究关注人们参与的不同地点和系统。

> **文化思考**
>
> 同某人的谈话可能类似于非正式访谈，也是一种更好的对其进行了解的途径。在一个自然的非正式的谈话中，你能从与你一同站在很长而缓慢前行的队列中紧邻你的人的谈话中了解到什么信息呢？尝试一下，像一个人类学家那样去思考。

观察与参与观察

民族志学者一定会对日常生活、季节性时间以及不寻常事件的细节备加关注。他们会将其所见如实记录下来。事情再也不会像他们一开始进入田野时所见到的那样陌生。民族志学者最终会习惯并接受当初看来奇怪的事情，认为它们是正常的文化类型。在田野中待上一年以上，能让民族志学者重新回到其初到时的季节，而当时初来乍到某些事件和过程由于不熟悉和文化冲突而被错过了。

很多民族志学者在个人日记中记录他们的感想，这个日记与正式的田野笔记是分开的。这些早期感想的记录会流露出文化多元性中一些最基本的方面。这些方面包括人们制造出来的特殊气味与噪声，吃饭时是怎样捂住嘴巴的，以及他们是怎样盯着别人的。这些方式如此基本以至于看起来近乎琐碎，部分可以理解为是被布罗尼斯拉夫·马林诺夫斯基（Bronislaw Malinowski）所称的“当地生活和特有行为无法估量的事物”（Malinowski，1922/1961：20）。这些文化的特点都太基础了，以致当地人认为这些文化是理所当然的，甚至不愿意讨论它，而没有经验的人类学者透过他们未落入文化习俗的眼睛将这些文化捡拾了起来。其后，民族志学者们开始变得越来越熟悉，他们逐渐变得无意识。最初的印象是很有价值的，因此需要被记录下来。最重要的是，针对在田野中所见到的事情，民族志学者应该成为精确的观察家、记录者和报告者。

民族志学者努力建立亲密关系——一种基于个人联系和当地人建立的友好工作关系。他们最特有的建立关系的过程之一就是参与观察，这种方法使我们参与到我们所研究的共同体生活中去。正如人类生活在他人之中，我们不可能成为完全公正和超然的观察者。我们参与到正在观察的事件和过程中去，然后尝试理解它们。通过参与，我们看到了它们是如何被组织和被管理的，由此我们了解了为何当地人会认为某些事情意义深远。

在巴西阿勒姆波普，康拉德·科塔克（Conrad Kottak）通过在大西洋和当地渔夫一起航海来研究渔业。他用自己的吉普车载过营养不良的婴儿、怀孕的母亲，有一次还载一个“被某种灵魂附身”的少女。所有这些人都需要去咨询村庄外的专家。他在阿勒姆波普的庆典上跳舞，喝祭酒来庆祝新生，还成为一个村子里女孩的教父。在马达加斯加北部的一个村庄里，丽莎·格宗（Lisa Gezon）被看成是某个家庭中的一员。在早期的田野工作中，她辅导她的马达加斯加“女儿”，参加了她“父亲”的葬礼。多年以后，她自己的小孩（来自美国）来到那个村庄参加一个重要的仪式，这个仪式标志着他们在这个社区中的关系：他们象征性地剪掉了头发，接受了银项链，同时得到了长者和祖先的祝福。大多数人类学者都会有类似的田野经验。学生与被研究者，民族志学者与被研究的共同体，他们所具有的共同人性，使得参与观察成为一种必然。

谈话、访谈与访谈提纲

参与到当地人的生活中意味着民族志学者得不断地与他们对话并提出问题。随着我们对当地语言和文化的知识掌握得越来越多，我们的理解也更深入。学习一门田野语言有几步。首先是命名阶段——逐个询问我们身边事物的名称。之后我们就能提出更复杂的问题，并理解答案。我们开始明白两个村民之间的对话。如果我们的语言知识越来越丰富，我们最终能够理解激烈的公共辩论和集体讨论。

丽莎·格宗在马达加斯加的迭戈苏瓦雷斯同她的朋友（右边）坐在一起，她的朋友正在卖一种茶叶，这是一种能够让人们通过咀嚼而获得兴奋效应的多叶植物。丽莎的左边就是她马达加斯加的朋友的女儿和姐妹。

科塔克曾在阿勒姆波普和马达加斯加使用过一种数据收集方法，包括了涵盖访谈提纲在内的民族志调查。1964 年，科塔克及其田野工作的同事试着完成对160户阿勒姆波普家庭的访谈提纲。他们几乎进入了每一个家庭（只有不到5%的家庭拒绝参与）访问了打印表上的一系列问题。这些结果给他们提供了有关这个村庄人口普查的基本信息。他们记录了每个家庭中所有成员的姓名、年龄和性别。在八页表格中，他们收集了有关家庭类型、信仰、现在及过去的工作、收入、花销、饮食、财产等信息。

虽然他们正在做调查，但是他们的方法与在大工业化国家中进行调查的社会学家和其他社会科学家所使用的方法是不同的。正如接下来会讨论的那样，社会科学家们进行的调查研究包括抽样（从一个大的总体中选择出一个小的、可以控制的研究群体）。科塔克和他的同事没有从一个总体中选择出一部分样本，而是尽可能访问在这个共同体中的所有家庭（也就是说，他们有一个总体的样本）。他们使用的是访谈提纲而不是问卷。根据**访谈提纲**（interview schedule），民族志学者与当地人面对面交谈、提问并记下答案。问卷调查的过程倾向于更直接和去个人化，通常都是被访者将答案填在问卷中。

科塔克获取一个总样本的目标使他能见到村中的每一个人，并建立起了亲密关系。几十年之后，阿勒姆波普人仍然能热情谈论起当年那些民族志学者是如何对他们兴趣盎然，造访他们的家庭并向他们提出问题的。这种状况与村里人所认识的村外人的情形形成了鲜明对比，后者认为村里人太过穷困与落后以致无需被认真对待。

然而，与其他的调查研究一样，科塔克的访谈提纲确实收集到了定量信息。这给他的研究团队评估村庄生活的方式和例外奠定了基础。他们的提纲包括了一系列面向所有人的核心问题。在访谈中，常常会出现有趣的议题，他们会在当时或之后对这些议题进行追问。

科塔克和他的同事们通过这样的方式研究了村庄生活的许多方面。例如，当他们想要了解有关当地分娩的细节时，一位女性助产师就成了他们找到的重要文化咨询者。另一个女人在一个非裔巴西人教派中实习了一段时间。她还定期去那里学习、跳舞，并慢慢为之着迷了。后来她成为了那个教派的专家。

访谈提纲 构建一个正式访谈的民族志工具。为引导访谈而提前备好的表格，家户与个体在系统上是有所准备的。这与问卷调查形成鲜明对比，因为调查者与被访者之间存在私人联系，并且会记录下人们的回答。

因此，他们的访谈提纲提供了一个结构，这个结构指导但不限制他们做研究，并使他们的民族志工作既是定量的，也是定性的。定量的部分包括收集到的一些基本信息，它们随后可以用于统计分析；定性的部分来自开放性的问题，无结构访谈，八卦闲聊，以及对关键访谈对象的研究。

系谱学方法

作为普通人，我们很多人都通过追踪家谱来了解自身的家族关系。形形色色的电脑程式和网站，如祖先网（ancestry.com），使我们能够追踪自己“家庭树”（family trees）以及亲疏程度。**系谱学方法**（genealogical method）是一种完善的民族志技巧。早期的民族志学者发展符号和符码来处理家族关系、血统和婚姻。系谱在非工业化社会的社会组织中是一个非常重要的组成部分，在这样的社会中，人们每天都和自己的亲戚一起工作生活。人类学家需要收集系谱数据来理解当下的社会关系，并重构历史。在很多非工业化的社会里，家族关系对社会生活来说是非常基础的。人类学家甚至称这样的文化为“以家族关系为基础的文化”。每个人都是相互关联的，并且每个人和他的亲戚度过了生命中的大部分时间。基于特定亲属关系上的行为准则是每天生活的基础（Carsten，2004）。婚姻在非工业化社会的

系谱学方法 民族志学者利用图表和符号发现并记录亲属关系、世系、婚姻的程序。

组织过程中也是非常重要的，因为村民、部落和宗族中的策略性婚姻创造着政治联盟。

关键文化顾问

每个社区中偶然会有一些人，他们的经历、才能和训练使其能够提供生活中特定方面最完整和最有用的信息。这些人就是**关键文化顾问**（key cultural consultant），也称为重要的信息提供者。伊瓦图是马达加斯加的一个贝齐寮人（Betsileo）村庄，在那里，科塔克度过了他的大半生，有一个叫路卡徒（Rakoto）的人对村庄的历史特别了解。当科塔克请求他协助其了解葬于村庄坟墓中的五六十个人的系谱时，他找来了自己的兄弟图斯投法泽（Tuesdaysfather），后者对此更为了解。1919年左右，图斯投法泽在一场几乎毁灭马达加斯加甚至世界的传染病中幸存下来。他对这种疾病具有免疫抗体，使得他接受了埋葬自己死去亲人的残酷任务。他对每一个被埋葬在坟墓中的人的家世都做了了解。图斯投法泽帮助科塔克做了坟墓系谱学，路卡徒则在提供已故村民的个人信息上帮了忙。

关键文化顾问 一位对当地生活的特定方面的专家，他们还帮助民族志学者对其进行理解。

生活史

在非工业化的社会里，就好像在我们现处的社会中那样，个人的性格、兴趣和能力也是多样化的。一些村民显得对民族志学者的工作更有兴趣，他们比其他人更友好，而且更有助于开展研究工作。像我们在家一样，人类学家在田野中也会发展出自己的好恶。通常，当我们发现有些人特别有趣时，我们就会收集他的**生活史**（life history）。这样一种对生活经验的回忆，比其他方式提供了更隐秘的和个人化的文化肖像。用于后期回顾与分析的且被记录或者留影下来的生活史，揭露了特定群体是如何理解并促成影响其生活的变化并对其做出反应的。由于这种描述关注人们在面对同样难题时是如何做出理解和处理的，因而它们能说明存在于每个共同体内的多元性。很多民族志学者将收集生活史当作他们研究策略中非常重要的一部分。

生活史 由文化顾问提供的有关既存文化与文化变迁的个人文化肖像。

主位的 关注于本土解释与标准意义的研究策略。

学习小贴士

访谈提纲同时使用定性和定量的方法。它与调查的相似之处在于从很多人那里收集数据，而这些数据是可以用来做统计分析的；它与民族志研究的相似之处在于研究者与被访者坐在一起，提出问题并记下答案。

当地的信仰和观念与民族志学者的信仰和观念

民族志的目标之一就是去发现当地（本地）居民的观点、信仰和感想，然后拿这些东西去和民族志学者自己的观察与结论做对比。在田野中，民族志学者通常会将主位（当地人导向的）与客位（科学家导向的）这两种研究策略结合起来。这两个术语来源于语言学家，已经被各种人类学家拿来运用在民族志当中了。马文·哈里斯（Marvin Harris，1968/2001）使这一术语的以下意义普遍化：一种**主位的**（emic）方法研究当地人是如何思考的。他们是如何感知世界，并对其进行分类的？他们的行为准则是什么？对他们来说，什么是有意义的？他们是怎样想象并解释事物的？通过主位的研究，民族志学者寻找“当地人的观点”，依赖当地人来解释事情，并确定某事是否重要。**文化顾问**（cultural consultant）或信息提供人这一术语，指的是民族志学者在田野中结识的人，这些人从主位的观点告诉研究者他们的文化。

客位的（etic，科学家导向的）的方法将注意力从当地的观察、分类、解释和理解转向人类学家的。客位的方法认识到一个文化中的成员往往因过于习惯其文化以至于无法客观看待它们。采用客位的研究方法，民族志学者强调他（观察者）所注意到的以及他认为是重要的东西。作为一名训练有素的学者，民族志学者应该尝试着用一种客观和可理解的视角去研究其他文化。当然，就像任何其他科学家一样，作为人类的民族志学者也会有文化盲点，而这些盲点使他们无法保全完全的客观性。就像其他的科学一样，适当的训练能减少，但是不能完全消除观察者的偏见。但是，为了比较不同社会中的文化，人类学家确实经过特殊训练。

有关主位和客位观点的例子有哪些？想一想我们的假日。对于北美人来说，感恩节有着特别的意义。在我们的观念里（主位的），这是一个特别的文化庆典，用来纪念特殊的历史主题。但是，客位的观点会把感恩节仅仅当作许多社会中举行的庆祝丰收的节日之一。另外一个例子：当地人（包括许多美国人）相信感冒是由寒冷和风引起的，而按照科学家的想法，感冒是由细菌引起的。在许多缺少病毒细菌理论的文化中，解释疾病的原因多种多样，从恶灵到祖先，再到巫师。生病（illness）指一个文化（主位的）对不健康的观念和解释，然而疾病（disease）指向的是科学（客位）对不健康的解释，包括已知的病原体。

民族志学者在田野工作中通常会将主位和客位的方法结合起来。当地人的陈述、观念、策略及建议有助于民族志学者理解文化是如何运作的。对他们自己来说，当地信仰也是相当有趣和有价值的。然而，人们往往不能承认，甚至认识不到其行为的某些起因和结果。这对北美和其他社会中的人们来说也是一样的。

明白了吗？ 你能界定民族志及其特征性的田野技术吗？

民族志的演进

波兰人类学家布罗尼斯拉夫·马林诺夫斯基（Bronislaw Malinowski，1884—1942）在英国度过了他大部分的学术生涯，普遍上被认为是民族志的奠基者。就像他那个时代的许多人类学家一样，马林诺夫斯基做的是抢救民族志（Salvage Ethnography），他们相信民族志学者的工作就是去研究和记录受到西化威胁的文化多元性。早期的民族志著作，如马林诺夫斯基的经典著作《西太平洋的航海者》（1922/1961），与早期的旅行家和探险家相似，都是发现未知的人和地并把它们描述下来。然而，民族志的科学使命让它们与探险家和业余爱好者所写的著作大相径庭。

文化顾问 民族志学者在田野中结识的人，他们会教授前者关于其社会与文化方面的知识（也被称为信息提供人）。

客位的 强调观察者而非本地人的解释、分类以及标准意义的研究策略。

在“古典”民族志中占统治地位的风格是民族志的现实主义（Ethnographic Realism）。作者的目的是呈现出一个对不同生活方式的精确、客观而科学的描述，而这种描述是由第一个观察到的人写就的。这种知识从“民族志的探险”中获得，这样的“探险”包括浸润到一个不同的语言和文化中去。民族志学者将他们的权威——既作为一个科学家，也作为“当地人”和“他者”的发声者——归于这种个人的研究经历。

马林诺夫斯基的民族志被这样一种假设，即“文化的各个方面都是相互连接而交织”所引导。从描述特洛布里恩岛的航海探险开始，这位民族志学者之后就追寻着这一假设

文化思考

人们为什么要从事宗教活动？想想一项特别的宗教活动。对于这一问题的主位回答将是什么？换句话说，那些从事宗教活动的人自己会怎么回答这个问题？

性的切入点与其他文化领域——魔法、宗教、神话、亲属关系和贸易——之间的关系。与马林诺夫斯基相比，如今的民族志倾向于较少的参与性和整体性，它们将焦点放在特定的主题上，如亲属关系或宗教。

依照马林诺夫斯基的说法，民族志学者的一项主要工作就是“理解当地人的观点及他与生活的关系，并以此来理解他对他那个世界的观念”（1922/1961，p.25）。这是一个对主位观点需求的很好的陈述。自从20世纪70年代以来，解释人类学已经在考虑描述和理解“什么对于当地人来说是有意义的”任务了。解释学派的学者，如克利福德·格尔茨（Clifford Geertz，1973）把文化看作意义丰富的文本，这一文本在不断地被当地人“阅读”，而民族志学者却必须对其做出科学解释。根据格尔茨的观点，人类学家可以选择一个文化中他们感兴趣的任何事情，然后将它具体化并进行详细描述，以便告知读者它们在自身文化中的意义。意义是由公共象征符号来体现的，这些符号形式包括词汇、仪式和习俗。

民族志写作的一个新近趋势是质疑传统目标、方法和方式，包括现实主义民族志和解放民族志都在质疑（Clifford，1982，1988；Marcus 和 Fisher，1982）。马库斯（Marcus）和费舍尔（Fisher）论述了实验法

学习小贴士

马林诺夫斯基的民族志以抢救民族志为特征，现实主义民族志利用民族志的现在和整体主义。

在民族志的写作中是必要的，因为所有的人和文化都已经被“发现”了，现在必须“在变化的历史场景中被再发现”（Marcus 和 Fisher，1986：24）。

一些当代的文化人类学家把民族志写作当成是一种像科学那样的艺术。这样的观点把民族志描述当成是文学创作，在这个创作的过程中，民族志学者作为中介将“当地人”的观点传达给读者。一些实验性的民族志是“对话式的”，将民族志呈现为人类学家和一个或多个关键顾问之间的对话（如 Behar，1993；Dwyer，1982）。这些作品关注人类学家——还有他们的读者——与其他文化的沟通和交流。因为花了很多篇幅来讨论人类学家而用较小的篇幅描述当地人及其文化，一些这种类型的民族志已经受到了批评。

对话式的民族志是一种类型，这一类型包括在反思性民族志这一更大的实验性分类里面。在这种类型中，民族志学者将其对田野情形的个人感受和反应都写到了文本里面。实验性的写作技巧在反思性描述中是非常重要的。民族志作者会采用一些小说的惯例，包括第一人称叙述、沟通、对话和幽默。实验性民族志学者采用新方式去呈现文化对于萨摩亚人或巴西人的意义，向读者传达出一个对人类经验更加丰富也更复杂的理解。

与马林诺夫斯基的抢救民族志相关的是民族志现状（ethnographic present）的观点，这里的“现状”指的是西化之前，当时“真正的”当地文化很丰盛。这一观点常常给古典民族志一个不现实的永恒标签。在这幅理想化的图景中仅仅提供的震惊性内容是作者对贸易商或传教士的一些偶然性评论，暗示当地人在现实中已经是世界系统的一部分。

现在人类学家认识到民族志现状是一个相当不现实的建构。文化在历史进程中一直处于交流和变化的过程当中。在人类学家进入之前，大多数的当地文化拥有至少一个主要的外国进入者。它们大多数已经被融入了民族–国家或殖民体系中。

文化思考

那些从事反思人类学的学者意识到即便是人类学家也不可能完全客观。这就是他们号召学者考虑其自身的偏见与观点的原因。想一想你自己：你认为在你自己的写作中能发现哪些偏见和观点？

当代民族志常常认为文化会持续变化，因此民族志的描述只适用于某个特定的时刻。在民族志中一个流行的趋势就是关注文化观念作用于政治和经济利益的方式。一个相关的趋势就是全球化人类学，这门学科描述多种多样不同的“当地人”是如何参与到更广阔的历史的、政治的和经济的进程中去的（Shostak，1981）。

问题导向的民族志

虽然人类学家对人类行为的所有内容都感兴趣，但是要去研究所有事情是不可能的。现在大多数的民族志学者都带着一个要探究的具体问题进入田野，然后收集与那个问题相关的数据资料（Chiseri-Strater 和 Sunstein，2001；Kutsche，1998）。当地人对问题的回答不是唯一的资料来源。人类学家也从其他因素上收集信息，例如人口密度、环境质量、气候、自然地理、饮食和土地使用。有些时候，这些信息包括直观的测量——降水量、温度、田亩、产量、饮食量、时间分配（Bailey，1990；Johnson，1978）。通常这意味着我们得查阅政府记录和档案。

有关民族志学者感兴趣的信息并不受限于当地人告诉我们的。在一个越来越相互交织而复杂的世界中，当地人并不了解影响他们生活的诸多因素。当地的信息提供者或许会像我们一样迷惑于区域间、民族间和国家间的权力角逐。

学习小贴士

民族志分析与写作的最近趋势包括解释人类学、反思性人类学以及全球化人类学。

纵向研究，团队研究与“多点”民族志

地理因素比过去更少限制人类学家。在过去，人类学家要花好几个月才能到达田野点，而且很少有机会回访。新的交通系统使得人类学家拓宽了他们的研究领域并能重复回访。民族志报告现在通常都包括来自两个或以上田野点的信息。**纵向研究**（longitudinal research）是对一个社区、区域、社会、文化和其他共同体的长时间研究，通常都基于重访。

纵向研究的一个例子就是对赞比亚格温贝县（Gwembe，Zambie）的研究。这项研究始于1956年，是由伊莉莎白·柯森（Elizabeth Colson）和赛厄·斯卡德（Thayer Scudder）规划的纵向研究项目，并由柯森、斯卡德及其来自不同国家的助手承接了下去。因此，作为一个纵向研究的案例，格温贝县的研究也可以作为团队研究的例子，在这类研究中，不同的民族学家协同合作（Colson 和 Scudder，1975；Scudder 和 Colson，1980）。在这项研究中，来自不同领域的4位村民被追踪了50年。阶段性的村庄人口普查提供了有关人口、经济、亲属关系和宗教行为的基本信息。在人口普查中流动的人口被追踪并对其进行访谈，以此来跟一直居住在村庄中的人相比较。

你了解吗

自1962年起，康拉德·斯塔克着手研究阿姆波比。他在那最为晚近的田野之行是在2012年8月份。过去，人类学家极少重返田野点，但现在随着交通手段的改善，他们可以一直重访。

一系列不同的研究问题已经出现了，因而有

纵向研究 通常是基于重访的而对于一个社区、社会、文化或其他单元所做的长期研究。

关社区和个人的基本信息仍然需要收集。研究的第一个关注点是一个大型水电站的影响，这个水电站强制把格温贝县人安置在了一处。这个水电站也刺激了道路修建和其他的一些活动，使格温贝县人与赞比亚其他地方的人更紧密的联系起来。在随后的研究中，斯卡德和柯森（Scudder 和 Colson，1980）检验了教育是如何提供了通向新机会的道路，但同时又加深了不同教育水平的人之间的社会差距。之后的第三个研究课题是检测酿造和饮酒方式上的变化，包括与市场、交通的变化相关的酗酒的增长，这显露出了人们价值观的变化（Colson 和 Scudder，1988）。

康拉德与他的巴西侄子。

正如上文所述，纵向研究通常都是团队研究。例如，20 世纪 60 年代，科塔克在巴西阿勒姆波普的田野点，作为一个田野团队研究的村庄第一次进入了人类学的世界。它曾经是但现在已经不存在的人类学项目——“哥伦比亚—康奈尔—哈佛—伊利诺伊暑期田野研究”——的四个田野点之一。至少有三年，这个项目每年都会输送 20 个大学生（包括笔者在内）去国外做一个简单的暑期研究。他们在以下四个国家的农村社区停留：巴西、厄瓜多尔、墨西哥和秘鲁。自 1962 年科塔克及其妻子伊莎贝尔·韦格利·科塔克（Isabel Wagley Kottak）开始研究起，阿勒姆波普已经成为一个纵向研究的田野点。三代的研究者已经监测到了变化和发展的各个方面。这个社区从一个村庄变成了一个城镇，并且融入了当地层面的全球化进程之中。它的经济、宗教和社会生活已经发生了转变（kottak，2006）。

20 世纪 80 年代和 90 年代，巴西和美国的研究者与科塔克一同在团队研究项目里工作，前期做的是电视的影响，后期做的是生态意识和环境风险意识。20 世纪 60 年代，来自密歇根大学的研究生已经在阿勒姆波普研究了各种主题，并从那时起关注当地的基本信息。1990 年，一位正在进行一项生物文化研究的密歇根学生道格·琼斯（Doug Jones），选择以阿勒姆波普作为田野点来研究体态吸引力的标准。1996 年至 1997 年，珍妮特·邓恩（Janet Dunn）研究了家庭计划和变化中的女性生产策略。克里斯·奥利里（Chris O’Leary）在 1997 年夏天首次造访阿勒姆波普，并研究了当地宗教变化的一个惊人方面——新教徒的到来；之后他的论文研究了在全球化影响下当地饮食习惯和营养的变化（O’Leary，2002）。从此阿勒姆波普成了一个田野点，很多田野工作者作为一个纵向研究团体的成员在此工作。更晚近

学习小贴士

加强传统民族志的方法包括对政府和档案的研究、纵向研究、多点研究和团队研究。

人类学的工作

吉姆·凯里（Jim Carey）拥有人类学的博士学位和公共卫生的硕士学位（MPH）。他在艾滋病防护机构的疾控中心（CDC）工作。这个疾控中心雇用了大约50位人类学家，总体上来说，它是联邦政府为那些拥有人类学教育背景的人提供的最大的就业市场之一。在疾控中心，人类学家做许多工作，包括进行基础研究和实施公共卫生项目。凯里博士给那些对这份工作感兴趣的人类学学生提出了一些建议：他们应该在一个健康领域（例如公共卫生或护理行业）受训一段时间。他也提到了某些行动的重要性，包括参加多元规范的团体，实习并学习民族志的和调查研究的技术，同时提高读写沟通的技巧。

的研究者已经建立起了新的联系和发现，并以此来增加有关当地人是如何迎接和适应新环境的知识。

传统的民族志研究关注那些在时空的范畴内被界定为孤立的和独特的单一社区或“文化”。近几年，民族志已经转向研究变迁及人口、技术、图像和信息的当代流动。田野工作反映着当今世界，因此必须更加灵活、规模更大。民族志已经越来越成为多次的和多点的，也就是说，它研究不同时间和不同地点维度上的人。马林诺夫斯基能关注特洛布里恩岛的文化并在一个特定的社区里度过他大部分的田野时间。现在我们无法像马林诺夫斯基所做的那样，忽略外部力量对我们的研究领域越来越大的冲击。对于我们的分析来说，比较重要的是外部实体（如政府、公司、非政府组织、新社会运动），这些外部实体在世界上宣称对土地、人口和资源的主权。在当代民族志中同样重要的是在某些方面认识的增加，包括对权力差异及其如何影响文化，以及对于文化和社会多元化的重要性的认识。

人类学家越来越多地关注和研究行动中的人，包括住在国家边境的人、游牧者、季节性的移居者、无家可归者、移民及逃难者。随着田野工作的变化，田野点越来越少受到空间条件的限制，那么我们还能从传统民族志里面学到些什么呢？古普塔（Akhil Gupta）和弗格森（James Ferguson）正确地例证了“古典人类学的重点在于每天的日常生活和生活经验”（Gupta 和 Ferguson，1997a：5）。将社区视为不连续的实体可能是过去的做法，然而，“在特定的地点对特定生活的近距离观察的人类学传统”有着持续的重要性（Gupta 和 Ferguson，1997b：25）。近距离观察的方法有助于将文化人类学从社会学和调查研究中区分出来，这也是我们接下来要讲的。

明白了吗？ 你能对民族志的历史做出解释，并指出它是如何与传统社会学方法相区别的吗？

>> 问卷调查

在规模越来越大的社会中工作，人类学家开创出了新的途径将民族志和问卷调查相融合（Fricke，1994）。在研究田野方法的这种融合之前，让我们来了解问卷调查及问卷调查和民族志之间的主要区别（参考表3-1）。社会学家、政治学家和经济学家在大的主流国家工作，他们发展并完善了**问卷调查**（survey research）的设计——包括抽样、非特定个人数据的收集和统计分析。问卷调查通常都从一个更大的总体中抽出一个**样本**（sample）（一个可控和可研究的群体）。通过

问卷调查 除了人类学家以外，在社会学家中开展的特征性的调研程序，它通过抽样、非特定个人数据的收集和统计分析研究社会。

样本 选择一个小的研究群体代表一个更大的人群。

变量 一个人或事件不同于另一个人或事件的属性（如性别、年龄、身高和体重）。

复合型社会 存在着社会分层和中央政府的大型主流国家。

研究一个规范遴选的并具有代表性的样本，社会科学家能对更大的总体做出精确的推断。

在一些小的社区里，民族志学者几乎能认识每一个人。但是在一个给定的规模巨大且极为复杂的国家中，问卷调查不得不更加客观。问卷调查把它们研究的人称为受访者，他们是在调查中回答问题的人，有时调查研究者也会私下里访谈他们，有时他们会让样本中的受访者填写问卷，现在这通常都是在线进行了。

可能有关抽样最耳熟能详的例子就是在预测政治竞选中使用的选票了。媒体会雇用一些机构来预测投票结果，还会进行民意调查来找出哪种人会投票给哪些候选人。在抽样中，研究者收集有关年龄、性别、宗教、职业、收入和政党倾向的资料。这些特征［**变量**（variables）——样本或总体中的成员的不同属性特征］被认为会影响政治决定。

相对于那些民族志学者在其间成长的小社区而言，在现代国家中有更多的变量影响社会认同、经验和活动。在当代北美社会，有成百上千的因素影响着我们的行为和态度。这些社会因素包括我们的信仰，我们在这个国家中成长的区域，我们来自于城镇、郊区还是城市，还有我们父母的职业、民族和收入水平。

> 做田野调查就是永远不在结束前离开。
>
> ——玛格丽特·米德

民族志能被用来补充和调整问卷调查的研究。人类学家能将个人的第一手民族志技巧转换成几乎涵盖全人类的研究技巧。问卷调查和民族志的结合能为研究**复合型社会**（complex societies，存在着社会分层和中央政府的大

表 3-1 民族志和问卷调查的比较

民族志（传统的）	问卷调查
研究一个整体的、运行中的共同体	研究一个总体中的一个样本
通常都基于第一手的田野工作，在此通过基于个人联系的交往来收集信息，这种联系是在研究者与当地人之间建立的	通常是在研究主体和研究者之间没有个人联系的状况下进行的，访谈通常是由助理通过电话和问卷来完成的
传统意义上来说，对当地生活的所有方面都感兴趣（整体性的）	通常关注一些变量（如影响投票的因素），而不是关注人们整体上的生活
传统意义上来说，是在非工业化和小规模的社会中进行，这些地方的人通常不会读写	通常是在现代国家中进行，在这里大多数人都是有文化的，能保证对他们自己问卷的填答
不适用统计数据，因为所研究的社区规模往往较小，在年龄、性别和个性等变量之外没有多大的差异性	非常依赖统计分析来推断一个大的多样的总体，而这是基于对总体中一个小样本信息的收集

文化思考

从事问卷调查的优势是什么？劣势是什么？参与观察及其他民族志技巧的优缺点分别是什么？

型主流的社会）的生活提供一些新的视角。初步的民族志方法还能帮助发现一些调查研究中包含的文化上合宜的问题。

在任何一个复杂社会中，许多预测变量（社会指标）影响行为和观念。因为我们必须具备能够探索、测量和比较社会指标的影响力，所以许多当代的人类学研究都有统计学的基础。即使是在农村的田野工作，越来越多的人类学家现在都在抽样，收集定量信息，用统计法对其做出解释（Bernard，1998，2006）。定量信息或许能保证对社区之间的异同提供一个更为精确的评估，而统计分析则能支撑并完成对当地社会生活的民族志描述。

在最好的研究中，民族志的特征依然保留着：人类学家进入一个社区并逐渐了解人。他们参与到城市、城镇和村庄的当地活动、网络和社团中去。他们观察并体验社会情境和问题。他们观察国内和国际政策及动态对当地生活的影响。在社会研究中，民族志的方法和对个人关系的重视是非常有价值的礼物——是文化人类学送给所有社会研究的礼物。

明白了吗？ 你能对比民族志与问卷调查吗？

>> 从事人类学的对与错：伦理问题

存在于社会中的科学是在法律和道德的范畴之内的。人类学家不能仅仅因为他们感兴趣或对象有价值就去研究它们，而必须将道德伦理问题纳入考虑范围。人类学家一般都在国外工作，远离他们自己的社会。在国际交流和文化多元化的情境中，不同的伦理守则和价值系统会相遇，有时会相互冲撞。

人类学家必须对文化异同特别敏锐，并且了解东道主国家（开展研究的地方）的规范和准则。研究者必须告知官方和东道主国家的同事他们的调查目的、资助情况、可能的结果、产出及其研究的影响。**知情同意**（informed consent）（参与研究的协议——在被告知研究的属性、程序和可能的影响之后）应该从所有人那里获得，包括那些提供信息的或者那些会被研究影响到的人。

知情同意 民族志学者从社区成员那里获得准许参与调查。

对于北美人类学家来说，在任何别的国家工作，做到以下几项是合适的：（1）在他们的研究计划中包含东道主国家的同事；（2）在田野的前期、中期和后期，与那些同事以及他们的机构建立相对真实的合作关系；（3）在宣传研究成果（含出版物）的时候，要把东道主国家的同事包含进来；（4）确保某些东西是被“反馈”给东道主国家的同事的。例如，允许把研究设备留在东道主国家，或者寻找可供东道主国家的同事继续从事研究、参加国际会议或访问国外研究机构的资金——特别是那些他们的国际同事工作的地方。

文化思考

20世纪80年代，人类学家南希·舍珀–胡芙（Nancy Scheper-Hughes）在巴西受贫困所扰的贫民区研究生存策略。由于缺少保障孩子存活下来的资源，当地的母亲往往会无视那些看起来注定要死的孩子。舍珀–胡芙博士养育了一个“注定要死”的孩子，这个孩子后来长成了一个健康的成年人。她这样做对吗？她如此决定的代价和收益分别是什么？

伦理守则

为了引导研究成员在做决定时将伦理与价值纳入考量，美国人类学协会（AAA）提供了一项伦理守则。最近的守则于2009年通过，该守则指出人类学家担负着对其学术领域、更广的社会和文化、人类种群与其他种群及环境的义务和责任。就像谨记希波克拉底氏誓言（Hippocratic oath）的医生那样，人类学家的首要考量应该是不要伤害他们所研究的人。美国人类学协会守则的目的在于提供指导并推动讨论和教育，而不是调查那些可能出现的不当行为。这一守则强调人类学家于其中研究的若干种环境。在此特别强调它的一些主要观点。

对于影响各方当事人的研究项目，人类学家应该抱着开放和诚实的态度。这些受到影响的人应该被告知研究的性质、程序、目的、潜在影响及资金来源。研究者应该关注他们作为客人与其所研究的当地国家和社区之间的适当关系。美国人类学协会守则并不建议人类学家避免在这些问题上明确表态。事实上，试图影响行动和政策可能与不行动一样在伦理上都是有争议的。完整的伦理守则可详见美国人类学协会的网站。

人类学家与恐怖主义

美国人类学协会认为人类学家研究恐怖主义和暴力的根源是至关重要的。这样的研究如何施行？会出现什么样的伦理问题？

想一想在乔治·W. 布什总统任职期间的五角大楼项目之一密涅瓦计划（Project Minerva），其目的在于用社会科学的专业知识来对抗国家安全所面临的威胁。密涅瓦计划以及一些相关的项目已经在人类学家中引起了广泛的关注。学者们担心政府会利用人类学知识来达到他们的目的，而这存在着伦理争议。政府的政策和军事设备都有可能伤害人类学家所研究的对象。

其他社会科学家们同样也反对这样一种观点：该由军事来决定哪一种研究项目值得提供基金资助。然而，学者们更喜欢另一种方式（同僚审查）——由他们的专业同行（其他的社会科学家）所组成的事务委员会来评判其研究方向的价值和正当性，包括有助于辨认和侦查哪些研究对国家安全构成威胁。一个建议就是让国家科学协会（它长期从从事社会科学研究）而不是国防部门来发放密涅瓦计划的研究资金。

人类学家对美国国防部的人类地域系统（Human Terrain System，HTS）项目尤其直言不讳。从2007年成立伊始，HTS就让人类学家和其他社会科学家参与到伊拉克和阿富汗地区的军事组织中去，这项砸了上亿美元的项目计划在这些国家建立26个组织。

2007年10月31日，美国人类学协会执行委员会发布了一项反对HTS的声明——列出了该系统是如何背离了美国人类学协会伦理守则的。委员会提到HTS将人类学家作为美国军事的承包人，让他们在战场负责收集文化的和社会的数据来为军队所用。这些活

学习小贴士

美国人类学协会的伦理学守则认识到了四大主要的义务职责：学术领域，研究对象或者与研究相关的人，其他物种以及环境。

文化思考

伦理决策极少是简单明了、轻而易举的。它们需要对那些可能被伤害到的人和物进行仔细的考量，这种伤害包括身体上的、社会上的、精神上的及其他方面的伤害。你曾做过什么艰难的伦理决策？回顾一下，你认为自己所做的决定是否正确？

文化思考

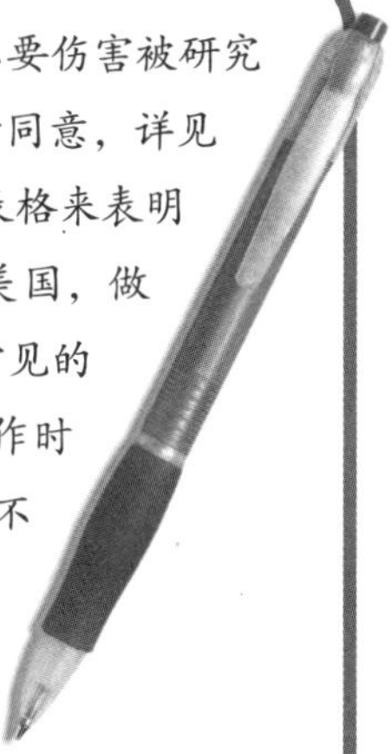

一项伦理要求就是不要伤害被研究的人。通常同意的（知情同意，详见51页）的人会签写一份表格来表明他们同意参与研究。在美国，做研究的时候要求签名是常见的事情。在从事民族志工作时遇到敏感话题或受访者不知道如何读写的情况下，获得知情同意的挑战是什么？

动所引起的伦理问题有如下几方面。

1. 对人类学家来说，在战场认同自己是与军事工作人员截然不同的人类学家，这有可能很难做到。这束缚了他们作为人类学家“去揭露他们是谁及他们正在做什么”的道德责任感。

2. HTS 的人类学家被要求在几个群体里面协商各类关系，包括他们卷入其中的当地人群和军事组织。他们对其所属军队的职责，有可能会与他们对所研究或访谈的当地人担负的责任相冲突。这可能会干扰人类学家履行美国人类学协会伦理守则中“不要对相关人物产生伤害”的义务。

3. 在一个战争频发的地区，获得“知情同意”的当地人很难在没有强迫感的情况下自愿提供信息。结果，“自愿的知情同意”（就像美国人类学协会伦理守则中规定的那样，第三部分，A，第四条）成为了一种折中的办法。

4. 由 HTS 的人类学家向军事指挥官提供的信息可以帮助军事行动锁定特定的目标群体。这样使用来自田野的数据会违背美国人类学协会伦理守则所规定的对人类无害的条例。

5. 人类学及与美国军事挂钩的人类学家的认同可能会间接地（通过被认为是“共犯”）危害研究和个人的安危，甚至危及到全世界其他人类学家和他们的顾问。

人类学家应当怎样来研究恐怖主义呢？你如何评价人类学家在战争中扮演的角色呢？

明白了吗？

你能界定人类学家面临的伦理问题并把它们运用到特定的个案研究中吗？

参与进来！

加入到一个俱乐部或利用你的教室来进行参与式观察。作为一名民族志学者，你的目标就是参与到你所研究的群体之中。你与群体成员的关系是否好到能参与到他们的活动中？你所观察到的、在这个群体生活中“无法估量的事物”（imponderabilia）是什么？记下它们。如果不按照人类学伦理所要求的那样诚实地告诉群体成员你是一个正在观察他们的民族志学者，你可以观察到他们的行为会有哪些差别？

本章回顾

I. 文化人类学家在哪里做田野研究？怎么做？

- 早期的人类学家在一些规模较小、相对隔离、文化单一的社会做研究。民族志学者尝试进行全面的描述，揭示一种文化的全貌及相互关联性。民族志学者已经探索出了许多种技巧。一个关键的方法就是参与式观察，参与到所要研究的社区生活中去。民族志学者也从对话和访谈中收集数据，收集数据的方式还有追踪系谱，与重要的文化顾问协作，收集生活史等。民族志还努力地去发现当地人的观点。
- 在今天这个相互连接的世界里，人类学家越来越多地去研究流动人口。民族志学者现在倾向于带着一定的研究问题进入田野。得益于发达的现代化交通网络，民族志学者能够经常返回田野点来追踪变迁。这样的纵向研究需要协调的团队合作。

II. 在现代国家研究复杂社会有哪些途径？

- 在人口众多、规模较大的社会中工作，人类学家已经学会将民族志研究和调查研究融为一体。调查研究包括抽样、收集非特定个人的数据及统计分析。社会科学家通过样本中“受访者”所得的数据来推断总体的情况。这样的定量信息能够为社区之间的异同提供更准确的评估，并能完善民族志的描述。通过从个人获得第一手资料数据这样的技巧，民族志补充并完善了调查研究。

III. 人类学家必须考虑的伦理关怀和问题是什么？

- 因为科学的存在，以及法律和伦理在社会中的作用，人类学家不能仅仅因为有趣或有科学价值就去研究某件事。人类学家对其学术领域，其所处的社会和文化（包括他的田野点所在的社会）负有责任和义务。另外，他们还对整个人类、其他物种及环境都有责任。美国人类学协会伦理守则为人类学家提供了道德指引。当人类学家为政府尤其是军队工作的时候往往会出现伦理问题。

突击测验

选择题：

1. 以下选项中哪一个关于民族志的说法是错误的？
   a. 早期的民族志学者尝试用一种整体性的观点来理解他们研究的文化（也就是说，寻求一种全貌式的描述）
   b. 民族志学者认为收集定量数据没有多大价值
   c. 被认为是民族志奠基者的布罗尼斯拉夫·马林诺夫斯基，寻求去理解当地人的观点和世界观
   d. 当今的民族志学者认识到他们所研究的文化只是对某一个时间段的描述
2. 以下有关民族志的说法中都是正确的，除了：
   a. 研究整个社区是一直以来的传统
   b. 基于第一手的田野工作
   c. 相较于调查研究更个人化
   d. 让民族志学者的观察和结论凌驾于当地人的观点和信仰之上
3. 从事民族志研究的趋势包括以下几点，除了：
   a. 从整体性的描述向对特定问题的研究转变
   b. 田野资料的收集包括两次及以上的在田野中的停留（纵向研究）
   c. 更多地为殖民政府工作
   d. 越来越关注被研究的社区之外的联系
4. 人群、图像和信息在现代世界里前所未有地流动着，民族志：
   a. 对那些试图聚焦某一特定空间的文化的研究者来说越来越具有挑战性了
   b. 对理解文化越来越无力和无价值了
   c. 越来越传统了
   d. 现在需要研究者在相同的地点停留超过 3 年
5. 以下哪一种说法最全面地指出了民族志研究方法的特点？
   a. 它有赖于与所研究社区的联系，包括参与社区的文化生活，并观察它的社会状况
   b. 考虑流动人口，需要人类学家追踪那些被研究者
   c. 包括团体研究项目
   d. 民族志的数据来源包括问卷答案、环境状况的测量和政府档案的查询
6. 以下哪一条不是美国人类学协会伦理守则的内容？
   a. 认识到人类学家担负着对其学术领域、更广的社会及文化乃至整个人类的义务
   b. 建议人类学家避免在研究他者文化时出现的问题上表明立场
   c. 要求参与到人类学研究中的各方均被告知研究的特点、程序、目的和潜在影响
   d. 建议尊重、认可那些与人类学家一同开展田野工作的人，并给予他们一定的补偿

填空题：

1. 作为民族志学者的典型的田野方法，________方法聚焦于亲属关系。
2. __________主要是社会学家使用的研究方法；它包括抽样、收集非特定个人数据和统计分析。
3. __________是参与到人类学研究中的信息提供者、顾问和社区在被告知了研究的特性、程序和潜在影响后所订的一种协议。
4. 五角大楼的________使人类学家和其他的社会科学家参与到伊拉克和阿富汗地区的军事团体中，受到了美国人类学协会的批判。

答案：1. b；2. d；3. c；4. a；5. a；6. d
1. 系谱的；2. 调查研究；3. 知情同意；4. 人类地域系统

第四章

语言与交流

本章要点

- 语言
- 非人灵长类动物的交流
- 非言语交流
- 语言的结构
- 语言、思想与文化
- 社会语言学
- 历史语言学

了解我们自身

你可以确定有关自己说话方式的任何独特或不寻常的东西吗？如果你来自加拿大，弗吉尼亚州或萨瓦纳，那么你可能就会说“oot”而非“out”。一个美国南方人可能想要一杯“不含酒精的饮料”(soft drink)而不是纽约人的“苏打水”(soda)。一个“山村女孩”或一个“历经沧桑的纨绔子弟”的谈吐如何？通常只有别人对我们所说的话做出评论的时候，我们才会关注自己的表达方式。只有当你从一个国家或地区迁移到另一个国家或地区时，你才会意识到自己有多少地方口音。

不同于语法学家，语言人类学家关注的是人们实际上说的，而非那些他们应该说的。言语差异与地区、教育、种族背景和性别这些社会变量相关，并告诉我们许多与之相关的东西。男性与女性的表达方式不同。我们确信你可以基于自己的个人经验想出一些例子，尽管你可能从未意识到女性倾向于边缘化她们的元音（想想“weasel”和“whee”的发音），而男性倾向于使之集中化起来（想想“rough”和“ugh”）。相比女性，男性讲话可能会更不合语法。

男性和女性在运动和颜色术语中也显现不同。与女性相比，男性通常知道更多与运动相关的术语，对其做出更多的区分（如 runs 和 points），并且更精准地使用这些术语。相对而言，女性比男性更多地使用颜色术语，并且试图更精确地使用它们。举例来说，女性比男性善于对各种色调的紫色做出更多区分，比如紫红色、淡紫色、带点蓝色的淡紫色及紫色；男人则极少能立刻想出紫红、洋红、葡萄色与深紫色之间的区别。

>> 语言

语言人类学表明了人类学对于多样性、对比性及变迁所特有的兴趣，但是在此我们只关注语言。语言——口头用语（言语）和书面用语（大约已存在了6000年的文字）——是我们用于交流的主要手段。作为文化的一部分，语言像文化一样经由学习而得以传播。语言是基于言语与其所代表的事物之间的主观的、习得的关联。与其他动物的沟通系统不同，语言使我们可以谈论过去和将来，同他人分享我们的经验，还能从他们的经验中受益。

呼叫系统 是在非人灵长类动物之间的沟通系统，由数量有限的声音组成，这些声音在强度和音长方面不同，受环境刺激约束。

人类学家在语言的社会和文化背景中对其进行研究（Bonvillain，2012；Salzmann，Stanlaw 和 Adachi，2011）。一些语言人类学家通过对比原始语言的当代衍生物，使其得以重现。通过这种方式，对历史有新的发现。其他人研究语言的差异性以发现多样文化中不同的世界观和思维方式。社会语言学家研究单一语言中的方言和形式，用以表明言语如何反映社会差异，正如在“了解我们自身”中讨论的地区性语言的对比。语言人类学家还探索语言在殖民化和全球化过程中充当的角色（Blommeart，2010；Trudgill，2010）。

>> 非人灵长类动物的沟通

呼叫系统

只有人类会说话。其他任何动物都没有任何与语言的复杂性近似的地方。其他灵长类动物（猴子和猿类）天生的沟通系统就是**呼叫系统**（call system）。这些发音体系包括数量有限的声音，而这些呼叫只有在遭遇特定的环境刺激时才会产生。这样的呼叫可能会在强度和音长方面不同，但是同语言相比，它们的灵活性要少得多，因为它们是无意识的，而且不能组合。当灵长类动物同时碰到了食物和危险，它们只能发出一种呼叫。它们不能把对于食物的呼叫和对于危险的呼叫融合到一起来表明两者同时存在。然而，在人类进化的某一时刻，我们的祖先就已经开始将不同的呼叫组合在一起来理解并发情况。呼叫的数量也被扩大了，最终这些呼叫由于发展过多而甚至不能通过基因实现部分传播。沟通变得几乎完全依赖于学习。

尽管野生的灵长类动物使用呼叫系统，但是猿类的声道并不适合言语。直到20世

学习小贴士

动物沟通中使用的呼叫系统，有以下三个特征：

- 它们有数量有限的声音。
- 只有在特定的刺激出现的时候，它们才会被使用。
- 它们不能被结合起来以产生更为复杂的信息。

纪 60 年代，教猿类学习口头用语的尝试才表明，它们缺乏语言能力。20 世纪 50 年代，一对夫妇养了一只叫做 Vike 的黑猩猩，把它作为其家庭成员并尝试系统地教它讲话。而 Vike 只学会了“mama”“papa”“up”和“cup”四个词。

符号语言

近期，越来越多的实验表明，猿类可以学会使用语言，但并不能说出来（Fouts，1997；Miles，1983）。许多类人猿学会了通过言语之外的其他方式与人类交谈。这类的沟通系统之一就是美国手语（ASL），在美国、加拿大和许多其他国家，这种沟通方式为听觉受损的人群广泛使用。英国手语（BSL）在英国使用，与美国手语相当不同，并且这两者互不相通。符号语言使用数量有限的基本手势单位，这些单位类似于口头语言中的声音，这些单元组合在一起就形成了富有意义的信息和更大的单元。

最先学习美国手语（ASL）的是一只名叫瓦舒（Washoe）的雌性猩猩，死于 2007 年，当时它 42 岁。1996 年，位于里诺的内华达大学的科学家阿兰·加德纳（R. Allen Gardner）和布拉特斯·加德纳（Bratrice Gardner）在西非捕获一岁大的瓦舒。四年后，瓦舒搬至美国俄克拉荷马州的诺曼，被安排到一家已转换为灵长类动物研究机构的农场。瓦舒彻底改变了有关猩猩的语言学习能力的论述（Carey，2007）。一开始，它住在一辆拖车里，听不到口语。当它在场的时候，研究者总是使用美国手语相互交流。这只猩猩逐渐地学会了一百多个代表英文单词的符号词汇（Gardner，Gardner 和 Van Cantfort，1989）。瓦舒在它两岁的时候开始将多达 5 个的符号结合成基本的句子，比如“你，我，出去，快！”

露西（Lucy）是第二只学习美国手语的猩猩，它比瓦舒晚一年。1979 年被引入到非洲的“野外”后，露西于 1986 年去世，或者说是被偷猎者谋杀了（Carter，1988）。从它降生的第二天一直到搬至非洲这段时间，露西和美国俄克拉荷马州诺曼的一户家庭生活在一起。一名在附近的灵长类动物研究机构工作的研究者罗格·福特斯（Roger Fouts）每周会有两天到这个家庭来测试并提高露西的美国手语知识。剩下来的时间，露西用美国手语和它的养父母交谈。学会语言后，露西和瓦舒表现出一些人类特征：咒骂、开玩笑、撒谎，还会试着教其他人语言（Fouts，1997）。

被激怒的时候，瓦舒会叫它在机构的猴子邻居为“脏猴子”，露西则辱骂它家“肮脏的猫”。有一次，到了露西的地盘时，福特斯发现了一堆粪便。当福特斯问这只猩猩那是什么时，它对于粪便的表达是“脏，脏”（dirty）。被问起那是谁的“脏，脏”时，露西说起福特斯同事的名字淑。

你了解吗

侃奇是一只倭黑猩猩，与黑猩猩相似的类人猿，但在基因上和行为上都更加接近人类。年轻的时候，它就学会使用符号和图形字来与人沟通。据其主要的导师淑·萨维奇—洛姆博（Sue Savage-Rumbaugh）所述，8 岁的侃奇可以用与 2 岁小孩相似的复杂语法进行沟通。

当福特斯拒绝相信它关于淑的表达时，这只猩猩把这坨粪便扔到福特斯身上。

通过学习实现一个沟通系统的**文化传播**（cultural transmission），是语言的基本属性。瓦舒、露西和其他猩猩都试着教其他动物美国手语，包括它们自己的后代。瓦舒教机构里其他的猩猩手势，包括它的幼年就死去的儿子瑟奎亚（Fouts，Fouts 和 Van Cantfort，1989）。

由于具有成年人一样的高度和力量，比起黑猩猩，大猩猩作为这类实验的对象的可能性较低。在野外，精瘦的成年雄性大猩猩重达 400 磅（180 公斤），发育完全的雌性大猩猩很轻松地就能到达 250 磅（110 公斤）。因此，美国斯坦福大学对大猩猩进行研究的心理学家潘尼·帕特森（Penny Patterson）比那些针对黑猩猩的实验更大胆。帕特森在紧挨着斯坦福博物馆的一个活动房中抚养现已发育完全的雌性大猩猩考考（koko）。考考掌握的词汇胜过了任何黑猩猩所掌握的。它经常性地使用 400 个美国手语，而且至少曾用过 700 个手语。

文化传播 语言的一个基本特征，经由学习实现传播。

产生力 使用某种语言的规则并创造出易于其他讲话者理解的新的表达方式；语言的一个基本特征。

易位 一种语言的能力，使人们能够谈论那些非目前的事物和事件。

考考和其他黑猩猩也表明类人猿还与人类共享另一种语言能力：**产生力**（productivity）。讲话的人通常使用他们语言的规则，来产生易为其他讲本族语言的人所理解的全新表达方式。比如，一个人说话时可以发明“baboonlet”一词来指代婴儿狒狒。这可以通过和一些英文单词类比得以实现，这些单词中都有 let 做后缀，指一个物种的新生儿。任何讲英语的人立刻就会理解这类新词的意义。考考、瓦舒、露西以及其他动物已经表明了类人猿也能有成效地运用语言。露西使用手语，它已经知道为西瓜创造“drinkfruit”这个词；瓦舒第一次看见黑天鹅的时候，就发明了“水鸟”（waterbird）这个新词；考考知道用于表达“手指”和“手镯”的手势，给她一枚戒指时，她就想出了“手指镯子”（figure bracelet）这个词。

黑猩猩和大猩猩都有语言的基本能力。它们从未在野外发明一套富有意义的手语系统。然而，一旦给了它们这种系统，它们就会表现出许多像人类一样的对其进行学习和利用的能力。当然，类人猿对于语言的使用是人类干预和教导的成果。在此提到的实验并非是想表明类人猿可以创造语言（人类的儿童也从未担此重任）。然而，年轻的类人猿已经成功地学会了符号语言的基础。尽管不能像人类那样娴熟地使用美国手语，但它们可以有成效地、创造性地对其加以利用。

类人猿也表明了语言的**易位**（Displacement）。易位是呼叫系统所不具备的，是语言的关键要素。通常情况下，每个呼叫都与一个环境刺激相联系，比如食物。只有在刺激存在的时候，才会有呼叫发出。而易位意味着人类可以谈论那些没有在场的事物，我们不必在说话之前就看见这些对象。人类的交谈并不受地域的限制。我们可以谈论过去和将来，与他人分享我们的经验，并从他人的经验中受益。

帕特森已经讲述了很多考考的易位能力的例子（Patterson，1978）。这只大猩猩曾经对于三天前咬了潘尼这件事情表达了自己的歉意，也使用过“晚一点”（later）这个手势去推迟一些自己不想做的事情。表 4-1 总结了语言（包括符号语言和口头语言）和呼叫系统的对比。

一些学者怀疑黑猩猩和大猩猩的语言能力（Sebeok 和 Umiker-Sebeok，1980；Terrace，1979）。他们声称，考考和这些黑猩猩与那些训练有素的马戏团动物是可比较的，并非真正有语言能力。需要为帕特森和其他研究者

表 4-1 语言与呼叫系统的对比

人类语言	灵长类动物的呼叫系统
具有谈论不在场的事物和事件的能力	依赖于刺激；在食物出现的时候才会发出食物的呼叫，这是不能假装出来的
具有通过组合其他词句生产新的词句的能力	由数量有限的呼叫组成，这些呼叫不能被组合以产生新的呼叫
是所有人类都具备的语言能力中的群体特性，但是每一个语言社区都有其自己的通过文化传播的语言	倾向于物种特性，对于每个呼叫，每个相同的物种共同体中的变量极少

（Hill，1978；Van Cantfort 和 Rimpau，1982）辩护的是，这些批评家中只有一个人曾经与类人猿在一起工作过。这个人就是赫伯特·特里斯（Herbert Terrace），他曾教一只黑猩猩符号语言，但这个过程缺乏连贯性和亲身参与，而连贯性和亲身参与都极大地帮助了帕特森成功地教授考考。

没有人否认人类语言和大猩猩符号之间的巨大差别。撰写一本书或做个祷告与一个训练有素的黑猩猩使用几百个手势，这两种能力之间存在很大的差距。类人猿不是人类，但是它们也不仅仅是动物。就让考考来解释这件事情：当研究人员问，它是人还是动物时，它两个都没有选。它反而用符号表示自己是"好动物大猩猩"（fine animal gorilla）（Patterson，1978）。

语言的起源

尽管记住一些语言符号并将它们组合起来的这种能力可能潜伏在类人猿中（Miles，1983），但人类进化需要这粒"种子"以开出语言的"花朵"。被称为 FOXP2 的突变基因有助于解释为什么人类讲话而类人猿不讲话（Paulson，2005）。在一项对一个英国家庭的研究中，FOXP2 在言语中的关键作用凸显出来。这个家庭被认定为 KE 家庭，其中一半的家庭成员都有一种遗传的、严重的语言能力缺失（Trivedi，2001）。相同的 FOXP2 变异形式也发现于黑猩猩中，引发了这种语言的混乱。那些有非语言版本基因的，不能做出清晰语言所需的舌头和嘴唇的精细动作，而且他们的言语，甚至对于 KE 家庭中其他的家庭成员来说，都是难以理解的（Trivedi，2001）。黑猩猩和那些语言丧失的 KE 家庭成员有着相同的基因序列。对比黑猩猩和人类的基因组来看，亲言语（speech — friendly）形式的 FOXP2 大约在 150 000 年以前就在人类身体中生根了。这种突变带来了一些选择性的优势（语言的和文化的能力），那些有这种突变的人可以传播，而这是以那些不具这些突变的人不能传播为代价的（Paulson，2005）。

语言给予智人一项巨大的适应性优势。语言允许人类社会存储的信息远远超过了任何非人类种群所能储存的。语言是一种独特有效的学习工具。由于我们可以谈论那些我们从未经历过的事情，遇到刺激之前，我们就可以提前做出反应。比起其他灵长类动物，人类可以更快速地适应，这是因为我们的适应性手段更加灵活。

明白了吗？ 你可以将语言和呼叫系统做对比，并对类人猿使用语言进行沟通的能力进行评估吗？

>> 非言语交流

语言是我们进行沟通的主要方式，但它并非我们所使用的唯一方式。当我们把有关自己的信息传播给他人或从他人那里获得此类信息时，我们就要沟通。我们的表情、姿态、手势和行动，即使是无意识的，也都传达着信息，也是我们沟通形式的一部分。德波拉·谭涅（Deborah Tannen）1990 年讨论了美国男性和女性沟通方式的不同，她的评论超出了语言的范畴。她指出，美国的女孩和妇女在她们交谈的时候倾向于直视对方，而美国的男孩和男人则不会。男性更可能会目视前方，而不是转过来并与交谈对象进行眼神交流，尤其是对另一个坐在他们旁边的男人，他们更不会。在群体对话中也是如此，美国的男性往往会放松甚至表现得很懒散。在全都是女性的群组中，美国的女性也会选择一个与男性相似的放松姿势，但是当和男性在一起的时候，她们往往会艰难地拉伸四肢，并且选择一个比较紧绷的姿态。

人体动作学（Kinesics）是通过身体动作、姿态、手势和表情进行的关于沟通的研究。语言学家并不仅仅关注说了什么，还关注是怎样说的，以及除了语言自身以外的传达意义的特征。讲话者的热情并不仅仅是通过词句来体现，还通过面部表情、手势和其他热情的迹象得以传达。我们使用手势加以强调，比如一个戳手的动作。我们改变我们的语调、音调或音高。我们通过适当的暂停，甚至通过保持安静来沟通。一项富有成效的沟通策略可能要改变音调、声音水平和语法形式，如陈述句“我是……”祈使句“出发……”疑问句“你是……？”文化告诉我们，特定的举止和风格应该与特定类型的言语相搭配。我们的举止（语言的和非语言的）都要得体。当我们最爱的队伍获胜时的举止就不应该出现在一个葬礼上，也不该出现在讨论忧郁主题的时候。

人体动作学 通过身体动作、姿态、手势和表情所做的关于沟通的研究。

文化思考

语言是如何提供一种适应性优势的？换句话说，针对它帮助了人类生存，你有何看法？

文化总会在形塑“自然”的过程中发挥作用。跨文化来看，点头并不总是意味着肯定，左右摇头也并不总表示否定。巴西人摇手指表示不。美国人说“uh huh”来表示肯定，而在马达加斯加岛，发出一个相似的声

正如这两幅图所显示的，男人和女人有不同的沟通方式。举例来说，与女性相比，男性不太可能进行面对面的聊天。如图中所展示的，你发现以性别为基础的沟通在形式上有什么区别？

文化思考

已故的人类学家爱德华·霍尔（Edward T. Hall）发明了人际距离学（proxemics）一词来指人与人之间的空间关系的研究。跨文化来讲，关于个体空间存在不同的标准。一旦你知道了这些标准，你就可以通过观察人与人之间的距离了解很多。你的个体空间“泡泡”（bubble）有多大？当你和陌生人、朋友、亲密的人在一起的时候，它会变大或变小吗？

音是用于表示否定；美国人用手指指点，马达加斯加岛人用嘴唇指点。

身体动作传达着社会差异。在日本，鞠躬是社会互动的一个常规动作，但是不同的鞠躬形式取决于互动人的社会地位。在马达加斯加和玻里尼西亚，地位较低的人不能把头高过那些比他们地位高的人的头；当一个人接近年岁较长或地位较高的人时，作为尊重的象征，这个人向对方下跪，并且放低自己的头。在马达加斯加岛，为表示礼貌，在两个人擦身而过的时候，总会有一方这样做。尽管我们的手势、面部表情和身体姿势都植根于我们灵长类动物的遗产，并且可见于猴子和类人猿中，但是它们没有脱离文化形塑。高度依赖于符号使用的语言，就是文化在其中发挥最强大作用的沟通领域。

明白了吗？ 你可以描述非语言沟通的形式，指出它们是如何跨文化差异的吗？

>> 语言的结构

对一种口头语言的科学研究，被称为**描述语言学**（Descriptive Linguistics），涉及了多个相关的分析领域：语音学、形态学、词汇和句法学。**语音学**（Phonology）是对于言语声音的研究，研究在一个特定语言中所呈现的并具意义的声音。**形态学**（Morphology）研究的是声音组合成语素（单词）并包含富有含义的部分的方式。这样一来，cats（猫）这个单词就可以被分析为包含两个语素：cat，一种动物的名字；－s，一门表示复数的语素。一门语言的**词典 / 词汇**（Lexicon）是一部包含其所有语素及其意义的词典。**句法学**（Syntax）指的是单词在词组和句子中的安排及顺序。例如，名词通常是跟在动词之前还是之后？形容词通常在其修饰的名词之前还是之后？

描述语言学 对一种口头语言的科学研究，包括其语音学、形态学、词汇和句法学。

语音学 对言语中所运用的声音的研究。

形态学 对于形态的研究；用于语言学中（对词素和构词的研究）并用于形成一般形式，例如，将生物形态与物理形式联系。

词典 / 词汇 是一部包含一种语言的所有语素及其意义的词典。

句法学 词语在词组和句子中的安排及顺序。

明白了吗？ 你可以确定描述语言学中的分析领域吗？

言语的声音

从电影和电视中，从会见外国人的过程中，我们知道了一些外国口音和一些发音错误。我们知道有标志性的法国口音的人对“r”的发音和美国人的发音就不同。但是来自法国的人至少可以在“craw”和“claw”间做出区分，而来自日本的人可能就区分不了。r 和 l 在英语和法语中确实是有所不同

文化思考

有时标题的意义不清，是由于对部分言语和词序的困惑。这在技术上指的是句法（语法）歧义。是什么特别使下面这些标题令人困惑、滑稽可笑？打手队有助于狗咬受害者（Squad helps dog bite victim）；酒鬼在提琴盒中待了九个　月（Drunk gets nine months in violin case）；伊拉克首脑寻找武器（Iraqi head seeks arms）。

音素 在一个语言中明显的声音对比，用于区分在最小对立体中的意义。

音素学 一个对既定语言中的明显的声音对比（音素）的研究。

的，但是在日本二者没有不同。在语言学中，我们说英语和法语中的 r 和 l 的区别是音位差异的，但是在日语中就不是。在英语和法语中，r 和 l 是音素，但在日语中它们就不是了。一个**音素**（phoneme）就是一个产生影响的声音对比，这使意义不同。

通过对比最小对立体，我们发现在一门给定语言中的音素。这个对立体中，除了一个声音外，单词间相互类似。这些单词有着不同的含义，但它们只在一个声音上有区别。因此，这样的 对比性的声音就是那种语言中的音素。在英语中的一个例子就是 pit / bit 这对最小的对立体。这两个单词由于 / p / 和 / b / 之间单个的声音对比而相互区别（我们附上带音杠的音素），这样的 / p / 和 / b / 就是英语中的音素。另一个例子就是 bit 和 beat 的不同的元音（详见下页图“标准美式英语中的元音音素”）。这一对比用于区分这两个词和在英语中 / I / 和 / i / 这两个元音。

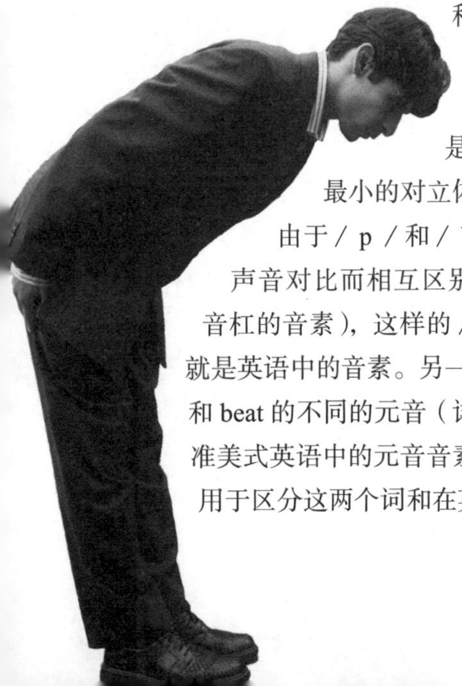

标准化（美式）英语（SE），电视网络新闻广播员的“没有地域（region — free）”的方言大概有 35 个音素，至少有 11 个元音和 24 个辅音。音素的数量随着语言的变化而变化，从 15 种到 60 种不等，平均在 30 到 40 种之间。音素的数量还随着一门既定语言中方言的变化而变化。例如，在北美的英语中，元音音素从一种方言到另一种方言有显著变化。试着读出左图中的单词，注意（或者请求他人）你（或者你的合作者）是否可以区分每个元音。大多数北美人并没有把它们都读完。

音素学（Phonetics）是对言语声音的研究，在不同的语言中人们实际上说了什么。**音素学**只研究一个既定语言中明显的声音对比（音素）。在英语中，像 craw 和 claw 中的 / r / 和 / l /，出现在像 bat 和 vat 这样的最小对立组当中的 / b / 和 / v / 都是音素。然而，在西班牙语中，[b] 和 [v] 不区分意义，因此它们并不是音素（我们附上了那些中括号里并不是音素的声音）。讲西班牙语的人通常会用 [b] 这个发音去读那些拼写上带有“b”或“v”的单词。

在任何一种语言中，一个既定的音素在一个语音范围内扩展。在英语中，音素 [p] 忽视了 pin 中的音素 [p^h] 和 spin 中 [p] 的语音对比。大多数讲英语的人甚至没有意识到这里存在一个语音上的区别。音素 [p^h] 是送气音的，这样在 [p] 后就跟着一股气。在 spin 中的 [p] 就不是这样（点燃一根火柴，将其放在你嘴巴的前面，并在你读这两个单词的时候观察火苗的变化，就可以看出区别）。在一些语言中，[p^h] 和 [p] 的区别是音素上的，比如北印度语（在印度所说的）。也就是说，有些单词的意义只是通

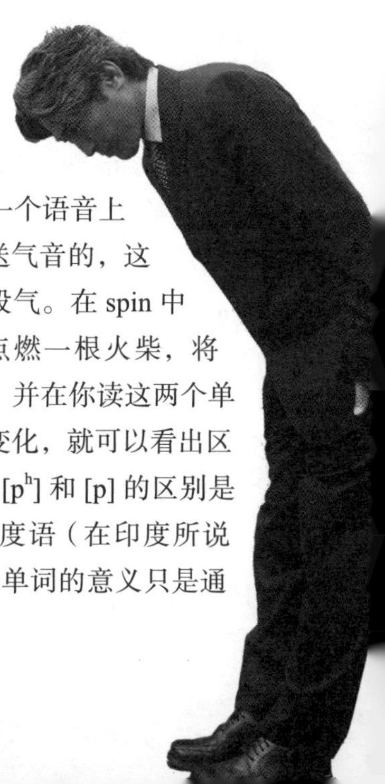

标准美式英语中的元音音素

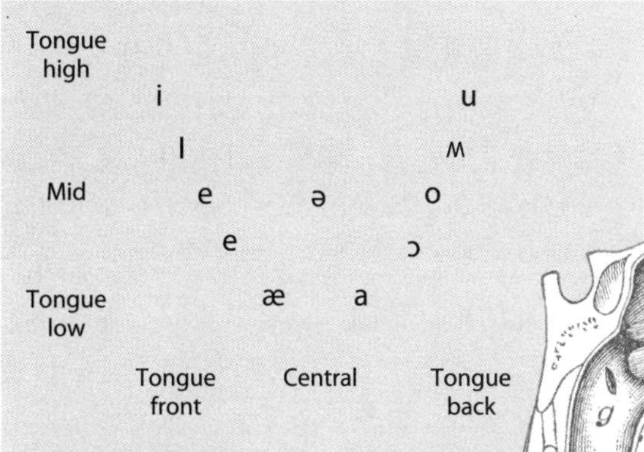

High front (spread)	[i]	as in beat
Lower high front (spread)	[I]	as in bit
Mid front (spread)	[e]	as in bait
Lower mid front (spread)	[e]	as in bet
Low front	[æ]	as in bat
Central	[ə]	as in butt
Low back	[a]	as in pot
Lower mid back (rounded)	[ɔ]	as in bought
Mid back (rounded)	[o]	as in boat
Lower high back (rounded)	[ʍ]	as in put
High back (rounded)	[u]	as in boot

资料来源：根据舌头的高度和舌头在口中前、中或后的位置，元音音素如上所示。语音符号由那些包含它们的英文单词确定，注意大多数都是最小对立组。

过一个送气音的 [p] 和一个不吐气的 [p] 对比而做出区分的。

本族语者对于一些音素的发音有变化，比如在美国中西部的 /e/ 这个音素。这个变异在语言的进化中很重要。没有发音上的改变，就不会有语言上的变化。本章后面关于社会语言学的部分就旨在研究语音变异及其与社会分工的关系和语言的演化。

文化思考

随便地读出以下单词，用一种非正式的但是可以接受的发音：top，stop，little，kitten，Atlanta。t 都是同一种发音吗？你能从中发现几个差别（提示：其中之一是送气音的）？我们认为是 t 的声音其实可以有几种发音。

>> 语言、思想与文化

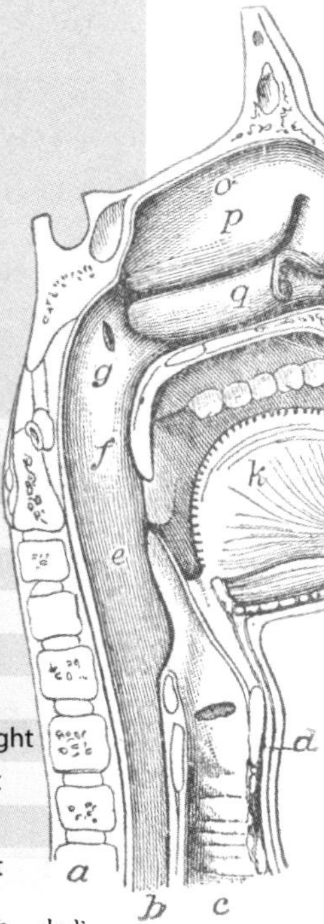

著名的语言学家诺姆·乔姆斯基（Noam Chomsky，1957）提出，人类的大脑包含了数量有限的组织语言的规则，如此一来，所有语言都有一个共同的结构性基础（乔姆斯基称这种规则为普遍性语法）。人们可以学习外语，词汇和想法也可以从一种语言翻译为另一种语言，这些事实支持了乔姆斯基的立场，也就是所有的人种都有相似的语言能力和思维过程。另外一种支持源于克里奥尔语（Creole Languages），这类语言由混杂语言（pidgins）发展而来。混杂语言是在文化迁移的情况下形成的，这时不同的社会开始交流，必须要设计出一套沟通的系统。基于英语和本族语种并通过贸易和殖民主义发展起来的混杂语言，分布在世界多个国家与地区。经过世代的讲述，混杂语言最后发展成克里奥尔语。这些是更为成熟的语言，它们有完善的语法规则和讲本族语言的人（这些人在濡化过程中将克里奥尔语作为其主要语言来学习）。

克里奥尔语在一些加勒比社会应用较多。在南卡罗来纳州和佐治亚州的沿海岛屿居住的非裔美国人，他们所说的嘎乐语是一种克里奥尔语。支持克里奥尔语基于普遍语法这一观点，事实上就是承认这些语言都共享特定的特征。在语句构成上，都使用不变化词

明白了吗？

你能说明对音素学和语音学的研究，如何帮助我们理解人们说话带有口音的原因吗？

（即 will，was）来形成将来和过去的时态，并用多重否定来否定（例如，他并非一无所得）。这些语言也都是通过改变音调变化来形成疑问句，而不是通过改变词序形成。例如，“你要回家度假吗？”（You're going home for the holidays？）（在问句的最后提高声调）而不是“Are you going home for the holidays？”

萨丕尔—沃尔夫假设

其他的语言学家和人类学家采用不同的方式理解语言和思维之间的关系。他们认为，不同的语言产生不同的思维方式，而不是寻找普遍的语言结构和过程。在爱德华·萨丕尔（Edward Spair，1931）和他的学生本雅明·雷·沃尔夫（Benjamin Lee Whorf，1956）之后，这种立场一度被认为是**萨丕尔—沃尔夫假设**（Sapir-Whorf Hypothesis），他们是其突出的早期倡导者。萨丕尔和沃尔夫提出，特定语言的语法范畴使它们的说话者以不同的方式思考问题。例如，英语将时间分为过去、现在和将来。美国西南部原住民聚居的普韦布洛地区的一种语言——霍皮语，就不如此划分。霍皮语对事件之间的区分是存在或者存在过的（我们用现在和过去加以讨论）和那些不存在或者尚未存在的（将来的事件，伴随着想象的和假设的事件）。沃尔夫提出，这种差异使讲霍皮语的人以不同于讲英语的人的方式思考时间和现实的问题。

萨丕尔—沃尔夫假设 不同的语言产生不同的思维方式的理论。

核心语汇 一组对于特定群体（那些有着特定焦点的经验或活动的）非常重要的单词或特质，正如不同类型的雪对于爱斯基摩人或滑雪者而言。

一个相似的例子来源于葡萄牙语，这种语言采用一个未来的虚拟语气的动词形式，将一定程度的不确定性引用到对未来的谈论中。在英语中，我们习惯上会使用将来时态讨论我们认为将要发生的事情。我们感受不到通过加上“如果它不去超新星”对“明天太阳就会升起来”加以限定的需要。我们毫不犹疑地表明，“我会在明年见到你”，甚至是在我们也不能完全确定自己是否可以的时候就说出这话。葡萄牙语使用未来虚拟语气对未来的事件加以限定，承认未来并非是必然的。我们将未来表述为必然的这种方式是如此的根深蒂固，以至于我们根本不会考虑它，正如霍皮人意识不到区分现在和过去的需要，二者都是真实的，而未来是保持着猜想的。然而，看起来语言并没有严格的限制思维，因为文化变迁可以让思维和语言发生改变，正如我们在下一部分可见的（Gumperz 和 Levinson，1996）。

核心语汇

正如我们之前提过的，词汇就是一部语言词典，其对于事物、事件和想法的名称集。词汇影响认识。因此，爱斯基摩人（或因纽特人）对不同的雪有明显区别的词语，而在英语中都称作“雪”。大多数讲英语的人从未注意这些类型的雪之间的区别，即使有人将区别指出，他们可能也很难看出来。爱斯基摩人可以认识到并且考虑雪的区别，但是讲英语的人却不能，因为我们的语言只给了我们一个对应的单词。

与之相似的是，苏丹的努尔人有着非常复杂的语汇用来描述牛。爱斯基摩人有若干的词汇来描绘雪，努尔人也有不同的词汇来描绘牛，这都是由于他们拥有特定的历史、经济和环境（Brown，1958；Eastman，1975）。当需求上升的时候，讲英语的人也可以发展出他们对于雪和牛的词汇。例如，滑雪者就会为不同的雪命名，那些用来命名的单词在佛罗里达的词典中是没有的。与此相似的是，一位得克萨斯州牧场主的关于牛的语汇远远比一个纽约百货商店的售货员的更丰富。这类专业化的术语和特质对于一些特定群体尤为重要（那些在经历或活动方面有特定兴趣点的人们），它们被称为**核心语**

流行文化

在大学生中，玩电子游戏是一项非常流行的消遣方式。游戏者已经开发出他们自己的网络亚文化及与其相伴随的玩家行话（一个核心语汇）。这些术语表达了游戏的具体概念和经历，如“pwning”，正如传说中的一样，来源于“own”的拼写错误。如果有人说，“I pwned「发音为‘poned’」you”，就意味着你被重伤了。“连杀奖励”（kill streak）就是在自己被杀之前连续地杀许多对手。做一个“野营者”（camper），就是躲藏到一个地方，等待时机将某人毫无意识地杀掉。“Hax”（骇客，hacks）和作弊码指在游戏中增加不公平优势的方式，比如有穿墙透视的能力或自动瞄准。一些术语表达了社会判断：菜鸟（noob）指的是那些既没有什么经验、也不很擅长瞄准的人。叫一个人“菜鸟”就可能是一种侮辱，并且也是一个通过同伴压力来维持可接受行为的重要方式。你熟悉这些或者任何其他与你个人兴趣相关的焦点语汇吗？你和你的朋友使用哪些非标准化的话语？

汇（focal vocabulary）。

语汇是语言最容易变迁的领域。一旦需要，新的单词和区分就会出现并扩展。例如，一代人之前，谁发过“短信”？或发一篇“微博”？随着物品越来越日常和重要，为它们起的名字也越来越简单。一台电视机变成了一台 TV，汽车（automobile）便成为 car，数码视频光盘（digital video disc）变成了 DVD，智能手机应用程序（smartphone application）变成了 APP。

语言、文化和思想是相互关联的。然而，与萨丕尔–沃尔夫假设相反的是，文化变迁产生了语言和思想的变化，这样的表达更为精确，而不是反过来。细想美国的男性和女性关于其使用的色彩词语的区别。像浅澄色、赭色、桃色、米黄色、蓝绿色、淡紫色、蔓越橘色、赤黄色这类在大多数美国男性的语汇中都没有的词就意味着区别。50 年前，它们中的大部分甚至在女性的词汇中都没有。这些变化反映了美国经济、社会和文化的变迁。随着时尚和化妆品产业的发展，关于色彩的词汇和区分也越来越多了。美国词汇中相似的对比（增长）也出现在足球、篮球和冰球的语汇中。运动的狂热者，经常是男性多于女性，他们爱好观看比赛，比如冰球，自然就使用更多的相关术语，并能做出更精确的区分。这样一来，文化的对比和变迁便在语义域（如颜色术语）影响了词汇的区分（如桃色对浅澄色）。**语义学**（Semantics）指语言的意义体系。

人们划分世界的方式——他们视为富有意义的和值得注意的词汇对比——反映他们的经历（Bicker，Sillitoe 和 Pottier，2004）。人类学家已经发现，特定的词汇条目在一

文化思考

我们所沟通的大部分都是非语言的且涉及我们的情绪状态和内涵。这就导致了频繁的短信和在线留言往往会传达不清。人们使用表情符号（笑脸、哭脸的表情）和缩写符（lol — 大声笑；imao — laugh my a** off；wtf — what the f**；omg — 哦，我的上帝）来填充那些需要通过声调、笑声和面部表情来沟通的部分。在发短信和写邮件的时候，你曾经有过任何的传达不清吗？你会用什么样的策略来更清楚地沟通？

冰球的组成要素	内部人员的术语
冰球	小心点
球门 / 网	管子
被罚下场的队员座席	受罚席
冰球球棍	小枝桠
头盔	桶
守门员的腿垫	五孔

个确定的顺序中进化。例如，伯林和凯（Berlin 和 Kay，1969 / 1992）在学习一百种语言后，发现了 10 种基本的颜色术语，即白色、黑色、红色、黄色、蓝色、绿色、棕色、粉色、橙色和紫色（它们或多或少地都在这种顺序中进化）。进化的词语数量随文化的复杂性而变化。代表一个极端的是巴布亚新几内亚的耕种者与澳大利亚的狩猎者和采集者，他们只使用两种基本的词语，翻译过来就是黑和白或者黑暗和光明。在连续体的另一端，是有着所有颜色术语的欧洲和亚洲语言。颜色术语在拥有染料和人工色素使用历史的区域最发达。

明白了吗？ 你可以参考萨丕尔－沃尔夫的假设，谈一谈语言、思想和文化是如何互相影响的吗？

>> 社会语言学

没有哪种语言具备一个统一的系统，其中每个人讲话都完全一样。**社会语言学**（Sociolinguistics）领域研究社会和语言变体之间的关系（Romaine，2000；Spencer，2010；Trudgill，2000）。不同的讲话者怎样使用一种既定的语言？语言特征是如何与社会多样性和社会分层（包括阶级、种族、性别的不同）联系起来的（Tannen，1990，1993）？语言是如何用于表达、巩固或者抵抗权力的（Geis，1987；G.Lakoff，2008；Mooney，2011）？

语义学 一个语言的意义系统。

社会语言学 对社会和语言变化之间关系的研究，在语言的社会背景中对其进行的研究。

社会语言学家关注随着社会地位和社会情境而发生系统性变化的那些特征。为观察变化，社会语言学家观察、界定和考量语言在现实世界的多变的应用。为了表明语言特征与社会、经济和政治的区别相关联，必须要考量讲话者的社会属性，并且要将其与言语联系起来看（Fasold，1990；Labov，1972a）。

一种语言在一个给定时间段内的变化是历史变迁的进程。那些循序渐进地发挥作用且几世纪以来推动大规模语言变迁的一些力量现在仍起作用。语言的变化并不是发生在真空中，而是发生于社会中的。当新的讲话方式和社会因素相联系的时候，它们就被模仿并传播开来（Blommeart，2010）。一种语言就是以这种方式发生变化的。

民族之间的语言多样性

作为一个在所有国家都遇到的语言变异的例子，考虑一下当代的美国。成千上万的美国人学习英语之外的一种语言。这一事实揭示了种族的多样性。西班牙语是最常见的。这些人大部分最终成为了双语者，把英语作为第二语言。在许多多语种（包括殖民的）国家，人们在不同的场合中使用两种语言。例如，一种语言在家中使用，另一种语言用于工作或者公共场合。

不论是否为双语者，我们都会在不同的背景下变换我们的言语；我们进行**语体变化**（Style Shift）。在欧洲的某些部分，人们通常会变换方言。这种现象，被称为**双言**（Diglossia），适用于同一语言的“高”和“低”的变化，例如在德语和佛兰德语中（讲于比利时）。人们在大学学习和手写时，在专业性的和大众传媒时，使用高变异；而在和家庭成员和朋友进行普通谈话时，他们使用低变异（参阅 Tannen，Kendall 和 Gordon，2007 以及 Tannen 对于美国的家人和朋友中的

人类学的工作

毕业以后，奥博·格里菲斯（Amber Griffith）加入美国志愿队，并被安排在乔治亚州亚特兰大的一个医疗中心工作。作为一名顾问，她教给患者 HIV 的相关知识，并帮助他们用有限的方法寻找自己需要的房屋、工作和药物救助。当与患者谈论 HIV 时，奥博利用了自己的人类学背景。与处在豆蔻年华的患者或者 20 岁出头的患者谈心时，她的语言并没有包含过多的技术性，甚至还包括亵渎的语言。她从各个年龄段的患者那了解到，成功的社区延展服务需要将病人作为个体来认识。她提问开放性的问题，例如，关于他们如何与伙伴见面，以及他们自己会做些什么来阻止这种通过性传播的疾病的蔓延。奥博计划读研来研究公共健康。

沟通的分析）。

正如社会情境影响我们的言语，地理的、文化的和社会经济的不同也会影响言语。在美国，许多方言与标准化（美国）英语（SE）同时存在。标准化英语本身也是一种和“BBC 英语”不同的方言，后者是一种受英国青睐的方言。不同的方言作为沟通系统是同样有效的，这也是语言的主要职责。我们倾向于把特定的方言看作是粗野的或是比其他的方言更加精致的，这仅是一种社会的评判，而非语言的评判。我们将某些语言类型按好坏排序，是由于我们意识到它们在被我们做出同样排序的群体使用。那些说 dese、dem 和 dere 而不说 these、them 和 there 的人，能与那些在言语中用发音 d 系统地替换发音 th 的人，很好地进行沟通。然而，这种言语的形式变成了一个较低的社会排序的指示。我们称它为“没有教养的言语”，如 ain’t 的使用。dese、dem 和 dere 的使用，是诸多语音学的区别之一，却被美国人看不起。

性别言语的对比

对比男性和女性，在语音、语法和语汇上都有不同，而且在伴随语言的身体姿态和动作上也有不同（Eckert 和 McConnell-Ginet，2003；R. Lakoff，2004；McConnell-Ginet，2010；Tannen，1990）。在语音方面，美国女性倾向于更加外围地发元音（当说“rent”时，发“rant”，“rint”），而男性倾向于更集中地发音（“runt”）。在公共场合，日本女性依据她们的传统文化，出于礼貌，她们倾向于使用一种不自然的高音。女性更注意未经教育的言语。这样的趋势也出现在美国和英国。男人可能用一种劳动阶级的言语，因为他们将这与阳刚之气联系在一起。可能女性更关注使用标准化方言的媒体。

语体变化 不同背景中言语的变化。

双言 单个语言中有“高贵”和“低俗”方言的存在，如德语。

按照罗宾·拉考夫（Robin Lakoff）的观点，对于特定类型的单词和符号的使用可能与女性在美国社会中历来权力不足相关（亦可参阅 Coates，1986；Romaine，1999；Tannen，1990，1993）。例如，“哦，天呀”（oh，dear），“胡说八道”（Oh，fudge）和“天啊”（Goodness）就不如“见鬼”（Hell）和“该死”（Damn）有力度。观察一档电视竞赛中的一个闹情绪的男运动员的嘴唇，如足球比赛。他说“呸”的可能性多大？与男性相比，女性也更可能使用迷人的、有魅力的、甜美的、小巧的、可爱的和极好的这类形容词。

文化思考

男性与女性的语言表达不尽相同，表现在发音、用词、表达方式及语言形式上。关注你身边的交流，你注意到哪些不同？你是否认同谭内的男人用语言区别阶层，女人用语言建立关系？

著名的社会语言学家德波拉·谭内（Deborah Tannen）的许多著作中，都研究了男性与女性在语言的策略和行为上的不同（1990，1993）。谭内通过“rapport”和“report”来对比女性和男性整体上的语言类型。谭内说，女人主要使用语言及与其相伴随的肢体动作，以构建 rapport 和他人的社会联系；另一方面，男人倾向于作报告，详述那些有助于他们在一个层次机构中确立自身位置的信息，还试图决定其谈话伙伴的相对次序。

分层与象征性支配

我们使用和评价言语，是在社会、政治和经济这类语言之外的力量的环境之下。主流的美国人负面评价地位低下群体的言语，称其为“没有教养”。这并非是由于这些说话的方式本身是坏的，而是由于它们象征着地位低下。想一想有关“r”发音中的变化。在美国的部分地区，经常发出“r”的音，在其他（rless）地方则不会。起初，这种不发“r”音的言语是对英国上流社会言语的效仿。由于其声望，许多区域采用不发“r”音，并且继续作为波士顿附近和南部的规范。

19 世纪，纽约人为了寻求声望，放弃了他们 18 世纪曾发音的“r”。当代的纽约人正回到 18 世纪的发“r”音的模式。不论“r”是在“内”还是在“外”发生的，影响语言变化的关键是社会评价，而非一个强大的中西部“r”音的反响。

针对纽约市“r”发音的研究阐明了语音变化的机制。威廉姆·拉博夫（William Labov）（1972b）关注的是，在 car、floor、card 和 fourth 这类单词中的“r”，是否会在元音之后发音。为了收集关于这种语言变化如何与社会阶层相关联的资料，他与纽约市三家百货公司雇员进行了一系列的快速接触，每家公司的价位和位置都吸引着一个不同的社会经济群体。萨克斯第五大道精品百货店（Saks Fifth Avenue）（68 人）迎合了上层中产阶级的口味，梅西百货（Macy’s）（125 人）吸引了中产阶级的购物者，科雷品牌店（S. Klein's）（71 人）的顾客则以下层中产阶级和劳动阶级为主。百货店员的阶级属性反映了其顾客的阶级属性。

已经确定某个部门在第四层时，拉博夫接近第一层楼的售货员，并且向他询问这个部门的位置。当这名售货员回答“四层”（fourth floor）之后，拉博夫重复问“哪里？”以便得到第二次回答。第二次的答复语气更为正式和加强，这位售货员想必会认为拉博夫并未听到或理解第一次的回答。因此，针对每位售货员，拉博夫都有在两个单词中的两个 /r/ 发音的样本。

拉博夫计算了在访谈过程中那些至少有一次发出 r 音的员工所占的百分比。这些比例在萨克斯、梅西和科雷分别为 62%、51% 和 20%。他还发现，当他在较高楼层问“这是几楼？（以及哪里出售更昂贵的物品）”时，店员的回答中发出 r 音的多于第一层店员。

在拉博夫的研究中，r 发音明显与声望相关。在提供工作之前，雇用销售人员的面试者肯定从未考虑过 r。然而，针对某些人在销售特定种类商品时的效果如何，他们确实

学习小贴士

社会语言学在一群人中研究语言变异。语言差异与方言、性别、阶级和种族等因素相关联。

文化思考

学校应该如何对待讲着不同语言和方言的孩子？他们是否应该要求孩子使用标准的、有声望的话语模式？

利用语言评估来做判断。换句话说，他们实践了社会语言学的歧视，在决定何人谋得特定工作之中利用了语言特征。

关于部分地区的人是如何讲话的，美国人有着一些成见，其中一些成见比其他更为广泛。大多数美国人认为自己可以模仿一种“南部的口音”，并且在南部以外的地方，南方话的价值往往被低估。美国人还对纽约（例如，对咖啡 [coffee] 的发音）、波士顿（“I pahked the kah in Hahvahd Yahd”）和加拿大（以“oot”代替“out”）的话语存在刻板印象，但并不见得含有侮辱的意思。

中西部的美国人有时声称自己没有口音。这种信念源于一种事实，即中西部方言并没有许多被污名化的语言变体，也就是那些被其他地区的人所认为的并且看不起的言语类型，例如 lessness，还有代替 them、these 和 there 的 dem、dese 和 dere。

中西部美国人不是没有口音，而是口音相当严重，甚至在同一所高中内都显示出语言的多样性（详见 Eckert，1989，2000）。关于变化的中西部言语一个最好的例证就是，包括元音在内，诸如 ten、rent、section、lecture、effect、best 和 test 这类单词中的 e 语音（/e/ 音素）的发音。在密歇根东南部，有四种关于 e 语音的发音方式。就像南方人日常中一样，讲黑人英语（详见下一部分）的人和来自阿巴拉契亚的移民往往会把 ten 发音为“tin”。一些密歇根人说“ten”，这是标准化英语中的正确发音。然而，其他两种发音也是常见的。许多密歇根人说“tan”或“tun”（虽然他们会使用重量单位“ton”这个词），而不说“ten”。

一天，科塔克在大厅遇到了一位在密歇根长大的研究生导师，后者异常地高兴。当科塔克问她为何如此高兴时，她答“I' ve just had the best suction”。

“什么？”科塔克问。

最终，她清晰地说，“I' ve just had the best saction”。她认为这是对“section”这个单词更为清晰的发音。

这类言语的另一个例子是，一名大学生在考试后哀叹她并未“bust on the tust”（即在考试中做到最好）。事实上，区域格局影响着我们说话的方式。

我们讲话的习惯帮助确定自己获得工作及其他物质资源的机会。由于这个原因，“正规语言”自身就成了一种策略性资源，还是一条通往财富、威望和权力的路径（Gal，1989；Thomas 和 Wareing 等，2004）。为充分说明这一点，许多民族志学者记述了语言技能和演讲在政治中的重要性（Beeman，1986；Bloch，1975；Brenneis，1998；Geis，1987；G. Lakoff，2008）。著名的“伟大的沟通者”罗纳德·里根（Ronald Reagan），作为两任美国总统，在 20 世纪 80 年代主导着美国社会。另外一位连任两次的总统比尔·克林顿（Bill Clinton）纵使他有南方口音，也因其在某些情况下的语言技巧而著名（例如，电视辩论和市政会议）。沟通上的缺陷可能促使了杰拉尔德·福特（Gerald Ford）、吉米·卡特（Jimmy Carter）、老乔治·布什（George Bush the elder）总统任期的告终。你如何评价目前你国家的领导人的语言技巧？

法国的人类学家皮埃尔·布迪厄（Pierre Bourdieu）将语言实践视为象征资本，它适当地训练人们，可能会转换为经济和社会资本。一种方言的价值——它在“语言市场”中的地位——取决于在劳动力市场中其在多大程度上有助于获得理想职位。反过来，这反映了教育机构、国家、教堂和权威媒体等正式机构赋予这种方言的合法性。即使那些不使用权威性方言的人，也承认其权威性和正确性及其“象征性支配”（Bourdieu，1982，1984）。因此，那些本身缺乏力量的语言类型，具有其所象征的群体的力量。然而，教育系统（依据其自身价值）否定了语言的相对性，它将权威性的话语歪曲为本质上就是更好的。下层社会和少数民族的人常常会有语言上的不安全感，就是这种象征性支配的结果。

非裔美国人英语方言

社会语言学家威廉姆·拉博夫及若干同事，有非裔美国人还有白人，对于他们所谓的**非裔美国人英语方言**（Black English Vernacular，缩写为 BEV）进行了细致的研究（本地话意思是普通的和非正式的言语）。非裔美国人英语方言是“在当今美国的大部分地区中，尤其是在纽约、波士顿、底特律、费城、华盛顿和克利夫兰等地的市中心及其他城市中心，大多数非裔美国人青年所讲的相对一致的方言。大部分农村地区也使用非裔美国人英语方言，它还被用于许多成年人随意的、亲密的话语当中”（Labov，1972a）。这并不意味着所有的，甚至是大多数的非裔美国人会讲非裔美国人的英语方言。

非裔美国人英语方言（BEV）美式英语中，一种根植于美国南部方言的有规则性的方言（有时被称为非裔美国人英语）。非裔美国年轻人和许多成年人在其随意的、亲密的言语中讲非裔美国人英语方言。

据语言学家描述，非裔美国人英语方言是一种有其自身规则的复杂的语言体系。想一想非裔美国人英语方言和标准英语在语音和语法方面的一些差异。一种语音差异就是，与讲标准英语的人相比，讲非裔美国人英语方言的人不太可能发出 r 音。实际上，许多讲标准英语的人不会在辅音（card）之前或者一个单词的尾部（car）发出 r 音。但是他们会在元音之前发出一个 r 音，不论是在单词的尾部（four o' clock）还是在单词之内（Carol）。对比而言，讲非裔美国人英语方言的人更可能会省略这些出现在两个元音间的 r。结果，讲两种方言的人就会有不同的同音异义词（这些单词听起来是相同的，但有着不同的含义）。那些对两个元音间的 r 音不发育的讲非裔美国人英语方言的人，有着以下的同音异义词：Carol/Cal；Paris/Pass。

观察不同的语音规则，与讲标准英语的人相比，讲非裔美国人英语方言的人更加有区别地对某些单词发音。尤其是在小学教育，讲非裔美国人英语方言的学生的同音异义词，通常不同于讲标准英语的教师的那些。为了评估阅读的准确性，教师要确定学生是否认识到了非裔美国人英语方言中的 passed、past、pass 这类同音异义词的含义。与学生是否正确地按照标准英语的规则来发音相比，教师需要确保学生理解他们所阅读的，这或许更为重要。

语音规则可能会使讲非裔美国人英语方言的人忽略作为一个过去时态标记的 -ed 和作为复数标记的 -s。然而，其他的话语背景表明，讲非裔美国人英语方言的人理解过去和现在动词之间、单数与复数之间的区别。确认这些区别的关键就在于不规则动词（例如，tell，told）和不规则复数（例如，child，children），就此而言非裔美国人英语方言与标准英语是一样的。

作为一种语言体系，标准英语并不比非裔美国人英语方言优越，只不过恰好是权威性方言，被用于大众传媒、写作及大多数的公众和专业环境。标准英语是有着最多“象征性资本”的方言。在德国使用双语的地区，讲普拉特德语（低地德语——德国北部、西部方言）的人学习高地德语（标准德语），以在全国范围内进行适当的交流。与之相似的是，向上移动的讲非裔美国人英语方言的学生也学习标准英语。

明白了吗？ 在社会语言学的研究中，你能确定言语区别是如何与取决于民族地区、种族、性别和阶层的社会性变异相关联的吗？

>> 历史语言学

社会语言学家研究当代语言的变异，即正在发生的语言变化。**历史语言学**（Historical Linguistics）处理的是一个较长时期的变化。社会语言学家可以通过研究当代的**派生语言**（Daughter Language）重构许多过去语言的特征。这些语言起源于同一种母语，并且分开了上百年甚至上千年而各自改变。这些语言从一个源语言中发散，我们称这种源语言为**原始母语**（Protolanguage）。例如，像法语和西班牙语这类的罗曼语，就是它们共同的原始母语拉丁语的派生语言。德语、英语、荷兰语、斯堪的纳维亚语都是原始日耳曼语的派生语言。罗曼语和日耳曼语都属于印欧语系。它们共同的原始母语被称为原始印欧语系（Proto-Indo-European，PIE）。历史语言学家根据语言之间的关联程度对其进行归类（PIE 系谱图 / 树状图）。

历史语言学 随时间推移研究语言的语言学分支。

派生语言 由同一种母语发展出来的语言，比如法语和西班牙语就是拉丁语的派生语言。

原始母语 许多派生语言的语言祖先。

语言子群 那些在最为密切相关的亲属语言的分类范围内的语言。

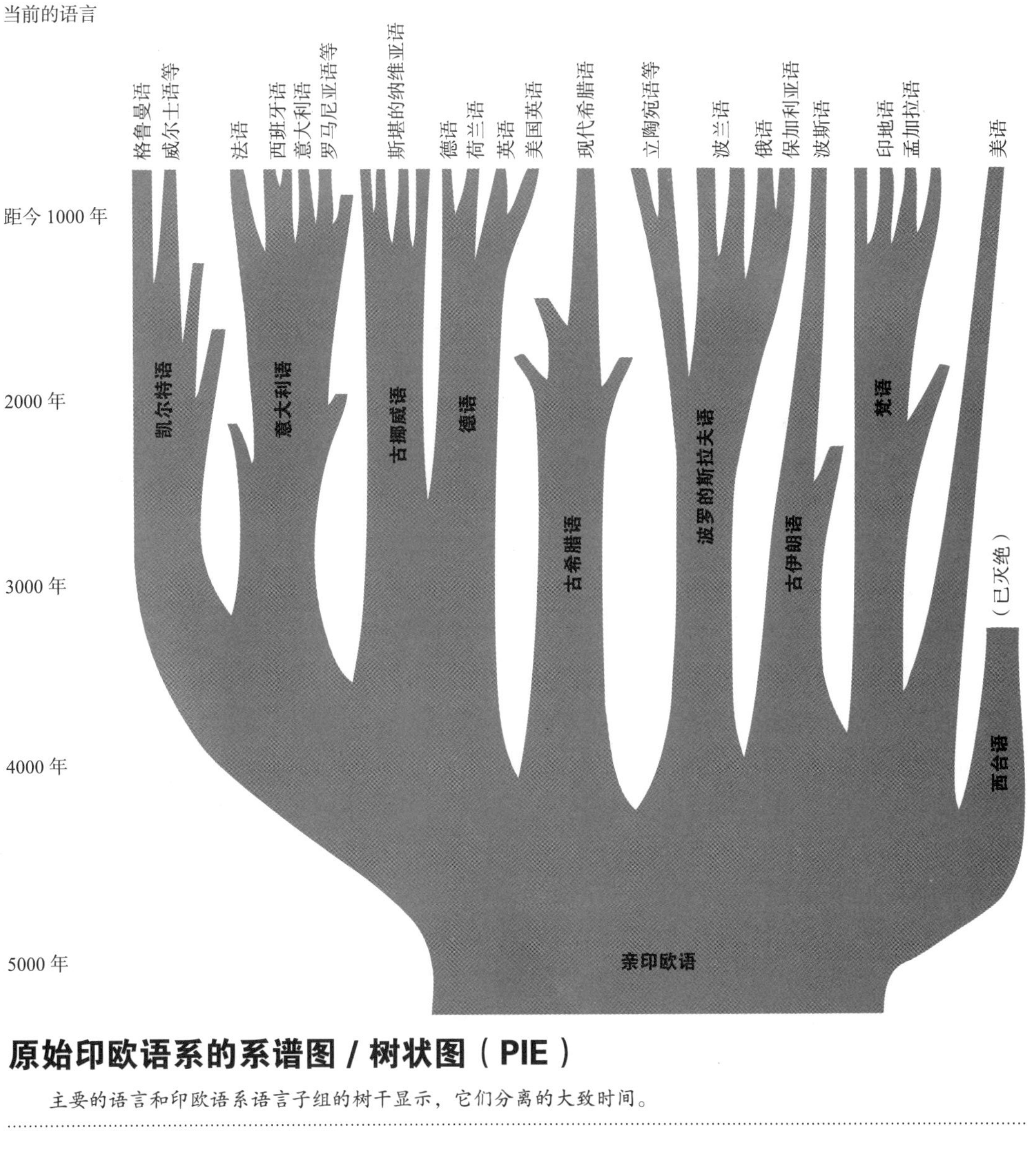

原始印欧语系的系谱图 / 树状图（PIE）

主要的语言和印欧语系语言子组的树干显示，它们分离的大致时间。

语言随时间变化。这包括变化、扩展、分为**语言子组**（Language Subgroups，那些在最密切相关的亲属语言的分类范围内的语言）。一个单一母语中的方言变为相互区分的派生语言，特别是如果它们彼此孤立。一些派生语言分裂了，产生了新的“再派生”语言（“Granddaughter” Languages）。如果人们停留在故乡，他们的言语类型也会改变。在故乡演变的言语也应该同其他（分裂出来的语言）一样，被视为派生语言。

语言之间的密切关系未必意味着讲这些语言的人在生物上或文化上是紧密相关的，这是由于人们可以使用新的语言。在非洲的赤道森林中，“俾格米”猎手抛弃了他们的祖先语言，现在说着那些早期移民到这个地区的耕种者的语言。刚到美国的移民讲着许多不同的语言，但是现在他们的后代说着流利的英语。

对那些对历史，尤其是对过去 5000 年里发生的事件感兴趣的人类学家来说，有关语言关系的知识是有价值的。文化特征可能会（或者可能不会）与语系的分布相关。与那些讲着源于不同语言祖先的言语的群体相比，讲着相关语言的群体在文化上可能（或者可能不会）更为相似。当然，文化上的相似性并不限于讲着相关语言的群体之间。即使讲着不相关的语言的群体之间，也可能会通过贸易、联姻和冲突而存在联系。创意和发明在人类群体中广泛地扩散。许多当代英语中的词汇项目，尤其是像与“beef”“pork”这类食物相关的项目，都源于法语。1066 年诺曼征服英格兰，尽管没有书面文献记载法语的影响文件，但当代英语中的语言证据揭示了长期以来两种语言之间有重要的直接接触。与此相似的是，语言证据还确证了那些缺乏文字记载的文化接触与文化借鉴。通过研究借鉴而来的词汇，我们还可以对接触的性质做出推断。

语言的消失

语言史的一个方面就是语言的消失。当语言消失了，文化的多样性也会减弱。正如语言学家大卫·哈里森（K. David Harrison）所说：“当我们丧失一种语言，就意味着失去了人类好几个世纪对于时间、季节、海洋生物、驯鹿、食用花卉、数学、风景、神话、音乐、未知事物以及日常生活的思考成果”（转引自 Maugh，2007）。哈里森的著作《语言消亡之时》（*When Languages Die*，2007）指出，由于最后讲土语的人的死亡，每两周就有一种本土语言走向灭绝。在过去的 500 年里，世界的语言多样性已经减少到一半（通过不同语言的数量衡量），剩下的一半语种预计将在本世纪消失。殖民语言（例如英语、西班牙语、葡萄牙语、法语、荷兰

参与进来！

社会语言学家已经研究了语言类型在美国男性和女性之间存在差异的方式。保存那些来自你男性和女性的朋友和家人的邮件，观察他们在电子沟通方式中是否存在类似的差异。是否存在不同比例的社会学家德波拉·谭内所说的“rapport”（建构社会联系）和“report”（详述信息）？在各种词语的运用、句子的大小和完整性以及字体方面的区别如何？在类型（玩笑的或者严肃的、鼓气的或者消极的）和数量方面，表情符号的使用是变化的吗？根据你的发现列出一个表格：女性的方式在一边，男性的方式在另一边。

语和俄语）以本土的语言为代价进行了扩张。在大约7000种保留下来的语言中，有20%濒临消失，与之相对的是，濒临灭绝的还有18%的哺乳动物，8%的植物，5%的鸟类（Maugh，2007）。

执教于宾夕法尼亚州的斯沃斯莫尔学院的哈里森，是濒危语言拯救研究所（http：//www.livingtongues.org）的主任，这个研究所致力于在多媒体文件的项目中，维护、保存并复兴濒临灭绝的语种。来自这个研究所的研究员利用数字音频和录像设备记录了大多数濒临灭绝的语种的最后言说者。“《国家地理》的长久声音的项目”（National Geographic’s enduring voice project）通过确定独特的、难以理解的或者濒临灭绝的语言的地理区域，并通过记录那些语言和文化，将保护濒危语言作为其使命。

这个网站显示，各种各样的语言热点区域中，濒临灭绝的语言的危险率从低向严峻变动。在美国，这个比例在横跨俄克拉荷马州、得克萨斯州和新墨西哥州的一个地区是高的，这里有40种美洲原住民语言都处于危险之中。最热门的地点就是澳大利亚南部，在那里有153种原住民族语言濒临灭绝（Maugh，2007）。其他的热点地区位于南美洲的中部、北美洲的太平洋西北岸和东西伯利亚。在所有这些区域内，土著语言都自愿地或受到强迫地发展成为一种殖民语言。

尽管存在语言消失的情况，语言的多样性依然存在于包括印度在内的许多国家之中。尽管有着国家殖民的历史，大约只有1/10的印度人口讲英语。甚至许多讲英语的印度人，更愿意阅读或者寻找使用其地方语言的网络内容。当地企业和谷歌、雅虎、微软等国际公司都急于满足对当地语言的Web内容的需求。这个例子说明了应用人类学中主要的教训之一，针对外部的输出品的适应问题，只有当其按本地设置适当的定制品时，才能实现最优配合。

你了解吗

巴布亚新几内亚是一个人口刚超过600万的岛屿，曾经至少有841种口语。那些语言中有许多都濒临消失，一些语言甚至已没有活着的言说者了。

明白了吗？ 你能解释语言随时间而变化的方式吗？

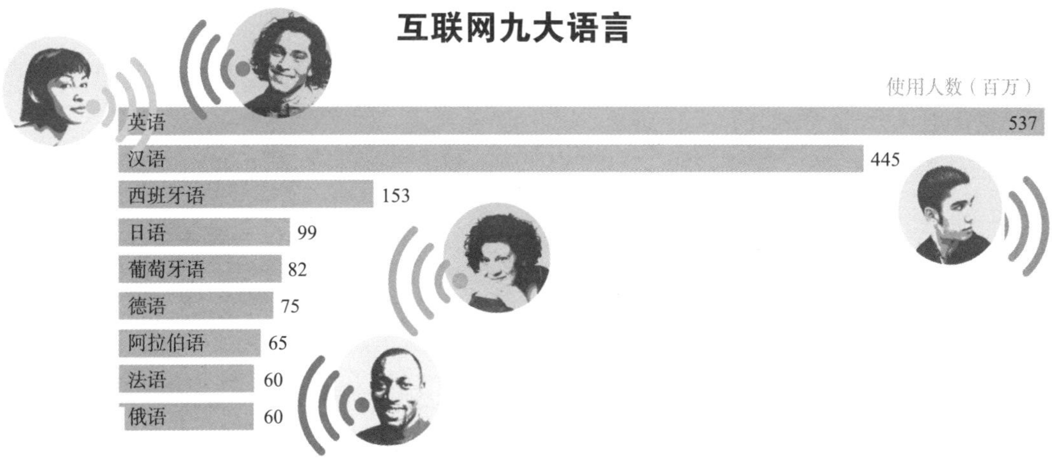

本章回顾

I. 是什么使语言与其他的沟通方式不同?

- 其他动物所使用的沟通系统缺乏语言所具备的复杂性和适应性的优点。野生灵长类动物使用各种呼叫——这些声音在数量上受限制，并且只有在特定环境的刺激下才能产生。这些呼叫是无意识的，并且不能加以组合。对比而言，语言可以随心所欲，已经掌握了词语与其所代表的事物之间的相关性。语言的两个基本属性是：（1）通过学习而进行的文化传播；（2）产生力——通过结合其他表达以产生新表达的能力；（3）易位——谈论不在场的事物的能力。

II. 针对普通情况中的语言和特殊情况下的特定语言，人类学家与语言学家如何开展研究?

- 人类学家和语言学家通过描述一个特定语言中重要的声音，它们又如何组合成单词及其有意义的部分，对其进行研究。这些学者还编译了一套关于语言词汇及其意义，它们的学习语法，以及单词在短语和句子中顺序和安排的词典。语音学通常是对言语声音的研究。一些语言学家寻求普遍性的语言结构和过程，还有一些人研究语言结构是如何产生多种思考方式的。

III. 短期和长期内，语言是如何变化的?

- 社会语言学家在一个社会中研究社会与语言变体之间的关系，包括民族间的语言多样性、性别言语的对比、语言的分层。这类当代语言的变异是语言变迁的过程。当这种新的言语方式与社会因素相关联时，这些方式扩展了，语言变化了。对待长期的变化，历史语言学家通过研究当代的派生语言来重构过去语言的特征。这些派生语言是同一母语的衍生物，各自经历了上百年甚至是上千年的变化。语言进化、扩展并分为子组。语言变化的另一个领域就是语言的消失。过去 500 年见证了世界语言多样化减少到了一半。殖民语言以牺牲本地语言为代价达到了扩张的目的。

突击测验

选择题：

1. 近期关于语言起源的研究表明：
   a. 在所有哺乳动物中，记忆与组织语言符号的能力是隐性的
   b. 大约在 150 000 年前发生的人类突变，可能赋予那些具备语言和文化能力的人以选择性的优势
   c. 清晰讲话所必需的舌头与嘴唇的精细动作，是通过濡化得以传递的
   d. 与呼叫系统相比，最早的语言形式由于对信息的存储和学习不太有效，减缓了人类的适应
2. 对一种口语的分析，涉及一种语言中所有的词素及其含义，这种分析领域是：
   a. 句法学
   b. 语义
   c. 语音学
   d. 词汇
3. 萨丕尔—沃尔夫假设阐明：
   a. 霍皮族人不会将时间划分为过去、现在和未来；他们没有时间的概念
   b. 不同的语言产生不同的思维方式
   c. 文化的变化产生语言和思想的变化
   d. 所有的语言都共享同一个语法范畴
4. 针对美国女性和男性区别使用色彩词汇的研究表明：
   a. 文化的变化产生语言和思想的变化
   b. 美国经济、社会、文化方面发生的变化并未对色彩词汇的使用产生影响
   c. 女性和男性同样易受化妆品行业的市场策略的影响
   d. 不同的语言产生不同的思维方式
5. 以下关于社会语言学的陈述中有哪些是错误的？
   a. 它研究了社会与语言变异之间的关系
   b. 它发现，即使社会背景发生变化，讲话者也会保持其言语模式
   c. 它发现，男性与女性言语的差异，体现在语音体系、语法、词汇，以及伴随言语的身体姿态和动作等方面
   d. 它考虑到一个社会中的方言各自所处的不同的社会地位，包括威望性语言提供更多的接触期望工作的机会，并且是由社会正式机构合法化的
6. 在以下关于非裔美国人英语方言（BEV）的论述中，哪些是正确的？
   a. 非裔美国人英语方言（BEV）是有自身规则的简单语言体系
   b. 所有的非裔美国人都讲非裔美国人英语方言（BEV）
   c. 作为一种语言体系，标准英语优于非裔美国人英语方言（BEV）
   d. 向上移动的讲非裔美国人英语方言（BEV）的学生，通常认为标准英语是社会权威性语言，并且对其进行学习

填空题：

1. ____ 指的是通过组合其他表达来创造新表达的能力，而 ____ 是描述不在场的事物和事件的能力。
2. 在不同背景或情境中的言语变异被认为是 ____。
3. ____ 指的是在单一的语言中存在的“高贵”与“低俗”的方言。
4. 在一个分层的社会中，即使是不讲权威性语言的人，往往也会认为其是“标准”和优秀的。在皮埃尔·布尔迪厄的术语中，这是一个关于 ____ 的实例。

答案：1. b；2. d；3. b；4. a；5. b；6. d
1. 产生力，易位；2. 语体变化；3. 双言；4. 象征性支配

第五章

生计

本章要点

- 适应性策略
- 食物生产基础上的适应性策略
- 经济制度
- 经济化与最大化
- 分配、交换

了解我们自身

在人类学起源的非西方社会中，在生计与家庭之间取得平衡的需求并不像在欧美社会中那样绝对。在传统社会里，一个人的工作伙伴往往也是这个人的亲属。在这里不存在“带孩子上班日”，因为大多数妇女每天都这样做。人们不与陌生人一道工作。家与办公室、社会与经济都是相互交错在一起的。

在现代社会中，生存和社交是能够引起矛盾的两个人类基本需求。人们不得不在工作与家庭之间分配他们的时间和精力。想想你父母在经济和社会目标二者之间所做过的抉择。他们的决定是否实现了他们的收入、生活方式、个人幸福、家庭得益或其他一些东西的最大化？那你呢？是什么因素促使你选择申请并进入大学？你是否想离家近一些，是否想与好友一同上大学，或者保持一种浪漫的依恋（所有的社会因素）？你会寻求最低的学费和上学花费或者获得一笔丰厚的奖学金吗（经济决策）？你会选择声誉或者哪天你会因为你母校的名声而赚更多的钱（最大化声誉和未来财富）？经济学家倾向于假定现代社会中的经济决定论。然而，就像不同的文化一样，不同的个体可能会选择寻求货币收益以外的其他目标。

研究显示，与男性一样，大多数美国女性现在都期望成为有偿劳动力。但是家庭也依旧有吸引力。大多数年轻妇女和一些男人也倾向于在孩子尚小时待在家里，一旦孩子上学了再返回工作岗位之中。你呢？假如你有确定的职业规划，假如你有一个已经规划好的工作，你会怎样设想你的工作以使之适合于你未来的家庭？成功的事业或幸福的家庭生活，你的父母最希望子女们拥有哪一个，或者两者兼具？实现这些期望容易吗？

>> 适应性策略

在今天这样一个日益全球化的世界，社区和社会正日益加速被融入一个更大的体系之中。食物生产方式（种植植物和猎取动物）的源起（大约一万年前）和扩散导致了更大、更强有力的社会和政治体系的成形。食物生产导致了人类生活出现了重大变化。文化变迁的步伐也大为加快。这一章为人类多种多样的适应性策略和经济体系提供了一个理解框架。

人类学家耶胡蒂·科恩（Yehudi Cohen，1974）使用适应性策略（adaptive strategy）这一术语来形容一个社会的经济生产体系。科恩认为，两个或多个互不关联的社会之间却互有相似，其最重要原因就是它们拥有一套相似的适应性策略。换句话说，相似的经济起因产生相似的社会文化影响。例如，拥有同一觅食策略（狩猎和采集）的不同社会之间存在明显的相似之处。建立在不同社会在经济与社会特征间的关联性之上，科恩发展出了一种社会的类型学。他的类型学包括五种适应性策略：觅食、园艺、农业、游牧主义和工业化。工业化在“世界体系与殖民主义”一章中有讨论。这一章关注于前四种适应性策略。

觅食

直至一万年前，所有人都是觅食者（Barnard，2004）。然而，环境的不同使在世界各地的觅食者形成了实质性的差异。像冰河世界在欧洲居住的人是大型动物觅食者。时至今日，北极的狩猎者们仍旧狩猎大型动物和群体动物；在饮食方面，他们比热带的觅食者更少食用蔬菜，也更缺乏多样性。从寒带至热带，物种的数量不断增加。热带的物种丰富多样，因此热带的觅食者可以狩猎和采集很多的植物和动物物种。温带可能也是一样的。例如，在北美北太平洋海岸，觅食者可以捕捉许多海洋、河流及大陆物种，例如鲑鱼和其他鱼类、海洋哺乳类动物、浆果类及山羊。尽管因环境的变化而造成诸多差异，但所有的觅食经济都有一个共同的基本特征：人们依赖于自然以维持生计。

动物驯养（起先是羊和山羊）和植物培植（小麦和大麦）开始于一万至一万二千年前的中东地区。玉米、木薯及土豆等不同作物的培植在美洲独立兴起。在两个半球的大

学习小贴士

觅食有诸多特点：

- 人们依赖于自然谋求生计，对于自然资源的经营较少；
- 比起务农而言，觅食需要较少劳动；
- 传统上的觅食与队群社会单位及一种迁徙的生活方式相关联；
- 现代觅食者们生活在边缘陆地（不适宜于农事生产的土地），而且不单纯以觅食为生。

多数觅食者转而进入食物生产。今天，大多数觅食者都多多少少有赖于食物的生产及生产者（Kent，1992；2002）。

在现代，觅食的生活方式在一些特定的丛林、沙漠、岛屿及非常寒冷的地带依然存在，这是一些连简单的技术都无法用来生产食物的地方（Lee 和 Daly，1999）。在许多地方，“理想的”食物生产方式对于觅食者们而言触手可及，但他们从来没有放弃觅食，因为他们自己的经济提供了一种十分丰富而且营养的饮食——而且较少工作。在一些地方，人们在尝试食物生产后放弃它并重新回到觅食的谋生方式。我们不应该将现在的觅食者视为石器时代遗留下来的孤立的和原始的幸存者。现代觅食者们被全球体系中的国家和国际政策、政治和经济事件所左右。

尽管作为一种生活方式的觅食消失得很快，但我们仍然可以勾勒出非洲最近两块广阔的觅食地带的轮廓。其中一个是南非的卡拉哈里大沙漠。这是散人（San，“布须曼人”）的故乡，他们包括居豪安斯人（Ju/’hoansi）（Kent，1996；Lee，2003）。其他一些主要的非洲觅食地带是中非和东非的热带草原，这里是姆布提人（Mbuti）、艾菲人（Efe）和其他一些“俾格米人”的家乡（Bailey 等，1989；Turnbull，1965）。

人们仍旧或者至少最近仍在马达加斯加、东南亚、马来西亚及菲律宾特定的偏远丛林，印度洋海岸的特定岛屿以觅食维持生计。澳洲土著们是其中最著名的觅食者之一，他们在自己的岛屿大陆上生活了六万余年，却没有发展出食物生产的谋生方式。

西半球不久前也存在一些觅食者。阿拉斯加和加拿大的爱斯基摩人或因纽特人是闻名已久的觅食者。这些（或其他）北部的觅食者现在已在其谋生活动中使用现代技术，包括步枪和机动雪橇（Pelto，1973）。加利福尼亚、俄勒冈、华盛顿及英属哥伦比亚的土著们都是觅食者，就如同那些加拿大的近北极地带以及五大湖区的内陆土著们一样。对于许多美洲土著而言，捕鱼、狩猎及采集仍然是重要的谋生（有些时候也是商业）活动。

海岸觅食者们也生活在南美洲南端附近的巴塔哥尼亚。在阿根廷、巴西南部、乌拉圭和巴拉圭的大草原上还有另外一些狩猎—采集者。现在巴拉圭的阿切（Ache）人通常被称为狩猎—采集者，尽管他们现在仅仅能从觅食中获得他们生计的三分之一。阿切人也种植农作物，驯养动物，居住在教区中或邻近教区，在这里他们可以从传教士手中获取食物（Hawkes，O’Connell，Hill，1982；Hill 等，1987）。

在全世界，觅食的谋生方式残存于不利于食物生产的环境之中（一些觅食者到食物生产、国家、殖民主义或现代世界体系兴起的地方寻求庇护）。在北极耕作的困难显而易见。在南非，理查德·李（Richard Lee）和其他人研究的多伯居豪安斯散人（Dobe Ju/’hoansi San）地区就被宽为 43 到 124 里（70 千米到 200 千米）的无水带所包围（Solway 和 Lee，1990）。

食物生产的环境障碍并不是觅食者残存的唯一原因。正如在“最近狩猎—采集者的世界分布”图中所展示的，他们逼仄的生存环境有一个共同的特征——他们的边缘性。他们的环境对农民、牧民或殖民者并不具直接利益。在一些可以耕作的地方，甚至在与农民接触之后，觅食的生活方式也还是被保留了下来。那些顽强的觅食者们，例如加利福尼亚和西北太平洋地区的土著并未放弃食物生产，因为他们可以靠狩猎和采集获得充足的食物供应。随着现代世界体系的扩散，觅食者的数量持续减少。在预计十万幸存至今的散人中，大多数生活在社会的边缘并在贫困中挣扎。每年，越来越多的觅食者们置身于民族国家的控制之下，并且被全球化的力量所影响。正如塞洛·莫塞塔（Motseta，2006）所言，在 1997 年到 2002 年之间，博茨瓦纳政府在大约三万巴萨瓦散人布须曼人的世代领地之外重新安置了他们，这些迁出地被转化为野生生物保护区。巴萨瓦人得到了一些失地补偿，还有一些可以在安置中心上学、得到医护以及接受职业训练的机会。评论家们认为，这些安置措施将一个自由的狩猎-采集者社会转变为依赖食物援助和政府支援的社区（Motseta，2006）。

2006年，博茨瓦纳最高法院裁定，巴萨瓦人被错误地逐出了“中央卡拉哈里动物保护区”。在寻求文化权利的世界政治行动背景下，这一裁决被誉为全世界土著的胜利（Motseta，2006）。2006年12月，博茨瓦纳的律师们普遍认为法庭虽然宣判允许巴萨瓦人返回他们的世居之地，但是却设立了阻止他们中的大多数这么做的条件。仅仅只有上诉的189人将会有与他们的孩子一道返回故里的自动权利，还有2000巴萨瓦人则只能期待能够返回，而剩下的人则不得不申请特别许可。返回的巴萨瓦人将仅仅被允许修建临时性的住宅，并且只能使用仅仅能够满足基本需求的水。水将是最主要的障碍，因为政府在2002年关闭了主要的水井，同时，水在卡拉哈里沙漠本来就是十分紧缺的。而且，任何一个想要去狩猎的人都不得不申请许可。在当今世界，觅食的生活方式就是以这样一种方式在延续。

觅食的相关性 类型学，例如科恩的适应性策略，是十分有用的，因为他们表明了**相关性**（correlation）——两个或多个变量之间的关联或共变。（相关变量是相互联系和关联的因素，例如食物摄入和体重，即当一个增加或者减少时其他的也同样会变化。）在数百个社会进行的民族志研究已经揭示了经济和社会生活之间的相关性。每种适应性策略都与一连串特殊的社会文化因素相联系（相关）。然而，这种相关难得完美。某些觅食者们缺乏通常与觅食相关的文化特色，而且这些文化特色中的一些能够在拥有其他适应性策略的群体中发现。

相关性 两个或多个变量之间的关联，即当一个（变量）变化时，其他的也会发生变化（共变）。例如，温度和湿度。

队群 觅食者们最基本的社会组织。一个队群包括少于100人；它往往季节性地拆分。

文化思考

博茨瓦纳巴萨瓦散人的案例在全球土著权利案中十分典型。你认为为什么博茨瓦纳政府会将散人迁出他们的世代领地？散人迁出之后的代价和潜在利益是什么？他们赢得诉讼之后，迁回领地对于散人而言是一个有吸引力的选择吗？为什么？

那么，什么是觅食的相关物呢？那些靠狩猎和采集维持生计的人通常，但并不总是（参见本章末尾的“夸富宴”部分），生活在队群组织的社会中。他们基本的社会单位，**队群**（band），是一个全部由亲属或姻亲关系联系的不过百人的小群体。在一些觅食者中，队群规模常年稳定；而在另一些觅食者中，队群在一年中数次拆分。家庭被保留用于收集那些由少量的人更好发掘的资源。随后，他们因为协作性的工作和庆典而重组。

觅食生活的一个典型特征是流动性。在许多散人团体中，例如，在刚果的姆布提人中，人们在一生中数次变换队群资格。例如，一个人可能出生在他母亲有亲属的队群里。随后，这个人的家庭可能迁移至他父亲有亲戚的队群中。因为队群施行外婚（人们在自己的队群以外结婚），一个人的双亲来自两个不同的队群，而一个人的祖父母则可能来自四个不同的队群。人们可能参加任何一个他们有亲属或姻亲联系的队群。一对夫妇可能生活在丈夫和妻子的队群中的任何一个之中，也可能在二者之间转换。

所有的人类社会都存在某种形式的性别劳动分工。（参见“性别”一章以了解更多）在觅食者中，男人通常狩猎和捕鱼，而妇女则采集和收集，但是这些工作在不同的文化中具体性质各异。有时妇女的工作对于饮食贡献最大，有时则是男性的狩猎和捕鱼占据主要位置。在热带和亚热带的觅食者中，采集对于饮食的贡献比狩猎和捕鱼更大。

所有的觅食者在年龄的基础上建立社会属性。老人通常作为神话、传说、故事和传统的守护者而获得巨大的尊敬，年轻人重视年长者在礼仪和实践上的特殊知识。大部分觅食社会都是平权的。这也就意味着声望上的比较是次要的，而且建立在年龄和性别之上。

当考虑到“人性”的问题时，我们需要记住，平权主义的队群在我们大部分的历史中都是人类社会生活的一种基本形式。食物生产存在的时间不及人类（Homo）在地球上迄今为止所存在时间的百分之一。然而，食物生产已经创造了巨大的社会差异。我们现在考虑食物生产策略的主要经济特征。

>> 食物生产基础上的适应性策略

在科恩的类型学中，前工业社会中建立在食物生产基础上的三种适应性策略分别是园艺、农业和畜牧。正如人们在美国和加拿大所做的一样，前工业社会的人们也开展了许多经济活动。每种适应性策略都对应于一种主要的经济活动。例如，牧民（牧羊人）将从动物身上产出的牛奶、黄油、血以及肉作为他们的主要食品消费。然而，他们也通过做一些种植或与邻居进行交易将粮食添加入他们的饮食之中。

园艺

园艺和农业是在前工业社会发现的两种类型的种植业。两者都不同于像美国和加拿大这样一些使用大面积土地、机械和石油化学品的工业国家。根据科恩所言，**园艺**（horti culture）并不集中使用土地、劳动力、资本和机械这样一些生产要素中的任何一个。园艺种植者使用例如锄头和挖掘棒等简单的工具种植作物。他们的土地间歇性地休耕。园艺通常与刀耕火种（slash-and-burn）技术相联系。这里，园艺种植者们通过伐倒（砍伐）和焚烧森林或矮树丛或者通过在覆盖平原的杂草上放火的方式清理地面。这样，草木被分解，害虫被消灭，而草木灰则保障了土壤的肥沃。农作物然后被播种、照管和收获。土地的使用是不连续的，经常只被耕植一到两年。

文化思考

在刀耕火种的园艺种植业中，土地通过伐倒（砍伐）以及焚烧树和矮灌木这样一些简单的方式清理。在人口数量不大的情况下，这种类型的种植业可能的环境影响是什么？如果人口规模增加了呢？

园艺 是一种前工业社会的作物种植系统，其中土地间歇性休耕。

当园艺种植者因为土壤肥力耗尽或杂草丛生而放弃一块土地时，他们转而清理另外一片土地，而原土地则转变为森林。数年休耕之后，种植者又重新回到原来的土地上耕种。因为人和土地的关系不是永久性的，园艺也被称为轮垦（Shifting Cultivation）。轮垦并不意味着整个村庄必须在土地被放弃时整体迁移。在南美热带丛林中的魁库儒人（Kuikuru）中，一个 150 人的小村庄 90 年间规模未曾变化。魁库儒人的房屋很大而且制作精美。因为乔迁新村牵涉到数量繁重的建房工作，因此魁库儒人宁愿步行至更远的土地也不愿意建设新村。他们改变所耕种的土地而不是定居点。另一方面，秘鲁蒙大拿（安第斯山麓）的园艺种植者们生活在大约

学习小贴士

农业与园艺在许多方面都有不同。农业（1）密集并且持续地使用土地；（2）需要更多劳动；（3）与灌溉水渠和梯田修筑一样，导致土地的永久性改变；（4）提供一个更大而长期的产出；（5）依赖仅仅少许主食作物；（6）导致长期定居和更大的人口密度。

30人的小村庄里（Carneio，1961/1968）。他们的房屋小而简易。在一个地方定居几年之后，这些人在处女地旁新建新村。因为他们的房屋易于制作，这些园艺种植者就选择在其土地上甚至半里之隔重建新村。

农业

农业（Agriculture）对于土地的密集而持续的使用需要比园艺更多的劳动。与农业相伴的对于劳动的需求反映在驯养的动物、灌溉或梯田上。

驯养的动物 许多农业种植者们使用动物作为食物生产的工具——跟土壤耕整机械一样用于运输，也可以产出肥料。亚洲农民一般将牛或水牛应用到他们的农业经济之中。那些稻农们可能使用牛来犁还未被耕种的水淹地，因此在栽植之前土壤和水得以混合。许多农业种植者们在种植和移植之前以动物驱动犁和耙进行土地的前期翻耕。农业种植者们一般也从他们的动物身上收集肥料用以提高其土地的肥沃程度，以增加作物产出。动物也被用来驱动用于运输的运货马车，而且也被用作耕作的工具。

农业 前工业社会的作物耕种体系，它以持续而密集的土地和劳动力的使用为特点。

灌溉 园艺种植者必须等待雨季的来临，而农业种植者则因为控制了水而能够提前计划他们的种植。像菲律宾的其他灌溉专家们一样，伊富高人利用河流、溪流、泉水和池塘的引水渠灌溉他们的土地。灌溉使年复一年地耕种一片土地成为可能。灌溉肥沃了土壤，因为已经被灌溉的土地是一个有许多植被和动物附着其上的独特生态系统，他们中的许多是微生物，这些动物和植物的废弃物肥沃了土壤。

一块被灌溉的土地是一种通常可以增值的资产投资。在土地开始产出之前需要耗费一定的时间；仅在耕植的数年后土地会达到全部的生产力。与其他的灌溉者们一样，伊富高人也同样数代耕种同一片土地。然而，在某些农业区域，包括中东，灌溉水中所含有的盐分可能在50年或60年之后使土壤毫无生产力。

修筑梯田 伊富高人也已经掌握了修筑梯田的农业技术。在他们的故乡有许多被陡峭的山坡分离的山谷。因为人口是稠密的，因此人们需要在山坡上耕种。假如他们简单地在陡峭的山坡上耕种，那么沃土和植被将会在雨季被冲刷走。为了避免这种事情的发生，伊富高人切开山坡，依山势而上在山坡上修建一个又一个的梯田。泉水在梯田的上方以供应他们的灌溉用水。修建和维持梯田系统所需的劳动力是巨大的。梯田的坡坎每年都会坍塌，必须部分重修。引导水流向下流过梯田的灌溉水渠也需要重视。

农业的成本和收益 农业需要人类劳动来修建和维持灌溉系统、梯田和其他工作。人们必须饲养、喂水及照料他们的动物。但是农业土地可以在数年，甚至是数代之间每年产出一或两季作物。一块农业用地并不一定会比园艺用地生产出更高的年单产。园艺种植者在一块长期闲置的土地上种植的第一季作物的产量比相同面

积的农业用地要高。进而，因为农业种植比园艺种植投入更多劳动，因此农业的产量相比于投入的劳动来说也更低。农业的主要优势在于单位面积上的长期产出更为巨大和可靠。因为单一一块土地年复一年地维持其拥有者的生计，所以农业种植者们无需像园艺种植者们一样储备未经开垦的土地。这也就是为什么农业社会往往比园艺社会有更高的人口密度。

农业集约化：人口与环境

随着人们对自然控制力的加强，环境应用于食物生产的范围变广。例如，在加利福尼亚州的干旱地区，美洲土著曾经四处觅食，但在现代灌溉技术引入之后的当今却维持了富饶的农业产业。农业种植者生活在许多因干旱无水而不适于灌溉或者因丘陵颇多而不适于修筑梯田的地带。日渐增加的劳动密集性和长久的土地使用产生了许多人口的、社会的、政治的和环境的后果。

因此，农业种植者因为他们的永久性土地而常年定居。人们生活在与其他定居点紧邻的更大而永久性的社区，规范包括利益纷争在内的人际关系在这里显得更为重要。支持更多人口的经济往往需要在土地、劳动及其他资源方面的更多协作（参见下一章“政治体系”）。

集约化的农业对于环境有显著的影响。灌溉水渠和水稻田（生长灌溉稻的土地）成为有机废物、化学物（例如盐）及致病微生物的存储库。集约化农业通常以树木和森林为代价而扩张，林地被砍伐后整理成为土地。与林木的锐减相伴而生的是环境多样性的消失（Srivastava，Smith 和 Forno，1999；Dove 和 Carpenter，2008）。农业经济日渐专业化。集约化的农业关注于一种或数种热量类主食，例如大米，也同时关注于帮助农业经济发展的动物。因为热带园艺种植者通常同时种植数十种植物，一块园艺土地反映了热带丛林的植被多样性。相比之下，农业土地通过砍伐树木和集中于少数热量类食物而减少了生态多样性。这种作物专门化对于热带（例如，印尼稻农）以及热带以外（例如，中东灌溉农）的农业种植者都是一样的。

你了解吗

苏丹达尔富尔的农业种植者和牧民之间竞争的一个深层原因是旱地及水的稀缺性。苏丹军事力量的介入加剧了紧张的气氛，并且使本地人口的暴力升级。

牧民 人们使用以饲养家养动物为基础的食物生产适应性策略。

农业种植者试图以稳定的年产出和长期产量的形式减少生产风险。相比之下，热带觅食者们和园艺种植者们试图通过物种的多样性减少风险，并从生态多样性中受益。农业的生产策略是把所有的鸡蛋放进一个大而可靠的篮子里；热带觅食者和园艺种植者的策略是拥有许多更小的篮子，这些篮子中的一些因为危机生存而失败。当有许多孩子需要抚育或有许多成年人需要供养时，农业策略最具意义。当然，觅食、园艺与规模更小、更为稀疏且移动性更强的人口特征相联系。

农业经济也具有一系列监管问题。水如何被管理？使用水及因水而起的纠纷如何解决？因为更多的人集中在更有利用价值的土地上，农业种植者比觅食者和园艺种植者更容易陷入纷争。食物生产及集约化的社会和政治意义在下一章将得到更为全面的考察。

畜牧业

牧人，或者**牧民**（pastoralists），是这样一群人，他们的活动专注于牛、羊、骆驼、牦牛和驯鹿等家养动物。他们生活在北非及中部撒哈拉沙漠、中东、欧洲和亚洲。与其他地方的牧民一样，东非牧民也与牛群共生（共生是一种人和动物之间的群际互动，这种互动对各方都有益）。牧民们试图保护他

文化思考

在世界的许多地方，牧民和农业种植者相邻而居。例如，富拉尼人（Fulani）便在整个西非用乳制品交换农作物。许多人认为游牧出现在农业的兴起之后。为什么这是真的？

们的动物并确保其再生产，从而保证食物及其他产品的供应，例如皮革。畜群提供乳制品和肉。

人们以多种方式使用家畜。例如，北美大平原的土著只骑马而不吃马（欧洲人重新将马引入西半球；美洲本土马在数千年以前就已经灭绝了）。对于平原印第安人而言，马作为"交通工具"而使用，这是猎取水牛时所使用的生产工具，水牛是他们经济中的主要目标。所以，平原印第安人并不是真正的牧民而是使用马作为生产工具的猎人——就如同许多农业种植者使用动物一样。

游牧 牧业的两个变体中的一个，在这种生计方式中部分人口连同羊群季节性移动，然而，另一部分人口则在原村庄中定居。

季节性迁移放牧 整个牧民群体（男人、妇女以及孩子）连同他们的动物全年移动。

相比之下，牧民通常使用他们的畜群作为食物。他们消费牲畜的肉、血和奶，从这些原料中生产出酸奶、黄油和奶酪。尽管有些牧民比其他人更彻底地依赖于畜群，但完全依赖动物也是不可能的。许多牧民因此通过打猎、采集、捕鱼、培植或贸易的方式补充其饮食。

在16世纪，挪威、瑞典及芬兰的萨米人（也被称为拉普斯人或拉普兰德斯人）驯养驯鹿，这是他们的祖先过去常常狩猎的动物。与其他的牧民一样，他们跟随动物每年从沿海长途跋涉到内陆。现如今，萨米人使用雪橇和四轮驱动的汽车伴随他们的畜群迁移。尽管他们面临的环境恶劣，萨米人还是跟其他牧民一样生活在民族国家之中，在跟随他们的畜群并以畜牧业、贸易和销售维持生计的同时，必须与外界，包括政府官员打交道（Hoge，2001；Paine，2009）。

与在工业革命之前就已经在全世界存在的觅食和种植业不同，畜牧业完全被限制在旧世界之中。在被欧洲人征服之前，美洲仅有的牧民生活在南美的安第斯山脉一带。他们用骆驼和羊驼生产食物和皮毛，并且将其运用于农业生产和运输。近来，美国西南部的纳瓦霍人（Nawajo）在羊的基础上发展出了畜牧经济，这一经济形式是由欧洲人引入北美的。纳瓦霍人成为西半球最主要的牧民人口。

畜牧业中存在两种形式的移动：**游牧**（Nomadism）以及**季节性迁移放牧**（Transhumance）。两种游牧形式都要求畜群在不同的季节迁移至水草丰满的地区。在游牧中，整个群体——男人、妇女和孩子——连同动物全年移动。中东和北非有无数游牧的例子。例如，巴瑟瑞人和喀什开人族群传统上的迁移路线超过300英里（480千米）（Salzman，2008）。

在季节性迁移放牧的谋生方式中，群体的部分随畜群而动，但是大部分人口仍留在故乡。欧洲和非洲有一些例子。欧洲的阿尔普人（Ailp）仅有牧羊人和牧驼人——而不是整个村庄——在夏季随同羊群前往高原草甸。在乌干达的图尔卡纳（Turkana），男人和孩子随同畜群前往远方的牧场，而村民中的许多仍留在村中做一些农业耕种。在每年的长途跋涉中，游牧民与定居人口进行农作物和其他产品的贸易。牧民并不需要交换农作物。因为仅仅部分人口随同畜群迁移，大部分人口可以全年待在村庄中种植他们自己的农作物。表5-1总结了科恩在这一章所讨论的适应性策略。

明白了吗？ 你能比较科恩所确定的每种主要的适应性策略的区别性特征吗？

表 5-1　耶胡迪·科恩的适应性策略总结（经济类型）

适应性策略	众所周知	关键特征 / 多样性
觅食	采集狩猎	移动性，利用自然资源
园艺	刀耕火种、轮耕、旱作农业	休耕期
农业	高强度耕作	持续利用土地，高强度利用劳动力
畜牧业	放牧	游牧，季节性迁移放牧
工业	工业产品	工厂生产，资本主义，社会主义生产方式

学习小贴士

本章所讨论的四种适应性策略是：

- 觅食；
- 园艺；
- 农业；
- 畜牧。

>> 经济制度

经济制度（economy）是指资源的生产、分配和消费的体系；经济学是对这些体系的研究。经济学家们关注于现代国家和资本主义体系。通过收集前工业经济的数据，人类学家们扩展了对于经济法则的理解。经济人类学从一种比较性的视角研究经济（Gudeman，1999；Plattner，1989；Sahlins，2004；Wilk 和 Cliggett，2007）。

生产方式（Mode of Production）是指组织生产活动的方式——“一套社会关系，通过它劳动得以部署，由此，以工具、技巧、组织和知识为手段从自然中夺取能量”（Wolf，1982：75）。在资本主义的生产方式中，金钱购买劳动，在生产过程中创造了老板和员工之间的社会差距。相比之下，在前工业社会，劳动并不被购买而是被预设为一种社会义务。在这种基于亲属（Kin-based）的生产模式中，生产中的互助是对更大社会关系网的许多表达中的一种（Marshall，2011）。

前面讨论到的每一种适应策略（如觅食）都对应着一种社群。各种社群都拥有类似的生产方式。既定生计策略中生产方式的不同可能反映了环境、目标资源或者文化传统方面的差异（Kelly，1995）。因此，觅食的生计方式可能建立在个体猎人或团队的基础之上，取决于这种游戏是针对于独身或是群居动物。采集比狩猎更具个体性，尽管当丰富的资源成熟且必须被快速收获时，采集者团体也可能集聚。捕鱼将独自进行（正如在冰中捕鱼或是用梭镖捕鱼）或团队进行（对于公海捕鱼或捕猎海洋哺乳动物）。

经济制度　资源的生产、分配与消费的制度。

生产方式　组织生产的方式——一套社会关系，通过它劳动得以部署，由此，以工具、技巧、组织以及知识为手段从自然中夺取能量。

学习小贴士

生产模式指组织生产的方式：资本主义或基于亲属关系。生产工具指生产得以执行的物质和要素：土地、劳动和技术。

文化思考

想一想你所从事的工作。你和你的同事如何感觉你与你所制作的产品以及提供的服务相互联系或疏远？这影响你服务的质量吗？

劳动分工

尽管依据年龄和性别的经济劳动分工是一种文化的普遍性，但具体分配到各种性别及不同年龄的具体任务却是变化多样的（参见“性别”一章）。许多园艺社会为妇女分配主要的生产性任务，但也有一些社会将男人作为首要的生产者。相似地，在牧民中，男人照料大型动物，但在某些社会中妇女制作牛奶。在一些农业社会通过团队合作完成的工作，在另一些社会里则在一个更长的时间里由更小的团体甚至是个体来完成。

马达加斯加的贝齐寮人在大米培植中有两个阶段的团队合作：移植和收获。两者都以众所周知和代际相承的年龄与性别劳动分工为特色。移植的第一步工作，是对已经被淹没的土地进行翻耕，这是为了使土地和水充分混合而预先由年轻人赶牛踩踏一遍。在移植之前，他们将牛带入田地。年轻人冲着牛叫喊并鞭打它，努力使牛进入发狂的状态以至其以正确方式犁地。犁地会使成块土壤分解，并且与灌溉水混合而形成稀泥。犁地者离开土地之后，老年人相继到来。他们用铁锹捣碎牛翻犁起来的成块土壤。同时，土地主人和其他成年人将水稻秧苗连根拔起，再将它们带到土地中来。随后，妇女们种植这些秧苗。

在丰收时节，四或五个月以后，年轻人割下成熟的稻子并将它们带到田地上的空地。老年妇女进行安置和存储。然后，最老的男人和女人堆放、踩和压实它们。三天之后，青年男子将大米脱粒，在石头上敲击稻穗以使谷物分离。更老的男人们接着用棍击打稻穗以确保所有的稻谷都掉下来。

生产工具或生产要素 土地、劳动、技术和资本——主要生产资源。

生产工具

在前工业社会，劳动者与生产工具的亲密性比工业民族更为紧密。**生产工具或生产要素**（Means，or Factors，of Production）包括土地、劳动和技术。

作为生产工具的土地 在觅食者中，人们和土地之间的联系远不及食物生产者与土地那么“亲密”。尽管许多队群都有领地，但领地的边界通常并不标注，而且也无法强制队群不得越界。猎人在动物身上的标桩比动物最终死去的地点更为重要。个体通过生于队群、借助亲属关系或联姻的方式取得使用队群领地的权力。在南非的博茨瓦纳，居豪安斯散人妇女习惯上使用特定浆果树的树干。当一个妇女变换队群时，她立即获得新的采集区域。

在食物生产者中，对于生产工具的权力同样通过亲属和姻亲关系获取。血亲集团在前工业社会的食物生产者（声称成员拥有共同祖先的群体）中很常见。由始祖繁衍下来的那些人共享群体的领地和资源。如果适应性策略是园艺，则它包括用于轮垦的园圃和休耕土地。作为继嗣群的成员，牧民有权使用动物，蓄养自己的畜群，使用牧场、园地和其他生产工具。

劳动、工具与专业化 如同土地一样，劳动也是一种生产工具。在前工业社会，对于土地和劳动的使用权源自类似于亲属关系、姻亲关系和继嗣群等社会纽带。生产中的互助仅仅是经常性的社会联系中的一个方面，它也能在许多其他的场合得到表现。

前工业社会和工业社会的不同还体现在其他生产工具上——技术。制造通常与年龄和性别相联系。妇女纹织陶器，而制作的工作则交给男人，反之亦然。某一特定年龄段和性别的人们共享与这一年龄段和性别相联系的技术知识。假如已婚妇女传统上制作篮子，大多数已婚妇女都会知道怎样制作篮子。技术和工艺知识都不是十分专业化。

然而，某些部落社会确实推动了专业化。例如，在委内瑞拉和巴西的雅诺玛米人中，特定的村庄生产土锅，而其他村庄则生产吊床。正如人们可能想象的，他们并不专业化，因为某些的原材料在大多数村庄周边触手可及。适合制作锅的土分布广泛。所有人都知道如何制作锅，但并不是每个人都去做。工艺的专业化反映的是社会和政治环境而不是自然环境。这种专业化推动贸易的发展，这是与敌对村庄建立联盟的第一步。

工业经济中的异化

前工业经济和工业经济有显著的不同。在前者中，经济联系仅仅是更大的多维度社会集体的一部分。人们不仅仅为别人或与别人一道工作；他们与那些相同的人们生活在一些；他们一同祈祷，共享盛宴并且相互关心。人们为与其有长期的个人和社会联系的人工作，或者与之一道工作（例如，亲属关系或法定关系）。

相比之下，在工业社会，人们向可以开除他们的老板出卖劳动。工作和工作场所与人的社会本质相分离（异化）。劳动变成了一种可以付费买卖的东西，而不是一种持续的、相互社会关系的体现，通过买卖劳动，老板可以获得个人收益。产业工人通常不与他们的亲属和邻居一道工作。假如朋友是工作中发展而来，他们相互之间的个人联系通常在共同的雇佣关系中发生，而不是建立在先前的社会纽带之上。

在前工业社会，制作某物的个体可以在他们认为合适时任意使用或处置它。制作者会为这样一个个人化的产品感到骄傲，而且，如果是送人，一种更新的社会联系便通过礼物而得以强制建立。另一方面，当产业工人为雇主的利润而生产，他们的产品和劳动就都被异化了。他们的老板对此有使用和处置权。人类劳动及其产品属于生产者个体以外的人。不像组装线工人，前工业社会的生产者通常能眼见他们的工作从开始到结束的全过程，而且会有一种成就感。

因此，产业工人与他们的雇主、同事和产品存在个人联系。人们在经济市场上出售他们的劳动，而且人们的工作与家庭生活相分离。相比之下，在前工业社会，生产、分配和消费之间的联系是有经济面向的社会联系。经济并不是一个独立的实体，而是嵌入在社会当中。

工业异化的一个案例 数十年来，马来西亚政府推动外向型工业的发展，允许跨国公司在马来西亚乡村地区组织生产。为了寻找更为廉价的劳动力，在日本、西欧和美国的公司总部将劳动力密集型产业转移到发展中国家。日本和美国企业在马来西亚有数百个子公司，它们生产服装、食品和电子配件。现在，已有数千名从农村家庭走出来的马来西亚妇女在为晶体管和电容器组装微芯片与微型原件。王爱华（Aihwa Ong，1987）调查了一个区域的电子装配工人，她们中的85%是来自附近农村的年轻未婚女性。

王爱华发现，与农村妇女不同，女性产业工人不得不应对一种严格的工作常规和男性常年的监管。工厂所重视的纪律在本地学校的课堂上被教授给孩子们，在那里，制服通常是女孩们在工厂的必备着装。农村妇女衣着宽松的流动长袍、纱笼和凉鞋，但产业工人不得不全身紧裹并戴着沉重的橡胶手套，在这种衣着之下，他们备感拘束。电子组件的组装需要精准、集中的劳动。这些工厂中的劳作说明了脑力和手工活动之间的区分。一位妇女如此评价他的老板们：“他们对我们极尽榨取，就好像他们并不认为我们也是人类一样。”（Ong，1987：202）工厂工作也不能给妇女们带来高薪，她们只能得到很低的报酬和不确定的工作，而且家庭对工资抱怨颇多。尽管年轻妇女通常仅仅工作数年，但定额生产、三班倒、加班和被监控使她们的精神和体力渐趋枯竭。

人类学的工作

企业界是人类学家们和其他社会科学家们主要的雇主。吉聂维·贝尔（Genevieve Bell）获得了一个人类学博士学位，现供职于英特尔公司，她被雇用于理解电脑用户的需求和习惯。她的洞察力对于产品的发展和市场都有助益。例如，用了大约两年的时间，她研究了某个国家的中产阶级家庭，以了解他们如何使用技术。她甚至创造了一款当地的居室模型，以告诉英特尔工程师他们怎样使用自己的空间。许多大型公司雇用人类学家，他们对于文化差异的敏感性非常具有市场价值。

明白了吗？

你可以应用生产工具和生产模式的概念对前工业社会与工业社会中的经济系统进行对比吗？

>> 经济化与最大化

经济人类学家关注两个主要的问题：

- 不同社会中的生产、分配和消费如何组织起来？这一问题关注人类行为和他们的组织制度。
- 什么促使不同社会中的人们生产、分配或交换及消费？这里的关注点并不在行为的系统，而在于参与这些系统的个体。人类学家从跨文化的视角看待经济系统和经济动力。动机是心理学家的一个关注点，但是也是经济学家和人类学家的一个关注点。美国经济学家们认为生产者和分配者以趋利动机理性决策，就像消费者货比三家以寻求最佳性价比。

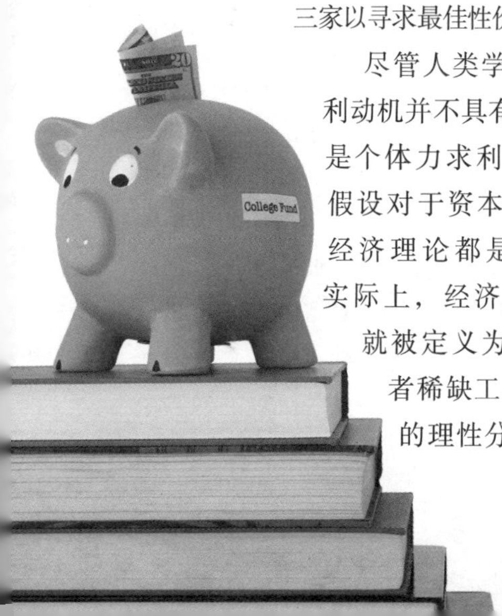

尽管人类学家们知道趋利动机并不具有普遍性，但是个体力求利益最大化的假设对于资本主义和西方经济理论都是基础性的。实际上，经济的主题通常就被定义为经济化，或者稀缺工具（或资源）的理性分配以达到可选性的结果（或使用）。

那意味着什么？古典经济学理论假设我们的欲望是无穷的，但是我们的手段却有局限性。人们必须在如何使用他们的有限资源上做出选择——他们的时间、劳动、金钱和资本。西方经济学家们假定，当面对选择和抉择时，人们倾向于最大化利益。这被认为是最理性化的选择。

个体选择利益最大化的思想是 19 世纪的古典经济学家们的基本假设，而且这一思想也被许多当下的经济学家们所秉持。许多经济学家们现在意识到个体也可能被许多其他目的所驱动。根据社会和环境的不同，人们可能试图最大化利益、财富、声望、乐趣、舒适度或社会和谐。个体可能想要去实现其个人或家庭，也或者是他们所属的其他团体的抱负（Sahlins，2004）。

可选性的结果

人们使用他们的稀缺资源作何用处？在全世界，人们都用他们的某些时间和精力致力于建立一个生存基金（subsistence fund）（Wolf，1966）。换句话说，他们必须对吃起作用，去补充他们日常活动中所消

> **文化思考**
>
> 想一些关于你以及你的家庭如何存钱以备生存、社交、节庆和房租等多种目的的例子。

耗的卡路里。人们也必须投资于替代基金（replacement fund）。他们必须维持在其生产中所必须的技术和其他要素。假如锄头和犁被毁坏了，他们必须修理或更换。他们也必须谋取和替代那些不是生产所必需，但在日常生活中却必需的项目，例如衣服和住所。

每个地方的人们也不得不投资于社交基金（social fund）。他们必须要帮助自己的朋友、亲戚、法定亲属及邻居。社交基金与节庆基金（ceremonial fund）有必要加以区分，后一个项目指涉及节庆和仪式的支出。例如，为了准备一个纪念祖先的庆典就需要时间和财富的支出。

前工业国家的人们也需要分配稀缺资源作为租赁基金（rent fund）。我们认为租金是对财产使用的付费。然而，租赁基金有更为宽泛的意义。它指人们必须呈送给经济或政治上占优势的个人或机构的资源。例如，佃农和自耕农从来不向他们的领主支付租金或农作物，正如封建主义制度下的农民所做的。

农民是生活在前工业国家中的小型农业种植者，他们有付租的义务（参阅 Kearney, 1996）。他们为养活自己，出售作物和支付租金而终日劳作。所有的农民都在两点上相同：

- 他们生活在国家组织的社会中；
- 他们的食物生产并不依赖现代农业和农业综合企业的缜密技术——化学肥料、拖拉机和飞机播种等。

除了向领主付租，农民也必须履行政府义务支付现金、实物和劳动税。租金并不是农民的一项额外义务，它经常成为他们最首要和无可避免的义务。前工业国家的农民经常食不果腹。社会精英的需求可能从生存、替代、社交和庆典基金中转移资源。

> **农民** 生活在一个国家中的小规模农业种植者，他们有义务支付租金。
>
> **市场法则** 交换中的利益中心法则在国家，尤其在工业国家中占据主导地位。商品和服务被买卖，而其价值则由供需所决定。

动机因社会而异，而且人们在分配他们的资源时缺乏选择的自由。因为有支付租金的义务，农民们可能不是向他们自己，而是向他们的政府官员分配稀缺资源。因此，即使在存在趋利动机的社会中，人们也经常因为一些力所不能及的因素而不能理性地实现自身利益的最大化。

>> 分配、交换

经济学家卡尔·波兰尼（Karl Polanyi, 1968）开启了对于交换的比较性研究，而且许多人类学家尾随其后。波兰尼定义了主导交换的三条原则：市场法则、再分配以及互惠。这些法则都可以在同样的社会中被呈现，但是在不同的社会中占主导地位的交易类型不同。在任何社会中，都会有这些交易类型中的某一个占据主导地位。在既定社会中占主导地位的交易法则也是分配生产工具的法则。

市场法则

在当今世界的资本主义经济中，**市场法则**（market principle）占据主导地位。它主宰了生产工具——土地、劳动、自然资源、技术和资本——的分配。在市场交换中，项目用金钱买卖，着眼于最大化利益，而价值被供需法则所决定（产品或服务越贵，它们越稀缺，人们也越想得到它们）。议价是市场交换法则的一个特点。买者和卖者都力争实现最大化——它们“金钱所值”。议价并不是卖者和买者必须见面。消费者在他们四处购物，或者使用广告或因特网做出决定的任何时候都在议价（Madra，2004）。

再分配

商品、服务及它们的对等物从地方层次向中心的移动被称为**再分配**（Redistribution）。这个中心可能是一个都城、一个区域采集点或首领驻地旁边的一个仓库。产品通常由中心的存储地沿官员的等级移动。沿路，官员和他们的随从可能消费这些产品中的一些，但这里的交换法则是再分配。物品的流动最终逆向——从中心向外，依等级结构向下，重新回到普通人。

再分配 酋邦、许多古代国家以及某些存在经济管理的国家的主要交换模式。

互惠 三种交换法则中的一种。相同社会等级的人们之间的交换；队群和酋邦社会中的主要交换模式。

互惠连续体 与交换相关，一个从一般性互惠（紧密联系的/顺延的回环）到平衡性互惠，再到消极互惠（陌生人/即时性的回环）的序列。

再分配系统的一个例子是切诺基人（田纳西山谷的原住民），他们以玉米、大豆和西葫芦维持生计，并且辅以打猎和捕鱼。切诺基人有自己的首领，而且他们的每个主要村庄都有中心广场，在这里，首领召开议事会议，再分配的盛宴也在这里举行。按照切诺基人的传统，每个家庭农场中都有一个区域，在这个区域里家庭每年都为首领留出部分收获。这种玉米的供应被用于施舍乞丐，也被用于给予途经友好领地的远足者和战士。这种食物的存储对于所有需要它的人都是可以得到的，同时也需要理解，它“属于”首领，并且因为首领的慷慨，它才是可以得到的。首领也在主要的定居点举办再分配盛宴（Harris，1978）。

学习小贴士

交换的三种法则：

- 市场法则；
- 再分配；
- 互惠。

互惠

互惠（Reciprocity）是相同社会等级的人们之间的交换，他们通常被亲属关系、姻亲关系或其他亲近的个人纽带所联系。因为它在相同社会等级的人们之间发生，因此它在更为平权的社会中占据主导地位——在觅食者、农业种植者及牧民之中。互惠存在三种程度不同的形式：一般性的、平衡性的和消极的（Sahlins，1968，2004；Service，1966）。通过如下几个问题的定义，他们可能被想象为一个连续体构成的几个区域。

- 相互交换的几个团体联系有多紧密？
- 礼物互惠如何快速而无私？

一般性互惠（Generalized Reciprocity），互惠最纯粹的形式，以亲密无间的人们之间的交换为特点。在平衡互惠（Balanced Reciprocity）中，社会距离增加，互惠的需求也在增加。在消极互惠（Negative Reciprocity）中，社会距离最远，而互惠被极尽算计。从一般性到消极序列被称为**互惠连续体**（reciprocity continuum）。

文化思考

想一想你如何参与进普遍而平衡的互惠。在什么情况下你给出礼物，给谁？你发送节日贺卡或正式的电子问候吗？你请谁共进晚宴或聚会？当你约会时谁付款？这些平衡或普遍互惠的例子都是针对你的吗（参考本书中所谓界定）？

在一般性互惠中，某人给予另一个人以礼物，并不期待任何即时回还。这样的交换并不首先是经济交易，但却是一种对于人际关系的表达。大多数父母并不会在孩子身上的投入方面斤斤计较。他们仅仅希望自己的孩子们会尊重其文化中的孝道传统。

在觅食者中，一般性互惠在交换中占主导位置。人们通常与其他队群成员共享食物（Bird-David，1992；Kent，1992）。这种分享的伦理如此强烈，以至于大多数觅食者都缺乏对于“谢谢”的表达。致谢是不礼貌的，因为那将表明一种特殊的分享行为，这是平权社会的拱心石，是不正常的。在马来西亚中部的觅食者瑟迈人（Semai）中（Dentan，1979），致谢将表示对猎人成功的惊奇（Harris，1974）。

平衡性互惠适用于相互之间比同一队群或家户成员关系更远的人们之间的交换。例如，在一个园艺社会，一个人给其他村庄中的某人呈送礼物。接受者或许是他的一个堂兄，一个贸易伙伴，或者一个有拟制亲属关系的人。给予者预期能够收到回礼。这种回礼可能并不是即时性的，但是假如没有回礼，社会关系将会变得紧张。

非工业社会的交换可能也说明了消极互惠，主要处理人们与社会体系边缘或之外的人们之间的交换。对于生活在一个人际关系紧密的世界里的人而言，与外人的交换充满了羞愧与不安。交换是建立友好关系的一种方式，但是当贸易开始时，这种关系就仍然是暂定的。最初的交换通常接近纯粹的经济性；人们想要立刻索回一些东西。就像在市场经济中一样，但是不使用金钱，他们试图从自己的投资中得到最佳的可能即时偿还。

一般性的互惠和平衡性的互惠都建立在信任和社会纽带之上。消极互惠则试图以最小的代价获得尽可能大的回报，甚至可能它意味着拘谨或奸猾，或者欺骗。消极互惠最极端和“消极”的例子是19世纪北美平原印第安人偷窃马匹。他们悄悄溜进邻近部落的村庄和营帐偷窃马匹。相同类型的家畜（牛）袭击，在东非例如库利亚人（Kuria）的酋邦中一直持续到了今天（Fleisher，2000）。在这些情况下，发动袭击的团体可以预期互惠——对他们自己村庄的袭击——或者更糟。那仍然是互惠，奉行着“以彼之道，还施彼身”的法则。

你了解吗

在美国，大多数食物在到达零售商店之前要途经1500公里左右的物流。食物运输每年要发出31 000吨温室气体。

在潜在的消极互惠的情况下，减少紧张的一种方式是参与“沉默贸易”。非洲赤道森林的姆布提·俾格米人觅食者们与它们紧邻的园艺种植者之间的沉默贸易是其实例之一。在他们交换期间没有人际接触。一个姆布提猎人将野禽、蜂蜜或其他森林物产留在一个传统的地点。村民们将其收集并留下作物进行交换。几个团体之间经常无声地交换。假如某人觉得回礼是不充分的，他仅仅把它留在贸易地点。假如其他团体想要继续贸易，它将会增加。

交易法则的共存

在今天的北美，市场法则是大多数交换的主要法则，从生产工具的出售到消费品的出售。我们也有再分配。我们的一些税款用于支持政府，但是这些税款中的一些也以社会服务、教育、健康照料和道路建设的形式返回到了我们手中。我们同样也有互惠交换。一般性互惠以父母和子女之间的关系为特征。然而，即使是在这种代际关系中，主导性的市场心态也在关于养育子女的高投入的评论中溢于言表，大失所望的妇女的一种典型论调是，“我们给了你所有钱能买到的东西。”

礼物、卡片及邀请的交换都彰显了互惠，并且通常是平衡性的。每个人都能听到这样的评论，“他们邀请了我们参加他们女儿的婚礼，所以当我们的子女结婚时，我们也将不得不邀请他们"，以及"他们已经三次到我们这里赴宴，但却没有请过我们。我想他们再不请我们，我们就不要再请他们了"。互惠关系的这样一种精确平衡在觅食队群中是不合适的，在那里，食物是共享的（对于所有人都是共同的），而且建立在一般性互惠基础之上的日常共享是社会生活和生存的必不可少的成分。

夸富宴

民族志学家们所研究的最为著名的文化实践之一是**夸富宴**（Potlach）。这是一种发生在北美北大西洋沿岸部落之间的节庆事件，包括华盛顿和英属哥伦比亚的萨利希和夸扣特尔人。某些部落仍旧操办夸富宴，有时将其作为一种丧葬礼（Kan，1986，1989）。在每一个这样的事件中，通过他们社区成员的协助，夸富宴的举办者们通常丢弃食物、毯子、铜片或其他一些物品。作为这些的回报，他们获得了声望。举办夸富宴能增强个人的声誉，举办者的声名因夸富宴的奢华而增加——物品的价值在其中消失。

夸富宴 北美北大西洋沿岸部落之间的节日盛宴。

觅食者们是夸富宴部落，但是只是近期非典型的一些实例。他们是定居的，而且有首领。他们可以猎取许多陆地和海生资源。他们最重要的食物是三文鱼、鲱鱼、蜡烛鱼、草莓、山羊、海豹以及海豚（Piddocke，1969）。

根据经典经济学理论，趋利动机是普遍性的，目标在于最大化物质收益。那么我们应该如何解释夸富宴，任凭大量财富被挥霍一空？在他富有影响力的著作《有闲阶级论》（*Theory of the Leisure Class*，1899/1992）中，经济学家和社会评论家凡勃伦（Thorstein Veblen）将夸富宴定义为惹眼的消费，声称夸富宴建立在一种对于声望的经济非理性的动机之上。这种解释强调浪费和挥霍无度，尤其是在夸富宴中，表明在某些社会中，人们以物质上的康乐为代价实现声誉的最大化。这种阐释已经受到挑战。

生态人类学，也被称为文化生态学（Cultural Ecology），是一种理论学派，它试图在帮助人们适应环境的长期角色方面阐释夸富宴等文化现象。韦恩·萨特尔（Wayne Suttle，1960）和安德鲁·维达（Andrew Vayda，1961/1968）并非从短时浪费的角度

流行文化

市场经济中，供需是最关键的力量。广告是一个很有力量的行业，它建立在这一信念的基础之上，即它的信息能够在我们基本的生存需求之外刺激对于任何产品的需求。广告展示了我们如何分配稀缺资源的正确选择："选择我们的产品。"哪里能比拥有海量观众的电视事件间隙更能刺激需求，例如，超级杯、两届 NFL 冠军赛及奥斯卡奖（学院奖）？在吸引了最大观众群的同时，超级杯已经因为它的一系列广告而闻名，这些广告中的许多是针对男性的。相比之下，奥斯卡的转播通常提供更为舒缓的体验，播放了更为女性化和家庭化的广告，因为妇女占据了观众的 70%（Dicker 2012）。例如，2012 年奥斯卡转播中，观众可以看见艾伦·德·詹尼丝（Ellen de Generes）连同麦当劳和可口可乐的广告一道在助推杰西潘尼（JC Penny）公司。现代公司的商业奥斯卡则使用一种更为柔和的口吻去兜售它的雅尊豪华车，这与在同年超级杯期间所使用的以战斗为主题的广告形成鲜明对比。当广告应用社会文化多样性知识将其目标定位于特定的群体或观众时，它将更为成功，例如，性别差异。与一场 NFL 冠军赛比较起来，你在"视界"（The View）乐队的演唱节目中能看到多少伟哥和西力士的广告。

明白了吗？

你可以比较这三种交换体系：市场原则、再分配及互惠，评定在不同的社会里什么推动人们生产、交换及消费吗？

看待夸富宴，而将它的长期角色定义为一种濡化性机制。这一观点也帮助我们理解遍布全球的挥霍无度的类似宴请形式。这是生态学的阐释：像夸富宴这类习俗乃是对交替出现的地方性的物产富饶与匮乏时期的濡化。

这种机制如何运转？尽管北大西洋沿岸的自然环境宜人，但资源因时因地而异。在一个既定的地区，鲑鱼和青鱼并不年年丰裕。一个村庄丰收的同时，另一个村庄可能却要忍饥挨饿。随之，他们的运气逆转了。在这一背景下，夸富宴存在适应性价值，而且夸富宴并不是一种不带来物质利益的竞争性展演。

享受丰年的村庄有一大笔生存物品，它们可以与更为持久的财富物品之间互换，例如毯子、独木舟或铜片。反过来，财富通过分配又可以转换为声望。许多村庄的成员被邀参加夸富宴，并且将夸富宴中舍弃的资源带回家。以这种方式，夸富宴以一种地方经济的形式将不同的村庄连接在一起——一种将食物和财富从富裕社区分配至急需社区的交换体系。反过来，夸富宴的举办方和他们的村庄获得了声誉。举办夸富宴的决定取决于地方经济的健康程度。假如生存资源有结余，并因此数个丰年之后能建立起自己的财产，一个村庄举办一场夸富宴将其剩余的食物和财富转化为声誉。

当一个素来富有的村庄经历了一连串的坏运气时，社区之间的宴请的长期适应性价值就变得明显了。某个村庄的人们开始接受其他做得比较好的村庄举办夸富宴的邀请。当暂时性的富裕者变成暂时性的贫穷者时，这种主客关系将会反过来，反之亦然。这些新近的穷人会接受食物和财产。他们更希望接受而不是赠予礼物，并且因此放弃了一些他们所积累的声望。他们希望自己的运气能够最终改变，从而让资源被偿还，声誉也能得到提升。

夸富宴将北大西洋沿岸连接为地方性联盟和交换网络。姑且不论个体参与者的动机，夸富宴和村庄之间的交换有适应性功能。强调为名誉而竞争的人类学家们并没有错。他们仅仅强调以经济和生态系统分解为代价的动机。

以宴请的形式增强个体和社区的名声及再分配财富，并不限于北大西洋沿岸的人们。竞争性的宴请是前工业社会食物生产者们的普遍特征。但是在大多数幸存的觅食者们中，他们生活在边缘地带，资源如此贫乏，以致不能支撑这样一个水平的宴请。在这样的社会中，分享比竞争更为盛行。

参与进来！

如何比较现代生活的方方面面与北大西洋沿岸部落社会的夸富宴？观察并与人们交流生活方式和消费行为，尤其关注挥霍消费。诸如高楼大厦、挥霍无度的聚会及私家喷气式飞机等都扮演了什么样的角色？为什么人们花费如此多的时间在婚庆、家庭影院及奢侈的车辆上？你能想象一些这种支出能够帮助人们相互联系的方式吗（在家庭内或家庭之间、社交俱乐部或大型的政治经济网络）？推动更大的经济？促进由富有到贫穷的资源分配？你有没有看到任何例子表明，美国人可能倾向于以整体性的社会和环境为代价而偏好于竞争和社会声望？

本章回顾

I. 在前工业社会中最主要的适应性策略是什么?

- 觅食，或者狩猎和采集，是食物生产到来之前人类唯一的适应性策略。现代的觅食者们部分依赖于食物的生产及生产者。园艺是一种并不密集使用土地、劳动力、资本或机械的培植业。耕植一块土地一至两年之后，园艺种植者们便放弃这块土地，转而找寻其他的土地耕植，在一段时期的休耕之后又回到最初的土地上去。农业是一种以持续并密集使用土地和劳动力为特征的培植业。农业种植者们可能使用灌溉，梯田或家养牲畜从事生产。畜牧业是对用于食物和其他产品生产的动物的放牧。在半游牧业中，整个群体全年随动物一起移动放牧，经常与定居人口进行作物贸易。在游牧业中，群体的一部分随着畜群移动；另一部分则留在村庄中种植作物。

II. 经济体系是什么，什么是经济化行为?

- 一个经济体系是一个生产、分配和消费资源的系统。西方经济学家们假定当面临选择时，人们倾向于选择利益最大化的一个。这些理论家们关注于经济化，通过稀缺资源的理性分配达到替代性使用的目的。然而，在前工业社会中，甚至在我们自己的社会里，人们经常最大化可选性价值，例如欢乐或社会和谐。甚至在存在经济动机的社会中，超乎人们控制的因素可能阻止人们理性地最大化个人利益。

III. 在各种不同的社会中，规制商品和服务交换的规则是什么?

- 市场法则统治着世界资本主义经济体系。这一经济体系涉及以最大化利益为目的，使用货币买卖商品；供需法则决定了价值。再分配法则决定了物品和服务从地方层次向一个中心的移动。物品的流动最终又从中心流出，并返回人们手中。在互惠中，交换发生在由亲属关系、婚姻或其他纽带联系的平等主体之间。在一般意义上的互惠中，某人给恩惠于另一个人却并不期待即时的回报。随着社会距离的增加，互惠变得平衡，并且最终变得消极。夸富宴是北大西洋海岸酋邦的盛宴，在这场盛宴中举办者们献出物品并得到声望。这种交换有助于将财富从富有社区转移到贫穷社区。

突击测验

选择题：

1. 以下有关觅食的陈述中哪一个是错的？
    a. 所有的现代觅食者们都与非觅食社会有联系
    b. 一些觅食者在其生存活动中使用了现代技术，例如步枪和雪橇
    c. 所有的现代觅食者们都生活在民族国家之中，并且都受到民族、国际政策和世界体系中的事务的影响
    d. 觅食社会都以相似的方式变迁，因为他们面临着同样的境遇，鼓励他们从事食物生产
2. 以下的哪一个与园艺相联系？
    a. 对于土地和人力的密集使用
    b. 对于灌溉和梯田的使用
    c. 对于役畜的使用
    d. 耕种和休耕的定期循环
3. 区别农业种植者和园艺种植者的核心因素是农业种植者：
    a. 每年可以生产一或两季作物，但是仅仅只能生产几年而已
    b. 以砍伐树木和烧毁森林或矮灌木丛的方式清理出一块他们想要使用的土地
    c. 持续和密集地使用土地
    d. 通常比园艺种植者们有更多的空闲时间
4. 以下哪一个不是农业的意义？
    a. 农业促进了游牧，以使农民可以充分利用他们的土地
    b. 农业通常以树木和森林为代价而扩张，他们被砍伐以获取土地，因此减少了生态多样性
    c. 通过促进长期产出的可靠性和规模，农业社会比园艺社会的人口更倾向于密集化
    d. 农业有一些日常性的问题，例如解决水纠纷和合作使用土地劳动力和其他资源
5. 在最为普遍性的意义上，工业社会的经济异化的到来是作为 ______ 的结果。
    a. 生产者与产品之间的分离
    b. 土地的失去
    c. 消极的互惠
    d. 对低报酬的不满意
6. 以下关于一般意义上的互惠的陈述哪一个是正确的？
    a. 在物品的交换上它涉及即时回还
    b. 它通常从再分配中进化而来，但却在市场法则之前
    c. 这是平权社会的交换特征
    d. 它在国家形成之后就消失了

填空题：

1. 在前工业社会，一种________的食物生产形式十分流行。
2. 经济学家们倾向于假定生产者和分配者通过使用______的动机理性决策。然而人类学家们则知道这种动机并不普遍。
3. 当一个农民把作物的 20% 给地主，他正在贡献给一个___基金。
4. ________是在北美北大西洋沿岸部落的地方交换体系中的节庆。______人类学家们将这一事件阐释为地方性丰腴与短缺的交替时期的一种濡化，反驳了一种将其阐释为经济浪费和非理性行为的信念。

答案：1. d；2. d；3. c；4. a；5. a；6. a
1. 家族基础的；2. 利益的；3. 租赁；4. 夸富宴，生态

第六章

政治制度

本章要点

- “政治”是什么
- 类型与趋势
- 邦团与部落
- 酋邦
- 国家制度
- 社会控制

了解我们自身

“校园大人物”指的是非常闻名和/或流行的高校学生。成为“校园大人物”的要件包括有许多的朋友、一辆很酷的车、一个大衣柜、一个甜美的笑容、爱运动且有幽默感。“大人物”在人类学中有相关的含义。许多土著文化有一种政治人物，人类学家们称之为“大人物”。这样的领导人通过勤奋工作，以牲畜或其他贵重物品的形式积攒财富。大人物能够吸引忠诚的支持者，他们要具有的个性特征包括富有、慷慨、好口才、强健的体魄、勇敢及超自然力。

这些因素有没有贡献于今天的政治成功？尽管今天的政治家们可能用自己的财富去资助其竞选活动，但他们同样需要从支持者们那里征募劳动力和金钱。而且，就像大人物一样，成功的政治家们也试图对自己的支持者们施以慷慨，偿还可能以特定地方的贺礼（如耳戳）的形式出现。部落的大人物们聚敛了财富，然后他们给出“肉”。成功的美国政治家们也抛出了“肉”。

就像大人物一样，口才和沟通技巧也对政治成功有益（如巴拉克•奥巴马、比尔•克林顿及罗纳德•里根），尽管缺少这样的技能并不必然是致命的（如两位布什总统）。那强健的体魄呢？头发、体重、健康（甚至是甜美的微笑）都必然是政治优势。勇敢，正如通过战争所展示的，可能有助于政治事业，但它却并不是必需的，它也并不保证成功。只需问问约翰•麦凯恩（John McCain）或约翰•克里（John Kerry）就知道了。超自然力？那些宣告自己是无神论者的候选人与自信的女巫（或者非巫师）。

然而，现有的政治体制并不像大人物体系中一样仅仅关乎于人格。我们生活在一个国家组织的、分层的社会之中，拥有继承的财富、权力以及特权，所有的这些都有政治影响力。正如在国家中十分典型的，继承和亲属联系在政治成功中扮演了很重要的角色。仅仅想一想肯尼迪、布什和克林顿就可以知道。

>>“政治”是什么

人类学家们和政治学家们在政治制度与组织方面享有共同的兴趣。然而，人类学的方法是全球性的、可比较的，并且包含非国家政体，政治科学家们则关注当下和最近的民族国家。人类学的研究揭示了不同社会在权力、权威及法律制度方面的实质性变化（权力是将某人的意愿强制于他人的能力；权威是社会赞同的力量的使用）（Gledhill，2000；Kurtz，2001；Lewellen，2003；Nugent 和 Vincent，2004；Wolf 和 Silverman，2001）。

莫顿•弗里德（Morton Fried）提供了对于政治组织的如下定义：

政治组织包括社会组织中的这样一些部分，它们专门与操控公共政策事务或者试图控制个体或群体的任命或活动的个人及群体相联系（Fried，1967：20—21）。

这种定义十分切合当下的北美。“操控公共政策事务的个体或群体”来自政府的许多机构和层次。那些试图影响公共政策的人包括政党、工会、企业、消费者、激进主义者、行动委员会、宗教团体及非政府组织（NGOs）。

部落 是建立在园艺或游牧基础之上的一种社会政治组织形式。部落中不存在社会经济分层和中心化的规则，也不存在强制性政治决策的途径。

酋邦 是介于部落和国家之间的一种社会政治组织形式；建立在亲属关系基础之上，拥有不同的资源获取途径和一种长久的政治结构。

弗雷德的定义对于非国家体制的适用性远远逊于民族国家，在这些非国家政体里，“公共政策”经常难以检测。正是由于这些原因，在讨论团体和他们的代表之间的关系的调控及权力实践时，我们更倾向于说社会-政治组织。政治调控包括制定决策、纠纷管理及解决争端。政治调控的研究将我们的注意力吸引到那些制定决策和解决争端的人身上——不管存不存在正式的领导人。

>>类型与趋势

数百个地区的民族志和考古学的研究已经揭示了经济、社会和政治组织之间的许多关联性。数十年前，人类学家埃尔曼•瑟维斯（Elman Service，1962）列出了四种类型或者说是四个层次的政治组织：邦团、部落、酋邦与国家。今天，前三种类型中的任何一个都不能被作为一种独立的政治组织形式加以研究，因为它们都存在于民族国家的背景之中，并且都是国家控制的客体（Ferguson，2002）。考古学的证据证实，早期邦团、部落、酋邦存在于第一个国家出现之前。然而，因为人类学的产生远在国家起源之后，因此人类学家从来不能在一些国家的影响之外近距离观察实实在在的邦团、部落和酋邦。这些政治组织中可能仍然存在本章所讨论的地方政治领导人和地方领袖人物，但是所有的这些现在都存在于国家组织的背景之中，并且在国家组织的背景之下运作。

邦团是在觅食者中发现的以亲属关系为基础的群体（所有的成员都被亲属关系或婚姻联系在一起）。**部落**（Tribe）的经济制度建立在非密集的食物生产方式之上（农业和游牧业）。他们生活在村庄之中，而且是建立在共同继嗣基础之上的亲属群体（氏族和宗族——见下章），部落没有正式的政府，而且没有可靠的强制性政治决策方式。**酋邦**

学习小贴士

政治组织的四种层次包括：

- 邦团（觅食；规模小，以亲属关系为基础）
- 部落（建立在非密集的食物生产之上）
- 酋邦（介于部落与国家之间）
- 国家（层级性的正式政府组织）

（Chiefdom）是指代一种介于部落和国家之间的社会政治组织。在酋邦中，社会联系主要建立在亲属关系、婚姻、继嗣、年龄、世代和性别之上，正如邦团和部落中一样。然而，尽管酋邦是建立在亲属关系基础之上的，他们拥有不同的资源获取途径（一些人有比他人更多的财富、声望及权力）和一个长久的政治结构。**国家**（State）是一个建立在正式政府结构和社会经济分层基础之上的正式的社会政治组织。

瑟维斯的四种分类远不足以标记考古学和民族志中闻名遐迩的政治多样性和复杂性。例如，我们将会看到，部落的政治制度和组织机构变化多端。尽管如此，瑟维斯的分类学的确突出了某些政治组织之间的显著差异，尤其是介于国家和非国家之间的那些政治组织形式。例如，在邦团和酋邦之中——与国家不同，它们没有明确可见的政府——政治组织并不脱离于整体的社会秩序。在邦团和部落之中，要界定一个行为或事件为政治行为或事件而不仅仅是社会，就相对困难。

瑟维斯的分类名目"邦团""部落""酋邦""国家"是**社会政治类型学**（Sociopolitical Typology）中的类别或类型。这些类型与前一章所讨论的适应性策略（经济类型学）相关。因此，觅食者们（一种经济类型）倾向于组建邦团组织（一种社会政治类型）。同样地，许多园艺种植者和游牧者们生活在部落之中。尽管大多数酋邦有农场经济，但放牧在某些中东酋邦中仍相当重要。非工业国家通常都有农业基础。

你了解吗

联合国于1945年建立，在第二次世界大战之后，其目的是防止战争和增进人权以及社会公正。联合国有192个成员，它可以被认为是一个全球性的政治组织——即使是一个力量微弱的组织。

随着食物生产规模的增大，觅食者们的人口规模和经济制度变得更加密集和复杂。这些特征提出了新的制度问题，也使更为复杂的关系和联系得以产生。许多社会政治潮流反映了与食物生产相对应的日益增长的制度需求。考古学家们研究了这些历时性的潮流，而文化人类学家则在更为同属一时代的群体中观察了他们。

文化思考

为什么你会认为食物生产——与觅食相对——导致日益增长的对于秩序的需求，并最终导致更复杂的政治制度的诞生？

明白了吗？ 你能确定瑟维斯的社会政治类型，比较和对比他们的社会组织、纠纷解决途径及政治领导的形式吗？

>> 邦团与部落

这一章要考察一系列政治制度不同的社会。我们为每一种类型的社会解决了一套常见的问题：这个社会有哪些形式的政治群体？这些群体怎么向彼此展示自身？他们内部和外部的关

国家（民族—国家）是对特定领土和民众有管辖权的复杂的社会政治制度，并且存在大量在占有物、财富、声望和权力方面存在差异的民众。有一个独立的、中央组织的政治单位，即政府。

社会政治类型学 分类标准建立在政治组织的规模和复杂性及政治制度有效性的基础之上；包括邦团、部落、酋邦和国家。

系如何常规化？为了回答这些问题，我们从邦团和部落开始，然后考虑酋邦和国家。

觅食邦团

现代的狩猎、采集者们是觅食邦团社会在今天的遗存。他们以外在于邦团的社会政治群体维系的强大纽带，使其显著不同于石器时代的狩猎采集者们。现代觅食者们生活在民族—国家及交往密切的世界之中。例如，刚果的矮人们与他们的农业耕植者邻居们世代分享着一个共同的社会世界，并且与他们有着密切的经济交换。所有的觅食者们现在都与食物生产者们开展贸易。除此之外，绝大多数现时的狩猎—采集者们都至少为了他们的部分消费品而依赖于政府和传教士。

散人 在上一章中，我们看到巴萨瓦的散人如何被博茨瓦纳政府的政策所影响，这些政策在将散人的祖先之地划为自然动物保护区之后将他们迁移到别处（Motseta，2006）。更概括地说，南非的散人（“布须曼人”）已经被班图人（农民和游牧民）影响了两千年，而被欧洲人影响了数个世纪。埃德温·维尔姆森（Edwin Wilmsen，1989）认为，许多散人缘起于游牧民，这些游牧民因为贫穷或压迫而被迫迁入沙漠。他将今天的散人视为在一个更大的由欧洲人和班图人中的食物生产者所主导的政治经济制度下的乡村下层阶级。在这一制度之中，现在许多散人倾向于为更为富裕的班图人饲养家畜，而不是独立觅食。散人也有他们自己的家养动物，进一步说明了他们已经远离觅食生活方式。

苏珊·肯特（Susan Kent，1992，1996）记录了一种趋势以定型觅食者，并将他们同一化对待。他们以前被定型为石器时代孤立的、原初的幸存者，一个可能是更为精确地看待时下觅食者们的新视角是将他们视为被国家、殖民主义和世界事件驱赶至边缘环境的群体。

肯特强调觅食者中的变异，聚焦于散人

> **文化思考**
>
> 传统邦团的一些特点是什么——以觅食作为其经济基础？现在的觅食邦团发生了什么样的变化？

在时间和空间上的多样性。从20世纪50年代和60年代开始，散人的生活本性发生了显著的变化，那时，哈佛大学的许多人类学家们，包括理查德·博莎·李（Richard Borshay Lee）对他们的生活进行了系统性的研究。通过对散人的历时性考察，李和其他人记录了许多变迁（Lee，1979，1984，2003；Silberbauer，1981；Tanaka，1980）。这样一些纵向研究及时监控变迁，而且在许多散人区域中的田野工作揭示了空间中的变化。最重要的对比在于定居（久居不动）和游牧群体之间（Kent和Vierich，1989）。尽管近年来，定居增长很快，但某些散人群体已经世代沿河定居。另外一些，包括李（1984，2003）所研究的多博居豪安斯散人和肯特所研究的库特瑟散人，更多地恢复了狩猎—采集的生活方式。

就觅食仍旧是其坚实的经济基础来说，像散人这样的群体仍然是移动的，或者直至最近仍然非常强调社会的、政治的和性别的平等，这些都是传统邦团的特色。建立在亲属关系、互惠及分享基础上的社会制度适合于人口较少且资源有限的经济体。人们必须在他们得到肉时即分享掉；否则这些肉将会腐烂。游牧民对于野生动植物的追求倾向于不鼓励永久居住、财富积累及身份区隔。

在过去，觅食邦团——小规模的、游牧的或半游牧的社会单位——季节性组合在一起，那是作为组成单位的核心家庭聚集在一起。邦团中的特定家庭每年不同。婚姻和亲属关系创造了不同邦团成员之间的联系。贸易和拜访也把他们联系在一起。邦团的领袖仅仅是名义上的领袖。在这样一个平权社会，他们首先是地位平等的。有时，他们给出意见或做出决定。考虑到国家和现代世界制度的传播，民族志学者对于这样一些邦团组织模式的观察变得日益困难。

因纽特人 另一个觅食者群体因纽特土著（Hoebel，1954，1954/1968）提供了一个在无国家社会中解决纠纷——**冲突化解**（conflict resolution）——的很好例子。所有的社会都有以文化中关于合适或不合适的法则或标准来解决纠纷的方式（效力不同）。这些标准是在特定社会中能够使个体区分合适或不合适行为的标准与纲领。尽管法则和标准是文化普遍主义的，仅仅那些存在既定政府的国家社会拥有已经制定、宣布并强制执行的正式法律。

觅食者们在拥有审判和强制力的意义上缺乏正式法律，但是他们的确有社会控制和纠纷解决的方法。法律的缺失并不意味着完全的无政府状态。正如霍贝尔（Hoebel，1954）在一部经典的关于纠纷解决的民族志著作中所描述的，仅仅只有两万名因纽特人横跨 6000 英里（9500 千米）的极寒之地。最重要的社会群体是核心家庭和邦团。个人关系联系着邦团和家庭。某些邦团有头人。他们也是巫（兼职宗教专业人士）。然而，这些地位并不授予占据他们的人多少权力。

渔猎是原始因纽特人维系生存的活动。植物食物的多样性和丰富性存在于温暖地带，在那里负责采集的女性劳动力是重要的，而在极寒之地植物食物却是缺失的。在一种更为艰苦的环境中穿梭于陆地与海洋，因纽特男人比妇女面对更多危险。传统男性时时面临生命危险，以至于成年女性多于男性。这就允许了某些男人拥有两个或三个妻子。某些男人拥有不止一个妻子的能力为其带来了一定的声望，但是这也同样助长了邪恶（声望是指尊重、尊敬或支持文化中所珍视的行为或品质）。假如一个男人似乎仅仅因为想要加强声名而娶额外的妻子，他的对手可能会偷抢其中的一个。大多数纠纷都在男人之间，并且起源于女人，由偷抢妻子或通奸而引起。

冲突化解 争端被社会性地加以调控和解决的途径；在所有的社会中都会发现，但是解决的方法在国家中要比在非国家中更倾向于正式和有效力。

一个被抢的丈夫有很多选择。他可以试图杀死偷抢他妻子的人。然而，假如他成功了，他的对手的亲属必定会寻衅报复，试图置他于死地。一起纠纷可能因为一系列的报复性谋杀而变为连环死亡事件。没有政府去介入并制止这样一些血仇（blood feud，家族之间的谋杀性世仇）。然而，一个人也可以以对歌的形式挑战对手。在公共场合中，竞争者们制作关于对方的侮辱性歌曲。在比赛的最后，观众宣布赢家。假如被偷抢了妻子的男人赢了，他的妻子也不一定会回来。她经常选择与其诱拐者待在一起。

盗窃在有显著财产差异的社会中是非常常见的，这与我们自己的社会一样，但盗窃在觅食者中并不常见。每一个因纽特人都需要设法获取资源以维持生计。男人可以狩猎、捕鱼，也可以制作生计必需的工具；而女人则保证衣物制作的材料，准备食物，并做家务劳动。因纽特男人甚至可以到其他地方群体的领地上渔猎。领土或动物私有化的概念在这里并不存在。

人类学的工作

每十年美国都会调查其人口。人口调查的数据被用于分配社会服务项目的资金以及创造政治区。精细的人口计算是重要的，因为它保证了所有人口都能得到服务。美国调查署的人类学家们在探索为什么一些群体没有被调查的原因方面做出了重要贡献。例如，他们与田野中的人们交谈，以发展出确定流动人口的问题和策略，例如大学生和无家可归者。与人打交道的组织推崇人类学训练所提供的文化敏感性。

部落种植者

正如在觅食邦团中一样，完全自主的部落在今天的世界中并不存在。例如，在巴布亚新几内亚和南美的热带丛林中的一些社会里，部落法则仍然发挥作用。部落通常有一种园艺或游牧经济，而且被乡村生活或继嗣群体（亲属群体的成员将他们的世系追溯到同一祖先）成员身份而组织在一起。部落缺乏他们自己的社会经济分层（例如，阶级结构）及正式的政府。一些部落仍会以村庄之间相互袭击的形式上演小规模的战争。部落拥有比觅食者们更为有效的监管机制，但是部落社会没有强制性政治决定的确定手段。主要的监管官员是村庄头人、大人物、继嗣群体领导人、村庄评议会及部落联盟的领导人（本章后文将讨论）。所有这些人物和群体都只有有限的权威。

与觅食者们一样，园艺种植者们也倾向于平权，尽管某些园艺种植社会中存在显著的性别分层：资源的不平等分配、权力、声望及男人和女人之间的个人自由（参阅“性别”一章）。园艺村庄通常很小，人口密度低且战略性资源保持开放。年龄、性别及个人特征决定了人们所受到的尊敬及他们从其他人处所得到的支持。然而，随着村庄规模和人口密度的增加，平权主义逐渐消失。园艺村庄通常产生头人——如果曾经有的话，很少是头人妇女。

村庄头人

雅诺玛米人（Yanomami）是生活在委内瑞拉南部及巴西与之接壤部分的美洲土著人。他们的部落社会有 26 000 人口生活在 200 到 250 个散布的村庄中，每一个的人口都在 40 到 250 人之间。雅诺玛米人是园艺种植者，但他们也打猎和采集。他们的主要农作物是香蕉和车前草（一种类似于香蕉的作物）。雅诺玛米人中重要的社会群体比觅食社会中多。雅诺玛米人有家庭、村庄及继嗣群体。他们的继嗣群体横跨了超过一个村庄，是单系的（祖先仅仅通过男性世系追溯）及外婚的（人们必须在他们的继嗣群体以外婚配）。然而，两个不同继嗣群的地方分支可能生活在同一个村庄中并且相互通婚。

传统上，雅诺玛米人唯一的领袖职位是村庄头人（village head，总是男人充当）。他的权威，像觅食邦团中的领导人一样，通常是有限的。假如一个头人想要办成某件事情，他必须以先例和说服来领导大家。头人缺乏质疑秩序的权力。他仅仅能够说服，高谈阔论，并且试图影响公共意见。例如，他如果想要人们为准备宴请而清扫中心广场，他必须首先自己参加清扫，寄希望于他的同村人能够理解这种暗示，并且与他换班。

当纠纷在村庄中爆发，头人可能会被召唤来作为一个中间人，听取双方的意见并给出自己的处理意见和建议。假如纠纷中的一方不满意，头人并没有权力否决他的决定，而且不能强制执行惩罚。类似于邦团领袖，他首先是与其他人平等的。

雅诺玛米人的村庄头人也必须极尽慷慨。因为他必须比其他村民更加慷慨，所以他要耕植更多的土地。当头人的村庄为其他村庄置备宴请时，他的庄园要提供宴请消费的多数食物。头人对外代表村庄，包括委内瑞拉和巴西的政府机构。

某人充当头人的方式取决于他的个人特质和他可以鼓动的支持者的人数。拿破仑•莎尼翁（Napoleon Chagnon，1983/1992）描述了一个名为考巴瓦（Kaobawa）的村庄头人如何保证另一个村庄代表团的安全，这个村庄与考巴瓦联盟想要发动一场战事。考巴瓦是一个尤其有影响力的头人。他显示了他在战斗中的勇猛，但他也知道如何以外交手段避免得罪其他村民。村庄里没有其他任何一个人更有资格当头人，也没有任何一个其他人有更多的支持者（因为考巴瓦有很多兄弟）。在雅诺玛米人中，当一个群体不满意于这个村庄的头人时，他可以离开和寻找一个新的村庄；这种事情不时发生，并被称为村庄分裂（Village Fissioning）。

雅诺玛米人的社会政治组织因其众多的村庄和继嗣群体而比邦团组织社会更为复杂。雅诺玛米人在实现群体和个体关系制度化方面面临着更多问题。尽管一个头人有时可以阻止一场具体的暴力争斗，村庄之间的袭击是雅诺玛米人领土中一些区域的特色，尤其是莎尼翁所研究的那些地区（Chagnon，1997）。

至关重要的是我们也必须意识到雅诺玛米人并不与外部事件相隔离，包括传教。他们生活在委内瑞拉和巴西两个民族国家之中，巴西的牧场主和矿工所发动的战争令雅诺玛米人麻烦重重（Chagnon，1997；Cultural Survival Quarterly，1989；Ferguson，1995）。在 1987 年至 1991 年的巴西淘金热期间，平均每天都会有一个雅诺玛米人死于外部袭击。到 1991 年，大约有四万巴西矿工在雅诺玛米人的家园领地之中。一些雅诺玛米人被公然杀害。矿工带来了新的疾病，日益膨胀的人口使传统疾病流行开来。在 1991 年，美国人类学会的一个委员会报告了雅诺玛米人的一个困境（American Anthropological Association 1991）。巴西的雅诺玛米人正在以年均 10% 的速度消失，他们的生育率已经下降到了零。从那时起，一个巴西总统宣布，一大块雅诺玛米人的领地禁止外人进入。不幸的是，本地政客、矿工及牧场工人越来越多地逃避禁令。雅诺玛米人的未来仍然具有很多不确定性。

“大人物”

南太平洋的许多社会，特别是巴布亚新几内亚，有一种我们叫做大人物的政治领导人。**大人物**（big man，几乎都是男性）是村庄头人的一个精致版本，但有一个显著的不同。村庄头人的领导权限于一个村庄之内；大人物在许多村庄都有支持者。大人物因此是区域性政治组织的调节者。

> **大人物** 园艺种植部落和半游牧部落中经常出现的人物，大人物并不占据办公室，但却通过创业和对别人的慷慨获取声名。他的财富和地位都不传递给他的继承者。

看看生活在印度尼西亚伊里安查亚的卡帕库巴布亚人（Kapcuku Papuans）吧。人类学家利奥波德•波斯比西亚（Leopold Pospisil）研究了卡帕库人（1963 年时共有 4.5 万人），卡帕库人种植作物（种植甜土豆作为主食）并养牲畜。他们的经济制度太过复杂而不能像简单的园艺农业一样被描述。卡帕库人的种植业对于特定种类的土地使用多样化的技术。山谷中的劳动力密集型种植业在翻耕土地时需要采用多道工序。大人物通常要协助组织引流长沟渠的挖掘，这是一项相当复杂的工作。卡帕库人的种植业支持了一个比雅诺玛米人的简单园艺业更大并且更为密集的人口。卡帕库社会如果没有集体耕植和对于更复杂的经济任务的政治调节，在现今的形式下并不能幸存。

卡帕库人的核心政治人物是大人物，被称为托诺为（tonowi）。托诺为通过辛勤劳动获取其地位，并以牲畜和其他本地财富形式计量财产。

注意被用作声望代名词的地位的概念。因此，“她获得了许多地位”意味着她获得了许多声望，人们仰望于她。在社会科学家中，这并不是地位的首要含义。社会科学家们更为中性化地使用地位这一概念，即任何社会位置，而不管声望如何。在这种意义上，**地位**（status）包括人们在社会中占据的诸多位置，例如配偶、父母、贸易伙伴、教师、学生、售货员、大人物或其他许多人。人们总是占据多种多样的地位（例如儿子、兄弟、父亲和大人物）。在这些地位中，尤其是在特定的背景中占据统治地位的那些地位，我们占据着如在家中的儿子或女

> **地位** 在社会中决定个体适合于哪里的任何位置；可能是先赋的，也可能是自致的。

儿，以及在教室中的学生之类的地位。

一些地位是**先赋的**（Clscribed）：人们无可选择或选择性很少地占据它们。年龄是一种先赋地位；人们生而成为一个特定社会序列的成员，而且终身如此。与之相反，**自致地位**（achieved statuses）并不是自动的；它们通过选择、行动、努力、天分或积极抑或是消极的成就而获得。自致地位的例子包括大人物、治疗师、参议员、已定罪的重罪犯、恐怖分子、售货员、工会成员、父亲及大学生。

先赋的 人们极少有选择甚至没有选择可以占据的社会地位（例如，种族或性别）。

自致地位 通过天赋、行动、努力、活动及成就而获得的社会地位（例如，大人物或已定罪的重刑犯）。

大人物的自致地位依赖于特定的大人物区别于其追随者们的个人特征：富有、慷慨、口才、强健的体魄、勇敢及超自然力。一个人成为大人物是因为他拥有特定的个性。他们在有生之年积累资源；他们并不传承其财富或地位。一个有决心的男人可以成为一个大人物，通过艰辛的劳作及好的判断力而创造财富。财富源于成功的牲畜饲养及贸易。随着一个人饲养的牲畜及声望的增长，他吸引了支持者。他举办季节性的肉类庆典，庆典中肉被分给来客们。

不像雅诺马米村庄的头人，一个大人物的财富超过了他的追随者们。他的支持者们对他过往的偏好以及未来的奖励了如指掌，将他视为领导人，并且遵从他的决定。大人物是卡帕库人生活中的区域性事件的重要调节者。他帮助择定宴请和交易的日期。他说服人们举办再分配肉和财产的宴请。他发起需要一个区域性社区配合的经济计划。

卡帕库大人物再次例证了部落社会中领导权的一般化：假如某人获得了财富和广泛的声望及支持，他就必须慷慨。大人物辛勤工作并不是要囤积财富，而是要分发他的劳动果实，将财富转化为声望和感激。一个吝啬的大人物会失去支持者，他的声名也将暴跌。自私和贪婪的大人物有时会被他的追随者们谋杀（Zimmer-Tamakoshi，1997）。

泛部落联合

大人物可以通过从许多村庄中进行人员迁移来打造区域性政治组织，虽然只是暂时的。另一些部落社会的社会和政治机制——例如对于共同祖先的信仰、亲属或继嗣——

高中声望

是什么使高中女生大受欢迎？

按照大学女生		按照大学男生
1	分数/智力	2
2	参与体育运动	3
3	一般交际能力	4
4	迷人的外表	1
	在男生中的受欢迎程度	5
5	衣着	

是什么使高中男生大受欢迎？

按照大学女生		按照大学男生
1	参与体育运动	1
2	分数/智力	2
	在女生中的受欢迎程度	3
3	一般交际能力	4
4	迷人的外表	
5	学生俱乐部/学生会	
	汽车	5

注释：以下学校的学生被问及高中的青少年们以何种方式在同龄人中获得声望：康奈尔大学，路易斯安那州立大学，东南路易斯安那大学，纽约州立大学奥尔巴尼分校，纽约州立大学石溪分校，佐治亚大学及新罕布什尔州大学。

资料来源：索托尔（Suitor et al.，2001：445）。

可以被用来连接一个区域中的地方群体。同一个继嗣群体可能跨越许多村庄，而且其分散的组织成员可能追随一个继嗣群体领导者。

除了亲属关系，原则上也可以联系地方群体，特别是在现代社会之中。生活在同一个国家不同部分的人们可能分属于同一个工会、联谊会或者兄弟会、政治党派或宗教教派。在部落中，非亲属群体成为联盟或联合会，可能发挥相似的连接功能。通常，联合会建立在共同的年龄或性别基础，纯男性联合会比纯女性联合会更为普遍。

泛部落联合（pantribal sodality）是一种扩展至整个部落的群体，横跨数个村庄。在与邻近部落的战争中，这种联合会特别易于发展出来。通过把数个村庄的成员汇集入同一个部落，泛部落联合可以集合力量进攻另一个村庄或向另一个村庄实施报复。

泛部落联合最好的例子来自北美中部平原及热带非洲。在 18 世纪和 19 世纪，北美大平原的美洲土著社会经历了泛部落联合的激增。这一发展反映了马匹传播之后的经济转变，西班牙人将马匹再次引入北美落基山脉和密西西比河之间的州。许多平原印第安人社会因为马匹而改变了其适应性策略。最初，他们本来是徒步猎食水牛的觅食者。随后，他们采用了一种建立在狩猎、采集及园艺基础之上的混合经济。最后，他们改变为一种在马背上狩猎水牛的更加专门化的经济（最终是步枪）。

随着平原部落经受一些转变，其他印第安人也采用马背狩猎并迁移到平原上。群体因争夺特定区域的占据权而陷入战争。战争的形式发展为某一部落的成员经常为了马匹而进攻另一个部落。新的经济需要人们随野牛群而动。在冬季，当野牛消失时，一个部落拆散为小的邦团和家庭。在夏季，当大型兽群出现在大平原上，部落的成员重新联合。他们因为社会的、政治的及宗教活动的原因，但主要是因为猎取野牛的原因而一起宿营。

泛部落联合 一个在部落中处处存在的非亲属群体，范围包括许多村落。

两种活动需要强有力的领导权：对敌营侵略的组织和实施（捕捉马匹）及组织夏季狩猎野牛。所有的平原社会都发展成为泛部落联合，它们内部也产生领导者角色，以管辖夏季狩猎。领导人协调狩猎行动，确保人们不因为过早的射击或不明智的行动而引发踩踏事件。领导人实施严重的惩罚，包括夺取不遵从者的罪魁祸首的财富。

许多采取了平原适应性策略的部落以前一度都是觅食者，他们以个体或小群体的形式狩猎和采集。他们从不将群体视为首要的社会单位。年龄和性别是迅速而有效地将无关人等汇集入泛部落联合的社会法则。

一个部落对另一个部落的进攻同样被发展起来，这次是为了家畜而不是马匹，这在建立于年龄和性别之上的泛部落联合盛行的东非和东南非洲十分常见。在肯尼亚的马赛牧人中，男人在四岁的时候一起施行割礼，并终其一生属于同一个命名群体，这是一个年龄组织。这一集群随年龄级而动，其中最重要的是战士级。集群中的成员彼此高度忠

社会地位

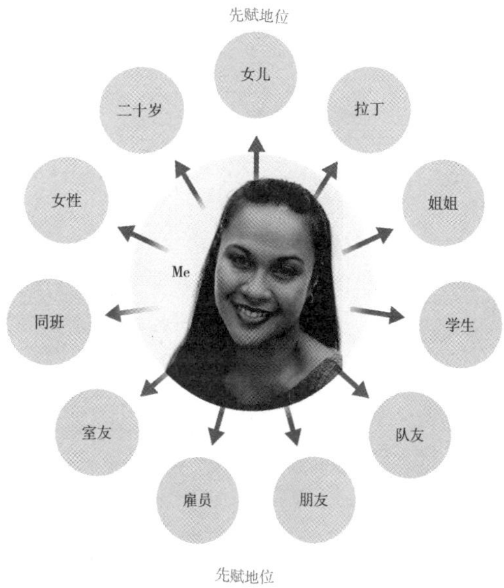

文化思考

联谊会或非亲属群体在工业社会和部落中都存在。你或者你的家庭属于任何一种联谊会或非亲属群体，例如俱乐部或宗教组织吗？

诚。马赛女人缺乏可比较的集群组织，但是她们也随文化认同的年龄级而动：姑娘家的、已婚妇女及女性长者。

在非洲西部和中部的特定区域，泛部落联合是秘密社会，排外性地由男人或妇女组成。就像我们的大学兄弟会和联谊会，这些联谊会有秘密庆典。在塞拉利昂的门德人中，男人和妇女的秘密社会都非常有影响力。男人的群体珀罗对于男孩子们在社会行为、伦理及宗教和监控的政治及经济活动方面进行训练。珀罗中的领袖角色通常令村庄的村长黯然失色，而且，珀罗的领袖在社会控制、纠纷处理及部落政治调节中扮演了重要角色。年龄、性别及仪式可以把不同的本地群体成员联系起来，成为一个部落中单一的社会联合体，并因此创造一种族群身份的感觉，并且属于相同的文化传统。

流行文化

超级英雄电影呈现了英雄和普通人之间在能力上的差别。能力上的差别也是政治人类学的核心兴趣之所在。一些超级英雄（例如，X战警）生而具有特殊的能力，而另一些（例如，钢铁侠和蝙蝠侠）则使用技术成为超人，也有其他一些人（例如，蜘蛛侠和神奇四侠）在机缘巧合中获得了能力。在每一个案例中，这种超级英雄是自致地位还是先赋地位？那美国船长、雷神及绿巨人呢？超人是克雷普顿的超级英雄吗？

游牧政治

牧民有多种多样的政治制度。不像马赛人（刚刚讨论过的）和其他部落牧民，一些牧民有首领，并生活在民族国家之中。牧民政治权威的范围随着区域性人口密度的增加而大为扩张。考虑两个游牧部落——巴瑟瑞人和喀什开人（Salzman，1974）。每年，他们从海滨高原出发，带着他们的动物在海拔17 000英尺（5 400米）的高山上放牧。巴瑟瑞人和喀什开人与彼此，以及其他许多族群共享放牧的路径。

同一块牧场被间歇性休牧。族群迁移是紧密配合的。表达这一时间表的乃是伊尔拉（il-rah），这是一个在所有当地牧民中都很普遍的概念。一个群体的伊尔拉通常是它在时间和空间上的惯常路径。这是一种规定不同群体在一年的长途跋涉中，在何时间段使用特定区域的时间表。

每一个部落都有它自己的领导者，被称为可汗（Khan）或伊尔可汗（il-Khan）。因为巴瑟瑞可汗应对的人口规模较小，所以，与喀什开人比较起来，他在协调迁移方面面临着更少的问题。相应地，他的权力、继承、责任及权威都较弱。尽管如此，巴瑟瑞可汗的权威超过了迄今为止所讨论的任何政治人物。可汗的权威仍旧来源于他的个人特征而不是他的职位。也就是说，巴瑟瑞人跟随一个特定的可汗不是因为他所占据的政治位置，而是因为他们对他作为一个男人的忠诚。可汗依靠巴瑟瑞社会分裂而成的继嗣群体头人的支持。

然而，在喀什开人中，忠诚由个人（person）而转向了职位（office）。喀什开人有多重水平的权威，并且有更为有力的领袖，或者说是可汗。管理四万人口需要一个复杂的等级制度，伊尔可汗领导着它，由一个代理人辅助，在他的下面就是制度化部落的头人们，而在他们之下便是继嗣群体的头人。

一个案例恰好说明了喀什开人权威结构

文化思考

这一部分描述了三种形式的部落领导权：村庄头人、大人物及泛部落联合。它们之间有什么共同的特质？它们缘何不同？例如思考一下它们各自所有的权威以及群体统治的规模。

的完备程度。一场冰雹使一些牧民不能参加规定时间的年度迁徙。尽管每个人都十分清楚他们并不需要为那些人的迟到负责，伊尔可汗当年还是在他们通常的放牧点上分给他们较少的放牧土地。这些拖拉的牧民及其他喀什开人视这判断为公平的，且并不质疑于它。因此，喀什开人的权威使年度迁徙制度化。他们同样在人们、部落及继嗣群体之间审理纠纷。

这些牧民的例子说明了这一事实，游牧业仅仅只是许多存在复杂的民族国家及区域制度的专门化经济活动中的一种。作为一种更大整体中的一部分，游牧部落通常与其他一些族群对峙。在这些国家中，国家变成最终权威，这也是一个试图限制族群间斗争的更高层次调节者。国家组织的兴起并不仅仅是要管理农业经济，而且也要在日益扩大的经济和社会制度中调节族群活动（Das 和 Poole，2004）。

明白了吗？ 你能比较和对比不同形式的部落领袖吗？

>> 酋邦

旧世界的第一批国家出现在大约 5500 年前。第一批酋邦大约在早于国家出现的 1000 年前发展出来，但是现在幸存很少。在世界的许多地方，酋邦是由部落向国家进化的过渡组织形式。国家形成于美索不达米亚，埃及随之而起，巴基斯坦印度河流域以及印度，中国北部先后出现国家的雏形。数千年之后，国家在西半球的两部分兴起——中美洲（墨西哥、危地马拉、伯利兹）及安第斯山脉中部（秘鲁和玻利维亚）。早期的国家被称为古代国家，或者与现代工业社会的民族国家相比，称为前工业社会。罗伯特·卡内罗（Robert Carneiro）将国家界定为“一个自治的政治单位，包括它领土范围内的许多社区，一个中心政府有权收取赋税，征募人们工作或参加战争，以及强制执行法令和法律”（Carneiro，1970：733）。

酋邦和国家，像其他许多社会科学家们创造的概念一样，也是一种理想类型。也即是说，它们是使社会对比比实际显得更加尖锐的标签。在现实中，存在从部落到酋邦再到国家的连续体。一些社会有许多酋邦的属性，但也保留着一些部落的特色。一些先进的酋邦有许多古代国家的属性，因此很难对之进行非此即彼的归类。考虑到这种“连续性变化”（Johnson 和 Earle，2000），一些人类学家们称之为“复杂酋邦”（Earle，1987，1997），这种酋邦几乎就是国家。

政治与经济制度

酋邦存在的地理区域，包括环加勒比地区（例如加勒比岛屿、巴拿马、哥伦比亚），现在是美国东南部的亚马逊低地及波利尼西亚。酋邦创造了欧洲的巨石文化，例如建造巨石阵的那个酋邦。记住，酋邦和国家可能衰落（瓦解），也可能兴旺发达。在罗马扩张之前，欧洲的许多地方是以酋邦的形式组

文化思考

考虑一下理想类型的优缺点。这种类型学是一种呈现信息的有效方式，或者是一种过度简化吗？邦团、部落、酋邦、国家这些类别可否帮你理解跨文化政治？

学习小贴士

邦团与部落领导者们不像首领和国家领导人，不具有长久性的职位，并且不能强制决策，后者占据特定职位且有明确的权威。

织的，公元前 5 世纪罗马衰落之后酋邦又复原了数个世纪。

许多关于酋邦的民族志知识来自于波利尼西亚，在欧洲大发现时期，那里的酋邦制度很常见。就如同在邦团和部落中一样，酋邦中，社会关系主要是建立在亲属关系、婚姻、继嗣、年龄、代际及性别上。这是酋邦和国家之间的基础性差异。国家将不相干的人聚集在一起，并迫使他们所有的人都效忠于某一个政府。

然而，不像邦团和部落，酋邦管理一个界限分明且长久不变的区域政治制度。酋邦可能包括数千生活在许多村庄或村的人。占据政治职位的首领以及他的助手进行政治调节。一个职位（office）是一种长久性的位置，当这个职位因为死亡或退休而空出时，必须由别人接续。因为职位被制度性接续，酋邦的结构超越代际而持续存在，保证了长久的政治制度化。

波利尼西亚人首领是全职专家，他的职责包括管理经济。他们通过命令或禁止（使用宗教禁忌）对特定土地及作物的耕植而调节生产。首领也调节分配和消费。在特定季节中——通常是在仪式场合例如第一次丰收庆典——人们会通过自己的代表将一部分收获贡献给首领。产品使等级制升级，最终达到首领。相反地，为了履行了与亲属分享的义务，首领发起盛宴，在其中反馈出他所得到的许多东西。不像大人物，首领脱离于日常性的工作，而且有常人所不能及的权力和继承权。然而，像大人物一样，他们需要返回他们所得到的部分财产。

这种资源在中心职位上的来回流动被称为首领再分配。再分配提供政治优势。假如某地专产作物、货物或服务，那么首领的再分配使那些产品在全社会可

你了解吗

土著领导人也有一定政治地位。例如，在马达加斯加，国家总统意识到地方首领对他的追随者们有很强的影响，所以会定期请教他们。

首邦创造了欧洲的巨石文化，例如五万余年前建造巨石阵的酋邦。在食物生产的出现和扩散与罗马帝国的扩张之间，欧洲许多区域以酋邦形式组织起来，而在罗马帝国衰落之后又还原到酋邦水平。

及。首领再分配也在风险管理中扮演角色，它刺激生产超过即时性的生活所需，并且为可能在饥荒之年变得神圣的物品提供存储室（Earle，1987，1997）。

地位制度

酋邦中的社会地位建立于继嗣中的排行。因为级别、权力、声望及资源以亲属关系和继嗣分配，波利尼西亚首领维持着极为庞大的家谱。一些首领（虽无文字）将其世系追溯到五十世代。酋邦中的所有人都被设想为彼此联系。他们被假定为发源于一群开基祖先。

首领的地位是先赋的，基于在继嗣中的排行。首领应该是最大的孩子（通常是男孩）的最大的孩子的最大的孩子，以此类推。排行等级的计算错综复杂以至于每个人都有其等级。例如，第三个儿子排行低于第二个，第二个儿子排行又低于第一个。然而，最大的兄弟的所有孩子们的排行又都大于更小的兄弟的孩子们。然而，甚至酋邦中最小排行的人仍旧是首领的亲戚。在这样一种以亲属为基础的背景中，每一个人甚至是首领，都需要与其亲戚分享。

因为每个人都有些许不同的地位，因此很难在精英与普通大众之间划一个序列。另一些酋邦计算不同的资历，而且比波利尼西亚人的谱系要短。尽管如此，对资历的关切和精英与普通人之间不存在显著的差距是所有酋邦的特征。

酋邦和国家的地位制度是相似的，二者都建立在对资源的**差异性获取**（Differential Access）之上。某些男人和女人在获取权力、声望及财富方面有优势。他们控制策略性资源，例如土地和水。伊尔勒（Earle）将首领界定为“一种在财富和生活方式上都具有优势的早期贵族”（Earle，1987：290）。

与酋邦相比较，古老的国家在精英和大众之间有一条更为鲜明的分界线，至少在尊贵者和大众之间做出区分。因为阶级外婚制的缘故，亲属关系的纽带并不从尊贵者扩展至普通人——在某人自己的团体以内通婚。大众与大众通婚，精英与精英通婚。

差异性获取 不平等的资源获取；酋邦和国家的基本属性。上级有途径获取这些资源，相比之下，下级获取资源的途径却被上级限制。

分层的出现

酋邦中的地位制度不同于国家，因为酋邦以亲属关系为基础。在差异性权力和财富的环境下，地位制度的主导类型并不会持续很久。首领开始像国王一样行事，而且试图侵蚀酋邦的亲属关系基础。在马达加斯加，他们可能通过将其远亲降职为平民，并且禁止尊贵者和大众之间的通婚来达到同样的目的。这些举动假如被社会所接受，它们就创造出了独立的社会地位，即指不相干的群体在财富、声望及权力的获取上的差异（一个层级是指两个或更多在社会地位和策略性资源获取途径上存在差异的群体中的一个。每一个层级包括不同性别和所有年龄的人们）。独立的社会层级的创造被称为**分层**（Stratification），它的出现标志着酋邦向国家的转型。分层的出现是国家的核心性特征。

富有影响力的社会学家马克斯•韦伯（Max Weber，1922/1968）界定了社会分层的三个相关层面：（1）经济地位，或者**财富**（Wealth），是指一个人所有的物质财富，包括收入、土地及其他形式的财产；是经济地位的基础；（2）**权力**（Power），某人的意愿强制于其他人身上的能力——做其他人想做的事；是政治地位的基础；（3）**声望**（Prestige）——社会地位的基础——是指尊重、尊敬或者对行动、契约及模范气质的支持。声望，或者“文化资本”（布迪厄，1984），给人们一种价值和尊重的感觉，他们经常被转化为经济优势。

在古老的国家中——人类进化中的第一次——男人和女人的整个团体（社会分

分层 一个制度带有社会经济分层的特征。

财富 一个人所有的物质财富，包括收入、土地及其他形式的财产；经济地位的基础。

权力 某人的意愿强制于其他人身上的能力——做其他人想做的事；政治地位的基础。

声望 尊重、尊敬、或者对行动、契约及模范气质的支持。

社会上层 在社会分层制度中更高的或者占有特权的团体。

社会下层 在社会分层制度中更低，或者非特权团体。

层）之间存在财富、权力及声望的对比。每一个层级包括不同性别和年龄的人们。**社会上层**（superordinate，更高层或精英）有获得稀缺资源的优先权。**社会下层**（Subordinate，更低层或非特权阶级）对这些资源的获取受到特权群体的限制。

>> 国家制度

表 6-1 总结了迄今为止邦团、部落、酋邦及国家所呈现的信息。记住，国家是拥有政治阶级和正式政府的自治性政治单位。所有的国家都倾向于庞大规模且人口稠密、普遍存在功能分化的特定的地位、制度及亚制度（Sharma 和 Gupta，2006）。它们包括如下内容：

- 人口控制：固定的边界、建立公民分类制度及人口统计；
- 司法：法律、法律程序及审判；
- 强制：持久的军事和警务暴力；
- 财政：税收。

在古老的国家中，这些子制度被一个统治制度或由民事、军事和宗教机构所组成的政府所整合。让我们一个接着一个看这四个子制度。

明白了吗？ 你能比较一下酋邦与国家中的地位制度吗？

人口控制

为了追踪他们所统治的人，国家实施了人口普查。每一个国家都标定其区别于其他国家的边界。海关机构、移民官员、土著及海岸线边境巡逻。国家也通过省、区、“州”、县、乡镇及教区等行政区划来调控人口。低层官员管理基层地域中的人口和领土。

国家经常推动地理迁移和再安置，切断人口、土地及亲属之间长间距的联系（Smith，2003）。人口迁移随着全球化而增加，而且随着战争、饥荒及寻找工作而与当前的迁移搅在一起。国家中的人民开始以新的地位确定他们自身，既是先赋的，也是自致的——包括住宅、族群、占有物、政治党派、宗教及团队或者俱乐部联盟——而不是仅仅作为世系群或扩大家庭的成员。

国家同样通过向市民和非市民授予各种权利义务来管理人口。市民之间的地位区隔也同样很普遍。古老的国家为尊贵者、大众及奴隶授予不同的权利。在《奴隶解放宣言》之前的美国历史中，存在不同的法律对待被奴役和自由之人。在欧洲国家的殖民地，本地人的案件和欧洲人的案件分开审判。在现在的美国，军事司法与民事制度并存。

司法

所有的国家都有建立在先例和立法公告基础之上的**法律**。没有文字，法律也可能以口述传统而被保存。犯罪是对法律规范的破坏（“破坏法律”），会被施以具体的惩罚。为了处理犯罪和纠纷，所有的国家都有法庭和审判。

国家与非国家的显著区别也在于对家庭事务的介入。政府介入调停血仇，并管制私人纠纷。国家试图抑制内部冲突，但是它们并不总是成功。自 1945 年以来，世界上大约 85% 的武装斗争都发生在国家之内——努力推翻统治性政体或处理不同族群、宗教及人权事务的纠纷（Barnaby，1984；Chatterjee，

表 6-1　邦团、部落、酋邦和国家的经济基础与政治管理

社会政治类型	经济类型	例子	管理类型
邦团	觅食	因纽特人、散人	地方性
部落	园艺、游牧	雅诺玛米人、卡帕库人、马赛人	地方性、暂时性区域
酋邦	生产性农业 游牧 农业	喀什开人 波利尼西亚人 切诺基人	恒久的区域
国家	农业、工业化	古美索不达米亚人、现在的美国人、加拿大人	恒久的区域

2004；Nordstrom，2004；Tishkov，2004）。

强制

所有的国家都有强制执行司法决定的机构，例如，去评判该施以何种惩罚及收取罚款。监押需要狱卒。假如存在死刑，便需要刽子手。政府官员有权收取罚款和没收财产。政府试图压制国内无序（使用警力）并防护外部威胁（使用军事和边界官员）。

军队帮助国家征服和统治邻近的非国家，但这并不是国家组织扩散的唯一原因。尽管国家会带来困苦，它们也提供优势。它们有抵御外部威胁和保持内部秩序的常设机制。当它们在增进国内和平上卓有成效时，国家就能提高所产出的财富。它们的经济可以支持大量的、密集的人口，但这同时也供给了军队和殖民者扩张所需。

财政制度

国家需要资金（或者**财政**）（fiscal）机制（如税收）来支持政府官员和其他专业人士。正如在酋邦中一样，国家介入生产、分配及消费之中。国家可能需要一定的区域来生产特殊的东西，或者在特定的地方禁止特定的活动。尽管，如酋邦中一样，国家需要再分配（又名“向四周分散财富”），从人民中来的少部分财产实际上又回到人民手中。

在非国家中，人们通常与他们的亲戚共享，但市民们也同样不得不转而将他们所生产的大量东西贡

法律　一套法典，包括审判和实施；属于有国家组织的社会的特征。

> 对所有的人都一样。给他们同样的法律。给他们一样的机会去生活和成长。
>
> 约瑟夫酋长

文化思考

比较邦团、部落、酋邦及国家的领导特征。它们是持久性的还是暂时性的职位？它们有强制决定的权威吗？它们统治多大的领土，统辖多少人口？尝试画一张或写一些关于这些信息的可视化图表。

献给国家。市场和贸易通常在一定程度上是因一些国家的疏忽而起，政府官员监督分配和交换，标准化度量衡，对进入或通过国家的物品收取税收。在国家所聚集的收入中，它再分配部分以求公益，同时为其自己保留另一部分（通常是更多的）——它的机构和部门。国家组织并不为普通大众带来更多的自由或闲适，人们可能被征召以建设纪念性的公共工程。一些计划，例如大坝和灌溉制度，可能在经济上是必须的，但是古代国家的居民也不得不建设庙宇、宫殿及精英的坟墓。这些精英醉心于奢侈品消费——珠宝、异国情调的食物和饮品及为富人准备的或者仅仅富人能够支付得起的时尚衣着。农民为了满足国家的需求而饥肠辘辘。普通民众在与他们毫无瓜葛的领土战争中丧命。这些观察在现今的国家中真实吗？

财政 关于金钱和税收。

社会控制 持守规范，解决纠纷的社会制度领域。

文化霸权 一种统治意识形态的内化。

>> 社会控制

为了研究政治制度，人类学家们不仅关注于常规化的制度，而且也关注于其他社会控制形式。社会控制的概念比“政治”的概念外延更广。**社会控制**（Social Control）指“在社会规范（信仰、实践及制度）的保持与各种冲突的调节中最为活跃的社会制度领域”（kottak，2002：290）。本章前部分所定义的规范是使个体在合适与不合适的行为中加以区别的文化标准或纲领。

本章的先前部分更多关注于常规化的政治组织，而不是社会政治程序。我们已经看见在经济转变中政治制度的范围和广度如何

明白了吗？ 你能够列举并形容所有国家中发现的专业化功能吗？

文化思考

许多人认为税收是一个国家运转所必需的。你同意吗？你所在的社区中人们支付什么样的物品或服务作为税收？

扩张。我们已经在不同的社会中检验过纠纷解决的手段，或者它们的缺失。我们已经了解过政治决定的过程，包括领导人和他们的局限。我们也已经意识到所有现今的人类都受到国家、殖民主义及现代世界制度扩张的影响。

在本章的开头，“社会政治”被作为一个核心概念引入。迄今为止，我们主要关注于“社会政治”的政治部分；现在我们关注社会部分。在这一部分我们发现政治制度既有其正式的、政府的及公共的维度，也有其非正式的、社会的及微妙的方面。

文化霸权与抵抗

安东尼奥·葛兰西（Antonio Gramsci）为分层社会秩序发展出了**文化霸权**（Hegemony）的概念，从属者们通过内化其统治者的价值并接受统治本身的“自然性”而听从统治（这就是事情所意味着的方式）。根据皮埃尔·布迪厄（Pierre Bourdieu，1977：164）所说，每一种社会秩序都试图使其自身的随意性（包括控制和统治的机制）看起来是自然的，并且是符合每个人利益的。由此便会经常做出承诺（假如你足够有耐心，事情将会更好）。

布迪厄和米歇尔·福柯（Michel Foucault）认为，统治人们的思想比试图控制他们的身体更为容易，并且有效。非物理的社会控制形式包括说服和管理人口及监控和记录其信仰、活动与交往的诸多技术。

作为一种统治意识形态的内化，文化霸权是精英们抑制反抗和维持权力的一种方式。另一种方式是使从属者相信他们最终会得到权力的——正如年轻人通常能够预见年

长者会主导他们。还有一种抑制抵抗的方式是分开或隔离，正如在监狱那样近距离的监管。

当人们被允许聚合时，大众抵抗最容易被公开表达。被压迫者可能因为普遍的情绪和大众的匿名而受到鼓舞。意识到危险时，精英们通常不鼓励公众聚集。他们试图限制和控制假日、葬礼、舞蹈、节庆及其他可能联合反抗的场合。例如，在内战爆发以前的美国南部，除非白人在场，五个或者以上奴隶的聚集都被禁止。

关涉社区形成的因素——例如，地理的、语言的及族群的区隔——同样作用于抑制抵抗。结果，美国南部的种植园主转而寻找多样文化和语言背景的奴隶。尽管有许多分离他们的方式，但奴隶们还是会反抗，发展出他们自己的流行文化、语言代码及宗教愿景。牧师强调《圣经》中有关顺从的部分，例如《约伯记》。然而，奴隶们更愿意选择摩西和拯救的故事。奴隶宗教的基石变成了一种黑人和白人境况翻转的理想。奴隶通过破坏和斗争直接抵抗。在新世界的许多地域，奴隶们试图在山里或其他隔离的区域建立自由社区（Price，1973）。

弱者的武器

社会政治制度的研究也需要考虑潜伏在明显的公共行为表面之下的情绪和活动。在公开场合，反抗者们似乎接受他们的被统治地位，即使他们暗自质疑。詹姆斯•斯科特（James Scott，1990）使用“公开的文本”来描述统治者和服从者的公开、公共的互动——其背后掩藏着权力关系。他用“隐藏的文本”描述权力持有者视线之外对权力的批判。在公开场合，精英和反抗者可能观察到权力关系的礼节。统治者像雇主，而他们的追随者们则显示出谦逊和服从。

通常，似乎是文化霸权的情形也进行着积极的抵抗，但那是个体性的和伪装的，而不是集体性的和义无反顾的。詹姆斯•斯科特（James Scott，1985）用马来西亚农民——在他们中他做田野工作——说明小规模的抵抗行为，他称之为“弱者的武器”。马来西亚农民使用非直接策略抵抗什一税。农民被期望支付什一税，通常是以大米的形式，这些什一税将被送往省府。理论上，什一税将以慈善的形式返回农民手中，但这从未兑现过。农民并不以骚乱、示威及抵抗的形式拒交什一税。他们使用“轻咬”的策略，这是一种建立在小规模行动上的抵抗。例如，他们不去认领自己的土地，或者谎报他们耕种的数量。他们少缴粮食，或者在粮食中掺入水、石头或泥土增加重量。因为这些抵抗，仅有15%的应付粮食被缴纳（Scott，1990：89）。

“隐藏的文本”倾向于在特定的时间（节庆和狂欢节）和特定的场所（例如市场）被公开展示。因为匿名装扮，狂欢节（又名新奥尔良的狂欢节）是表达受压迫感的很好的场合。狂欢节以无礼、跳舞、暴食及性庆祝自由（DaMatta，1991）。狂欢节开始可能作为一年之中挫败感的发泄口。随着时间的推移，它可能进化为对分层和统治的强有力的年度批判，并因此成为现存秩序的威胁（Gilmore，1987）。认识到节日的庆典可能转化为政治蔑视，西班牙独裁者弗朗西斯科•弗兰克取缔了狂欢节。

羞辱与闲话

许多人类学家都十分关注特别是在小型社会中的“非常规性的”社会控制程序，例

文化思考

社会控制的什么形式影响你的行为？非正式的（例如羞辱、闲话、对受辱的恐惧）与正式的（例如对于违法处罚的恐惧）哪个更为重要？

如污名、羞辱以及闲话（Freilich，Raybeck和 Savishinsky，1991）。当直接的制裁有风险或者不可能时，有时可以导致羞辱的闲话的使用（Herskovits，1937）。玛格丽特·米德（Margaret Mead，1937）以及露丝·本尼迪克特（Ruth Benedict，1946）区分了作为一种外部控制（例如他人所发动的暴力）的羞辱与作为一种内部制裁的个体在心理上所产生的自责之心。他们将羞辱视为非西方社会社会控制的主导形式，而将自责（guilt）视为西方社会主导的情感制裁形式。当然，为了达到类似于制裁的效力，被羞辱或感到羞辱的预期必须被个体内化。在小型社会，社会环境中的个体相互熟识，大多数人试图避免破坏他们的声誉及使他们从社会网络中疏远的行为（Kottak，2002）。

布洛尼斯拉夫·马林诺夫斯基描述了特洛布里恩岛人可能会爬到棕榈树的顶端或自杀，因为他们不能忍受某些侮辱性行为所带来的羞辱。尼古拉斯·科塔克（Nicholas Kottak，2002）听到莫桑比克北部的马库阿村民提及一个男人与他的养女生育了一个孩子的故事。政治管理机构并未给他正式制裁（例如罚款或者坐牢），但是有关这一事件的小道消息却流传得很广。这种小道消息在年轻妇女们可能演唱的歌曲中扩散开。在这个男人听到了自己的名字及故事中所提到的乱伦行为之后，他在树上上吊而死（以前，我们发现歌曲在因纽特人的社会控制中的作用。我们将在下述伊格博妇女的战争案例中再次发现它）。

尽管它并不是任何正式或官方权威结构的一部分，但羞辱可以成为一种强大的社会制裁手段。人们并不仅仅是政府的公民，他们也是社会的成员，而且社会制裁与政府制裁相伴而生。这样的制裁放大了另一些“弱者的武器”，因为其有效性而经常被人们行使，例如妇女或年轻人，他们只有有限的途径可以接触到正式权威结构。

明白了吗？ 你能解释政治制度的非正式社会方面（例如文化霸权和绯闻）如何发挥作用维持社会控制吗？

伊格博妇女的战争

在 1929 年下半年的尼日利亚东南部一场决定性的抵抗运动中，妇女针对男人使用的羞辱和嘲笑发挥了决定性作用。在英国殖民史中，这场战争被纪念为“1929 年阿巴妇女骚乱”（Aba Women's Riots of 1929），而在伊格博人的历史中，这场战争则被纪念为“妇女战争”（Dorward，1983；Martin，1988；Mba，1982；Oriji，2000；Van Allen，1971）。在这场为期两个月的“战争”中，至少有 25 000 名伊格博妇女参与反抗英国官员、他们的代理人及其殖民政策的斗争。在尼日利亚的英国殖民历史中，大众抵抗成为英国统治最严重的挑战。

在 1914 年，英国人通过委任尼日利亚男人为他们的代理人，被称为“地方首领”（warrant chiefs），而实行间接统治。这些首领更加残暴不仁，搜财掠物，任意执行酷政并将批评他们的人送进监狱。当殖民地管理者们宣布计划在伊格博市场中的妇女身上征税时，这更加引发了本地人的愤怒。这些妇女是尼日利亚日益增长的城市人口的核心食物供应者；她们害怕被新的税收赶出市场。市场中的妇女是抗议的核心组织者。

在 1929 年 12 月听到政府征税的消息之后，数千伊格博妇女在不同的小镇组织起来，抗议地方首领和加诸于市场中的妇女身上的税收。她们使用传统的施压方式，通过彻夜歌颂和侮辱性的舞蹈羞辱男人（通常被称为“坐在男人身上”）。这一程序需要在地方首领的房子和办公室周围长期歌唱和跳舞。妇女们也需要紧盯首领的一举一动，通过侵入他们的空间迫使男人们加以关注。地方首领的妻子们不堪整个过程的烦扰，也对她们的丈夫施加压力，让丈夫们听从抗议者的要求。

抗议十分有效。税收被废弃，许多地方首领被免职，其中一些被妇女所取代。另一些妇女被委派进当地法庭作为审判员。尼日利亚妇女的地位得到了提升，在尼日利亚，市场中的妇女今天仍旧发挥着重要的政治影响力。20 世纪 30 年代、40 年代和 50 年代的许多尼日利亚政治事件都是由妇女战争所激发的，包括对额外税收的抗争。这些妇女战争激发了许多遍及非洲各地的其他抵抗。伊格博人起义被视为在殖民时期第一次对尼日利亚和西非的英国权威的重大挑战。

在本章的开头，权力被界定为将某人的意愿强制于他人的能力。与其相比较的是权威，即政府官员和他人所授权的正式和社会支持的权利使用。伊格博妇女战争的案例表明了妇女如何有效地利用他们的社会权利（通过歌曲、舞蹈、噪声及“放肆的”行为）来翻转正式的权威结构，通过这么做，她们可以在这一结构中获得更显著的影响力。你能想到一些，可能是最近的，其他案例吗？

参与进来！

你能在你的校园里找到美拉尼西亚“大人物”的对应物吗？与舍友或其他社会圈子的成员交谈，看看什么样的学生倾向于掌握主动权或者获得声誉。或者回想一下高中。谁是你们毕业班中的男性大人物或女性大人物？他们的成就如何与文中所描述的大人物相提并论？一般意义上来说，这些个体都是自致的，通过努力或个人秉性而赢得声誉。但是问一问他们的家庭特权、种族或族群性如何影响他们的地位。同样想想什么样的价值或者行动可能增进他们的地位，使它与校园规则相一致。想想一个校园大人物或女性大人物。你会想要提升或支持他或她的地位吗？为什么？

本章回顾

I. 哪些政治制度遍布全世界，它们的社会和经济相关物是什么？

- 邦团是以亲属关系或者婚姻关系相互关联的小型觅食者团体。除了移动之外，觅食提倡平权、互惠以及分享。邦团领导人是平权者中的第一人；他们缺少确定的方式强制实施决定，并且仅仅有区域性的影响力。部落，拥有园艺和游牧经济，由村庄生活和继嗣群体所组织。村庄的头人和“大人物”，一个区域性的领导人，只拥有有限的权威。酋邦拥有园艺、游牧或农耕经济。尽管以亲属为基础，它们以多种多样的资源获取办法及对于领土的永久政治管控为特征。首领，他的地位建立于其在继嗣中的资历之上，通过层级结构中的渐次向上而获得产品，然后再将这些产品再分配给人民。国家是独立的、中央集权的政治单位，并有显著的社会经济分层。它的经济通常是农业的或工业的。政治管制是永久的和区域性的。

II. 国家与其他政治组织形式有何不同？

- 显著的社会分层使国家区别于其他的政治组织形式。然而，酋邦允许不同的资源获取途径，它与亲属资历紧密相关；在国家中，每一个社会阶层都包含互不相关的群体。不平等在国家中建构，而且倾向于代际相传。国家的与众不同之处也在于正式的政府。政府圈定范围，建立市民权，操作人口统计；法令及强制执行法律；通过法庭处置纠纷；通过军队保卫国家或推进扩张；并且收税。国家倾向于大规模而且人口稠密，并且促进地理上的移动，以在人口、土地和亲属之间建立长久关联。

III. 社会控制如何予以非正式地实现？

- 社会控制的概念不只包括政治性——他们作用于维持准则和调节纠纷的社会领域。文化霸权描述了一种分层的社会秩序，其中从属者通过内化价值而受制于主导者。“公开的文本”指涉主导者和从属者之间开放的、公开的互动。“隐藏的文本”则指涉权力掌控者不能看见的权力反抗。不满意也同样可能在例如狂欢节等公开的仪式中被展示。羞辱和绯闻可以成为有效的社会制裁方式。在伊格博女人的战争中，妇女们有效地使用了她们的社会权利（通过歌曲、舞蹈、噪声及“放肆的”的行为）翻转正式的权威结构，通过这么做，在既有的结构中获得更大的影响力。

突击测验

选择题：

1. 邦团社会：
   a. 缺乏鼓励平等的发达的政治制度
   b. 是石器时代的幸存者
   c. 有文化规则借以区分合适和不合适的行为
   d. 由于邦团没有建立政府或正式法律，所以缺乏解决纠纷的手段
2. 以下哪些因素导致了雅诺玛米人的部落社会变迁？
   a. 大人物积累了如此之多的财富以至雅诺玛米人开始将他们视为首领
   b. 巴西和委内瑞拉政府将雅诺玛米人转移安置到其他领地，以保护他们免遭大商业企业的伤害
   c. 村庄之间的贸易和合作导致了雅诺马米部落社会的扩张
   d. 掘金者和牧场主侵犯了雅诺玛米人的领地，并且伤害了人们；掘金者带来了新的疾病
3. 巴瑟瑞人与游牧人，两个游牧部落，之间的比较说明：
   a. 在部落社会政治组织者中，半游牧者最不倾向于在相同的空间和时间与其他人群交流
   b. 随着管理问题的日益增多，政治层次变得更为复杂
   c. 随着管理问题的减少，政治层次变得更为复杂
   d. 国家组织兴起以管理农业经济
4. 在哪种社会中不同的策略性资源获取途径依赖于社会分层？
   a. 酋邦
   b. 邦团
   c. 国家
   d. 部落
5. 下述中的哪一个不组成所有国家中的地位或专业化功能？
   a. 人口控制
   b. 强制司法决策、监管社会及管理国家反抗外部威胁的组织
   c. 对不同社会阶层的不同权力的消除
   d. 税收

6、安东尼奥·葛兰西提出文化霸权的概念以描述：
   a. 一种分层社会秩序，在其中从属者通过内化主导者的价值观并接受主导的“自然性”而服从于他们
   b. 公开的社会政治策略
   c. 在人口中减少罪恶和羞辱的社会控制
   d. 被压迫者在后台对权力的批判——私下——在那里，当权者并不能看见

填空题：

1. __________ 是社会支持的权力使用。
2. 在不同形式的社会政治制度中，__________ 缺少社会经济分层以及阶级内婚制，但是他们有不平等及长久的政治结构。
3. __________ 是指尊重、尊敬或对文化价值行为或品质的支持。
4. 比政治控制更为宽泛，_________ 这一概念指涉社会制度的那些领域（信仰、实践及机构），它们在维持社会规则调节纠纷方面最为活跃。

答案：1. c；2. d；3. b；4. c；5. c；6. a
1. 权威；2. 酋邦；3. 声望；4. 社会控制

第七章

家庭、亲属关系与婚姻

本章要点

- 家庭
- 继嗣
- 婚姻
- 婚姻中的权利与同性婚姻
- 跨文化的婚姻
- 离婚
- 多偶婚

了解我们自身

虽然核心家庭代表了我们文化中理想的家庭构成，但是，核心家庭（爸爸、妈妈和孩子）现在的数量仅仅占据了所有美国家庭的五分之一或者或稍多一点。什么样的家庭养育了你？据广播脱口秀心理学家乔伊•布朗（Joy Brown）博士（本科是人类学专业）的观点，父母的双重任务是给他们的孩子“根与翅膀”。她说，根是比较容易的部分。换句话说，比起让他们走，抚养孩子更简单。但是这对于那些养育你的人来说是真的吗？我们已经听说了今天的“直升机父母”，甚至在他们足以上大学的孩子的上空“盘旋”，用手机使得跟踪他们的后代比前几代更加容易。

一般而言，我们一生有两个家庭，一个是养育我们的家庭（原生家庭），另一个则是让我们形成了长期的浪漫伙伴关系并有孩子的家庭（新生家庭），不过实现这两者之间的转变是相当困难的。当代美国人通常会有一个良好的开端——在我们结婚之前“离家出走”。我们会去上大学或试图找一份工作，使我们能够养活自己，这样我们就可以独立，或者和室友生活。在前工业社会中的女人往往必须离开她的家乡和她自己的亲属，并且搬到她的丈夫和他的亲戚中。许多这样的女性抱怨在丈夫的村庄感到被孤立了，在那里她们可能会被自己的丈夫或公婆虐待。

即使在当代北美，与公婆的冲突、争斗也不少见。只需要看看“亲爱的艾比”或聆听乔伊•布朗博士的广播节目一个星期，你就能明白这一点。而一个更大的挑战是学习与我们的配偶或家庭伴侣生活。同居滋生出住宿和适应的问题。如果有从前一段婚姻遗留下来的孩子。调整的问题将涉及继父母时期以及先前的配偶或伴侣。一旦一对夫妇有自己的孩子，对家庭的忠诚将发生转移，但并不完全转移——从原先的家庭转移到包括配偶和子女的家庭。“婚姻与家庭”开始了新的循环。

>> 家庭

传统上，人类学家已经研究的社会对家庭是有着强烈兴趣的，并且延伸到了较大的亲属关系和婚姻系统。因其对于我们所研究的人类的重要性，广泛的亲属关系网——在前工业社会的日常生活中，这些关系网就像我们在家庭之外从事的工作一样重要——成为了人类学研究的一个基本组成部分。我们已经准备好近距离仔细观看亲属和婚姻，这是一种在历史中构建了大部分人类生活的系统。

家庭 一组人（如父母、子女、兄弟姐妹、祖父母、孙子女、叔叔、姨母、侄子、侄女、表兄弟姐妹、配偶、兄弟姐妹、女婿、公公婆婆、养子养女或继子继女）是以某种方式相关联的人群，如“血脉”（共同的祖先或血缘关系），或者婚姻。

民族志学者很快认识到在他们研究的任何社会中存在社会分化或组成团体。他们通过观察团体活动和成员了解哪些是重要的团体。通常人们住在同一个村庄或社区，或工作，或一起庆祝，因为他们以某种方式相关联。一个标志性的亲属团体可能由同一祖父的后代组成。这些人住在相邻的房子，耕种毗邻的田地，并在日常生活中互相帮助。在那个社会，基于其他亲属关系的团体并不经常聚合在一起。

核心家庭是一种人类社会普遍存在的亲属团体。其他亲属团体包括扩展家庭（家庭包括三代或更多代）和继嗣群——氏系和宗族。从文化的角度来看，亲属关系的大部分是建立在文化之间的学习和变化基础之上的。不同的社会有不同的家庭、家族、亲属团体、婚姻习俗和生活安排。

考虑家庭这个术语的使用，最基本的意义就是熟悉的（familiar，在英语中家庭这个词和熟悉的是同一个词根），但是却很难以适用于所有文化的一种方式界定。一个**家庭**（family）是一群人（如父母、子女、祖父母、孙子女、叔叔、姑姑、侄子、侄女、表兄弟姐妹、配偶、公婆、岳父母、养子养女或继子继女）以某种方式相关联，如“血脉”（共同的祖先或血缘关系）或婚姻。一些家庭中，如核心家庭，因居住地相关联——其成员住在一起。其他家庭则没有，他们分开居住，但时不时一起进行各种各样的家庭团聚。

在家庭意义和家庭角色方面，美国和巴西——西半球两个人口最多的国家——之间形成了鲜明对比。美国成年人通常定义他们的家庭由配偶和子女组成。当中产阶级巴西人谈论自己的家庭（家族），他们的意思是他们的父母、兄弟姐妹、姨母、叔叔、爷爷奶奶和表兄弟，然后再加入自己的孩子，但很少提到丈夫或妻子，因为他们都有各自的家庭。孩子们被两个家庭共享。由于美国中产阶级通常缺乏一个大家庭的支持系统，婚姻就表现的更为重要。夫妻关系理应优先于夫妻各自与他的亲生父母的关系。这是北美的婚姻一个显著的特点。

生活在一个流动性较差的社会，巴西人更加近距离地与他们的亲属接触，包括扩展家庭中的成员，比北美的联系更加紧密。在里约热内卢和圣保罗两个南美最大的城市，居民都不愿意为了住在城市中心而远离家人和朋友。巴西人很难想象没有亲人的世界，即使被迫生活在这种环境中也会很不愉快的。

文化思考

和你最好的朋友、室友和恋人相比，你的扩展家庭的支持系统有多强？写下你认为包括在你的扩展家庭系统的人的名字。他们是怎样与你相联系的？有没有一些非亲戚的人在你的生命中扮演了亲人的角色？

与此相比，美国家庭的一大特点就在于要学会与陌生人生活。

核心家庭与扩展家庭

核心家庭是暂时性的（Iimpermanent），只有当它其中的父母和孩子继续在一起的时候才存在。大多数人在他们的生命的不同时间段至少属于两个核心家庭。他们出生在一个由父母和兄弟姐妹组成的核心家庭。当他们长大成人后，他们可以结婚并建立另一个核心家庭，包括配偶和子女。由于大多数社会允许离婚，所以有些人可以通过婚姻建立多个家庭。

人类学家对**原生家庭**（family of orientation，一个人出生和成长的家庭）和**新生家庭**（family of procreation，一个人结婚并有孩子时形成的家庭）做出了区分。但从个人的角度来看，最重要的关系是，生活在以父母和兄弟姐妹为主的原生家庭，还是生活在以配偶和子女为主的新生家庭。在巴西，就像我们刚才看到的，原生家庭占主导地位；而在美国，新生家庭占据主导地位。

在大多数社会中，与核心家庭的成员（父母、兄弟姐妹和孩子）的关系优先于与其他亲属的关系。核心家庭的组织是非常普遍的，但不是万能的，在不同的地方，其社会意义有很大的不同。在一些社会中，如稍后一章中谈到的经典的纳亚尔案例中，核心家庭基本不存在。其他情况下，核心家庭在社会生活中没有什么特别的功能。其他社会单位——最显著的继嗣群和扩展家庭，承担了许多与核心家庭相关的其他功能。

原生家庭 一个人出生和长大的家庭。

新生家庭 当一个人结婚并且有孩子时建立的家庭。

这里有一个前南斯拉夫的例子。传统上，波斯尼亚西部的核心家庭缺乏自主权。有几个这样的家庭生活在一个大家族里，大家族称为扎德如噶（zadruga）。该扎德如噶由一名男性户主和他的妻子——最年长的女人——领导，其成员包括已婚儿子和他们的妻子和孩子，以及未婚的儿子和女儿。每个小家庭有一个卧室，装饰和部分家具是从新娘的嫁妆中拿出来的。扎德如噶成员分享财产——即使是服装和嫁妆物品。像这样每对夫妇婚后居住在男方家族中的住宅单位，被称为一个父系扩展家庭。

扎德如噶优先于它的组成单元。这里有三个连续的用餐座位设置——分别给男人、女人和孩子。传统上，所有十二岁以上的孩子分男女睡在一起。当一个女人想访问另一个村子，她需要扎德如噶男性领导者的许可。男人通常觉得比起他们兄弟的孩子，更加亲近他们自己的孩子，虽然他们有义务平等地对待下一代。孩子们可以被家族中的任何成年人管教。当一个小家庭破碎时，七岁以下的儿童与母亲一起生活；七岁以上的儿童可以在他们的父母之间进行选择。儿童被认为是他们出生的家庭的一部分，即使他们的母亲离开。一个再婚的寡妇不得不离开她的五个孩子——都是七岁以上的孩子。他们生活在其父亲的家族扎德如噶，由他的弟弟管教。

核心家庭的另一个例子是由纳亚尔（或奈尔）这个位于印度南部马拉巴尔海岸一个庞大而强大的种姓提供的。他们的传统亲属制度是母系（继嗣传承只能通过女性）。纳亚尔生活在母系扩展家庭的复合组织称为塔拉沃斯（tarawads）——这里的住宅地包括几栋建筑、自己的庙宇、粮仓、水井、果园、花园和土地。由一位资深的女人领导，她的哥哥从旁协助，这个塔拉沃斯安置她的兄弟姐妹、姐妹的孩子和其他的母系亲属（matrikin）。

新居 一对夫妇寻找一个新的地方居住，而不是生活在任一方的父母附近的婚后居住模式。

家庭 联合居住包括三代或更多代居住在一起的居住模式。

传统的纳亚尔婚姻似乎已经是一个更加难以辨认的形式：一种即将到来的成年仪式。在她花几天与心仪的男人在一起之后，这位年轻女子就会与他举行结婚仪式。然后男人会回到自己的塔拉沃斯——就是他与他的姐姐、姨母及其他母系亲属住的地方。纳亚尔男子属于一个武士阶层——定期离开家进行军事远征，直到退休才永久性地回自己的塔拉沃斯。纳亚尔妇女可以有多个性伴侣。孩子成为母亲的塔拉沃斯的成员；他们并不被认为是自己的亲生父亲的任何亲属。事实上，许多纳亚尔的孩子甚至不知道谁是自己的亲生父亲（生父）。育儿是塔拉沃斯的责任。因此，没有核心家庭的纳亚尔社会在生物性上得以传承下去。

工业化与家庭组织

对于许多美国人和加拿大人来说，核心家庭就是唯一明确定义的亲属团体。与工业化有关的家庭隔离源于地域流动，所以核心家庭是许多现代国家最根本的特征。出生于一个原生家庭的北美人离家上大学或工作后，就和父母开始了割裂。在市场上销售我们的劳动力，我们经常会移居到可以提供工作的地方。最终，大多数北美的人们结婚、成家并生育。

许多已婚夫妇住在离自己的父母数百英里远的地方。他们的工作决定了他们的居住地。这样婚后的人们在别处居住的模式是**新居处**（neolocality）——已婚夫妇将建立新的住处，一个“属于自己的家。”在北美中产阶级中，新居处既是文化上的偏好又是统计上的标准。大多数美国中产阶级最终会建立自己的家庭住处和核心家庭。

中产阶级和贫困的北美人群有着显著的差异。例如，在较低的阶层，扩展家庭（包括非核心亲属）的形成率大于中产阶层。当扩展家庭居处（Expanded Family Household）包括三代或更多代，它就是一个家庭联合居处（Extended Family Household），如扎德如噶。扩展家庭的另一种类型是旁系家庭（Collateral Household），其中包括兄弟姐妹及其配偶与子女。

在较贫穷的美国人中，扩展家庭的比例较高，这被认为是面对贫穷的无奈之举。核心家庭生活难以为继，其成员组成扩展家庭中，和亲戚集中在一起，共享他们的资源。应对贫困导致血缘关系的价值观和态度从而与中产阶级规范区别开来。因此，当在贫困中北美人取得金钱上的成功，他们往往觉得有义务提供资金帮助那些圈子里的不幸亲属（Willie，2003）。

北美亲属制度的变迁

对于许多美国人来说，尽管核心家庭仍然是一个文化理念，“变化中的家庭与家庭组织”的图表显示，在2010年核心家庭只占美国家庭中的21%（另见“按类型分的家庭”）。国内其他的组织形式，现在数量上以将近五比一超过了“传统”的美国家庭。有几个原因改变了家庭的组成。越来越多的女性也加入男人的现金劳动。这往往使得他们从他们的原生家庭中消失，同时为了更经济的考虑推迟

流行文化

在《传媒与中产阶级妈妈：家庭与工作中的事实与想象》一书中，拉若·德斯卡特斯（Lara Descartes）和康拉德·科塔克指出，与流行的看法相反，20世纪80年代——并非是20世纪50年代，才是最有资格作为电视家庭的黄金十年。不仅面向家庭的节目——《天才老爹》（*The Cosby Show*）和《家庭关系》（*Family Ties*）在尼尔森的十强中榜上有名，早期家庭表演秀也有复苏的趋势。例如现在的标志性的电视系列《留下对阵海狸》（*Leave it to Beaver*），在1957—1963年中从来没有出现在即使尼尔森前30名的榜单中。在80年代中期，“海狸”重新出现在联合组织中，在重逢经典中，并拍摄了续集。媒体表示传统的核心家庭的联系与结构受到社会经济事实的颠覆，随着离婚率上升，越来越多的女性加入劳动力队伍。观看当代面向家庭情景喜剧《摩登家庭》（*Modern Family*）的一个小插曲。使用本章介绍的血缘关系的符号（例如，三角形和圆形）来作图表示现代家庭的主要角色之间的联系。

婚期。此外，工作要求与浪漫条件存在竞争。美国妇女初婚年龄的中位数从1970年的21岁升2011年的26岁，相对来说男人的年龄分别为23岁和29岁（U. S. Census Bureau，2012）。

此外，美国的离婚率上升，离婚的美国人今天比1970年更为普遍，美国人离异的数量从1970年到2010年增长率超过五倍——2370万，2010年约430万，1970年（注：显然，每个离婚创建两个离婚的人。）下文中的图表显示了从1950年到2010年的美国的婚姻选择，离婚率有一个重要的跳跃增长在1960年到1980年之间，这20年间离婚婚姻的比例增加了一倍。然后，1980年至2000年间，这个比例徘徊在50%左右。也就是说，每年大约有一半的新离婚，因为有新婚姻。自2000年以来离婚率继续增长，在2010年会到55%。

增长单亲家庭也超过了人口增长的速度，从不到400万的1970年几乎增加了2倍，达到2010年的1050万（整体美国人口在2010年为1970年的1.5倍）。23.1%的孩子生活在没有父亲的家庭中（母亲的领导，没有常驻父亲），2010年的是1970年的2倍多，而在没有母亲的家庭比例（3.4%）（父亲的领导，没有常驻母亲）增加了4倍（美国2012年统计摘要）。人口普查的数据还显示，自2005年以来不断有更多的美国妇女生活在没有丈夫的家庭中。相较而言在2005年51%的美国女性生活无配偶，而2000年无配偶者只有49%，1950年只有35%（Robertset，2007）。可以肯定，当代美国人通过工作、友谊、体育、社团的社会生活，宗教和有组织的社会活动保持社交生活。然而，从数字表明日益孤立的亲属关系，这很可能是人类历史上前所未有的局面。

从下文的“家庭和家庭规模”图表文件表明在美国和加拿大，1980年至2010年间有着类似的变化，数字证实对于较小的家庭和生活单位来说，这是在北美地区的总趋势。这种趋势也在西欧和其他工业国家被检测到。

移民经常被当代北美极弱的亲属联系和缺乏家庭应有的尊重所震惊。事实上，大多数北美中产阶级人每天看到的要么是非亲属，要么是核心家庭的成员。在另一方面，斯塔克（1975）中西部城市的贫民窟地区的福利依赖的家庭的研究表明，与非核心亲属定期分享是城市贫民使用以应对贫困的重要战略。

文化思考

在2011年，第一次婚姻的平均年龄为女性26.5岁和男性28.7岁。想想你知道最近结婚的人有多少（如果有的话）？他们和这些数字有什么不同？

1970 年与 2010 年美国家庭与家户组织的变迁

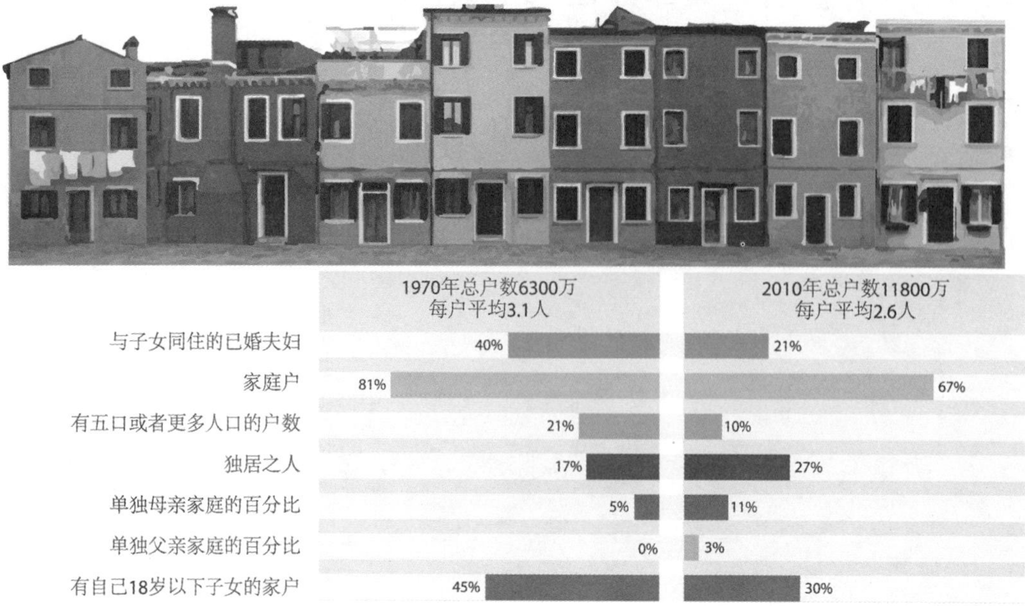

资料来源：美国人口统计数据。载于费尔德（J. M. Fields）之“美国的家庭与生活安排：2003”《当代人口报告》（*Current Population Reports*）2004年12月，http：//www.census.gov/prod/2004pubs/p20-553.pdf，第4页；费尔德（J. M. Fields）和贾思博（L. M. Casper）之“美国的家庭与生活安排：人口特征，2000年”，《当代人口报告》（*Current Population Reports*）第20—537页，2001年6月，http：//www.census.gov/prod/2004pubs/p20-537.pdf；《美国统计摘要2012》（Statistical Abstract of the United States 2012）表59、62，http：//www.census.gov/prod/

美国家庭有多种形式。在这里，一个单身母亲（可选择）在纽约布鲁克林和她的双胞胎女儿烘烤蛋糕杯。

文化思考

想想核心家庭作为一个经济适应体，哪些共同功能使得核心家庭在狩猎采集社会和工业化国家中都很实用？这与非工业食品生产的社会有什么不同？

觅食中的家庭

觅食的社会在社会复杂性方面与工业国家相去甚远，但它们的特点是地域流动，这是与游牧半游牧或狩猎和采集相关。在这里，核心家庭往往是最显著的亲属团体，虽然在非狩猎采集社会，核心家庭是基于血缘关系的唯一一种团体。传统狩猎采集社会的两个基本的社会单元是核心家庭和游群。

不像工业国家的中产阶级夫妇，觅食者们通常没有固定的驻留地。相反，他们加入游群，其中有丈夫或妻子的亲戚。这样，夫妇和家庭就可以多次从一个游群移动到另一个游群。尽管核心家庭都不可能永远存在于觅食者的社会中，就像它们是在任何其他社会中那样，他们通常比游群更稳定。

许多觅食者社会缺乏常年游群组织。犹他州和内华达州的美国本土肖松尼人提供了一个例子。提供给肖松尼人的资源是如此微薄，所以对于大部分家庭来说意味着一年的单独乡村狩猎和采集。在某些季节，家庭以一个游群的模式组合打猎，但短短几个月后，他们就分散开了。对于既不在工业社会也不在狩猎采集社会中的人来说，经济需求将人长期绑在土地上。流动性和重要性变小，在这两种类型的社会中，经济自给自足的家庭单位推动核心家庭成为基本亲属团体。

明白了吗？ 同时考虑一下工业社会与觅食社会，你能解释核心家庭的关键特征吗？

家户类型：1970—2010 年间特定年份

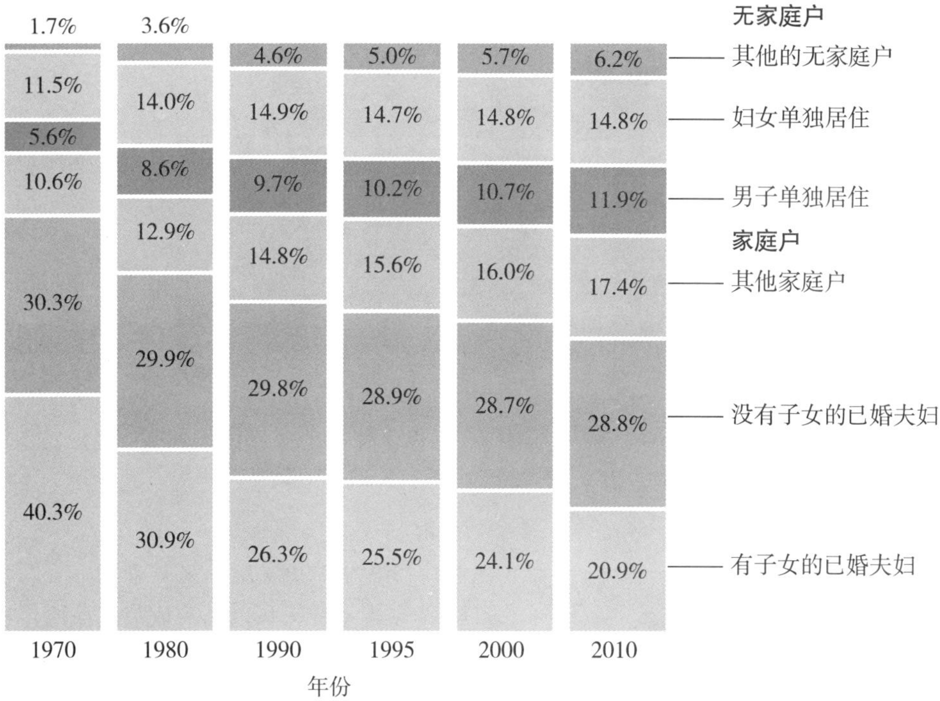

资料来源：美国人口统计数据。载于费尔德（J. M. Fields）之"美国的家庭与生活安排：2003"《当代人口报告》（*Current Population Reports*）2004年12月，第4页；《美国统计摘要2012》（*Statistical Abstract of the United States* 2012）表59、表62。

每 1000 美国人口婚姻中的离婚率：1950—2010 年间特定年份

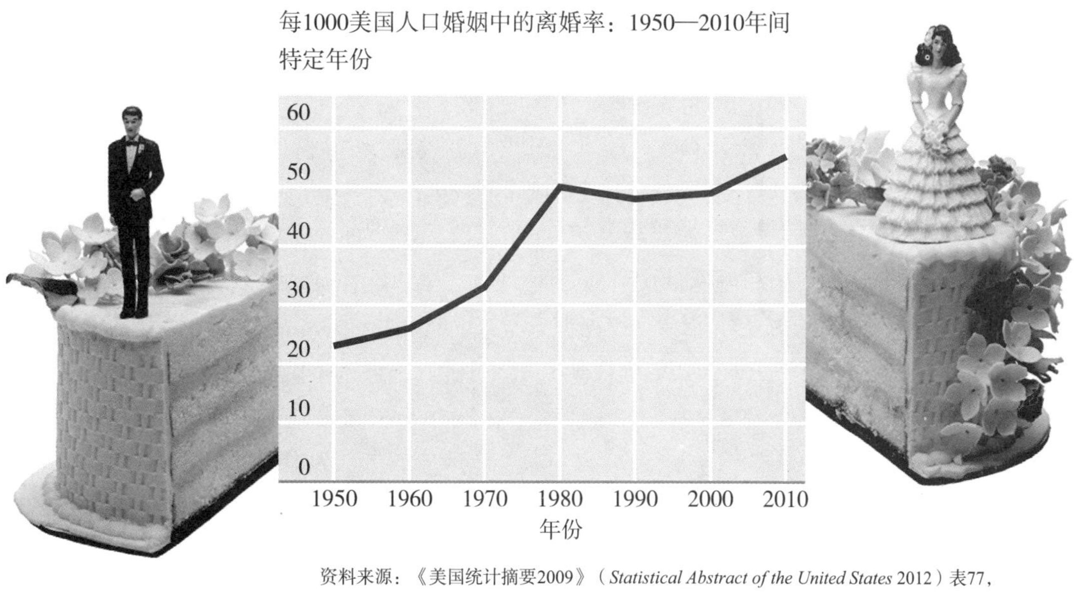

资料来源：《美国统计摘要2009》（*Statistical Abstract of the United States* 2012）表77，第63页，《美国统计摘要2012》（*Statistical Abstract of the United States* 2012）表132。

美国与加拿大家户大小，1980 年与 2010 年对比

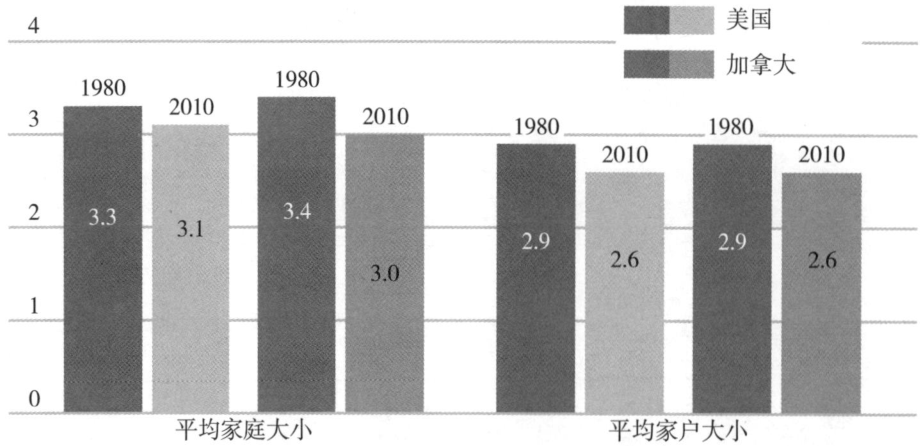

资料来源：美国人口统计数据。载于费尔德（J. M. Fields）之“美国的家庭与生活安排：2003”《当代人口报告》（*Current Population Reports*）2004年12月，第3—4页；《加拿大人口统计2006》（*Statistics Canada* 2006）。

>> 继嗣

我们已经看到，核心家庭在工业化国家和狩猎采集社会之间的重要性。非工业化的食品生产者之间是类似于继嗣群的。**继嗣群**是一个长期的社会单位，其成员声称有着共同的祖先。继嗣群成员相信他们都来自这些共同的祖先血脉。该集团存在，即使它的成员变动，或者成员的诞生和死亡，移动和迁出。通常情况下，继嗣群成员出生时是确定，是终生的。在这种情况下，它是一个归属的状态。

继嗣 其成员声称来自共同的祖先所组成的长期的社会单位；基本的部落社会。

父系继嗣 一种单系继嗣规则，人们在出生时自动加入父亲的氏族，并且整个生命都是父系氏族的成员。

母系继嗣 世系单系规则，人们出生时自动加入母亲的继嗣群，并在整个生命中都属于这个团体。

单系继嗣 母系继嗣或父系继嗣。

氏族 基于继嗣证明的单系世系继嗣群。

宗族 根据血缘规定的单系世系继嗣群。

继嗣群特性

继嗣群通常是异族通婚的（成员从其他继嗣群寻求他们的配偶）。两种常见的规则起到承认某些人是继嗣组成员，而排除其他人的作用。父系单系世系规则规定，人们会自动成为其父亲父系世系的成员。该团体的人的孩子加入世系，但团体的妇女的孩子被排除在外。而母系谱系，人们出生时自动加入母亲的继嗣群，并在整个生命中都属于这个团体。然而母系继嗣群体只包括该群体的妇女的孩子。

母系继嗣和父系继嗣都是一种**单系继嗣**。无论是男性或女性的规则，都意味着继嗣规则使用只有一种规则。父系继嗣比母系继嗣更为常见。在 564 个社群（Murdock，1957）的样品中，大约有 3 倍被认为是父系继嗣（247 比 84）。

继嗣群可以是**宗族**或**氏族**。双方共同的信念，成员来自同一个远祖（apical ancestor），即在普通家谱的顶点或顶部的人。

宗族和氏族有什么不同？宗族采用可证实的继嗣（Demonstrated Descent）。现存成员通过背诵他们的祖先的名字来确定关系。（这并不意味着他们的朗诵是准确的，只有继嗣的成员认为他们是）。

与宗族不同，氏族使用规定下来的继嗣（stipulated descent）。氏族成员只是说，他们是远祖的子嗣，并非想要追溯谱系连接。马

达加斯加贝斯里奥人（Betsileo）同时存在氏族和宗族。继嗣可证明的有 8 到 10 代人，然后规定更遥远的先祖——有时传成是人鱼以及定义模棱两可的创立者中所提及的外来者王（Kottak，1980）。诸如贝斯里奥人一样，许多社会同时有宗族和氏族。在这样的情况下，比起氏族，宗族会有更多的成员并且拥有更大的地理区域。有时候一个家族的远祖不是人类，而是动物或植物（称之为图腾）。

有继嗣群组织的经济类型通常是园艺、畜牧业和农业。这样的社会往往有几个继嗣群。其中任何一个可局限于一个单一的村庄，但通常它们都能够跨越多个村庄。不同继嗣群的两个或多个地方分支机构可能存在与同一个村庄。同村或不同村的继嗣群的后裔可以通过频繁通婚建立联盟。

宗族、氏族与居留规则

正如我们所看到的，不像家庭，继嗣群是永久性的和持续的单位，每一代都有新加入的成员。成员有机会获得宗族庄园——他们中的一些必须生活在那里，为整个群体受益和管理房产。一个简单的以保持成员的方法是有一个关于谁属于继嗣群，他们应该结婚后在哪里生活的规则。他们通常通过父系和母系继嗣，以及婚后居住的规则，确保一半左右出生的每一代人都会通过他们的祖先的遗产生活。

从父居是一种规则，即当一对夫妇结婚，妻子移动到丈夫的社区，他们的孩子会在其父亲的村子长大。从父居与父系继嗣有关。这是有道理的。如果团体的男性成员预计将行使自己的权利使用祖传遗产，这是一个好主意，以提高他们的遗产份额，并保持他们结婚后依然在那里。可以让妻子转移到丈夫的村庄，而不是反过来做。

一个不太常见的婚姻后的居住规则，是**从母居**——往往与母系继嗣有关。已婚夫妇住在妻子的社区，和他们的孩子在母亲的村庄长大。此规则将女人关联在一起（Stone，2010）。总之，从父居和从母居被称为婚后居住的一般居住规则。

从父居 习惯与婚后丈夫的亲戚居住，让孩子在他们父亲的社区长大。

从母居 习惯与结婚后妻子的亲戚居住，让孩子们在母亲的社区长大。

母系五代传承

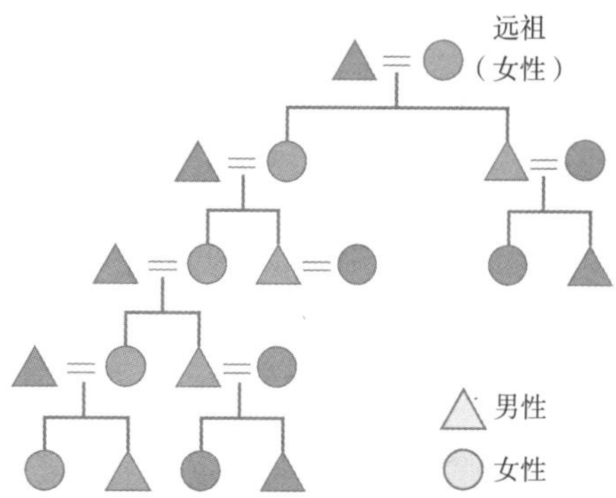

母系谱系基于可证明的来自女性祖先。该集团的女性（蓝色）属于母系谱。该集团男人的孩子被排除在外；他们都属于他们的母亲的母系谱系。

父系五代传承

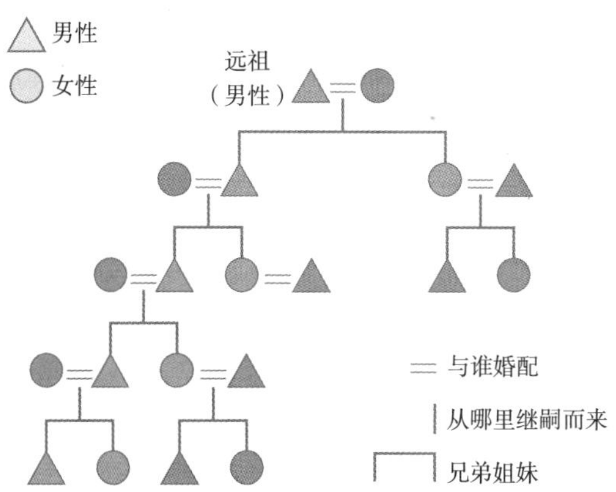

家族是基于可证明来自于祖先的继嗣。对父系单系世系来说，该集团的男人（蓝色）属于继嗣群成员。继嗣群妇女的孩子被排除在外；他们属于他们的父亲的父系世系。

学习小贴士

组织亲属的两个重要途径是核心家庭和继嗣群。核心家庭是短暂的，只包括父母和孩子，并且普遍存在与采集与狩猎社会和工业社会。继嗣群在非工业化的食品生产者（园艺、农学家和牧民）中是常见的，也是永久性的，包括很多代。

明白了吗？ 你能确定继嗣群体的主要特征，并指出他们与小家庭如何对比吗？

>> 婚姻

“爱情与婚姻”“婚姻与家庭”，这些熟悉的短语表明，我们如何通过浪漫的婚姻连接两个人，以及我们如何再现和创造家庭。婚姻是再现特殊角色和职能的机构。那么婚姻到底是什么呢？

没有婚姻的定义能够宽泛到足以轻松地适用于所有社会和情况。一个普遍引用的定义来自《人类学笔记和询问》（*Notes and Queries on Anthropology*）：

> 婚姻为一个男人和一个女人之间的联盟，女人生出的孩子被认为是双方的合法子女。（Royal Anthropological Institute，1951：111）

这个定义不能普遍有效有诸多原因。

文化思考

在你的经历中，社会意义上的父亲和你的生身父亲总是一致的吗？社会意义上的母亲和你的生身母亲总是一致的吗？这在社会意义上产生了什么不同？

在许多社会中，婚姻联结两个以上的配偶。在这里，我们会论及多重婚姻（plural marriages），即指当一个人和两个（或以上）的妇女结婚或女子嫁给一群兄弟之时——这是被称之为兄弟共妻（fraternal polyandry）的喜马拉雅文化的特征。在巴西阿姆比波（Arembepe）社区中，人们可以选择各种形式的婚姻结合。大多数的人长期采取长期的“普通法”所谓的长期伙伴关系而不会受到法律的制裁。有些会公证结婚，这是由治安法官授权并予以合法化。还有一些人通过宗教仪式而让他们在“神圣的婚姻殿堂”中结合，虽然没有法律的承认。还有一些具有民事和宗教的关系。不同形式的联合许可人们拥有多个配偶（例如，一个是普通法意义上的，一个是公民意义上的，还有一个是宗教意义上的），根本没有所谓离婚一说。

一些社会承认各种同性婚姻。在苏丹，一个女努尔人可以娶一个女人，如果她的父亲只有女儿，但没有男性继承人，这是必要的；如果他的父系血脉要传承下去的话。他可能会让自己的女儿表现为一个儿子，以便娶个新娘。这个女儿将成为另一个女人（妻子）的社会公认的丈夫。这是一种象征性的社会关系，而不是性的。而“妻子”要和男人或男人们（要经过她的女“丈夫”批准）发生过性关系，直到她怀孕。妻生的孩子们被接受为女丈夫和妻子的后代。虽然女性的丈夫不是孩子实际的基特（genitor）（生物学上的父亲），但她是他们的佩特（pater），或社会公认的父亲。在这种情况下，社会意义上的父亲更重要，而不是生物学亲子鉴定上的父亲。我们再次看到了亲属关系是如何建构社会的。新娘的孩子被认为是她的女丈夫的合法后代。尽管女丈夫在生物上是一个女人，但在社会上是一个男人，并且血统将继续流传下去。

你了解吗

美国人口普查报告说，有65万同性伴侣同居在2010年——近两倍于2000年。根据研究人员数估计，2010年的数据比真正生活在一起的同性夫妇实际数据低15%。

外婚制与乱伦

在非工业社会中，一个人的社会世界包括两大类，朋友和陌生人。陌生人是潜在的或实际的敌人。婚姻是一条可能的途径，它可以把陌生人变成朋友，可以创建和维护个人或者政治联盟，还可以亲和关系。**外婚制**乃是一种寻求自己群体外的伙伴的习俗和实践，它具有一种适应性的价值，因为它把人们连接进一个更为广阔的社会网络之中去，并且在需要的时候帮助、保护他们。乱伦的限制（禁止与亲戚有性的行为）强化了外婚制，推动人们寻求在地方性群体之外的伙伴。大多数社会阻止涉及近亲的性接触，尤其是同核心家庭成员。

一盎司血的价值超过一镑的友谊。

西班牙谚语

乱伦指的是与其近亲有性接触，但是文化限定了他们的关系。所以这里的乱伦，是不同的。换句话说，乱伦，和亲属关系一样，是社会建构的。婚姻意味着性行为，一个人只能和限定的人结婚并且发生性行为。除了血缘关系，限制性的其他因素包括年龄和被社会容忍性行为的范围。在美国进行性活动同意年龄因州而异，在16~18岁，在加拿大是16岁，在意大利是14岁。文化和政府经常试图规范性行为。

让我们从美国转向非工业社会。当单系继嗣非常发达的时候，父母是否属于不同的继嗣组不被认为有关系。因此，在严格父系氏族中，母亲不是有关系的，而是一种在法律上属于自己团体的成员——你父亲结婚的人。而在严格的母系制度中，父亲也不是有关系的，因为他属于不同的继嗣群。

外婚制 与一个人亲属群体之外的人约会或者婚姻；具有一种文化普遍性。

乱伦 与近亲发生性关系。

东南亚的拉克尔人有着严格的父系体系（Leach，1961）。下页图使用男性自我（参考点为所提到的这个人），让我们假设他的父亲和母亲离婚。每个人再婚都有由第二次婚姻带来的一个女儿。一个拉克尔人总是会属于他或她父亲的团体，其成员（一个人的族亲，或近亲）的一切都被认为是亲戚，因为他们属于同一个继嗣群。他不能发生性关系或娶他父亲二婚生的女儿，就像北美一样。和同父异母的兄弟姐妹发生性关系并结婚是非法的。然而，不同于我们的社会里，对所有的同母异父或者同父异母的兄弟姐妹都有限制，拉克尔人和他母亲的同母异父的妹妹之间的性行为是非乱伦。她并不与这个人有联系，因为她是属于她自己的父亲的继嗣群，而不是自己的。这个拉克尔人的例子说明很清楚，亲属的定义以及由此定义的乱伦，在不同文化中是不一样的。

发生乱伦，我们从灵长类动物的研究知道，雄性年轻猴子或雌性猿经常从他们的出生组搬走（Rodseth 等，1991）。这种移民减少乱伦发生的频率，但不能消除它们。野生黑猩猩的DNA测试证实住在同一组的成年儿子和他们的母亲，会发生乱伦。这样来说，人类想要与近亲结合的行为可以看作是一个广义的灵长类动物的倾向，在此我们看到了冲动和克制。

在87个社会的跨文化研究中（Meigs 和 Barlow，2002），乱伦发生在其中的几个社会。目前尚不清楚，作者是否控制了乱伦的社会构建。例如，在他们的报告中乱伦发生在雅诺马米之中，但他们可能会认为姑舅表婚是乱伦，但是雅诺马米人却没有考虑。事实上，不只是为雅诺马米，并且在许多部落

拉克尔人群中的父系继嗣组身份与乱伦

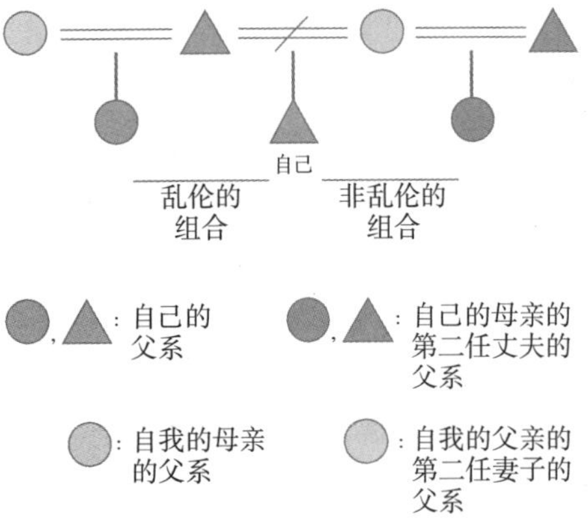

≠：分居或离婚

FD：第二次婚姻是自我的继嗣群的共同成员并且包括在乱伦禁忌之内。

MD：第二次婚姻并非是自我的继嗣群的共同成员并且没有禁忌。

社会，这是婚姻的最佳形式。在他们的样本另一个社会是阿萨蒂，对他们来说，民族志学者迈尔福特斯报道“在过去它（乱伦）是要被惩罚至死的，而如今罪魁祸首要被重罚。”（Fortes，1950：257）。这表明，如果真有侵犯了阿散蒂乱伦的限制的人，那么这种侵犯一定会，而且现在仍然是会，受到惩罚的。更引人注目的是，在来自奥吉布瓦他的24人的个人有关乱伦的信息中，欧文哈洛韦尔发现8例父子乱伦和10例兄妹乱伦的案件（Hallowell，1955：294—295）。由于实际的亲子和同胞乱伦报告病例很罕见于民族志文献，有关社会构建的可能性问题便出现在这里。在许多文化中，包括奥吉布瓦，人们使用相同的术语称呼他们的母亲和姑姑，他们的父亲和叔叔，以及他们的堂兄弟和兄弟姐妹。莫非在奥吉布瓦所谓的姐弟乱伦情况下实际上是发生堂兄弟之间；以及家长和孩子，指的是叔叔和侄女？

在古埃及，显然至少在一些地区皇室和平民都允许兄弟姐妹结婚。基于来自罗马的埃及官方人口普查记录（第一至第三世纪的行政长官），在阿尔西诺伊所有记录的婚姻中有24%是“兄弟”与“姐妹”。在阿尔西诺伊的城市和为周围的村庄中，这一比例分别为37%和19%。这些数字提供的近亲结婚的人要比任何其他书面的水平的报告要高得多（Scheidel，1997）。同样人们不禁要问，如果所涉及的亲戚们居然接近生物的亲属称谓究竟意味着什么呢？

据安娜·梅格斯（Anna Meigs）和凯瑟琳·巴洛（Kathleen Barlow，2002）为西方社会与核心家庭组织的所做的研究，“父女乱伦”行为中，与继父发生此种行为比与亲生父亲发生此种行为更为常见。但是如果并非是生物学意义上的亲属，他们的行为算是真的乱伦吗？美国文化对此并没有一个清晰的界定。乱伦也发生在与亲生父亲之间，尤其是那些在女儿的童年缺席了或者只是提供了很少的照料的父亲们（Williams 和 Finkelhor，1995）。在一个精心设计的研究中，琳达·威廉姆斯（Linda M. Williams）和大卫·芬克霍（David Finkelhor，1995）发现，当父亲大量地参与进了女儿的养育时，发生父女乱伦的可能性要低得多。这种经历提升了父亲的养育技巧，加强了他对女儿培养和保护的感觉以及对女儿的认同，从而减少乱伦的可能性。

一个世纪以前，早期的人类学家推测，乱伦的限制反映了与近亲交配的本能恐惧（Hobhouse，1915；Lowie，1920/1961）。但是人们不禁要问，如果人类真的对乱伦有一种本能的厌恶，那么正式的限制还是必要的吗？没有人会希望和亲戚有性接触。然而，正如社

文化思考

我们倾向于认为乱伦是错误的，是因为近亲繁殖有着潜在的遗传缺陷。但是在许多国家，考虑到与非生物学相关的亲属乱伦，如继父母和收养的孩子。为什么这些被认为是错误的？

会工作者、法官、精神病学家和心理学家们都了如指掌的那样，乱伦比我们所一般认为的更普遍。

内婚制

外婚制推动社会组织向外发展，建立和维持不同群体的联盟。相比之下，**内婚制**则规定一个人在自己所属的群体中进行交配或婚姻。内婚制没那么常见的，但仍然为人类学家所熟知。事实上，多数文化都是内婚制的单元，虽然他们通常不需要一个正式的规则来要求人们与自己所在社会中的成员结婚。在我们自己的社会中，阶级和族群是准内婚制群体。一个民族或宗教群体的成员往往希望自己的孩子在该团体中结婚，虽然他们中的很多人并不会这样做。这些群体的外婚率各不相同，他们中有些群体比其他群体更坚定于内婚制。

> 在我研究的所有人群中，从城市居民到悬崖居民，我总是发现，至少有 50% 的人希望自己和他们的岳母之间至少隔了一片丛林。
>
> 玛格丽特•米德（Margaret Mead）

种姓内婚制的一个极端的例子是印度的种姓制度，它在 1949 年被正式废除，尽管它的结构和效果依然存在。种姓是一种社会成员在出生时就已经划分出来的群体，它是一个人终生所属的。印度种姓分为五大类，或者说有五大瓦尔纳（varna）。每种的排列都和其他四个有关联，并且这些分类覆盖整个印度。每个瓦尔纳包括大量的种姓（jati），每一个种姓都包括一个可能内部通婚的区域中的人。某一确定区域内的某个瓦尔纳中的种姓都有一个排序，正如瓦尔纳本身也有一个排序一样。

职业的专业化往往区分出了不同的种姓。一个社区可能包括有农业劳动者、商人、工匠、祭司和清洁工的种姓。印度各地种姓的祖先、仪式地位和职业被认为是如此的纯洁而被高种姓的人持有，而贱民瓦尔纳，偶然接触到会被认为是亵渎。印度各地的低贱种姓的人们，他们的祖先、仪式地位和职业被认为是如此的不纯洁，以至于高级种姓的人们跟他们有一些偶然的接触都会觉得是受到了玷污。

> **内婚制** 同一社会群体的人之间通婚的婚姻。

这种信念——种姓之间的婚姻结合会导致高级种姓的伴侣在礼制上的不纯洁——在维持内婚制上十分重要。一个男人和一个低种姓的女人发生性关系，可以通过洗浴和祈祷恢复纯洁。而和较低种姓的男人发生性关系的女人没有这样的权力，她受到的污辱不能消除。因为女性有孩子，这种差异是为了保护种姓内的纯度，保证高种姓儿童的纯良血统。虽然印度的种姓是内婚制群体，但很多都是在内部分为了不同的谱系。传统上，这意味着印度人必须娶来自同一种姓的另一个继嗣群的成员。这显示了外婚和内婚的规则可以在同一个社会共存。

> **明白了吗？** 你可以鉴别选择婚姻伴侣的跨文化的标准吗？

>> 婚姻中的权利与同性婚姻

英国人类学家利奇（Leach，1955）观察到，根据社会的不同，有数种被婚姻分配的权利。据利奇的研究，结婚可以——但并不总是——实现以下功能：

- 裁定一个女人的孩子的法定父亲和一个男人的孩子的法定母亲。
- 一方或双方配偶垄断对方的性行为。
- 一方或双方之间获得对方提供的劳动的权利。
- 一方或双方处置对方资产的权利。

- 为了孩子们的利益，建立财产伙伴关系。
- 在婚姻双方以及他们的亲属之间建立一种具有显著社会意义的“亲和关系”。

后面同性婚姻的讨论将用来说明在列出的六种权利中，他们缺少了什么（Stone，2004）。在美国大部分州的同性婚姻仍然是不合法的情况下，如果让同性婚姻合法，会发生什么呢？一个同性婚姻建立后出生的子女是否可以与同性伴侣建立合法的父母子女关系？在异性婚姻的情况下，如果孩子出生在结婚之后，通常在法律上会被定义为丈夫的孩子，无论他是否是生父。

目前，DNA 测试能够确定父子关系，就像现代生殖技术可以使一对女同性恋有一方或双方都实现人工授精（Levine，2008；*Movie The Kids Are All Right*，2010）。当同性婚姻是合法的，血缘关系的社会构建可以容易地使双方成为父母。如果一个女性努尔人娶了一个女人后可以成为其孩子的父亲，尽管孩子的出生与她无关，那么为什么两个女同性恋者的孩子不可以把她们两人称之为“妈妈”（社会承认的母亲）呢？如果一个已婚异性夫妇可以收养一个孩子，并让这个孩子成为他们通过社会和法律承认的有亲属关系的孩子，那么同样的逻辑也可以适用于男同性恋或女同性恋伴侣。

再来看看利奇的与婚姻相关的权利分配的名单，同性婚姻当然可以垄断对方的性行为。同性婚姻成为一夫一妻制的承诺形式，已获得许多宗教代表的认可，包括基督教一位论派、贵格会（友协会）和改革犹太教会堂（Eskridge，1996）。2003 年 6 月法院裁定加拿大安大略省通过了同性婚姻合法的法律。2005 年 6 月 28 日，加拿大众议院的投票确认了整个国家的同性伴侣的完全的婚姻权利。在 2012 年 5 月 9 日，美国总统奥巴马（像之前的英国首相戴维•卡梅伦一样）宣布了他对同性婚姻的支持。截止到 2014 年，美国的 6 个州和哥伦比亚特区都允许同性婚姻。这些州是美国马萨诸塞州、康涅狄格州、爱荷华州、佛蒙特州、新罕布什尔州和纽约州。2012 年华盛顿和马里兰州通过了合法化同性婚姻的法律，正在等待选民的通过。截至 2012 年 5 月，随着北卡罗来纳州的同性婚姻禁令的通过，美国 12 州还有着禁止同性婚姻的法规；有 30 个州，由州宪法决定。

合法的同性婚姻可以很容易地赋予每个配偶权利来获得另一方的劳动及其产品。一些社会允许相同的生物学性别的人之间的婚姻。几个美洲原住民群体有被称为伯达奇（berdache）的人物。这些人的生物性别是男性，但是承担了很多妇女的角色和妇女的任务。有时伯达奇会嫁给男人，这些男人会与他们分享从事打猎或其他传统男性工作得来的劳动产品，与此同时伯达奇扮演传统女性的角色。此外，在一些美国土著文化，婚姻是“有男子气的女人”给另一个女人的家庭带来了传统的男女分工中的男性劳动力。有着男子气概的女人捕猎，做其他男性的任务，而妻子完全扮演了传统的女性角色。

没有合乎逻辑的理由来解释为什么同性婚姻不能给其中一方配偶占有对方财产的权利。但在美国，适用于男女夫妻之间的继承权通常并不适用于同性伴侣。例如，即使在没有遗嘱的情况下，财产也可以由寡妇或鳏夫继承，妻子或丈夫无需支付任何遗产税。但是这样的好处并不属于男同性恋和女同性恋（Weston，1991）。

对于利奇的第五项权利——为孩子们的利益建立财产伙伴关系，又是怎样的呢？在这里，男同性恋和女同性恋夫妇都处于劣势。如果有了孩子，财产会是分开传送的，而不是联合的。一些组织给予了那些建立了

文化思考

想象一下，你是一个在专家小组讨论同性婚姻合法性的人类学家。你会支持还是反对？为什么？（请参考文中的材料）

同性伴侣家庭的员工福利待遇，如医疗和牙科保险。

最后，建立与配偶及其亲属之间的具有显著社会意义的“亲和关系”的问题。在许多社会中，婚姻的主要作用之一是建立群体之间的联盟，除了一些独立的群体。姻亲是通过婚姻联系起来的亲属，如姐夫或者婆婆。对于当代北美的同性伴侣，姻亲关系是很成问题的。在一个非正式的联合中，像“女儿”和“婆婆”的叫法可能听起来很奇怪。很多家长都怀疑孩子的性取向和生活方式的选择，并且可能无法接受与孩子的同性伴侣的姻亲关系。

关于同性婚姻的这一讨论旨在通过研究当存在一种不合法但却永久存在的伴侣群体会发生什么，来阐明典型婚姻中的不同种类的权利。在美国只有 6 个州的同性婚姻是合法的。正如我们所看到的，同性结合已经在不同的历史和文化环境中都得到了认可。在某些非洲文化中，包括尼日利亚的伊博和南非的乐夫杜妇女可以娶别的女人。在某些情况下，如西非的杰出的市场女性，她们能够聚敛财产和其他形式的财富，她们也可能会娶一个妻子。这样的婚姻让这些杰出的女性得以加强她的社会地位以及她在家庭中的经济重要性（Amadiume，1987）。

明白了吗？ 你能描述与不同文化中的婚姻相联系的社会权利和功能吗？

>> 跨文化的婚姻

工业社会之外，婚姻往往更多的是集团而不是个体之间的关系。我们认为婚姻是一件单独的事情。尽管新郎、新娘通常会寻求父母的认可，但是最终选择（共同生活、结婚、离婚）在于夫妻。浪漫爱情的想法象征着这种个人之间的关系。

在非工业社会中，尽管可以有浪漫的爱情（Goleman，1992），但婚姻是群体之间的关联。人们不只是拥有配偶，他们对对方所属的亲属群体承担义务。例如，当居住形式是从夫居的时候，一个女人必须离开她出生的社群。她将面对在她丈夫的村庄、与她丈夫的亲戚度过余生的情况。

彩礼

在有继嗣群的社会中，人们并不是一个人进入婚姻，他们通常会得到继嗣群体的帮助。通常，大量的礼物一般在结婚前被给予，或在婚后由丈夫和他的亲属送给妻子和她的亲属。莫桑比克的八通噶（BaThonga）人称这样的礼物为罗波拉（lobola），在父系社会这种给予类似的彩礼的习俗非常普遍（Radcliffe-Brown，1952）。这些礼物用以补偿新娘所在的群体，因为新娘在这一群体中的合作关系和劳动力将会消失。更重要的是，它使得女人所生的孩子正式成为丈夫继嗣群的一员。在母系社会中，孩子是母亲群体的成员，所以没有任何理由需要聘礼之类的礼物。

> **聘礼** 一般是在婚前，或婚后由丈夫和他的亲属送给妻子和她的亲属的礼物。
>
> **嫁妆** 妻子的群体大量送给丈夫的群体的礼物。

另一种婚姻的礼物——**嫁妆**，是由新娘的家人或亲属提供的、伴随着他们的女儿出嫁的大量的礼物。对于希腊的农村地区，埃内斯坦•弗里德尔（Ernestine Friedl，1962）描述了一种嫁妆的形式，这种嫁妆是新娘从她母亲那里得来的一种财富，在婚姻中被作为一种信用基金。然而，一般当嫁妆进入丈夫的家庭之后，这种习俗就和女性的低地位联系起来了。这种形式的嫁妆在印度最为知名，女人被视为是一种负担。当一个男人和他的家庭迎娶了妻子，他们期望抵消一部分附加的责任。

相比嫁妆，聘礼在大多数文化中存在得更加广泛，但所送的物品的性质和数量是不

人类学的工作

凯丽·艾伦，拥有着人类学学士和硕士学位，曾在“家庭与孩子服务”组织的格鲁吉亚司工作。她用她的人类学训练，以及对文化多样性的了解，找到解决问题的办法。有一次，其他组织员工发现了一个年轻的母亲对她新出生的孩子疏于照顾和并且即将把孩子送去寄养。然而，她通过细致的访问了解到，对于来自中美洲的女人来说，母亲有为期一个月的时间待在家里，而由他们的扩展家庭照顾婴儿。婴儿和他的妈妈一起待在家里。

同的。在莫桑比克的八通噶地区，聘礼——我使用了这种普遍的叫法——包括的是牛。利用牲畜（通常在非洲是牛，在巴布亚新几内亚是猪）作为聘礼是常见的，但给予动物的数量在不同社会是不一样的。但是，我们可以概括的是，更大量的礼物代表着更稳定的婚姻。聘礼是针对离婚所做的保险。

想象一下，一个父系社会中，婚姻需要大约 25 头从新郎的群体转移到新娘的群体的牛。迈克尔，继嗣群 A 中的一员与继嗣群 B 的萨拉结婚，他的亲戚帮他准备聘礼。他从他的亲密的父系亲属（父系亲戚）得到最多的帮助：他的哥哥、父亲、父亲的弟弟和属于父系的表兄弟。

牛到达萨拉的群组之后的分配方式，与这些牛拼凑起来的方式类似。萨拉的父亲——如果父亲死了那就是她的大哥——收到她的聘礼。他会保存着大多数牛作为他的儿子结婚时使用的聘礼。然而，当萨拉的兄弟结婚的时候，该分享的人也会进行帮助。

当萨拉的哥哥大卫结婚，许多牛去了第三个群体 C，这是大卫的妻子的群体。此后，它们可以作为聘礼给其他群体。男子不断用自己的姐妹的聘礼的牛来迎娶自己的妻子。在十年的时间里，被迈克尔用于与萨拉结婚的牛被广泛地交换了。

在这样的社会中，婚姻包含继嗣群之间的协议。如果萨拉和迈克尔努力使他们的婚姻成功，但没有成功，这两个群体可能会认为这段婚姻不能持续。可以很明显地观察到，这样的婚姻既是团体也是个人之间的联系。如果萨拉有一个妹妹或侄女（以她哥哥有女儿为例），有关各方可能同意由萨拉的骨肉之亲来代替她。

然而，在有聘礼习俗的社会中，婚姻是否和谐并不是威胁婚姻的主要问题，不孕才是最重要的因素。如果萨拉没有孩子，她和她的族群就没有履行婚姻协议的相关部分。如果关系需要持续，萨拉的族群必须更换另一个可以怀上孩子的女人，也许是萨拉的小妹妹。如果发生这种情况，萨拉可能会选择留在她的丈夫身边。也许她有一天会有一个孩子。如果她留下，她的丈夫将建立一个一夫多妻的婚姻。

大多数非工业化生产食物的社会，不像大多数狩猎与采集社会和工业化的国家，允许一夫多妻婚姻，或一妻多夫婚姻（Zeitzen，2008）。这两种模式有一个是普遍的，而另一个是非常罕见的。比较常见的模式是一夫多妻制，即一个男人有一个以上的妻子。罕见的模式是一妻多夫，即一个女人有一个以上的丈夫。如果不孕妻子仍然留下，而丈夫又与她的族群提供的另一个替代的妻子结婚，这就属于一夫多妻。

持久的联系

通过审视另一种常见的情况来判断婚姻联盟的性质是可能的，也就是看伴侣的其中一方去世后婚姻联盟的延续状况。

娶姨 如果萨拉早年去世，会发生什么？迈克尔的群体会找萨拉的群体索要替代品，往往是她的妹妹。这种风俗被称为**娶姨**（sororate）。如果萨拉没有姐妹，或者如果她所有的姐妹们都已经结婚了，那么她的族群的另一名女子也是可以的。迈克尔如果娶她

明白了吗？ 你能解释一下不同文化中习俗和惯例是如何与婚姻和社会组织联系起来的吗？

的话，也没有必要退回嫁妆，并且婚姻联盟继续存在。

娶姨制同时存在于母系社会和父系社会。在母系社会从母居，一个鳏夫会娶他的妻子的妹妹或者他的妻子的母系氏族的另一名女性成员，从而保持与他的妻子的群体的联系。

娶嫂 如果丈夫死了，会发生什么？在许多社会中，寡妇会结婚，可能是和她的丈夫的弟弟。这种风俗被称为**娶嫂**（levirate）。像娶姨制一样，这是一个用以延续婚姻并维持继嗣群之间的联盟的方法，也就是由丈夫群体中的其他男性成员取代丈夫的地位。娶嫂制的影响随时代而不同。一项研究发现，在非洲社会，娶寡嫂是广泛允许的，但很少涉及寡妇和她的新丈夫同居。此外，寡妇不会只是因为他们被允许结婚，就和丈夫的弟弟结婚。通常她们宁愿另做打算（Potash，1986）。

娶姨和娶嫂的例子

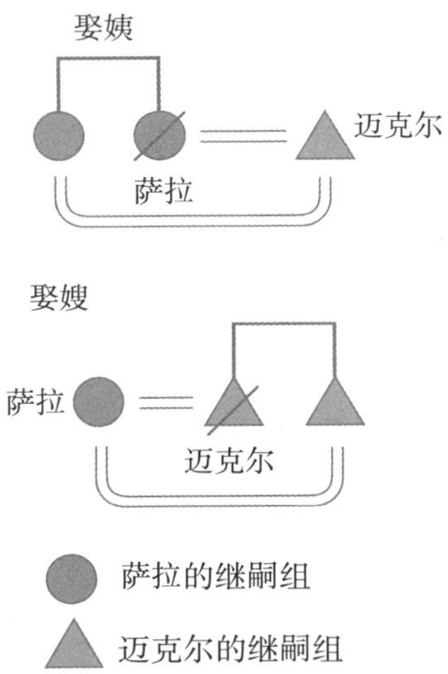

>> 离婚

在一些社会，婚姻似乎会永远继续下去，但在我们自己看来，婚姻是相当脆弱的。离婚有着不同文化间的差异。哪些因素导致或者阻碍着离婚？正如我们所看到的，如果主要关注已婚夫妇和他们的孩子，就会发现婚姻是比单纯的婚姻更难以消解的群体之间的政治联盟，大量的聘礼可以降低个人原因的离婚率；更换婚姻对象（娶寡嫂和娶姨）可以有效地维护群体联盟。比起父系社会，离婚往往多见于母系社会。当居住是从母居的形式（居住在妻子的家乡），妻子更可能只是送走一名与她不和谐的男子。

> **娶姨** 一个鳏夫娶亡妻的妹妹的习俗。
>
> **娶嫂** 寡妇嫁给她已故丈夫的弟弟的习俗。

在美国西南部的霍皮人，房子由母系氏族提供，居住形式是从母居。户主是家庭中最年长的女性，其中也包括她的女儿们以及她们的丈夫和孩子。女婿在那里没有重要的角色；他回到自己母亲的家参与他的家族的社会和宗教活动。在这种母系社会中，女性在社会和经济上都得到保障，离婚率是很高的。参考亚利桑那州东北部欧莱布普韦布洛地区的霍皮人（Levy，1992；Titiev，1992）。在423名欧莱布女性婚姻史的研究中，米莎•蒂缇（Mischa Titiev）发现，35%的人至少已经离婚一次。杰罗姆•列维（Jerome Levy）发现，147名成年女性中，31%已离婚并且至少改嫁一次。作为比较，所有的美国已婚妇女，在1960年只有4%离过婚，在1980年有10.7%，2004年有11.5%。蒂缇把霍皮人的婚姻描述为不稳定的。这种脆弱部分是由于对母系氏族与对配偶间忠诚的相互冲突。大多数离婚的霍皮人在个人选择方面有问题。列维概括道，跨文化来看，高离婚率与女性的经济地位有保障相关。在霍皮人的社会，妇女在她们的家庭和土地所有权以及其子女的监护权方面有保

明白了吗？ 在某一特定社会中，你可以评估支持和反对离婚的因素吗？

文化思考

传统上，努尔人的婚姻都是被安排好的。新郎和他的族人提供聘礼。当夫妻一方去世的时候，努尔人也会娶嫂和娶姨。所有这些安排如何说明了婚姻作为群体联盟之间的重要性？

障。另外，没有正式的障碍来阻止离婚。

离婚在父系社会更难，尤其是在如果婚姻失败，大量的聘礼将不得不重新拼凑和偿还的情况下。从父居（在丈夫的家庭和社区居住）的女子可能不愿意离开她的丈夫。不像霍皮人，那里的孩子们陪着母亲。在从父居的体制中，父系社会的伴侣离婚后，孩子很可能会与他们的父亲生活在一起，作为他们父亲的父系成员。从女人的角度来看，这是一个强大的离婚的阻碍因素。

在当代西方社会，我们会觉得浪漫的爱情是美好姻缘的必要条件（Ingraham，2008）。当浪漫爱情失败了，婚姻也可能会结束。或者，它可能不会结束，如果按照本章前面所讨论的那些与婚姻有关的权利所强制的那样。经济联系和抚养孩子的义务，以及其他因素，如大众的看法，或简单的惯性，可能使婚姻在性爱、浪漫或陪伴褪色后完好无损。

多偶婚 也称为一夫多妻制。在同一时间的婚姻中一个男人有两个或更多的妻子（一夫多妻制）或者一个女人有两个或两个以上的丈夫（一妻多夫）。

学习小贴士

离婚在以下情况是不太常见的：（1）当婚姻涉及政治联盟；（2）存在聘礼；（3）在父系社会重；（4）妇女经济地位低。

>> 多偶婚

在当代北美，离婚相当容易和普遍，**一夫多妻制**（同一时间和不止一个配偶结婚）是违法的。婚姻在工业国家中掺杂了个人因素，个人之间的关系比那些团体之间的关系更容易被切断。北美人可以有多段婚姻：一个人可能有一个以上的配偶，但在同一时间段内有多个配偶在法律上则是被禁止的。如前所述，这两种形式的多偶制是一夫多妻制和一妻多夫制。一妻多夫制只有少数社会实行。

一夫多妻制

我们必须区分一个特定的文化中对多偶婚的社会认可与它实际发生的频率。许多文化允许男人有一个以上的妻子。但是，即使是在鼓励一夫多妻制的社会中，大多数人都是一夫一妻的，一夫多妻制和具有一夫多妻制特点的婚姻只是一小部分。为什么呢？

原因之一是均衡的性别比例。在美国，每100位女性对应大约105名男性的出生。在成年后，男女比例趋向均衡，最终发生逆转。北美女性的平均年龄是超过男性的。在许多非工业化的社会中，男性的性别人数优势会从儿童时期持续到成年时期。

男性晚于女性结婚的习俗也促进了一夫多妻制。尼日利亚的卡努里的人们（Cohen，1967），男人在18到30岁之间结婚；女人则是在12到14岁之间结婚。配偶之间的年龄差距意味着鳏夫比寡妇多。在一些一夫多妻制社会中，大多数寡妇都会再婚。在卡努里和其他实行一夫多妻制的社会中，如澳大利亚北部的提维人，寡妇占了一夫多妻婚姻中女性的很大一部分（Hart，Pilling 和 Goodale，1988）。

在某些社会中，第一个妻子会要求第二个妻子帮助做家务。第二个妻子的地位比第一个妻子低；她们分别是高级的和低级的妻子。高级妻子有时会从她的近亲中选择初级妻子。在马达加斯加的贝齐寮人中，不同的妻子一般住在不同的村庄。男人的第一个也就是高级的妻子，被称为“大太太”，住在他培养出了最好的水稻田、花费了他的大部分时间的村庄里。那些有着数块稻田和多个妻子的位高权重的人在每块稻田附近都有家庭。他们会在大多数时间里与高级妻子在一起，但在一年之中也会去其他的妻子那里。

多名妻子可以在非工业化的地区扮演重要的政治角色。麦利那——马达加斯加高地一个人口众多的社会——的国王，为他的12个妻子中的每一个都在不同的省份修筑了宫殿。他在王国中巡游的时候会和她们待在一起。她们是他的当地代理商，都督和省内事务的报告者。乌干达的主要前殖民地——布干达的国王有数百个妻子，代表他的国家的所有氏族。王国中的几乎每个年长男人都是国王的丈人，所有氏族都有机会出产下一统治者。这是一种政府给老百姓政府股份的方式。

这些例子表明一夫多妻制的存在没有唯一的解释。在不同的社会中，它的背景和功能各不相同。甚至在同一个社会中，有些男人一夫多妻，是因为他们从哥哥那里继承了哥哥的遗孀。还有些人有多位妻子，是因为他们寻求威望或想提高家族所拥有的生产力。有着政治和经济野心的男人和女人通过建立婚姻联盟来服务于自己的目标。在许多社会中，例如马达加斯加的贝齐寮和尼日利亚的伊博，都是女性安排的婚姻。

你了解吗

一位社会学家发现他所谓的“离婚鸿沟”：有大学学位的人比那些没有学位的人更不太可能离婚。20世纪80年代以来，有大学学历的人离婚率有所下降而没有大学学历的人的离婚率则上升了。

一妻多夫制

一妻多夫制是罕见的，是在非常特殊的条件下产生的。在一些地区，一妻多夫制似乎对男性由于贸易、商业和军事行动产生的经常性的迁移的一种濡化。一妻多夫制确保了至少有一个男性在家里完成以性别分工为基础的属于男性的劳动活动。兄弟共妻也是在资源贫乏时采用的有效策略。拥有有限的资源（土地方面的）的兄弟在扩大的家庭中（一妻多夫）集中资源。他们只娶一个妻子。一妻多夫制限制了妻子和继承人的数量。继承人之间竞争少意味着土地可以被尽量少地分割来继承。

明白了吗？

你能否解释一下一夫一妻制、一夫多妻制和一妻多夫制产生和社会认可的原因？

参与进来！

像一个人类学家一样探索你的家庭历史。上免费的家谱网站上搜索，例如某个州或国家的公共档案馆网站。如果你的母亲或你的父亲（或两者）在身边，看一看跨代的变化：谁与谁（哪个地方的人？来自什么国家？）结婚了？在什么年龄结的婚？相对于他们的父母，他们居住在哪里？有没有离婚？网上获取这些信息可能是困难的，但是请带着一双发现社会变迁的眼睛来观察任何发现的血缘关系的资料。如果您在网上无法跟踪自己的家族史，选择一些知名的人，调查他或她的家族历史。

本章回顾

I. 什么形式的亲属关系是跨文化存在的，以及它们有什么社会关联？

- 核心家庭包括一对夫妇和他们的孩子。它在具有地域性的流动的社会中非常重要，从而促进了经济上自给自足的小型家庭单位的发展。在工业社会中，一对夫妇通常在一个新的家中建立自己的小家庭。狩猎与采集家庭通常会加入一个有丈夫或妻子的亲属的群落。扩展家庭包括三个或更多个世代。当亲属群体需要集中资源的时候，家庭联合居住出现得更加频繁。继嗣群是非工业化的食物生产者之间的基本亲属群体。这种永恒的亲属群体管理着一个跨越世代的遗产。

II. 家庭和继嗣群有何不同？

- 继嗣群是由亲属关系和婚姻构成的，是比家庭更大的一个系统。它在非工业化的食物生产社会中是非常重要的。即使其成员出现变化，继嗣群依然存在。继嗣群的成员基于他们是否是属于父亲的（父系）或母亲的（母系）被接纳到群体之中。继嗣群采取宗族或氏族的形式。宗族成员会追踪家谱的血脉联系，而氏族成员只是认为，他们来自同一个远祖。继嗣和婚后的居住规则确保至少有一些成员可以得到继嗣群的遗产以度过一生。

III. 婚姻是如何被定义和规范的，以及它关联着什么样的权利？

- 在世界范围内，婚姻的形式、角色和功能是多样的。在许多社会中，婚姻连结了两个以上的配偶：一个人可以娶两个或两个以上的女性；一个女人可以嫁给若干个兄弟。一些社会也承认同性婚姻。一般来说，婚姻建立了合法的父母子女关系，赋予了配偶双方关于性欲、劳动、财产的权利，并建立具有显著社会意义的“亲和关系”。在继嗣群社会中，由新郎和他的家族送给新娘和她的亲属的聘礼建立和维护了氏族的联盟。如果一个男人娶了亡妻的妹妹或者女人嫁给她已故丈夫的弟弟时，婚姻联盟都可以继续。

突击测验

选择题：

1. 以下哪些选项是核心家庭在现代北美占主导地位的原因？
   a. 核心家庭是北美所有的种族和社会阶层的典型
   b. 家庭的地域性流动使北美人分散到了北美的各个地方
   c. 城市贫困人口倾向于建立较小的家庭
   d. 北美人的家庭生活已经与世界各地的家庭同时发展，核心家庭逐渐成为了最先进的家庭形式
2. 下列关于核心家庭的说法哪项是不正确的？
   a. 它存在于所有人类社会
   b. 与核心家庭相关的功能，可以被其他的社会单位承担
   c. 核心家庭在与贫困相关的领域中没有特别的适应性优势
   d. 狩猎与采集社会的地域性流动鼓励核心家庭的发展
3. 把宗族与氏族区别开来的特征是：
   a. 宗族沿袭使用规定的继嗣
   b. 宗族相信它的所有成员都来自同一远祖
   c. 宗族成员可以给他们从最远古到现在的祖先命名
   d. 宗族与其他继嗣群组成联盟
4. 印度种姓制度的内婚制规则是这种制度的一个极端的例子。以下全部是内婚制在印度的表现，除了：
   a. 贱民的种姓被认为会通过接触亵渎高种姓的人，即使偶然的接触也被认为是一种亵渎
   b. 虽然种姓制度在1949年被正式废除，然而它的内婚制规则继续影响着印度社会
   c. 种姓从不会再细分为外婚的谱系
   d. 一个女人不能消除她遭受的与较低种姓的人发生性关系的侮辱
5. 下列关于离婚的陈述哪一句是错误的？
   a. 离婚在母系社会中比在父系社会中更少见
   b. 当婚姻产生了一个政治联盟时，更不容易解散
   c. 在丈夫和他的亲属提供大量聘礼的社会中，离婚的情况更罕见
   d. 西方浪漫爱情的观念在夫妻之间不是一个必要的强有力的黏合剂
6. 一夫多妻制，包括以下所有的这些情况，除了：
   a. 一个男人拥有三个互不相关的妻子
   b. 一个女人拥有三个丈夫，他们是兄弟
   c. 一个女人结婚，离婚，然后再结婚，再离婚
   d. 一个男人拥有三个有关系的妻子

填空题：

1. ______家庭是养育孩子的家庭，______家庭是指一个人结婚并养育孩子的家庭。
2. __________指嫁给一个所属的群体以外的人的习俗。
3. __________是一种新娘的家庭或亲属团体在女儿结婚时提供大量的礼物的婚姻交换。这种习俗往往与女性的_________地位有关。
4. 当一个鳏夫娶亡妻的妹妹，这就是所谓的__________。

答案：1. b；2. a；3. c；4. c；5. a；6. c
1. 原生，再生；2. 外婚制；3. 嫁妆，低；4. 娶姨

第八章

性别

本章要点

- 性与性别
- 周而复始的性别模式
- 性别角色与性别分层
- 工业社会中的性别
- 超越男与女
- 性取向

了解我们自身

在你成长的过程中有没有烦恼？在与你的兄弟姐妹相比较而被要求怎样做的过程中，有没有性别歧视呢？如果你由父母双方抚养长大，他们的劳动分工有没有在他们之间引起过冲突？根据从全世界不同社会中收集来的跨文化数据，本章中的一个表格列举了男性、女性及在两性间摇摆的人（有时是男性，有时是女性）的活动。在你看这个表格之前，看看你能不能将下列选项归到某个性别（男性或女性）中去：

捕猎大型动物______	烹饪______
采集野生蔬菜食物______	打水______
田间劳作______	制作篮子______
捕鱼______	酒______

现在参考一下表8-1。反思一下你的分类结果。

有关性别的理念随着男女两性在就业方式上的改变而改变。然而，传统的美国人认为正常的女性行为举止应该是有礼貌的、矜持的和温顺的，这一观念对女性构成了挑战，因为美国文化对果敢这一品性也颇为重视。一个男人坚定而自信的品格或许会被赞誉，但是一个女人相似的行为却会被贴上“侵略性”——或更坏的标签。

男人和女人都受到他们文化规训的限制。例如，美国文化会认为男人哭泣是很耻辱的。成为一个男人通常意味着抛弃喜形于色的表达方式。美国的男人同时也被训练成有能力做出决定并坚持下去的人。我们的传统观念中对女人看法的改变大于男性。这是一个多么奇怪的想法——如果人们找到了一条更好的道路，那么他们不应该改变他们的立场。男人、女人及整个人类都可能同样成为某些文化规训的受害者。

>> 性与性别

因为人类学家研究生物、社会和文化，因此他们在评论作为人类行为决定性因素的先天（生物倾向）和后天（环境）肇因时处于一个比较独特的位置。人类的态度、价值观和行为不仅仅受到生物基因的限制——这一点常常是难以辨认的，同时也受到人们濡化期间经历的限制。我们作为成年人的属性同时受到自身基因和成长环境的限制。

有关先天和后天的议题出现在人们对人类性 / 性别角色和性取向的讨论上。男人和女人在基因上是不同的。女人有两条 X 染色体，男人有一条 X 染色体和一条 Y 染色体。父亲决定了小孩的性别，因为只有父亲拥有可以继承的 Y 染色体。母亲总是提供 X 染色体。

染色体的不同在激素和生理的对比中显现出来。人类是两性异形的，比一些灵长类动物更显著，比如长臂猿（小型三栖亚洲猿类），但是不如另外一些动物，例如大猩猩和猩猩。**两性异形**（sexual dimorphism）指的是男女两性在生理上除了胸部和生殖器上的不同。两性异形不仅仅在第一性征（生殖器官）和第二性征（胸部、声音、头发浓密）上不同，在平均身高、体重、力量和伸展性上也有差异。女性趋向于比男性活的时间更长，抗压能力也更好。在一个给定的人口群体中，男性比女性更高、体重更重。当然，在男女两性的特征上也有一些明显重叠的地方，比如说身高、体重和力量，并且在人类的生物进化中，两性异形有了显著的减少。

两性异形 不仅仅在第一性征（生殖器官）和第二性征（胸部、声音、头发浓密）上不同，在平均身高、体重、力量和伸展性上也有差异。

然而，这样由基因和生理所决定的差异是从什么时候产生的？它们对男女行为方式产生了什么样的影响，在不同的社会又是如何发挥作用的？人类学家已经发现了男女两性在不同的文化中所扮演角色的异同。有关性-性别角色和生物的最主要的人类学观点如下所述：

> 男女两性的生物本性并不是（该看作）限制人类有机体的桎梏，而是基于此，可以建立一个内容丰富的社会结构。（Friedl，1975：6）

虽然，在大多数的社会中，男人比女人更强势，但是两性间很多行为和态度上的差异来自文化而不是源于生物性。性的差异是生物性的，但是社会性别却涵盖了男女两性在社会中所受文化和教养的所有特征。性别，换句话说，指的就是文化将人塑造成男人、女人或其他性别。

当提到“在文化多元化的情况下，对性别的塑造也是多样的”的时候，苏珊·布尔克（Susan Bourque）和凯·沃伦（Kay Warren，1987）认为，究竟何为男人特质和女人特质永远没有统一的共识。人类学家已经在不同的文化环境中收集了有关性别异同的系统数据（Bonvillain，2008；Brettell 和 Sargent，2009；Gilmore，2001；Kimmel，2007；Mascia-Lees 和 Black，2000；Nanda，

学习小贴士

性指的是生物上的差异，性别指的是文化所建构出来的性差异。在一个特定的社会中，可能有两种以上被认可的性别。

文化思考

广告传播性别的刻板印象。关注不同种类的产品（例如，轿车、清洁产品、衣服、啤酒等），分析三到五个电视广告所传达的信息，这些信息是如何传递何为男人何为女人的信息的。

2000；Ward 和 Edelstain，2009）。在我们检视跨文化的数据之前，首先要对概念进行一个界定。

性别角色（Gender Roles）是一个文化赋予男女的任务和活动。与性别角色相关的是**性别刻板印象**（Gender Stereotypes），这种印象被极度简化却将男女两性的典型特质深深扎根在文化中。**性别分层**（Gender Stratification）指的是男女间不平等的报酬分配（有社会价值的资源、权力、声望、人权及个人自由），表明他们处于社会等级制中的不同位置。

性别角色 是一个文化赋予男女的任务和活动。

性别刻板印象 这种印象被极度简化却将男女两性的典型特质深深扎根在文化中。

性别分层 表示的是男女间不平等的报酬分配（社会认可的资源、权力、特权和个人自由），表明他们处于社会等级制中的不同位置。

根据安·斯托勒（Ann Stoler，1997）的研究，性别地位的经济因素包括自由或自主（在安排一个人的劳动力及其劳动成果的权力上）和社会权力（控制他人的生命、劳动力和生育）。

在没有国家主权的社会中，性别分层在声望中比在财富上更加显著。米歇尔·罗萨尔多（Michelle Rosaldo，1980a）在她对于菲律宾北部的吕宋岛伊罗高特人的研究中，描述了与正向的文化价值有关的性别差异，这些价值一般都被置于探险、旅行及关于外部世界的知识上。吕宋岛的男人作为猎头者，比女人更经常地到达遥远的地方。他们在外面的世界获取知识，积累经验，然后回来通过公共演讲的方式表述他们的知识、探险经历和感受。他们无疑得到了称赞。吕宋岛的女人相比而言就没有那么好的声望了，因为她们缺少在外探险的经历，而这些经历是知识和雄辩的基础。基于罗萨尔多的研究及对其他无国家主权的社会的考察，王爱华（1989）认为，我们必须在一个特定的社会中，对声望系统和实际的权力做出区分。高贵的男性声望可能不包括男人在家庭中的经济、政治权力。

流行文化

想一想流行文化中的两个近期的女英雄：凯特尼斯·伊夫狄恩（《饥饿游戏》）和贝拉·斯旺（《暮光之城》系列）。两个系列的书和电影曾风靡一时，尽管她们扮演着明显不同的性别角色和关系。这两个系列中的男人和女人是如何扮演的？尤其想想凯特尼斯和贝拉各自生命中的那个男人。与凯特尼斯和盖尔、皮塔的关系相比，贝拉是如何与爱德华、雅各布联系起来的（以及他们是怎么和她联系起来的）。这两个女英雄中，凯特尼斯显然更加独立和有勇气。然而，正如莫妮卡·荷西在《华盛顿邮报》中所说的那样，可以认为贝拉的行为是极端女权主义的，因为她做出了很艰难的选择：在青少年时期就结婚，跳过读大学，然后有了一个孩子。荷西同时也说，凯特尼斯可以轻易地在白刃战中打败贝拉，也可以用她的箭术把一支箭射进贝拉那“假笑的心”里面。男人和女人们想一想：哪一个才是你心目中的女英雄呢？或者说都是？

明白了吗？ 你能用具体的例子来解释性和性别的不同吗？

>> 周而复始的性别模式

有关性别的跨文化研究、数据可以从经济、政治、家庭活动、亲属关系和婚姻等领域中收集。表 8-1 显示了从 185 个随机抽样的社会中基于性别的社会分工的资料。

在"文化"那一章，讨论了共性、普遍性和特殊性，如表 8-1 所示，有关性别的社会分工显示的更多的是普遍性而不是共性。也就是说，在民族志学者已知的社会中，有一种显著的倾向就是由男人来建造船只，当然也有一些例外。其中一个就是希多特萨人（Hidatsa），他们是美国的一个土著部落，在这个部落中是由女人建造用来横渡密苏里河的船只的（从传统意义上来讲，希多特萨人是北美平原的乡村农民和野牛猎人；他们现在居住在北达科塔州）。另一个例外就是：波尼族（Pawnee）的女人做木工；这是北美唯一一个将木工活交给女性做的群体（波尼族，传统意义上来说，也是平原的农民和野

表 8-1 通过性别划分的劳动分工的原则（基于 185 个社会中的数据）

主要属于男性的活动	男女性均参与的活动	主要属于女性的活动
大型水生动物的捕猎（如鲸鱼、海象）	生火	收集燃料（如柴火）
矿石冶炼	身体改形	制作饮品
金属加工	准备皮毛	采集野生植物性食物
伐木	捕猎小型陆生动物	日常产品（如搅乳）
捕猎大型陆生动物	种植作物	纺纱
木材加工	制作羽毛产品	洗衣服
打鸟	收割	打水
制作乐器	照看作物	做饭
设置陷阱	挤奶	准备植物性食物（如加工谷类作物）
造船	制作篮子	
打磨石器	背负重物	
采矿和采石	制作垫子	
打磨骨头、号角和贝壳	照料小动物	
接骨	保存肉类和鱼	
动物屠宰	织布	
收集野生蜂蜜	捕猎小型水生动物	
土地清理	补衣服	
捕鱼	制作陶器	
放牧大群动物		
建造房屋		
准备种植的土壤		
制作渔网		
制作绳索		

表格中动物屠宰及其以上的活动几乎都是由男性完成的，动物屠宰以下一直到制作绳索也通常是由男性完成的。

男性和女性在生存性活动上花费的时间和精力

（其中 88% 的数据随机选自在这个变量上可以获得数据的社会中）

牛猎人，原来居住在如今是内布拉斯加州中心和堪萨斯州中心的地方，他们现在居住在北俄克拉荷马州中心的自留地）。

跨文化普遍性的例外包括社会或个人。一个像希多特萨人那样的社会可能会与跨文化的普遍性相冲突，因为一般是由男人来建造船只，而他们把这个任务交给女人来完成。或者，在一个社会中，人们认为只有男人可以建

谁做家务

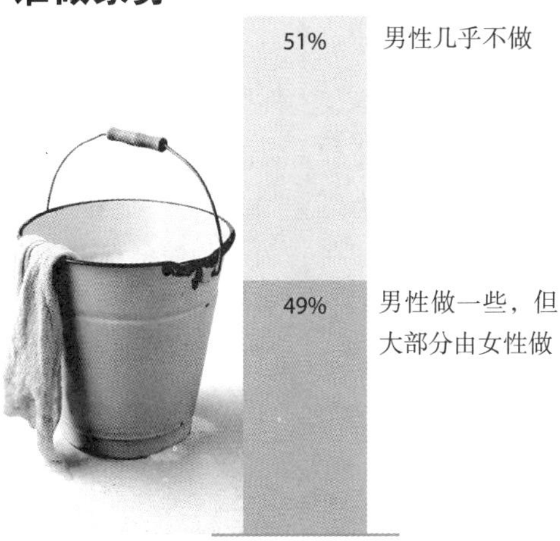

（其中 92% 的数据随机选自在这个变量上可以获得数据的社会中）

谁在婴幼儿（4 岁以下）的照料、管理和训练中有最终的权威

（其中 67% 的数据随机选自在这个变量上可以获得数据的社会中）

造船只，然而有一个或一部分女人却与这样的看法相冲突，因为她们做着本该由男人做的事情。表 8-1 显示了在 185 个样本社会中，某些活动（“摇摆的活动”）被分配给男女都能做。这些活动中最重要的有种植、照料和收割。一些社会通常会将更多的家庭杂务交给女人，而让男人去干主要的农活。在那些总是分配给男人的任务中（见表 8-1），一些任务（例如在海陆两地打猎）看起来与男人更强壮的特质相关。其他的如木工、制作乐器，似乎各个文化都有不同的规定。然而女性并没有无需花费体力和时间的劳动，比如收集柴火、打水。在巴西的勒姆波普（Arembepe）和巴伊亚（Bahia），妇女每天都要用五加仑容积的水罐运水，她们把水罐顶在自己的头上，从离她们家很远的井和咸水湖运回家。

男人和女人都要把一天二十四小时的活动安排好。根据跨文化的数据，来自“男女花在生计上的时间和努力”的统计显示，男女在生计上的投入几乎是相等的。如果一定有什么区别的话，男人可能比女人稍微少干一些活。想一下女性的家务活如何能在表 8-1 中得到更详细的说明。表 8-1 中的数据可能

社会是否允许多配偶

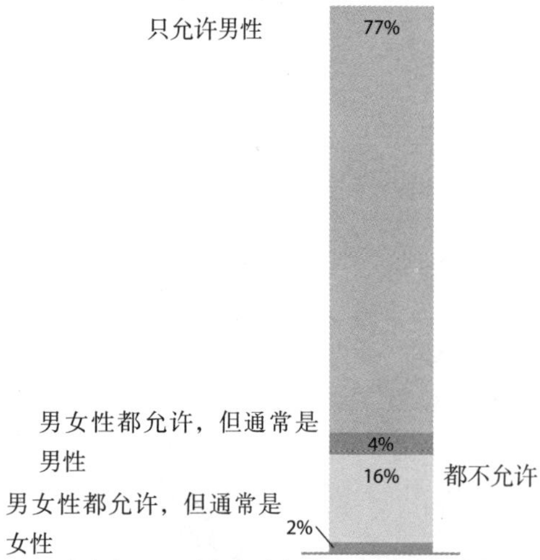

（其中92%的数据随机选自在这个变量上可以获得数据的社会中）

文化思考

越来越多的男人留在家里当全职煮夫。你怎么看待全职煮夫带来的好处和挑战？当你长大以后你会怎么看待你所认识的全职煮夫？

在一开始就带有男性偏见，因为家庭之外的活动比家务活能获取更多的声望。例如，收集野蜂蜜（表8-1中所列举的）比洗小孩屁股（表8-1中未列举的）更重要或更费时间吗？同样，表8-1中并没有提到市场贸易活动，而在这个领域男女都很活跃。

从跨文化的角度来看，男女在生计上的付出大致上是相同的。但是在家务活和照顾小孩上面，还是主要由女性来承担。“谁做家务”这个图显示了在所研究的社会中，有一半的社会，男人事实上是不做家务活的。即使是在那些男人做家务活的社会中，这样的工作大多还是由女人来承担。加上她们的谋生工作和家务活，女人实际上比男人多工作好几个小时。这种现象在现代社会中有没有改变呢？

照顾小孩这项工作怎么处理呢？在大多数社会中，女性是主要的照料者，但是男人通常也扮演一定的角色。跨文化的数据被用来回答这个问题，“谁——男人还是女人——在婴幼儿（4岁以下）的照料、管理和训练中有最终的权威？”在147页的数据显示，在2/3的社会中，女人对小孩具有主要的权威。母亲的哺乳在维系孩子生存中扮演了很重要的角色，所以母亲是主要的照料者，尤其是对婴儿来说。

男女有着不同的繁衍策略。女性通过和每个孩子保持紧密的联系来保证其后代的存活。对于女性来说，有一个可靠的伴侣，对她们减轻抚养小孩的负担及保证小孩的存活是非常有益的（再次说明，这些情况中都有例外，例如在前面章节中所讨论的母系社会纳亚尔）。女性在她们的生育期只能生产有限的小孩，生育期是从初潮（少女第一次来月经）到更年期（绝经）为止。但是与之相反，男人就拥有相对较长的生育期，可以持续到老年时期。如果愿意，男人可以在相当长的一段时间内通过让不同的女性受孕来提高他们的生育率。虽然男人并不总是有很多的伴侣，但是如本页和下页的几个图表显示，他们这样做的可能性比女性更高。在民族志学者所知的社会中，正如上页图所显示的，一夫多妻比一妻多夫更为普遍。

在婚内或婚外，男人的伴侣都多于女人，这显示了男人比女人所受的限制更少，虽然在所研究的大多数社会中，男女两性所受的限制都是差不多的。双重标准对女人的限制多于男人显示了性别分层，我们对此将要作更系统的检验。

对婚外性行为的看法是否有双重标准

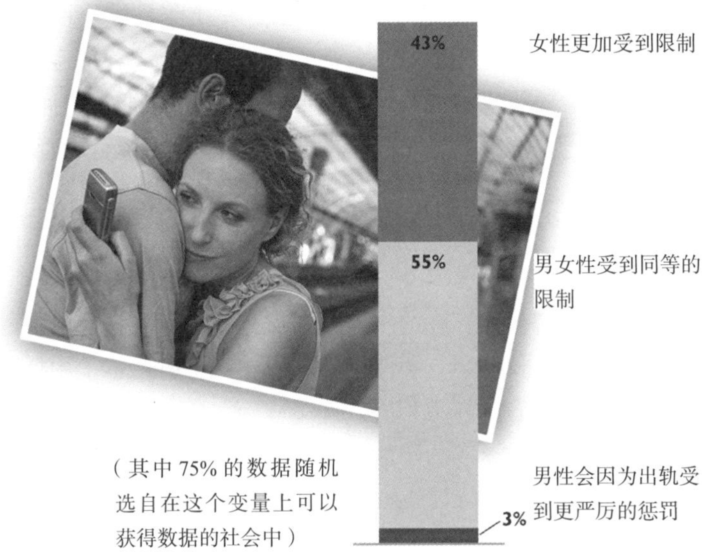

（其中 75% 的数据随机选自在这个变量上可以获得数据的社会中）

明白了吗？ 你能描述跨文化的性别规范和行为模式中的变量吗？

>> 性别角色与性别分层

多项研究显示，经济角色影响性别分层。在一个跨文化的研究中，佩吉·桑迪（Peggy Sanday，1974）发现，当男女在生计上所做的贡献差不多时会减少性别分层。她发现当女人比男人挣得多或挣得少时，性别分层最为显著。

在觅食性的社会中，当男人比女人在食物上贡献得更多的时候，性别分层尤为显著。这在因纽特人和其他北部的狩猎者和捕鱼者中也是一样的。相反，在热带和亚热带的觅食者中，采集常常比打猎和捕鱼提供更多的食物。而采集通常是女人的工作。男人常常会去打猎捕鱼，但是女人也会捕一些鱼，打一些小动物。当采集而不是打猎和捕鱼成为主要的谋生方式时，性别身份就会更平等。

当公私领域没有严格区分的时候，性别身份也会更加平等（私领域指的是专属于家庭内部的领域）。家庭和外部世界的显著差异被称作**公私二分**（domestic-pubic dichotomy）或公私对立（private-public contrast）。外部世界包括政治、贸易、战争和工作。通常当公私领域边界清晰时，公共活动比私人活动拥有更高的声望。这将激化社会分层，因为男人在公共领域比女人更加活跃。从跨文化的角度来看，女人更倾向于从事家庭活动。采集狩猎者比食物生产者的性别分层更少，其另一个原因就是采集狩猎者中的公私领域分化不如食物生产者中的那样发达。

公私二分 对比女性在家庭中的角色和男性在公共生活中的角色，女性的工作和价值在相当大的社会意义上有贬值。

某些角色相比其他角色显得与性的关系更加密切。男人通常都是猎人和战士。配备了枪、刀和弓这样的武器，男人是更好的作战者，因为在一个相同的人口中，男人普遍比女人更高大和有力量（Divale 和 Harris，1976）。男性的打猎者-作战者角色也反映出了男性更具有流动的趋势。

递减的性别分层——母系 - 入赘的社会

性别地位中的跨文化变量同样也与继嗣

文化思考

在菲律宾的阿格塔，当地还是一个采集狩猎的社会，男女两性的角色在很多的地方都是重叠的。女人会跟男人一起去打猎，男人也会帮忙照顾小孩。在你的社会中，男女两性传统角色的差异有多明显呢？

学习小贴士

性别身份会趋向于更加平等（换句话说，性别分层减少），这需要：(1) 男人和女人在对他们的劳动及劳动产品与对其他人的劳动及劳动产品拥有相同的自由度和控制权；(2) 女人和男人做出了几乎相同的经济贡献；(3) 公私领域没有严格地分隔开；(4) 男女能得到相似的声望。

的规则和离婚后的住所有关（Friedl，1975；Martin 和 Voorhies，1975）。伴随着母系继嗣和入赘（结婚后与女方亲属居住在一起），女性的地位也越来越高。母系继嗣和居住于女方家族或部落将有关系的男人分散开，而不是将他们聚集在一起。相反地，父系继嗣和婚后居住在男方亲戚那边（结婚后与丈夫的家族住在一起）则将男性的亲属都聚集在了一起。母系-入赘的系统更可能在这样的社会中发生：对于战略资源的人口压力是最小的，战争也很少发生。

女性更可能在母系的和入赘的社会中拥有更高的地位，有以下几个原因。继嗣团体的成员资格、政治地位的接替、土地的分配及社会认同都通过女性来联系。在马来西亚的森美兰州的马来人母系社会（Peletz，1988）中，母系继嗣给了女性独自继承祖先稻田的权力。男方入赘创造了一条女性亲属的独立链条。这些马来女性在家庭生活上拥有相当大的影响力（Swift，1963）。在这样的母系环境中，女人是整个社会结构的基础。虽然公共权力在名义上是分配给男人的，但是大多数权力和决定实际上还是属于年长女性的。

母系社会 一种政治体系，在这个体系中，女人在社会和政治组织中比男人扮演更为重要的角色。

母系氏族

从跨文化的角度来看，人类学家已经描述了大量有关男女角色及他们之间权力区别的变量了。如果一个父系社会是一个由男人统治的系统，那么母系社会是怎样的呢？母系社会会不会是一个由女人来统治的社会呢？或者是一个女人在其中的社会政治组织中比男人扮演着更为突出角色的政治系统？人类学家佩吉·桑迪（2002）总结道，母系社会是存在的，但并不是作为父系社会的镜像而存在的。男人在父系社会中所持有的特权并不与女性在**母系社会**（matriarchy）中持有的权力相同。许多社会，包括桑迪研究了数十年的印度尼西亚南苏门答腊的米南佳保（minangkabau）少数民族，缺少与父系社会那样的实质性权力差异。米南佳保的女人在社会经济和仪式生活中扮演着中心的角色，并且作为一种关键的象征符号。母系社会和母系氏族在村庄这一层面是明显的，同时也是区域性的，在这些地方按照母系继嗣中的长者将村庄分等级。

四百万的米南佳保人是印度尼西亚最大的民族群体之一。他们生活在南苏门答腊的高地，拥有一种基于母系社会习俗而存在的文化，这种文化也有一个叫作阿达特法（Adat）的基于自然的哲学。米南佳保人认为男人和女人是为了获取食物的合作伙伴，而不是由个人私利控制的竞争者。人们促进社会和谐而不是诉诸武力方能获取声望。

桑迪认为米南佳保是一个母系社会，因为女人是中心、起源及社会秩序的基础。年长的女人被比喻成传统房屋的中心支柱，是村庄中最老的那位。在一个族群中最老的村庄被称作“母亲村庄”。在仪式中，女人会说一些话，而这些话是为她们神秘的母亲娘娘所说的。女人控制土地的继承，还有入赘之后夫妻的居所。在婚礼仪式中，女人在其亲属的陪伴下将她的丈夫从他家带过来，护送到她的家。如果离婚的话，丈夫只要打包自己的行李离开就行了。然而，尽管女人有着特殊的地位，米南佳保的母系社会并不同等于女性统治，就像米南佳保的信念那样，所有的决定都应该由大众舆论来做出。

增长的性别分层——父系－随男方居的社会

马丁和沃里斯（Martin 和 Voorhies，1975）将母系社会的衰落和**父系－随男方居的复合体**（patrilineal-patrilocal complex，由父系氏族、父系社会、战争及男人特权构成）的扩散与资源所承受的压力联系在一起。面对稀少的资源，父系-随男方居社会的维系者（例如亚诺玛米人）经常对其他村庄发动战争。这种方式很受父系社会和父系氏族青睐并成为一种习俗，这种习俗能将相同村庄中相关的男人聚集在一起，这些村庄都在战争中结成了坚强的同盟。这样的社会有一种尖锐的公私二分的情形，而男人倾向于在声望等级中占主导。凭借他们在战争和贸易中的公共角色及他们越来越高的声望，男人可以使女人符号化并使她们贬值或受到压制。

印度尼西亚的西苏门答腊省的米南加保新娘和新郎。在这里，人类学家佩吉·桑迪开展了多年的人类学田野工作。

人类学的工作

工作在国际化发展项目中的人需要知道女人在家庭中和经济中所扮演的角色，并且需要注意到社会公正的议题。里克·施罗德（Rick Schroeder）在南非的赞比亚做研究，那里的女人在公共的父系的土地上开发了产生效益的公园。一个新的开发项目推动了男人控制的林场，他们种植的地方恰好是女性之前农耕的地方。女人们失去了他们的收入，被鼓励为男人工作。这样的案例显示了发展项目常常忽视女性的经济贡献，并且忽略了新的项目会影响性别化的经济关系。受过人类学训练的人在国家化的经济开发项目中是重要的，因为这能确保社区中的每个人都能被考虑到，并且利益是被平均分配的。

巴布亚新几内亚的腹地有许多以父系——随男方居的复合体为特点的社会。女人辛勤劳作种植生活所需的农作物，饲养和照料牲畜，为家庭做饭，但是她们却被隔离在公共领域之外，而公共领域是由男人控制的。男人种植并分配重要作物，为宴会准备食物并安排婚礼。男人甚至会去买卖牲畜，然后控制它们在仪式中的使用。

父系-随男方居的复合体 父系氏族、父系社会、战争及男人特权所组成的一个相互关联的群集。

在巴布亚新几内亚腹地人口密度较高的地方，男女之间界限的废止与对资源的压力大小有关（Lindenbaum，1972）。男人恐惧所有与女性相关的东西，包括性。他们认为和女人的性关系会削弱他们。确实，男人把一切与女性相关的都视为是危险的和不洁净的。他们在自己的房子里把女人分隔开，并将他们珍贵的仪式用品藏起来远离女性。他们晚婚，有些甚至不结婚。

相对来说，新几内亚人口密度较小的区域，比如最近建立的区划，没有关于男女关系的禁忌。女性作为肮脏之物的形象也消褪了，异性间的性关系被赋予价值，男人和女人活得更久，生育率也较高。

学习小贴士

在对资源的压力较小及人口密度低的地方会产生母系社会。对资源的压力会导致战争和扩大的生产，而这种情况就会产生父系氏族和父系社会。

父系社会与暴力

一个由男人统治的政治体系，在这个体系中，女性拥有较低的社会和政治地位，包括很少的人权，这样的社会被称为**父系社会**（patriarchy）。芭芭拉·米勒（Barbara Miller，1997）在一项有关系统性忽视女性的研究中，把北印度乡村地区的女性描述为“濒危的性别”。一些社会以成熟的父系–随男方居的复合体为特点，充满着战争，这样的社会也是父系社会的典型代表。还有抢劫嫁妆、杀害女婴及阴蒂切除之类的情况都属于父系社会的典型表现，而这样的社会从部落社会（例如亚诺马米）一直延伸到国家社会（例如印度和巴基斯坦）。

父系社会 由男人统治的政治体系，女人在这个体系中拥有较弱的社会政治地位，包括很少的基本人权。

虽然有些情况在某些社会环境中更普遍，但对女性的家庭暴力确实是一个全球性的问题。家庭暴力通常在核心家庭中发生，例如加拿大和美国。城市是家庭暴力的温床，因为在城市中奉行个人主义，并且个人与自己更大的亲族网络相隔离。

我们已经看到了女性在经济中扮演突出角色的社会中性别分层会减少。当一个女人居住在她自己的村庄中，她拥有附近的亲属来照顾和保护她的利益。即使是在随男方居住的一夫多妻的环境下，在与虐待自己的丈夫的争端中，女人也常常依赖她的亲属和儿子。这样的环境为女人提供了一个安全的避风港，然而在今天的世界中，这样的避风港在缩小而不是扩大。孤立的家庭和父系社会的形式在以母系氏族的牺牲中得到了扩张。许多国家宣告了一夫多妻是非法的。越来越多的女人，还有男人都发现他们与扩大的亲族关系及原生家庭隔离了。

随着女权运动和人权运动的扩大，关于家庭暴力和对女性的虐待也受到了越来越多的关注。一项项有关的法律已建立，相关机构也建立了。巴西为受害的女人建立了“女人快跑警察局”就提供了这样的一个好例子，同样，美国和加拿大也为受害者提供了避难所。但是，父权意识并未绝迹，始终在这个本该更文明的世界的某个角落存在。

文化思考

对于外出工作的女性，她们面临着怎样的挑战呢？想一想小孩的看护、工资待遇及对性别角色的刻板印象。民族、种族、年龄和社会等级等因素是如何影响女性所面临的挑战的？比如说，年轻的女性或者有色女性会不会遇到特别的挑战？

文化思考

虽然一些女人比男人挣得多，但是因为贫困的女性化，越来越多的女性挣得比男人少。你是怎么看待全球越来越多的女性处于贫困线以下的呢？可以做些什么来逆转这种趋势呢？

明白了吗？ 你能识别跨文化中对女人地位产生影响的社会、政治和经济因素吗？

>> 工业社会中的性别

公私二分也影响着工业社会中的性别分层，包括美国和加拿大。在北美，性别角色已经在快速地改变了。在1900年，工业化席卷美国的时候，有关“女人的领域在家”的“传统”观点就已经出现了。更早的时候，中西部和西部的年轻女人被认为是农业和家庭工业中强有力的生产者。在工业化背景下，在不同的阶级和地区中，有关性别化工作的态度也变得多元化。在早期工业化的欧洲，男人、女人和小孩都被聚集在工厂当劳动者。沦为奴隶的美国男人和女人在棉花田里做苦力。随着奴隶制度的废除，南方的非洲裔美国女人继续在田间和家庭中劳作，贫穷的白种女人也在南方的棉花山上劳作。19世纪90年代，超过一百万的美国女人在卑微的工作岗位上劳作，这些劳作不仅没有技术含量，而且还极具重复性。

在世界大战期间，女性在体质上不适合做沉重的体力活这种观点逐渐消亡了。图片中是第二次世界大战期间著名的铆工露丝（第二次世界大战时美国女工的统称）。现如今有比得上的海报女性吗？她的图像对于当代性别角色说明了什么？

1900年以后，欧洲移民产生的男性劳动力愿意以比美国男人报酬更低的工资工作。这些移民男性占据了工厂的职位，而这些职位原先是由女人从事的。随着机械的进步和大批量的生产，更加减少了对女性劳动力的需求，有关女性在生物性上就不适于在工厂工作的观点开始大行其道（Martin 和 Voorhies，1975）。

马克辛·马格里斯（Maxine Margolis，1984，2000）已经说明了多元的性别化工作、态度和信仰是如何来回应美国经济的需求的。例如，战争时期男性的缺乏推动了这一观点——女性外出工作是一种爱国责任。在世界大战期间，女性不适于强度较大的体力活这样的观点也逐渐消亡了。通货膨胀和消费文化也刺激了女性的就业。当价格和需求上升，多元化的收入帮助维持了家庭的生活标准。

第二次世界大战后女性带薪工作的稳定增长也反映了出生潮的刺激和工业的膨胀。美国文化传统上将行政工作、教书和护理工作界定为女性的职业。在第二次世界大战后，快速的人口增长和商业的扩张，让女人从事这些工作的需求持续增长。雇主也发现通过雇用女性，他们可以比雇用退役的老兵付出更少的薪水，这样他们就能获取更多的利润。

马格里斯（Margolis，1984，2000）坚持认为，经济的变化导致了社会对女性态度的变化。经济的变化为当代妇女运动铺平了道路，同时1963年贝蒂·弗雷登（Betty Friedan）出版的书《女性的奥秘》和1966年国际妇女组织（NOW）的成立也推动了妇女运动。妇女运动也持续推动着女性就业机

美国母亲、妻子和丈夫参与支付现金的工作（1960—2010 年）

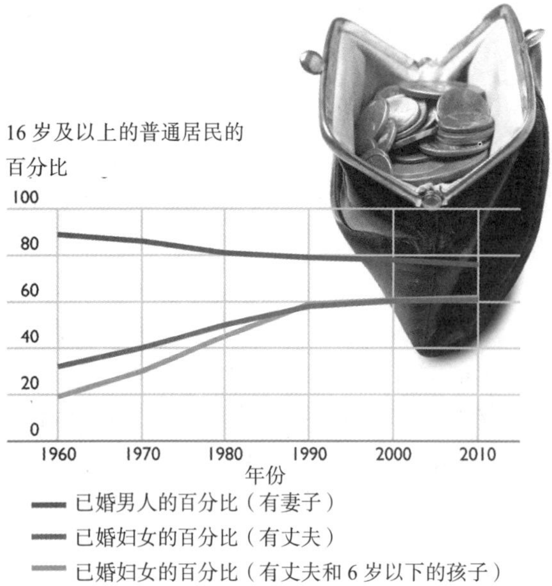

美国妇女参与有薪金劳动的趋势（1890—2010 年）

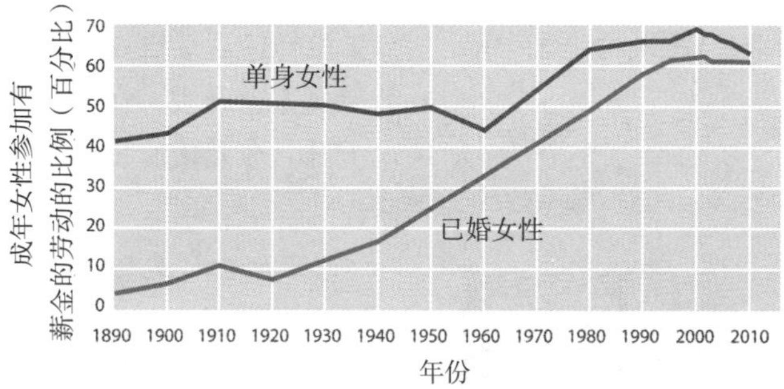

资料来源：Statistical Abstract of the United States 2010，Table 1330；Huffington Post

会的增加，包括同工同酬的目标。在 1970 年至 2000 年，美国劳动力中女性所占的比例从 38% 上升到了 47%。在家庭以外工作的美国人中，大约有一半是女性。超过 650 万的女性现在从事着有报酬的工作，相比而言，男性是 730 万。女性占据了超过一半（52%）的管理 / 专业岗位（Statistical Abstract of the United States，2012，表 6-16）。并且工作的女性并不像以往那样都是单身女性。在“美国母亲、妻子和丈夫参与的支付现金的工作（1960—2010）”中的数据显示，有越来越多的参加工资劳动工作的母亲和妻子，其中还包括那些小孩不到 6 岁的母亲。

可以注意到数据中美国已婚男人就业率在下降，而

你了解吗

美国夫妻之间学历和收入的鸿沟正在缩小。1970 年，28% 的 30 岁至 45 岁的已婚女性有一个受过更好教育的丈夫，相对来说今天这个比例只有 19%。1970 年，4% 的女性挣的钱比她们的老公多，今天这个比例已经超过了 20%。

已婚女性的就业率却在上升。自从 1960 年以来，有 89% 的已婚男性参加工作，而仅仅只有 32% 的已婚女性参与工作，从那时起人们的行为和态度上都产生了剧烈的变化。这个比例在 2010 年的时候是 76% 和 61%。女性和男性收入间的比例从 1989 年的 68% 上升至 2006 年的 77%，到 2010 年跌落至 72%。

有关男女性别角色的看法已经改变了。比如说你有一个工作的妈妈，但是你的祖母更可能是一个家庭主妇。你的爷爷比你的爸爸更有可能在工厂工作并且隶属于某个单位。你的爸爸比你的爷爷更有可能分担照料孩子等家庭事务。结婚年龄对于男女来说都被延迟了。高等教育和专业学历都得到了提高。还有哪些变化你能与越来越多女性外出工作联系起来吗？

不同国家的单亲家庭，对比 1980 年和 2009 年

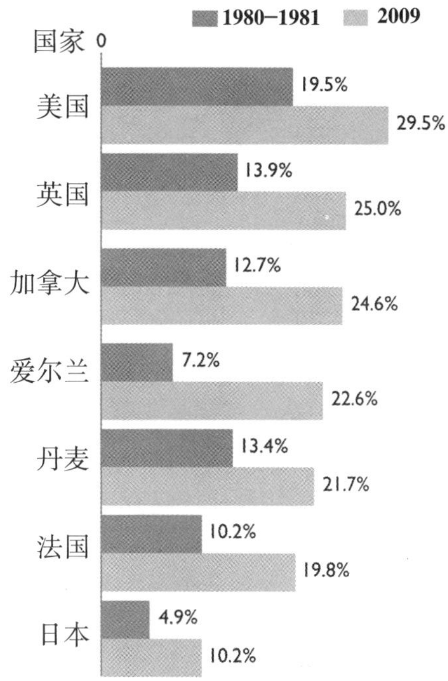

贫困的女性化

伴随着很多美国女性在经济上的成就，这里也有一个相反的现象：贫困的女性化，或者说在美国最穷的人中，女性（和她们的小孩）越来越多。美国的收入低于贫困线的家庭中妇女占了一半以上，比 1959 年的数量的 2 倍还多。已婚夫妇在经济上比单身母亲更有保障。已婚夫妻家庭的收入几乎是单身母亲家庭的 2 倍以上。2009 年单身母亲家庭的平均年收入是 32 597 美元，这比已婚夫妻家庭平均收入（71 830 美元）的一半还少。

贫困的女性化不仅仅是北美的现象。单亲家庭（主要是单身母亲）在全世界的比例都在上升。数据显示日本有 10% 的单亲家庭，南亚和东南亚的一些国家低于 20%，一些非洲国家和加勒比海地区大约有 50% 的单亲家庭（Buvinic，1995；*Statistical Abstract of the United States*，2012）。正如我们在图表“不同国家的单亲家庭”中所看到的，在 1980—1981 年至 2009 年，每个国家的单亲家庭比例都在上升。在这些被研究的国家中，美国始终是单亲家庭比例最高的国家（29.5%），接下来是英国（25%）、加拿大（24.6%）、爱尔兰（22.6%）和丹麦（21.7%）。在过去 30 年中单亲家庭的增长率在爱尔兰是最高的，从 7.2% 增长到 22.6%，增长了将近 3 倍。

从全球范围来看，单身母亲家庭比单身父亲家庭更穷。在一项研究中，被认为是贫困单亲家庭的比例在英国是 18%，在意大利是 20%，在瑞士是 25%，在爱尔兰是 40%，在加拿大是 52%，在美国是 63%（Buvinic，1995）。

有一个方法得到了广泛的认可，被认为可以提高贫困女性的地位，就是鼓励她们加入有关组织。新的妇女团体在某些情况下能取代那些已经被破坏的传统社会组织或使它们复兴。团体中的成员关系能帮助女性动员资源，合理化生产，并减少贷款方面的风险和花销（Dunham，2009）。相关组织也让女性能培养起自立的精神并减少对他人的依赖。通过这样的组织，全世界贫穷的女性通过工作可以决定她们自己的需要和优

明白了吗？ 你能评估在工业国家中性别地位和它的变动吗？

先考虑的事情，并改变一些事情来提高她们的社会经济处境（Buvinic，1995）。

工作与幸福

看一看图表“工作中的女性与幸福”，这个表在 2008 年从 30 个国家中收集了数据。在美国，69.3% 的女性在工作，排在第 13 位，加拿大（女性就业率 74.4%）排在第 6 位。爱尔兰排在第 1 位，女性就业率达到 82.5%。土耳其最低，只有 26.7% 的女性就业率。

2010 年，盖洛普展开了对世界上幸福感最高的 132 个国家的调查，基于多种衡量标准，包括那个国家中贫穷的人和富有的人所占的百分比。受访者也被要求来给自己的生活打分，从 0（最不幸福）到 10（最幸福）。丹麦是全世界最幸福的国家；加拿大排第 6；美国排第 12。

阴阳人 其包含一系列的特征，包括外部生殖器官（阴茎、阴道等）和内部的生殖器官（睾丸、卵巢等）的不一致。

有趣的是，我们能在两个测量指标——幸福和女性在外就业中发现一些关联。在 13 个有着最高女性就业率的国家中，有 10 个国家位列世界最幸福国家（Levy，2010）。有哪些因素可以解释这个联系？为什么当越来越多的女性外出工作，一个国家的人口会感到更幸福？更多的钱？更多的税？更多的社会服务？更多的个人自由？我们陈述，你们决定！

>> 超越男与女

性别是由社会建构的，社会可以认可两种以上的性别。例如当代美国，有些人将自己贴上诸如“跨性别”“阴阳人”“第三性”和“变性人”这样的标签。这样的人有一部分是男性，有一部分是女性，或者既不是男性也不是女性，与主流的男 / 女性别区分相冲突。因为那些将自己定义为“跨性别”的人越来越多，我们必须严肃对待将“男性气质”和“女性气质”绝对化和二元分立的观点。

正如我们所看到的，性是生物的，然而性别是社会建构的。跨性别是一个社会分类，包括那些有可能与普遍的男性和女性产生生物性对照的人。在跨性别的分类里，阴阳人通常会与普遍的男性和女性进行生物性对照，但是跨性别也包括那些性别身份没有明显生物根据的人。

阴阳人（Intersex）这个词包含一系列的特征，包括外部生殖器官（阴茎、阴道等）和内部的生殖器官（睾丸、卵巢等）的不一致。这个词汇相对较古老的表征就是雌雄同体，与古希腊男神和女神的名字相联系。Hermes 是一个代表男性的神（在其他事物中），Aphrodite 是一个代表女性、爱和美丽的神。

阴阳人的起因是复杂多样的（Kaneshiro，2009）：（1）染色体为 XX 的阴阳人拥有女性的染色体（XX）及正常的卵巢、子宫和输卵管，但是外部的生殖器却是男性的。通常这是由于在出生前女性胎儿被过多地暴露在男性激素中所导致的。（2）染色体为 XY 的阴阳人拥有男性的染色体（XY），但是外部的生殖器官是不完整的，模棱两可的，或者是女性化的。他的睾丸可能是正常的，也有可能是畸形的或根本就没有。（3）同时拥有卵巢和睾丸组织，这个人的外部器官可能是模糊的或可能呈现为男性或女性。（4）阴阳人也是由于不寻常的染色体连接导致的，例如 XO（只有一个 X 染色体）、XXY、XYY 及 XXX。在最后三个例子中，都有一个多余的染色体：X 或者 Y。这样的染色体连接并不会产生内部生殖器官和外部生殖器官的明显不一致，但是可能会产生一些问题，比如性激素的水平及性发育的问题。

染色体 XXY 的结构，被称作克兰费尔特综合征（Klinefelter syndrome），是由最普遍的变异的性染色体连接，也是第二普遍（第一是唐氏综合征）的由于有多余染色体存在所导致的状况。在 1000 名男性中大约有 1 个人会得克兰费尔特综合征。500 名男性中会有一名拥有多余的染色体但是没有主要的症状——小的睾丸和低下的生育能力。XXX，又叫作三 X 综合征，在女性的每一个细胞中都有一个多余的 X 染色体。1000 名新出生女性中大概会有一个人患有三 X 综合征。与其他女人相比，三 X 综合征的女性并没有明显的不一样。患 XYY 综合征的男性与其他男人也没有多大的差别。

特纳综合征（Turner Syndrome）包含几个条件，XO（缺少一个性染色体）是最普遍的。在这样的情况下，全部或部分的性染色体是缺少的。女性一般拥有两个 X 染色体，但是在特纳综合征中，其中一个染色体缺失或不正常。患有特纳综合征的女孩通常是不能生育的，因为她们的卵巢无法运作，还会闭经（月经停止）。

生物并不决定命运；人们在社会中建构自己的认同。许多受某一种生物条件影响的人将他们自己看作女性或男性，而不是跨性别者。自我认同为跨性别的人倾向于是那些自己的性别认同与他们出生时的性别及婴孩时社会赋予个人的性别相冲突的人。跨性别的分类是很多元的；包括在性别表演中的行为和在自我中所占的不同比例。一些倾向于男人，一些倾向于女人，而另外一些并不倾向于任何一种主要的性别。

> 就我个人而言，成为任何性别的人，对我来说都是一个拖累。
>
> 帕蒂·史密斯（Patti Smith）

对性别多元化的恐惧和忽视加深了歧视，主要是外界认为跨性别者是同性恋和被污名化的分类。事实上，在多元性别角色和认同中并不是什么新鲜事和不正常的事，正如人类学家的记录所证实的那样。性别多元是一个人类现象，这种现象在不同的社会和文化中有多样的表现。

历史和民族志的记录揭示了性别分类和角色的可延展性（Herdt，1994）。比如，想一想太监或“完美的仆人”，指在拜占庭，一个被阉割的男人在闺房中充当一个安全的侍者（Tougher，2008）。在印度社会中，海吉拉斯（Hijras）作为第三种性别，他们的被认可和得以适应显示了某些社会需求迫使被阉割的男人来充当某些特殊的社会角色（Nanda，1998）。在 19 世纪，罗斯科写到了“祖尼的男—女性人”，或者说是男同性恋者。就像在前面章节中所描述的那样，男同性恋者接受了社会分配给女性的社会角色，并且通过第三性的表演，对整个社会和社会作为一个共同体的精神福祉都做出了独特的贡献（Roscoe，1991，1998）。一些巴尔干社会还存在“发过誓的处女”，是指一些女性在男性短缺的时候装成男人，并扮演男人的角色，参与男性的社会活动以满足社会需求（Gremaux，1993）。

在北阿尔巴尼亚的盖格部落，“处女易装癖者”在生物上是女性，但是当地人把她们当作“名义上的男人”（Shryock，1998）。阿尔巴尼亚的年轻女孩被选中成为男人，保持独身，在她们的家庭和村民们的支持下与男人一起居住（Young，2000）。再来看看波利尼西亚。在汤加，法发莱迪（fakaleitis）这个词汇描述了行为像女人的男人，与主流的有明显的男人特质的汤加男人形成了对比。与汤加的法发莱迪相类似，萨摩亚的法发芬尼（fa' afafine）和夏威夷的马护（mahu）也指的是那些接受了女性特质、行为和外形的男人。

在现代西方，**跨性别（transgender）**的总分类包含一个相似的特征，这些人的性别表演和认同与二元的性别结构相冲突。跨性别的人数很多，并且对社会也做出了贡献，至少他们尝试去保护自己能够自在地生活。在最近几年，男同和女同的权利运动取得了许多的胜利，包括在一些国家中同性婚姻的合法化及美国军事服务政策“不要问不要说”（DADT）的废除。同性恋运动已经扩展到包括男同性恋、女同性恋、双性恋和跨性别群体（LGBT），这些运动致力于推动政府政策和社会实践来保障成员的公民权和人权。

跨性别者 那些性别认同与他们出生时的生物性别和在婴孩时社会赋予他们的性别相冲突的人，被称为跨性别者。

性取向 一个人固有的对另一个性别（同性）或相反的性别（异性）或两种性别（双性）所具有的性吸引和性活动，还有缺少性吸引（无性），被称为一个人的性取向。

> 作为一个整体的社会，其不可估量地从这样一种社会风气中受益：在这里，所有人，不管其种族或性别，都有着相同的机会来基于自己的能力获得尊重、责任、进步和酬劳。
>
> 前大法官桑德拉·戴·奥坎诺（Sandra Day O' Conner）

明白了吗? 你能解释并提供一些例子来说一说一些社会是如何来对待两种以上性别的吗?

>> 性取向

一个人固有的对另一个性别（同性）或相反的性别（异性）或两种性别（双性）所具有的性吸引和性活动，这样的现象就被称为**性取向（sexua orientation）**。无性的——对任一性别都很冷淡，也缺少吸引——也是一种性取向。这四种形式都在当代北美和世界各地中存在。但是每一种类型的欲望和经验都对个人和群体有着不同的意义。例如，一个无性的倾向在一些地方是被接受的，但是在别的地方就可能被认为是一种缺陷。男-女的性行为在墨西哥可能属于私事，而不像在巴布亚岛新几内亚的埃托罗人那样，认为是公开被社会认可并得到鼓励的事（Blackwood 和 Wieringa，1999；Boellstorff，2007；Kimmel 和 Messner，2013；Kottak 和 Kozaitis，2012；Nanda，2000）。

最近，在美国有一个趋势就是认为性取向是固定的和以生物性为基础的。现在还没有足够的信息来证明在何种程度上性取向是由生物性决定的。我们能说的就是人类的活动和喜好，包括性表达，至少部分是由文化构建的。

在任何一个社会中，每个人在性的兴趣和需要上的特征、强度和广度都是不一样的。没有人确切地知道为什么在人与人之间会有这样的性差异存在。部分的答案可能是生物性的，反映了基因或激素（Wade，2005）。另外一部分原因则可能与个人成长中的经历有关。但是不管是什么原因，文化总是在将个人性需求引导到一个共同的规范上，这在其中扮演着重要的角色。这样的性规范在不同的文化中也不一样。

对于不同社会中的性规范的差异，我们知道些什么呢？在历史中又是如何演变的呢？一个经典的跨文化研究（Ford 和 Beach，1951）发现了对于手淫、兽交（与动物发生性行为）及同性恋的态度存在着很大的差异。在一个单一的社会中，例如美国，有关性的态度随着时间而不同，同时也会随着社会的经济状况存在着地区和城乡差异。但是，即使在20世纪50年代，在“性行为许可年龄”（前艾滋病阶段，从20世纪60年代中期至70年代）之前，研究显示大约所有的美国男人（92%）和一半以上的女人（54%）承认有过手淫。在著名的金赛报告（Kinsey，Pomeroy 和 Martin，1948）中，调查中37%的男人承认至少有过一次与男性达到性高潮的经历。在后来对1200名未婚女性的研究中，26%报告了同性性行为（因为金赛的研究基于非随机样本，这份报告仅仅被看作是描述性的，而不是一个对性行为做出准确统计分析的报告）。

在福特和比奇（Ford 和 Beach，1951）的研究中，所调查的76个社会中有37%的社会，同性之间的性行为是不存在的、稀有的或者说是隐秘的。在其他的社会中，不同形式的同性性行为是可以被接受的。有时候，同性之间的性关系会有一方以易装的形式表现出来（Kulick，1998）。

再来看一下艾托罗人（Kelly，1976），一个拥有四百人口的部落，生活巴布亚新几内亚的横越地区，以打猎和园艺为主要谋生手段。艾托罗人使用文化的力量来塑造人的性行为。以下的描述是基于雷蒙德·凯利（Raymond C. Kelly）在20世纪60年代后期的民族志田野工作，只适用于艾托罗男性和他们的信仰。艾托罗人的文化规范不允许研究他们的男性人类学家去收集有关他们对于女性态度的信息。请注意，这样的情况是传教士所造成的。鉴于并没有对艾托罗的重新研究，尤其是有关这方面活动的研究，因此这样的活动在多大程度上保留到了今天是未知的。由于这个原因，我们会使用过去时态来描述他们。

艾托罗人有关性行为的观念与他们的信仰有关，这些信仰是关于生命的循环、身体成长、成熟、年老、死亡的。艾托罗男人认为精液给胎儿赋予生命是非常必须的，他们相信，是在祖先精神的作用下，精液被植入到女性的体内的。怀孕期间的性交能滋养成长中的胎儿。托罗人相信男人只能在生命中提供的精液是有限的。任何导致射精的性行为都被认为是消耗精力，精力则是维持男性生殖能力和生命力的，而射精就会削弱精力。孩子的出生，是由精液培育的，象征着会导致丈夫最终死亡的一个必须的牺牲。异性间的性行为——仅仅为了生育——是不被鼓励的。那些对性需求太多的女性被看做是巫婆，对丈夫的健康有害。艾托罗文化仅仅允许一年中的100天能发生性行为，剩下的时间是禁止的。季节性的出生潮显示了这个禁忌是受到尊重的。

你了解吗

在2010年的人口统计中，美国第一次将同性恋伴侣视为已婚的，即使他们没有在法律上结婚。在2000年，他们还只能把自己称为居住在一起的未婚伴侣。

在性表达上的自由似乎看起来是我们的祖先遗传给我们的。手淫和同性性行为在猩猩和其他灵长类动物中都存在。我们的灵长类祖先的性潜能是被文化、环境、繁殖需求所塑造的。异性性行为在所有的社会中都在实践着——毕竟，人类必须繁衍自己——但是可选择的性行为还是广泛存在的（Rathus，Nevid 和 Fichner-Rathus，2013）。就像性别

文化思考

将阿赞德和艾托罗的性实践和性身份与你所熟悉的那些社会做个比较。有关同性恋的观点在跨文化的情境中是如何呈现差异的？

角色和性别态度那样，人类个性和认同中性的组成部分——我们表达成我们“自然”的性欲——是由我们的文化和环境决定并限制的。

明白了吗？

你能概括并评价一下那些跨文化研究中所认为的性取向并不是固定的或由生物性决定的吗？

参与进来！

你可能知道或听说过一个女人处于一段暴力的婚姻或约会关系里面。去了解一个女人和她的小孩怎样才能从暴力环境中找到一个暂时的避难处，登录安全地平线网站，这是一个纽约市政支持的办事处。点击“家庭暴力避难所”。倾听那些被配偶或男友虐待女性的故事。虽然这些女人来自不同的情境，但是你在她们的生活中能发现什么共同的情况吗？城市生活或大城市中的移民状态是如何削弱一个女人的地位的？避难所提供的特别服务是如何帮助两手空空的女人脱离其对虐待她们的男人的经济依赖的？同时又是如何帮助她们处理那种即使发生家暴还将原因归结于自身的那种感觉？

本章回顾

I. 生物和文化是如何在人类的性 / 性别系统中得到表达的？

- 虽然性的两性异形随着人类的进化已经减少了，但是男性和女性在生理学上和解剖学上还是不一样的。

  在不同的文化中，男女两性的角色既不相同但也有相似之处。“男人和女人的生物特征对于人类有机体来说不应该（被看作）是一个狭窄的围墙，而应该是一个广阔的平台，在这个平台上，各种各样的结构可以被建造起来。”性差异是生物性的，但是性别包含这样的特点——一种文化将男人和女人分配好。性别指的是由文化结构来决定谁是女人，谁是男人或别的性别。社会可能会认可两种以上的性别。“阴阳人”这个词包含一系列的特征，包括染色体的构造，这种构造会造成外部生殖器官和内部的生殖器官的不一致。跨性别者可能会，也可能不会与普通的男女有生理上的不同。那些自我认定为跨性别者的人更可能是那些性别认同与他们出生时的生物性别和在婴孩时社会赋予他们的性别相冲突的人。

II. 性别、性别角色和性别分层是怎样与社会、经济、政治相联系的？

- 在原始社会中，公私二分和性别分层都是受到限制的，并且男女两性的活动也有多处重叠。在母系社会和母系亲族中，女性的地位往往比较高。对资源的竞争会导致父系–随男方居的共同体产生。男性在父系社会中所拥有的特权与女性在母系社会中所拥有的权力并不相对称。美国的工业化在早期一度渲染了女人不适于工厂这样的观点，但是第二次世界大战后工业化的扩张却增加了女性的就业。女性贫困人数的增加是一个全球化的现象。

III. 什么是性取向，以及性实践是如何在不同的文化中体现的？

- 性取向指的是一个人固有的对另一个性别（同性）或相反的性别（异性）或两种性别（双性）所具有的性吸引和性活动。无性的——对任一性别都很冷淡，也缺少吸引的性取向。这四种形式都在世界各地中存在。但是每一种类型的欲望和经验都对个人和群体有着不同的意义。人类学家一般认为性取向至少部分是由文化建构的。在美国，有关性的态度随着时间而不同，同时也会随着社会的经济状况存在着地区和城乡差异。在性表达上的自由似乎看起来是我们祖先遗传给我们的。

突击测验

选择题：

1. 看一下引句：“男人和女人的生物特征对于人类有机体来说不应该（被看作）是一个狭窄的围墙，而应该是一个广阔的平台，在这个平台上，各种各样的结构可以被建构起来。”以下说法中哪一个最好地表达了这句话的意思?
   a. 这句话反映了文化普遍性而不是文化特殊性
   b. 这句话反映了人类学在性 / 性别角色和生物上的立场
   c. 这句话反映了生物如何决定思考
   d. 这句话忽视了相关的证据
2. 希多特萨女性造船，波尼族女性做木工。这两个例子说明了：
   a. 生物与性别角色毫无关系
   b. 人类学家在寻找一个性别平等的社会上太天真了
   c. 在不同社会中，男女的分工种类并不具有文化普遍性，是有例外存在的
   d. 一个希多特萨或波尼族的男人是从来不会干女人的活儿的
3. 在狩猎者中：
   a. 战争和贸易使男人比女人更有优势
   b. 当采集比狩猎更重要时，女性的地位就下降了
   c. 公私二分的缺乏导致了性别分层的弱化
   d. 男人和女人几乎是平等的
4. 跨性别者：
   a. 并不一定与普通的男女有生理上的差别
   b. 和阴阳人是一样的
   c. 是现代外科技术的成果
   d. 在大多数社会中是有影响力的精神领袖
5. “贫困的女性化”意味着：
   a. 贫困看起来更容易忍受
   b. 单身母亲比已婚女性更幸福
   c. 女性和她们的孩子越来越成为世界上最贫穷的人的代表
   d. 越来越多的以女性为主导的家庭显示了女性增长的权利和独立性
6. 以下说法中有关本章性取向的讨论中是最重要的，除了：
   a. 不同类型的性需求和性经历对于个人和群体来说具有不同的意义
   b. 在任何社会中，个人在性兴趣和性需求上的特征、范围、强度都会不同
   c. 文化总是在将个人性需求塑造成一个集体性的规范上扮演重要角色
   d. 有一项结论性的科学证据证明性取向是由基因决定的

填空题：

1. ______ 指的是一种文化给不同性别分配的任务和活动。
2. 总的来说，在 ______ 继嗣的社会中女性的地位比那些在 ______ 继嗣的社会更高。
3. ______ 指的是在男女之间社会资源、权力、特权和个人自由的不平等分配。
4. ______ 指的是一系列特征，包括外部生殖器官（阴茎、阴道等）与内部生殖器官（睾丸、卵巢等）的不一致。

答案：1. b；2. c；3. c；4. a；5. c；6. d
1. 性别角色；2. 母系的，父系的；3. 性别分层；4. 阴阳人（双性人）

Culture

第九章

宗教

本章要点

- 界定宗教
- 宗教的表达
- 仪式与仪礼
- 社会控制
- 宗教的类别
- 世界宗教
- 宗教与变迁
- 世俗性的仪式

了解我们自身

你是否曾注意到棒球运动员要吐多少唾沫？穿着传统头部护具的橄榄球运动员不吐唾沫，篮球运动员也不会在球场上吐唾沫。网球运动员、高尔夫运动员、体操运动员和游泳运动员都不吐唾沫。但是，观看任何棒球比赛，你都会不断看到吐唾沫。这个习俗似乎源于投球区的土堆，并且作为那时候投球手例行地咀嚼烟草的遗俗持续到今天，这些投球手相信尼古丁能够提高他们的注意力。这种吐唾沫的习俗扩展到了其他运动员，他们甚至会不知羞耻地从外场将唾沫吐到休息区的台阶上。

对于风俗、仪式和巫术的研究者来说，棒球是一种特别有意思的比赛，人类学的知识能够很容易地应用于其上。早期人类学家布罗尼斯拉夫·马林诺夫斯基描写了太平洋的岛民，注意到他们在航海这项危险的活动上使用了各种各样的巫术。他认为人们在面临不确定性和他们不能控制的环境（例如风和天气）的时候会求助于巫术。像航海巫术一样，棒球巫术以仪式、烟草和神圣物品作为其形式，发挥着减轻心理压力的作用，在缺乏真相的控制时创造一种控制的假象。

围绕充满不确定性的投球和击球，有各种各样的巫术。防守的仪式要少些，运动员对此有更多的控制（Gmelch，2006）。投球手的仪式（例如吐唾沫）尤其明显，他们可能在击球的间隙拽拽帽子，朝特定方向吐唾沫，巫术性地摆弄用树脂做的袋子，对球讲话或者一轮比赛结束后洗手。击球手也有他们的仪式。一个棒球大联赛的运动员会吐了唾沫之后用他的球棒碰一下唾沫，试图以此提高他在本垒板上的胜算。

为了在不确定性中以及对我们无法控制的事物保持希望，所有的社会都将巫术和宗教作为非物质的慰藉、解释和控制。你们的仪式有哪些呢？

>> 界定宗教

鉴于被贴上“宗教”标签的信仰和行为各种各样并且遍布世界，人类学家知道界定**宗教**（Religion）是何等困难。在《宗教：一种人类学的视角》（*Religion：An Anthropology View*）一书中，安东尼·华莱士（Anthony F. C. Wallace）给出了一个定义：“与超自然的存在、权力和力量相关联的信仰与仪式”（1966：5）。“超自然”他指的是超越（但被认为会影响）可观察世界的一个非物质领域。这个领域不能从经验上证明或者证伪，也不能用平常的词语来解释。它必须被“不加怀疑”地接受。超自然的存在——神灵、幽灵、魔鬼、灵魂和精灵——在我们物质世界之外的某个地方安家，但他们经常来访。也有其他的超自然的或神圣的力量，它们之中一些被神灵或精灵所掌握，另一些则独自存在着。在许多社会中，人们相信他们可以从超自然力量中受益，被它们附体或操控它们（Bowie，2006；Bowen，2008；Crapo，2003；Lambek，2008；Stein 和 Stein，2011；Warms，Garber 和 McGee，2009）。

宗教 与超自然的存在、权力和力量相关联的信仰和仪式。

共同感 一种强烈的集体精神，一种强大的社会团结、平等和共同性的感觉；人们共同经历阈限时的特点。

华莱士的宗教定义关注超自然领域的被假定为普遍性的范畴（存在、权力和力量）。对于宗教人类学的奠基者之一埃米尔·涂尔干（Emile Durkheim，1912/2001）来说，关键的区别在于神圣（Sacred）和世俗（Profane）之间。就像华莱士的超自然一样，涂尔干的“神圣”是一个与平常的或者现世的（Mundane，他用了“世俗”一词）区别开来的领域。对于涂尔干来说，每个社会都有其神圣之物，但那一领域是被社会性地建构起来的；不同社会之间各不相同。涂尔干关注了澳大利亚的土著社会，他相信这些社会保留了宗教最初的或最基本的形式。他注意到他们最神圣的物品，包括被当作图腾的植物和动物，根本不是超自然的。实际上它们是“真实世界”的实体（如袋鼠和蠕虫），经过很多世代它们从社会群体获得了特定的意义，人们将它们当作神圣的并持续“膜拜”它们。

许多宗教的定义侧重定期聚集在一起进行膜拜的人群（Reese，1999）。这些聚会者或追随者内化了共同的信仰和一个共享的意义系统。他们接受了一套关于个人与神、与神圣性或者与任何被当作现实的无限本质之间关系的信条。像涂尔干那样的人类学家强调宗教的集体性、社会性、共享性及被表演（Enacted）的本质，同时还有宗教所寄托的情感以及它所具体化的意义。正如迈克尔·兰博科（Michael Lambek，2008：5）所评论的那样，“好的人类学懂得宗教世界对那些建构并生活于其中的人们来说是真实的、逼真的和重要的。”涂尔干（Durkheim，1912/2001）强调了宗教欢腾，即被宗教膜拜所激发的集体情感的强烈爆发。维克多·特纳（Victor Turner，1969/1995）更新了涂尔干的观念，他用了**共同感**（Communitas）这

文化思考

你是否曾感受过具有强烈的共同体精神的共同感？人们可能感受到共同感或集体欢腾的世俗场合有哪些？

一术语，指一种强烈的集体精神，一种强大的社会团结、平等和共同性的感觉。

“宗教”一词起源于拉丁语 religare，其意为“系住，束缚”，但是某一个宗教的所有成员作为一体聚集在一起并不是必须的。分支组织在当地的集会地点定期碰面。他们可能参加与代表更大区域的追随者举行的偶尔聚会。他们可能与世界各地有相同信仰的人们构成一个想象的社区。

在进行跨文化的宗教研究时，人类学家既注意了宗教作为一种社会现象，也注意到宗教的信条、背景、行动和事件的含义。宗教信仰在语言上的表现包括祈祷、赞美诗、神话、文本及关于伦理和道德的命题（Cunningham，1999；Klass，2003；Moro 和 Myers，2010；Stein 和 Stein，2011）。宗教的人类学研究还包含与洁净和污染（包括与饮食和身体接触有关的禁忌）、献祭、成人仪式、通过仪式、预言、学习、奉献及道德行动等有关的观念（Lambek，2008：9）。

就像种族特点和语言一样，宗教与不同社会和民族之内或之间的社会区分联系在一起。宗教既能联合也能分割。对共同仪礼的参加可以加强并因此维系一群信奉者的团结。然而，正如每天我们从报纸头条看到那样，宗教区分也可能与强烈的敌意联系在一起。在当今世界，所谓的世界性宗教和更为地方化的宗教之间的接触和对抗正在增加。

很久以前，爱德华·萨皮尔（Edward Sapir，1928/1956）论证了“一种宗教”和“宗教”之间的区别：前者只适用于一种正式的组织化的宗教，例如刚才提到的世界性的宗教；后者——宗教——是普遍性的，它涉及宗教信仰和行为，在所有社会中都存在，即使它们没有作为一种独立的和有明显界限的领域凸显出来。实际上，很多人类学家（例如 Asad，1983/2008）认为像“宗教”“政治”和“经济”这些范畴是一种武断的建构，它们最好并且可能仅仅适用于西方的、基督教的和现代的社会。在这些背景中宗教可以被当作一个特殊的领域，与政治和经济相分离。而与此相对，在非工业社会中，宗教通常是更加嵌入社会之中的。宗教信仰可能被用来管理经济（例如占星者决定什么时候播种），或者渗入了政治（例如国王的神圣权力）。尽管在当代美国宗教也进入了政治，但它还是有区别的。也就是说，法律系统将宗教和政治看作应该保持分离的领域。

人类学家认为宗教存在于所有的人类社会中，它是一种文化的普遍现象。然而，我们将会看到，将神圣从世俗中区分出来并不总是那么容易办到，不同社会将神灵、神圣事物、超自然和无限的现实概念化的方式十分不同。

学习小贴士

宗教有几个特点：（1）它与超自然有关；（2）它满足情感需求；（3）它是一种意义的集体系统；（4）它解释了不可解释的；（5）基于宗教的作用，它在本质上是社会的。

明白了吗？ 你能给出一个宗教的跨文化定义吗？

>> 宗教的表达

宗教是何时起源的？没人确切地知道。在尼安德特人的葬礼和欧洲的洞穴墙壁上有宗教的迹象，那些洞穴墙壁上所画的简笔画人物可能代表萨满——早期的宗教专家。然而，任何关于宗教何时、何地、为何及如何产生的命题或者任何对其最初本质的描述只能是猜测性的。尽管是不确定的，但是很多这样的猜测揭示了宗教行为的重要功能和影响。现在就考察几种理论。

灵性

宗教人类学的另外一个奠基者是英国的爱德华·伯内特·泰勒爵士（Edward Burnett Tylor，1871—1958）。泰勒认为，在人们试图理解通过日常经验无法解释的情况和事件时，宗教就会产生。泰勒相信我们的祖先——以及当代非工业社会的民族——对死亡、做梦和走神特别好奇。当人们醒来或从走神状态中恢复过来之时，他们看到了他们或许还记得的影像。泰勒得出结论说，解释梦和走神的尝试让早期的人类相信在身体内部居住着两个实体，一个在白天活动，另外一个——一个复体（double）或灵魂——在睡眠或出神状态下活动。尽管他们从未相遇，但他们对彼此都很重要。根据拉丁语的灵魂 anima 一词，泰勒将这种信仰命名为万物有灵论，灵魂是灵性实体的一种；人们记得他们梦中和走神时的其他影像——这是其他的精灵。对于泰勒来说，作为最早的宗教形式**万物有灵论**（animism），乃是一种对灵性存在的信仰。

万物有灵论 对灵魂或复体的信仰。

泰勒认为，宗教以万物有灵论为起点在不同阶段之间进化。多神论（polytheism，对多个神的信仰）和随后的一神论（monotheism）是后来发展出来的。因为宗教起源于解释人们不能了解的事物，泰勒认为它会随着科学提供更好的解释而衰落。在一定程度上，他是对的。我们现在对宗教曾经解释过的很多事物都有了科学的解读。然而，因为宗教继续存在，它必然做着除解释神秘事物之外的一些事情。它必然或者确实具有其他的功能和含义。

文化思考

宗教回答了哪些科学所不能回答的问题？你是否像泰勒一样，认为宗教会随着科学提供了更好的答案而衰落？

权力与力量

除了万物有灵论——有时候和它共存于同一个社会中——有一种观点将超自然看作非个人的权力或力量，人们可以在特定的情况下控制它们（如果你想到《星球大战》这部电影就对了）。这种超自然的观念在美拉尼西亚，也就是包括巴布亚新几内亚和附近岛屿的南太平洋地区，尤其明显。美拉尼西亚人相信**曼纳**（mana），这是存在于宇宙中的一种非人格力量。曼纳可以寄居在人、动物、植物和物品之中。

美拉尼西亚人的曼纳与我们的效力或运气观点相似。美拉尼西亚人将成功归于曼纳，人们可以通过例如巫术等不同方式对其加以获取和操控。具有曼纳的物品可以改变某人的运气。例如，属于一个成功猎手的吉祥物或护身符可以将曼纳传递给另一个佩戴它们的人。一个女人或许将一个石头放进她的园子，看到产量快速提升时会将变化归功于石头里所蕴含的力量。

对像曼纳一样的力量的信仰分布很广，但宗教信条的具体特点不尽相同。考虑一下美拉尼西亚和波利尼西亚（包含在北部的夏威夷、东部的复活节岛及东南的新西兰构成的三角区域中的岛屿）曼纳的不同。在美拉尼西亚，一个人可以通过机遇或通过努力工作获得曼纳；而在波利尼西亚，曼纳并不是对于每个人都具有潜在的可获得性，而是与政治职位联系在一起，首领和贵族比普通人具有更多的曼纳。

最高首领掌控了如此多的曼纳以至于普通人与他们接触是危险的。无论走到哪里，首领的曼纳都会流出他们的身体。它可以传给地面，其他人沿着首领的脚印走是危险的。它可以进入首领在吃饭时使用的容器和器具。首领与普通人之间的接触有危险是因为曼纳会产生电击一样的效果。因为高层首领有如此多的曼纳，他们的身体和所有物成为**禁忌**（Taboo，作为神圣或禁区与普通人分离开来）。一个高层首领和普通人之间的接触是被禁止的。因为普通人不能像王室成员一样承受如此多的神圣之流，当普通人意外地被暴露时，就需要举行洁净仪式。

宗教的一个功能在于解释。对灵魂的信仰解释了在睡眠、走神和死亡中发生了什么。美拉尼西亚的曼纳解释了人们无法通过普通的、自然的术语理解的差异性成就。人们在打猎、战争或园艺中失败不是因为他们懒惰、愚蠢或笨拙，而是因为成功来自——或没有来——超自然世界。

对灵性存在（例如万物有灵论）和超自然力量（例如曼纳）的信仰符合本章开头给出的宗教定义。大多数宗教既包括精灵也包括非人格力量。例如当代北美洲的超自然信仰包括了存在（神、圣人、灵魂和魔鬼）和力量（吉祥物、护身符、水晶饰物和神圣物品）。

巫术与宗教

巫术（magic）是指用来达成特定目标的超自然技术。这些技术包括神灵或同超自然力量一块使用的咒语（spell）、规则、符咒（incantations）。巫师使用模仿巫术（Imitative Magic）通过模仿来产生想要的效果。如果一个巫师想要伤害或杀了某人，他们可以在受害者的一个画像上模仿这一效果。将别针插入“伏都教娃娃”（Voodoo Dolls）就是一个例子。关于接触巫术（Contagious），对一个物体所做的任何事情都被认为会影响一个曾经与其有过接触的人。有时候，接触巫术的实施者使用预期的受害者的身体产物——例如他们的指甲或头发。对身体产物所实行的咒语被认为会最终到达那个人并产生预期的效果（Stein 和 Stein，2011）。巫术在包括万物有灵论、曼纳、多神论、一神论等不同宗教信仰的社会中存在着。

不确定性、焦虑与安慰

宗教和巫术不仅仅解释了事物，它们同时还满足了情感和认知（例如解释的）的需求。巫术性的技术能够祛除在结果超出人们控制时产生的疑虑。马林诺夫斯基认为，当人们面临不确定性和危险的时候，他们常常求助于巫术。正如本章开头“了解我们自己”中提到的，马林诺夫斯基发现特罗布里恩德的岛民在进行航海这项危险活动时使用巫术。他认为：因为人们无法控制风、天气和鱼的供应等事物，所以他们便求助于巫术（Malinowski，1931/1978）。在“了解我们自己”中也加以讨论的盖默奇（Gmelch）对棒球和巫术的研究，也证明了马林诺夫斯基认为在偶然性或不确定性场景中巫术更为普遍的观点，例如在投球和击球中。

巫术 利用超自然的技术来实现特定的目的。

马林诺夫斯基注意到特罗布里恩德岛人只有在面临他们无法控制的场景时，他们才会因为心理压力从技术转向巫术。尽管我们人类的技术与技巧已大大提高了，但我们仍然无法控制每一个结果，巫术在当今社会持续存在。

文化思考

想一想例如通过敲木头来阻止不想要结果的迷信行为。想出另外三种迷行行为。它们中有几个像巫术一样是用来产生一种在不确定情形下的控制假象？

>> 仪式与仪礼

几个特点将仪式（Rituals）和其他行为区别开来（Rappapert，1974，1999）。仪式是正

你了解吗

忏悔节（Mardi Gras）是一个反抗仪式的例子，人们被允许暂时排斥主导的社会秩序。内战前的忏悔节俱乐部在阿拉巴马富有的、白种人的、天主教种植园协会中产生，最后转移到了路易斯安那。俱乐部的活动构成了他们冬季节日的一部分。第一个非裔美国人忏悔节俱乐部举行的舞会是在1894年。

式的——定型的、重复的且一成不变的。人们在特殊的（神圣的）场所和时间举行它们。仪式包括礼拜仪式秩序（Liturgical Orders）——在当前的仪式展演中发生并在其之前就形成了的话语和行动的顺序。

这些特点将仪式和戏剧联系在一起，但是它们之间有重要的不同。戏剧有观众而不是参与者，其中的演员仅仅是在描述（Portray）某些事物，但是仪式的表演者——他们聚集在一起——是诚挚的（Earnest）。仪式传达了有关参与者及其传统的信息。仪式一年一年、一代一代地被重复，将持久的观念、价值和情感传递到行动之中。

仪式是社会的行动。一些参与者不可避免地比其他人更加信奉仪礼（Rites）背后的信仰。然而，单单通过参加一个联合的共用行动，参与者就能表明他们接受一种共同的社会和道德秩序，这一秩序超越了他们作为个人的地位。

通过仪礼

正如马林诺夫斯基认识到的，巫术和宗教可以减少焦虑并减轻恐惧。具有讽刺意味的是，信仰和仪式亦可以产生焦虑、不安全感和危险的感觉（Radcliffe-Brown，1962，1965）。焦虑可能因为一个仪礼的存在而产生。实际上，参加一个集体仪式可能会产生压力，而通过仪式的完成而形成的压力的共同递减强化了参与者的团结。

阈限 通过仪礼重要的临界或中间阶段。

通过仪礼（rites of passage）可以是个人的或者集体的。美洲土著，尤其是平原印第安人的幻想诉求，是对通过仪礼（与从一个地点或生命中的一个阶段向另一个转变的相关联习俗）的一种解释。为了从男孩变成男人，一个印第安少年被暂时地从其社区中分离出去。经过一段时间在旷野中的孤立，常常伴之以斋戒和食用药物，年轻人会看到一个幻象，这将会成为他的守护精灵。他之后就会返回其原来的社区变成一个成人。

当代的通过仪礼包括坚信礼、浸礼、成人礼、入会仪式、婚礼以及申请医疗保险。通过仪礼与社会地位的变化有关系，例如从男孩变成男人以及从非会员变成姐妹会的会员。更一般来说，通过仪礼可以标志着任何的地点、环境社会位置或年龄的改变。

通过仪礼有三个阶段：分离、阈限与整合。在第一个阶段，人们从社会中抽离出来。在第三个阶段，他们在完成改变其社会地位的仪礼之后，再次进入社会之中。第二个阶段或者阈限（liminal）阶段是最为有趣的。它是人们已经离开一个地位，但是尚未进入或加入另外一个的中间状态或“在外的时间”（Turner，1967，1974）。

阈限（iminality）总是具有一定的特点。阈限中的人们在与日常区分和期望的分离中存在着，生活在一种无时间的时间（a time out of time）中。一系列的反差将阈限从正常的社会生活中区分开来。例如，在赞比亚的恩登布人中，一个首领在就职之前要通过仪礼。在阈限阶段，他过去和将来在社会中的位置被忽视了，甚至被反转了。他得接受各种各样的侮辱、命令和羞辱。

通过仪礼往往是集体性的。一些个体——行割礼的男孩、兄弟会或姐妹会的入会者、新兵训练营里的男人、夏季训练营里的足球运动员、将要成为修女的女人——作为一个群体而一起通过仪礼。表9-1展示了

学习小贴士

仪式有两个目的：

- 它们传递观念、价值和感情；
- 它们鼓励一个共同的社会秩序。

文化思考

在许多文化背景中，成年的通过仪礼是正式仪式。在你的社会中，什么仪式或事件标志着走向了成年？其中有没有一些具有阈限的特点。

阈限和正常社会生活之间的反差或对立。最显著的是我们之前提到的集体阈限的社会方面，涂尔干将其称为共同感（Tuner，1967，1974），这是一种强烈的社区精神，一种高度团结、平等和共同性的感觉。阈限中的人们经历相同的待遇和环境，必须一致地行动。阈限或许可以以对日常生活的反转为特点。例如，性禁忌会被加强，或者相反纵欲或许会得到鼓励。阈限的符号，例如特殊的服饰或身体绘画，将物体或环境标志为超日常的——在平常的社会和日常生活之外和之上。

对每一个通过仪礼来说，阈限都是基本的。更进一步说，在特定的社会中，包括我们自己的社会，阈限的象征可以被用来将一个（宗教）组织从另外一个以及从作为整体的社会中分离出来。这些“永久的阈限组织”（例如教派、宗派及异教团体）典型地存在于民族国家之中。这些教派或异教团体的所有成员需要具备谦卑、贫穷、平等、服从、节制性欲及沉默等阈限中的特点。那些加入其中的人同意其规则。他们好像在经历一个通过仪礼——但是这个例子中是一次永不结束的仪礼——他们可能要抛弃以前的财产，切断他们之前的包括家庭成员的关系在内的社会联系。阈限与“脸书”网络相容吗？

教派或异教团体的成员往往穿着统一的衣服。他们常常采用一个共同的发型（光头、短发或长发）。阈限组织将个人淹没在群体之中。这或许是其核心价值包括个人性和个人主义的美国人对“异教团体”如此恐惧和怀疑的原因。

并非所有的集体仪礼都是通过仪礼。在大多数社会都可以看到人们聚在一起膜拜和庆祝并以此来确认和加强其团结性的例子。下一部分所描述的图腾制度等仪式是强化仪式（rites of intensification）：它们加强了社会团结。这些仪式创造了共同感，并增进了感情［Durkheim（1912，2001）所描述的集体精神欢腾］，这些都增强了社会团结。

图腾制度

在澳大利亚土著的宗教中，图腾制度是一个关键因素。图腾（totem）可以是动物、植物或地形特点。在每一个部落中，人们组成的群体有特定的图腾。每个图腾群体的成员相信他们自己是该图腾的后代。他们按照习俗不杀它们，也不吃它们，但是在每年人们为了献祭图腾而聚集起来举行的庆典和仪礼上，这些禁忌都要被打破。这些每年举行的仪式被认为对于图腾的生存和再生产是必要的。

图腾利用自然作为社会的一个模型。图腾通常是作为自然一部分的动物和植物。人们通过自己与自然物种的图腾联系跟自然关联起来。因为每一个群体有不同图腾，社会的差别反映了自然的差异。自然秩序中的多样性成为社会秩序中多样性的一个模型。然而，尽管图腾植物和动物在自然中占据了不同的位置，它们在另一个层面上因为都是自然的部分而被联合了起来。人类社会秩序的统一性被与自然秩序的符号关联及对其模仿而提高了（Durkheim，1912/2001；Levi-Strauss，1963；Radicliffe-Brown，1962，1965）。

在现代社会中，图腾的原则继续划分着

表 9-1　阈限与正常社会生活之间的对立

阈限	正常的社会生活
转变	静止
同质性	异质性
共同感	结构
平等	不平等
匿名	名字
无财产	财产
无身份	身份
无等级	等级
卑微	骄傲
裸露或统一着装	穿着的差异
性的节制或纵欲	性欲
性别差异最小化	性别差异最大化
不关注个人外表	关注个人外表
无私	自私
完全的遵从	只对更高等级服从
神圣性	世俗性
神圣的教导	技术知识
沉默	言说
简单	复杂性
对疼痛和苦难的接受	避免疼痛和苦难

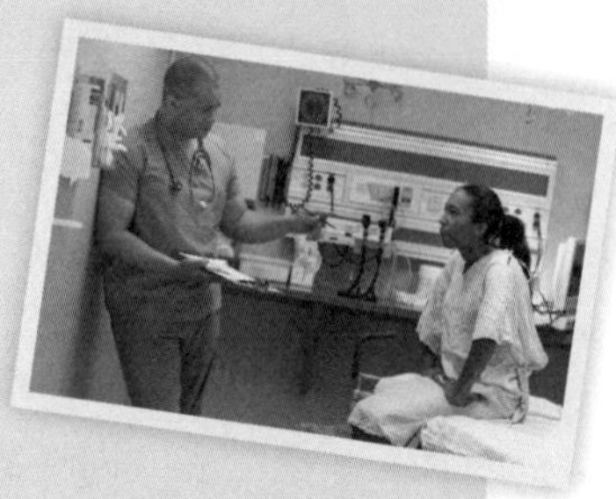

资料来源：维克多・特纳的《仪式的过程》。版权所有：埃尔丁出版社（Aldine Publisher），1969 年。在此刊印经过了埃尔丁出版社的分支机构——埃尔丁交易部（Aldine Transaction）——的允许。

包括俱乐部、团队和大学等群体。獾和豹熊是动物，而且（据说在密歇根）七叶树是某种坚果（更准地说，来自七叶树的七叶树坚果）。自然物种之间的差异（例如狮子、老虎和熊）被用来区分体育团队，甚至政治团体（驴和象）。尽管现代环境是世俗的，但是人们仍然可以在高校激烈的橄榄球对抗中，看到涂尔干在澳大利亚图腾宗教和其他强化仪式中所注意到的集体欢腾。

图腾是象征普通身份的神圣标志。不仅在澳大利亚土著中是如此，在北美北太平洋沿岸的美洲土著群体中也是如此，他们的图腾柱广为人知。他们的图腾雕塑纪念并讲述了关于祖先、动物和精灵的生动故事，也是与庆典相关联的。在图腾仪式中，人们聚集在一起并赋予他们的图腾以荣耀。通过这么做，他们用仪礼来维持图腾所象征的社会一体感。

明白了吗？　你能指出一般的仪式尤其是通过仪礼的特点吗？

>> 社会控制

宗教对人们来说意味着很多。有宗教信仰的人认为，它帮助人们应对不确定性、灾难、恐惧和悲剧。它给了人们事情会变好的希望。有罪之人可以忏悔并获救——或者他们可以继续犯罪并被诅咒。如果有宗教信仰的人真正内化了一个宗教的奖惩系统，他们的宗教会对其行为和态度以及他们所教给自己孩子的东西产生巨大的影响。

许多人投入宗教活动，是因为宗教对它们来说是起作用的。

宗教可以通过深入人的内心并调动其情感来发挥作用——他们的快乐，他们的愤怒，他们的确定感，他们的公正感。人们可以对他们的宗教感到一种包含共享的快乐、意义、经验、交流、归属和忠诚的深沉感受。这种宗教力量影响着行动。当宗教相遇的时候，它们可能和平共处，或者它们的差异可能成为敌意、不一致甚至战争的诱因。纵观历史，政治领袖往往利用宗教来推动和证明其观点和政策。

领袖可能会通过什么方式动员社区，并通过这样做来获得对他们自己政策的支持？一种方式是通过说服；另一种是通过慢慢灌输仇恨或恐惧。想象一下对巫术的指控。通过制造一种影响每个人而不仅仅是针对有可能成为目标的人的危险和不安全感，对巫师的搜寻可以成为一种社会控制的强大手段。巫师的搜寻常常锁定在那些能够被指控和惩罚而报复的概率最小的人。在欧洲巫术大流行的 15、16 和 17 世纪（Harris，1974），大多数的指控和定罪都是针对有很少社会支持的贫困妇女的。

巫术的指控往往指向处于社会边缘或反常的个人。以马达加斯加的贝齐寮人来说，他们认为结婚后的女人应该住在她父亲的村庄。马尔塞（Marcel）因为住在了母亲的村庄而违反了这条规定。像马尔塞这样的违反文化规范的人必须对她们如何行为特别小心。只要一点反常的行为（例如熬夜到很晚）就可以引起她们在进行巫术活动的猜测；人们可能对她们避之不及，或者她们可能被流放。在农业社区中，在经济上出众的人们，尤其是他们似乎以他人为代价而获益时，常常面临巫术的指控，导致社会性的流放或惩罚。在这个例子中，巫术的指控变成了一种**平等主义机制**（Leveling Mechanism），一种可以减少地位差异并让出头者与社区规范保持一致的习俗或社会行动——另外一种形式的社会控制。

平等主义机制 一种可以减少财富差异并让出头者与社区规范保持一致的习俗或社会行动。

为了确保适当的行为，宗教提供奖赏（例如宗教社区的友谊）和惩罚（例如被赶出或逐出教会的威胁）。宗教，尤其是一些正式的、有组织的，常常在国家社会中出现，也常常规定一套伦理的和道德的规范来指导行为。犹太人的十诫对杀人、偷盗、通奸和其他罪行进行了一系列禁止。罪行是对世俗法律的违背，就如罪恶是对宗教限制的违背。例如，金律（Golden Rule）是一种

文化思考

你知道哪些标示着对人们有意义的社会身份的图腾？有哪些仪礼来维持这种社会一体感？

宗教的指导，你想让别人如何对待你，你就要如何对待别人。道德规范是保持秩序和稳定性的方式。道德的说教和规范在宗教的说教、问答集和类似之物中被不断地强化。它们在心理上被内化。它们指导行为，制造遗憾、内疚、羞耻以及在其不被遵守时对原谅、赎罪和赦免的需求。

明白了吗？ 你能够解释宗教的特点和功能吗？

>> 宗教的类别

宗教是一种文化的普遍现象，但是宗教存在于特定的社会中，文化差异在宗教信仰和实践中系统地表现了出来。例如，分层的国家社会中的宗教，与社会差异不明显的社会——没有国王、君主和臣民的社会——中的宗教有所不同。一个特定的社会在宗教方面能提供什么？教堂、庙宇和其他专门的宗教设施，以及它们不朽的结构和不同等级的神职人员，必须通过十一税和税收等一些持续的方式得到支持。什么样的社会能够支持这样一个等级和构造？

所有的社会都有宗教人物——那些被认为能够在人类和超自然之间进行沟通的人物。更一般地说，所有的社会都有医—巫—宗教专家。现代社会可以同时供养神职人员和医疗保健专家。缺乏这样的专业化资源，觅食社会常常只有兼职的专家，他们常常同时具备宗教和医疗的角色。萨满（Shaman）是一个包括治疗者（“巫医”）、灵媒、招魂者、占星者、看手相者和其他独立的占卜者的一般性术语。在狩猎采集社会，萨满常常是兼职的；也就是说，他们也打猎和采集。

澳大利亚土著每年的图腾仪式暂时地将觅食者聚集在一起，他们在一年中的大部分时间为了生存都要分散开来进行狩猎和采集。在北美北太平洋海岸的觅食部落，他们在一个富饶的自然环境中拥有季节性的渔业丰收和其他资源，会举行夸富宴等仪式，这在“生计”一章中已有描述。然而，包括丰收仪式和集体通过仪式在内的社区仪式，在农业和牧业社会中比在狩猎采集者中更为常见。

具有生产性经济（以农业和贸易为基础）和大规模、密集人口（民族国家）的社会可以供养全职的宗教领袖——专业的神职人员。就像国家本身一样，神职人员也被按照等级和科层组织起来。安东尼·华莱士（1966）将这些分层社会的宗教描述为“教会的”（归属于一个建好的教会及其神职人员的等级）和“奥林匹亚的”，后者是以希腊古典众神的居所奥林匹斯山来命名的。在这些宗教中，强大的人格神具有特殊的功能，例如，爱神、战神、海神和死神。这些万神殿（众神的集合）在许多非工业民族国家的宗教中是显著的，例如在墨西哥的阿兹特克人，几个非洲和亚洲的王国及古代的希腊和罗马中。

> “上帝没有宗教。”
>
> 莫罕达斯·甘地（Mahatma Gandhi）

希腊—罗马的宗教是多神的，以众多的神为其特点。在一神教中，所有的超自然现象都被认为是一个单一永恒的、无所不知的、无所不能的且无所不在的存在的证明，并受其控制。在广为人知的基督教这一教会制的一神宗教中，一个单一的至高存在体现在三位一体中。罗伯特·贝拉（Robert Bellah，1978）将大多数的基督教形式看作是“排斥现世的宗教”。据贝拉所言，最早的排斥现世的宗教伴随着读写能力和专业化的神职职务在古老文明中兴起。这些宗教被如此命名是因为它们排斥自然（世俗的、普通的、物质的和现世的）世界的倾向，并转而关注一个更高的（神圣的和超越的）现实领域。这一神圣领域是一个崇高道德的领域，凡夫俗子只能向往。通过与超自然融合而得救是这些宗教的主要目标。

明白了吗？ 你能评估一下宗教如何作为一种社会控制的形式而发挥作用吗？

>> 世界宗教

根据人们自己所声称信奉的宗教，基督教是世界上信奉人数最多的，伊斯兰教的信奉人数居于第二位，再次是印度教，然后是中国的传统宗教（也被叫做中国民间宗教）和佛教。超过 10 亿的人宣称不信任何正式的宗教，但是他们之中只有 1/5 的自称是无神论者。

在基督教内部，增长率各不相同。在 2001 年约有 6.8 亿“重生”基督徒（例如五旬节派教徒和福音派教徒），并在世界范围内有 7% 的增长率，而基督教整体的增长率为 2.3%（2012 年世界上只有 14 亿的五旬节 / 福音派教徒）。罗马天主教的世界增长率被估计为只有 1.3%，与此形成对比的是新教每年 3.3% 的增长率（Winter，2001）。这一爆炸性增长的一大部分，尤其是在非洲，是一种大部分美国人几乎无法认可的类型，它整合了大量的万物有灵的信徒。

明白了吗？ 你能描述一下在分层的、国家的社会中与那些社会差异不明显的社会中宗教是如何不同的吗？

>> 宗教与变迁

宗教原教旨主义者追求以严格遵守被声称是传统的标准、信仰、规则和习俗为基础的秩序。原教旨主义者辨认、责难并试图矫正变迁，虽然他们也对变迁起了作用（Antoun，2008）。在一个世界范围的进程中，新的宗教挑战着固有的教会。例如在美国，保守的基督教电视主持人已经变成了有影响的广播员和意见领袖。在拉丁美洲，福音派的新教正在从罗马天主教那里赢得上百万的改宗者。

就像政治组织一样，宗教有助于保持社会秩序。而且像政治动员一样，宗教的能量不仅可以被驾驭以求变迁，还可以用来革命。例如，作为对征服或对实际或感知到的外来支配的反应，宗教领袖或许试图改变或者复兴他们的社会。

宗教复兴运动

在变迁的时代所发生的社会运动，其中的宗教领袖出现并担当起改变或者复兴一个社会的责任，这被叫做**复兴运动**（Revitalization Movement）。基督教起源于一次复兴运动。耶稣是几个宣传新宗教教义的先知之一，当时中东地区处于罗马的统治之下。那是一个社会不安的时代，一个外来力量统治着这片土地。耶稣激发起了一种新的、持久的及主要的宗教。他的同时代人并不如此成功。

复兴运动 在变迁的时代所发生的社会运动，其中的宗教领袖出现并担当起改变或者复兴一个社会的责任。

货船崇拜

与刚刚讨论的汉瑟姆·雷克宗教一样，**货船崇拜**（cargo cults）也属于复兴运动。这些运动会在土著与工业社会有常规的接触但缺乏自有财富和技术且生活水准较低的时候产生。一些货船崇拜试图解释欧洲人的扩张和财

货船崇拜 在美拉尼西亚常见的后殖民主义的、濡化性的宗教运动，试图解释欧洲的支配和财富并通过试图通过巫术性地模仿欧洲的行为达到类似的成就。

人类学的工作

索尼娅·特雷勒（Sonja Traylor）已经做了 15 年空中乘务员，并且在她作为一个非传统学校的学生取得学士学位时还一直在做那项工作。当她开始学习人类学的时候，她感觉自己开始在工作上变得突出。她现在对如何与不同文化和宗教背景的乘客接触有了更好的理解。她还意识到适应不同的宗教实践——例如提供祈祷的空间和不同的用餐选择——对于航空公司在全球市场中的成功至关重要。

富，并通过模仿欧洲人的行为及操控所渴望的生活方式的象征来巫术性地达到类似成就。美拉尼西亚和巴布亚新几内亚的货船崇拜将基督教的信条和土著的信仰编织在一起。它们因为关注货物——土著看到的从船或飞机等货物运输工具上卸载下来的那些欧洲物品——而得名。

在早期的信仰中，其成员相信死者的灵魂会在一个船中到达。这些幽灵会带来制造好的物品并会消灭所有的白人。最近的崇拜用飞机代替了船（Worsley，1959，1895）。许多崇拜团体将欧洲文化中的要素作为神圣的物品。其原理在于欧洲人使用这些物品，拥有财富，因此必然知道“货船的秘密”。通过模仿欧洲人如何使用或对待这些物品，土著也希望得到获取货物所需要的秘密知识。

例如，看过欧洲人虔诚对待旗子和旗杆，一个崇拜团体的成员就开始崇拜旗杆。他们相信旗杆是神圣的塔，能够在生者和死者之间传递信息。其他的土著建造飞机跑道来引诱装载着罐装物品、便携式收音机、衣服、腕表和摩托车的飞机。在飞机跑道附近，他们建立了塔、飞机及收音机的雕像来与神沟通。你能在自己的社会（包括媒体）中想出一些事情具有类似的特点吗？

一些货船崇拜的预言家声称，成功会通过欧洲的扩张和土著的服从之间的逆转而到来。他们宣传说，这一天马上就要来，到时候土著们在上帝、耶稣和土著祖先的帮助下将会扭转乾坤。土著的皮肤将会变成白色，欧洲人的皮肤将会变成棕色；欧洲人或死掉或被杀。

货船崇拜融合了本土的和基督教的信仰，美拉尼西亚的神话讲述了祖先褪去他们的皮肤变成强有力的存在及死人重生。基督教的传教士自从 19 世纪后期就出现在美拉尼西亚，也会说起重生。这些崇拜对货物的关注与传统美拉尼西亚的大人物系统相关。在“政治制度”一章中，我们看到，一个美拉尼西亚的大人物必须慷慨。人们为大人物工作，帮助他聚集财富，但是最终他必须举行宴会并散尽所有的财富。

因为他们关于大人物系统的经验，美拉尼西亚人相信所有的富人最终必须散尽他们的财富。数十年来，他们伺候传教士并在种植园工作。他们一直都在期望欧洲人能够像他们自己的大人物一样返还其劳动成果。当欧洲人拒绝分配财富甚至拒绝让土著知道财富生产和分配的秘密时，货船崇拜便产生了。

就像那些自大的大人物一样，欧洲人应该被铲除，如果必要的话可以诉诸死亡。但是土著缺乏做他们传统认为其应该做的事情的物质手段。受到全副武装的殖民地军队的阻碍，土著求助于巫术的铲除方式。他们呼唤超自然的存在来仲裁，杀死或削弱欧洲的大人物并重新分配他们的财产。

货船崇拜是对世界资本主义经济扩张的宗教反应。然而，这一宗教的动员具有政治的和经济的后果。对崇拜的参与给了美拉尼西亚人一个共同的利益和活动的基础，因此有助于铺设一条通向政治团体和经济利益组织的道路。之前被地理、语言和习俗所阻隔的美拉尼西亚人，开始作为同一崇拜的成员和同一先知的追随者而形成大的群体。货船崇拜铺设了通向政治行动的道路，当地人通过政治行动最终重获了他们的自治权。

新的及替代性宗教运动

“新纪元”运动兴起于20世纪80年代，吸取和融合了不同传统的文化要素，它声称通过作为个体的个人的转变来实现变革。美国和澳大利亚各自都有一些人，他们并非美洲土著或澳洲土著，已经使用了新纪元运动中美洲土著和澳洲土著的象征、背景及他们所宣称的宗教实践。当“流汗屋”（sweat lodge）仪式在巡游艇上举行并供上酒和奶酪的时候，美洲土著的活动家指责对他们的灵性信仰和仪式的挪用与商业化。他们将对其仪式和传统的使用看作是一种偷盗。

新宗教运动具有不同的起源。一些受到了基督教的影响，另外一些受到了东方（亚洲）宗教的影响，还有一些，受到了神秘主义和灵性主义的影响。宗教也随同科学和技术一起进化。例如雷尔运动（Raelian Movement），这是一个集中在瑞士和蒙特利尔的宗教群体，其推动克隆作为一种实现永恒生命的途径（Palmer，2001）。

许多当代的民族包含了非官方的宗教。一个例子就是“约鲁巴宗教”，这个术语适用于非洲的1500万信徒及西半球数以百万计的调和的或融合的宗教（有着天主教和灵性信仰的成分）信徒。约鲁巴宗教的形式包括萨泰里阿教（Santeria，在说西班牙语的加勒比地区和美国）、坎冬博教（Candomblé，在巴西）及伏都教（Vodoun，在说法语的加勒比地区）。约鲁巴宗教起源于西非前殖民地的民族国家，作为非洲人大迁徙的一部分，它已经远远扩散出了其宗教起源之地。在古巴大约有300万萨泰里阿教的信仰者，另外在美国还有80万人。至少100万的巴西人参加了坎冬博教，它也被叫做马库姆巴（Macumba）。伏都教（Voodoo或Vodoun）有280万到320万的参与者（Ontairio Consultants，2002）。他们之中许多（或许大部分）会将其他一些事物作为自己的信仰，例如天主教。

明白了吗？ 你能描绘出宗教如何构成了政治和社会变迁的一部分吗？

>> 世俗性的仪式

在对宗教的讨论进行总结之际，我们可能会认识到在本章开头给出的宗教定义的一些问题。第一个问题：如果我们以神圣和/或超自然的存在、权力和力量定义宗教，那么我们如何对在世俗背景下发生的类似仪式的行为进行归类？一些人类学家相信同时存在神圣的和世俗的仪式。世俗的仪式包括在非宗教背景下发生的正式的、不变的、成型的、诚挚的、重复的行为和通过仪礼。

第二个问题：如果在一个社会中，没有对超自然和自然进行持续的区分，我们该如何分辨什么是宗教、什么不是宗教？例如马达加斯加的贝齐寮人，将巫师和死去的祖先都看作在日常生活中发挥作用的角色。然而，

明白了吗？ 你能解释世俗的现象如何被体验为神圣的吗？

他们的神秘力量不可以在经验上展示出来。

第三个问题：在宗教场合中被认为是适当的行为在不同文化之间有着巨大的差异。一个社会或许认为醉酒后的狂乱是信仰的最有力标志，而另外一个社会可能反复教导安静的尊重。谁能说哪一个是“更宗教式的”？

对于伴随着它们的存在而成长起来的个人来说，明显世俗的背景、事物和事件获得强烈的意义是可能的。例如，以运动迷、橄榄球、棒球和足球为基础的身份和忠诚实际上是非常强大的。摇滚明星和乐队可以动员很多人。一次世界联赛的胜利引起了整个“红袜国家”（Red Sox nations）的庆祝。意大利人和巴西人，如果有的话，也很少像当他们的队伍在世界杯时那样在整个民族层面上汇集起来并在情感上统一起来。涂尔干所发现的如此具有宗教独特性的集体欢腾，也可以很好地描绘巴西在他们的球队赢得世界杯时的状态。

在比较宗教的语境中，认为世俗事物可以变得神圣的观念并不奇怪。很久以前，涂尔干（Durkheim，1912，2001）指出几乎任何物品，从最庄严的到最可笑的，都曾在某些社会中被当作神圣的。神圣与世俗之间的区分并不依赖于神圣象征的内在性质。例如，在澳大利亚的图腾宗教中，神圣的存在包含了鸭子、青蛙、兔子、蛆虫等低微的物种，它们的内在性质几乎无法引起它们所能激发的宗教情感。

马达加斯加以坟墓为中心的仪式是活人和死人愉快地重聚的时刻，是人们酩酊大醉、大快朵颐并放纵情欲的时刻。或许许多官方宗教活动的灰色、严谨、禁欲及道德的面相，通过将乐趣从宗教中剔除，迫使我们在乐趣中发现了宗教（或者说真、美、意义、热情的参与）。

参与进来！

试着在校园或城镇中找到一个可以被看作是“永久性的阈限群体”的群体。这些群体的例子包括和尚、修女、军校学生和其他其成员表现出阈限特点的群体，例如统一的着装和/或性的限制。如果你找不到，读一些与崇拜团体（cults）和教派相关的东西，然后在美国或其他你所熟悉的社会中选一个。了解这一群体的实践和信仰。参照表 9-1，列出适合这一群体的阈限特点。例如，你是否看到等级的缺失和一种对共同感的分享？注意一下这些特点如何在行为模式中被揭示出来。阈限和“正常的”社会生活之间的差异如何有助于解释外人会将这一群体看作是奇怪的甚至是有威胁性的？

本章回顾

I. 什么是宗教，它有哪些不同的形式、社会关联和功能呢？

- 由于被称为“宗教”信仰和行为各种各样，遍布世界，人类学家认识到了界定宗教的困难。宗教，一个文化的普遍现象，描述了人们想象中的超自然的存在以及与权力和力量相关的信仰和行为。宗教包含了与这些行为相关的感觉、意义和团体。人类学的研究已经发现了许多宗教的形式、表达和功能。这些信仰系统包括万物有灵论（灵性的存在），曼纳（一种神圣的非个人的力量），以及将自然看作社会模型的图腾制度。巫术使用超自然的手段来实现特定的目的。巫术和宗教有助于解释世界并满足情感需求，例如帮助人们应对灾难，减少不安，但仪式也可以产生焦虑。宗教可以分裂，也可以联合。

II. 什么是仪式，它有哪些不同的形式和表达？

- 仪式包含了正式的行动——定型化的、重复的及固定化的。人们在神圣的场所和在特定的地点举行仪式。仪式传递了关于参与者的信息，并将持久的信条和价值转化为行动。通过仪式，人们将他们的特定信仰服从于社会集体。通过仪礼标志着地点、环境、年龄和社会地位的变化。这些仪式有三个阶段：分离、阈限和整合。在分离阶段，人们从群体中抽离出来；整合是指重新进入社会。阈限是两者之间的中间状态。在共同感这一阈限特性中，参与者体验到了社会团结感和平等。仪式可以是世俗的，也可以是宗教的。

III. 宗教在维持与改变社会中起到了什么样的作用？

- 宗教通过道德、伦理信仰及真实的或想象的奖赏和惩罚来确立并维持社会控制。宗教也可以为了集体行动而动员社区；领袖或许可以使用宗教的修辞来为他们的政策获取支持。宗教可以通过由试图帮助人们适应变化的宗教人物所领导的复兴运动来推动变迁。货船崇拜融合了土著和基督教的信仰来解释欧洲的扩张和财富，并通过巫术来达到类似的成就。在当代的“新”宗教运动中，其中一些受到了基督教的影响，其他一些受到了东方（亚洲）宗教的影响，还有一些受到了神秘主义或者灵性主义，或者科学和技术的影响。世俗的仪式和宗教的仪式都存在。对于伴随着它们的存在而成长起来的个人来说，明显世俗的背景、事物和事件获得强烈的意义是可能的。

突击测验

选择题：

1. 根据泰勒的研究，宗教进化遵循怎样的顺序？
   a. 万物有灵论，多神论，一神论
   b. 模仿性巫术，多神论，一神论
   c. 曼纳，多神论，一神论
   d. 奥林匹亚主义，万物有灵论，一神论
2. 下列中的哪一个描述了波利尼西亚和美拉尼西亚文化中的曼纳概念？
   a. 充满曼纳的物品是一种禁忌
   b. 在美拉尼西亚，曼纳与运气的观念比较相似（每个人都可以获得它）；在波利尼西亚，曼纳跟政治精英联系在了一起
   c. 大多数人类学家认为曼纳在两个地区都是最原始的宗教信条
   d. 在波利尼西亚和美拉尼西亚，曼纳与超自然的存在而非权力或力量有关
3. 在通过仪礼的阈限阶段能经常观察到什么？
   a. 社会等级的加强
   b. 日常行为的符号性转换
   c. 等级系统的形成
   d. 社会规范不会发生变化
4. 下列选项中的哪一个与本章关于世界宗教的讨论不一致？
   a. 基督教是世界上信奉人数最多的宗教
   b. 基督教徒的不同群体之间的增长率没有差异
   c. 超过十亿的人宣称不信仰任何宗教
5. 哪一项最准确地定义了宗教复兴运动？
   a. 它试图通对被宣称是传统的标准、习俗和信仰的严格追求而保持秩序
   b. 更准确地说是作为本土主义运动而被人知，一个复兴运动试图保持旧的本土的生活方式
   c. 它是一种对涉入其中的人们缺乏适应性价值的殖民地宗教运动
   d. 它是在变迁的时代所发生的一种社会运动，其中的宗教领袖试图承担起复兴社会的责任
6. 混合了美拉尼西亚和基督教信仰的货船崇拜是：
   a. 对世界资本主义经济扩张的宗教反应，常常伴随着政治和经济的后果
   b. 模仿对欧洲文化优越性的广泛但错误的信仰的文化行为
   c. 当土著获取并受益于工业社会的财富、技术和生活水准的时候兴起的运动
   d. 试图解释欧洲的支配地位的同时，不在实际上去试图达到类似的成就

填空题：

1. 根据泰勒的研究，_______ 是一种对灵性存在的信仰，是最早的宗教形式。
2. _______ 这一术语是指作为集体阈限特点的一种强烈的团结感。
3. _______ 是一种能够减少贫富的差异并让出头者与社区规范保持一致的习俗或社会行为。
4. 伏都教（Voodoo）和萨泰里阿教（Santeria）是 _______ 宗教的例子，它融合了不同宗教传统的信仰和实践，并且是濡化的结果。

答案：

1. a；2. b；3. b；4. b；5. d；6. a

1. 万物有灵论；2. 共同感；3. 平等主义机制；4. 调和的

Culture

第十章

世界体系与殖民主义

本章要点

- 世界体系
- 工业化
- 工业化的社会经济影响
- 殖民主义
- 发展在世界体系中的角色
- 第二世界
- 今日世界体系

了解我们自身

在今日的世界体系之中，人们前所未有地相互联结起来，曾经在一代人之前留宿过民族志学家的乡民们的后代，现在正过着跨国的生活。科纳德·科塔克（Conard Kottak，2010）就跨国主义如何影响了一个他曾在1966年和1967年研究过的一个叫做伊瓦图的马达加斯加村庄进行了研究。

科塔克不在伊瓦图"做田野"的时候，他在安巴拉沃租了一间小房子，这座小镇上的居民包括印度的布料商人、中国的杂货商，还有一些法国人，这些法国人中有两名来自类似法国和平团的年轻人（马达加斯加曾经是法国的殖民地）。这两人中的诺埃儿，正在追求一名来自伊瓦图当地望族的年轻女性莉诺。

1981年科塔克再次到达马达加斯加时，他发现了一个活跃的交流项目。因为这一项目，科塔克没能见到他在伊瓦图的一个最好的朋友，这位朋友当时正在莫斯科进行为期三个月的学习。

1990年，当科塔克再次到达马达加斯加时，他结识了诺埃儿和莉诺22岁的女儿埃米莉，而1967年科塔克曾见证了诺埃儿和莉诺的求爱过程。埃米莉正打算去美国学习市场营销。几个月后，科塔克在佛罗里达州的盖恩斯维尔再次见到她，她向他打听自己从未谋面的父亲。她写了很多信到法国，但诺埃儿始终没有回信。

巴拉沃居民的后代现在在世界各地生活。这个殖民主义的孩子埃米莉，有两个姨妈在法国，还有一个姨妈在德国。她那些并不是特别富有的家庭成员去过加拿大、美国、法国、德国和西非等国家和地区。你的同学，可能还包括你自己，有多少较近的跨国渊源？一个来自肯尼亚农村人的孩子甚至被选举为美国总统。

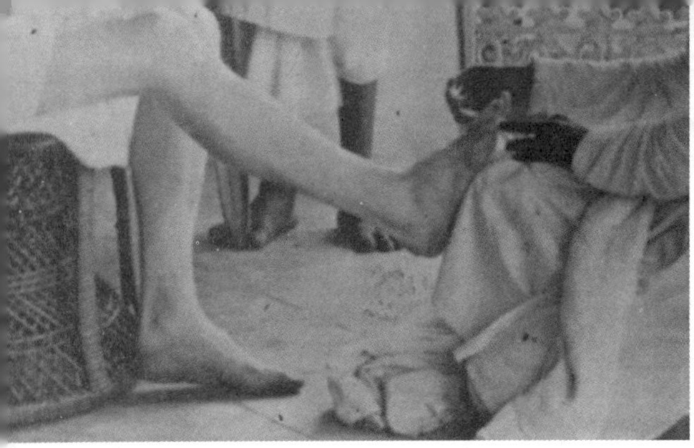

>> 世界体系

尽管在小型社区中开展田野工作一直是人类学的特色，但现在已经不可能找到孤立的群体了。真正孤立的社会可能从未存在过。千百年来，人类群体之间都是相互联系的。当地社会总会参与到更大的体系当中，现在这种体系已经具备了全球规模——我们称之为现代世界体系，这意味着世界上所有国家在经济上和政治上都是相互依存的。

资本主义世界经济 出现于16世纪的一个单一世界体系，致力于销售产品，以利润最大化而非满足国内需求为目标。

资本 投资于商业中以谋求利润的财富和资源。

世界体系理论 关于一个可识别的世界体系的历史和现代的社会、政治、经济重要性的论证，它基于财富与权力差异，延伸到了单个的国家之外。

世界体系及处于其中的各国之间的关系受到了**资本主义世界经济**（Capitalist World Economy）的形塑。15世纪及之后大幅增长的跨国贸易带来了资本主义世界经济（Wallerstein，1982，2004）。这是一个为销售或交换进行生产的单一世界体系，它以利润最大化而非满足国内需求为目标。**资本**（Capital）是指投资在商业中的财富或资源，其目的在于利用生产资料赚取利润。

你了解吗

根据国际劳动组织的报告，世界范围内有211000000名低于14岁的儿童为了帮助维持其贫困的家庭而工作。他们生产的大部分东西都被进口到美国及其他发达国家。

世界体系理论（World-system theory）可以追溯至法国社会历史学家费尔南·布罗代尔（Fernand Braudel）。在他三卷本的著作《15至18世纪的文明与资本主义》（1981，1982，1983），布罗代尔在书中提出，社会是相互关联的部分组合而成的一个体系。社会是更大体系中的子系统，其中世界体系是最大的系统。世界体系理论的核心观点是，一个基于财富与权力差异的可识别的社会体系延伸到了单个的国家之外。这个体系由一组经济和政治关系形成，自从16世纪旧世界与新世界建立常规联系以来，就塑造了全球的大部分地区（Bodley，2008）。

据沃勒斯坦研究，世界体系内的国家在经济与政治权力上各占三种不同的地位：核心、半边缘和边缘（Wallerstein，1982，2004）。在世界体系中，占统治地位的地理上的中心或核心，包括最强大、最有势力的国家，例如美国、德国、日本等国家。在这些核心国家中，“经济活动的复杂性和资本积聚的程度都是最高的”（Thompson，1983：12）。核心国家依靠先进技术和机械化生产大量制造主要流向其他核心国家的产品，一些产品也输出到边缘和半边缘地区。根据阿里基所说，核心国家垄断了利润最高的活动，尤其是控制了世界金融（Arrighi，1994）。

学习小贴士

在世界体系中有三种地位：

- 核心（最有权势的国家，资本积聚的程度最高，先进的技术，控制金融）；
- 半边缘（核心与边缘之间的中介，工业化的，向核心和边缘国家出口，廉价劳动力的来源）；
- 边缘（最没有权力的国家，工业的机械化程度低，出口原料和农产品，廉价劳动力的来源）。

文化思考

查看你衣服上的标签：它产自何处？这些国家在今日世界体系中处于什么位置？

与核心国家相比，半边缘与边缘国家的权力、财富和影响力较小。**半边缘**（Semiperiphery）国家是核心国家与**边缘**（Periphery）国家之间的中介。当代包括巴西、印度在内的半边缘国家，都是工业化的。与核心国家一样，它们出口工业产品和大宗商品，尽管它们势力和影响力正在快速地增长，但它们仍缺乏核心国家的权力和对于经济的支配。巴西是一个半边缘国家，向尼日利亚（一个边缘国家）出口汽车，向美国（一个核心国家）出口汽车发动机、橙汁压榨机、咖啡豆和虾米。边缘国家包括世界上最没有特权与权力的国家，例如孟加拉国、危地马拉、海地和马达加斯加。尽管一些边缘国家甚至都达到了一定程度的工业化，但与核心和半边缘国家的经济活动相比，这些国家的机械化程度要低。边缘国家生产原料、农产品，而且越来越多的劳动力输出到核心与半边缘国家（Shannon，1996）。

在当今的美国和西欧，来自边缘和半边缘国家的移民——合法的或非法的——在尤其是农业、建筑业和带薪家务劳动等方面提供了廉价劳动力。美国加利福尼亚州、密歇根和南卡罗来纳州都充分利用了来自墨西哥的农业劳动力。来自像墨西哥（在美国）和土耳其（在德国）这样非核心国家的相对低廉的工人的使用，使得核心国家的农场主和商业主获益颇丰，同时给处于半边缘和边缘的家庭提供了汇款。作为21世纪通信技术的结果，廉价劳动力甚至无需移民到美国。美国公司的对核心国家以外的国家提供的外包工作——从电话服务到软件工程等不同领域——供养了成千上万的印度家庭（Nadeem，2011）。

世界体系的产生

到了15世纪，欧洲人从越洋贸易导向的经济中获益，世界范围内的人们进入到了欧洲的影响范围中。新的变化随之产生：旧世界悠久的航海和商业历史出现了跨大西洋的部分。早在公元前600年，腓尼基人/迦太基人就沿着常规的贸易路线环绕英国航海，并绕过非洲。同样地，印度尼西亚和非洲至少在两千年以前就在印度洋的贸易中被联系在了一起。

在15世纪，欧洲与亚洲、非洲，并最终与新世界（加勒比海地区和美洲）建立起经常性的联系。1492年，克里斯多弗·哥伦布第一次从西班牙航海至巴哈马群岛及加勒比地区，随后跟进了更多的远洋航行。随着新旧世界永远地联系在一起，这些航行为人口、资源、产品、想法和疾病的交换开辟了一个通道（Crosby，2003；Diamond，1997；Fagan，1998）。由西班牙和葡萄牙带头，欧洲人大肆在别的大陆攫取金银，征服本土人（让一些本土人做奴隶），并且将其土地开拓为殖民地。

> **半边缘** 在世界体系中的结构性地位，是核心和边缘之间的中介；货物和大宗商品的出口者，但是缺乏像核心国家的权力。
>
> **边缘** 在世界体系处于最薄弱的结构性地位；机械化程度较低的原材料、农产品和人类劳动力的生产者。

早期的欧洲同世界各地一样，农村人生产主要是为满足自身需求，种植他们自己的食物，并用当地的物产制作衣服、家具和工具。超出满足村民当下需要的产品被用于交税和购买盐铁一类的商贸物品。一直到1650年，英国人的日常饮食还是基于当地种植的淀粉质食品（Mintz，1985）。然而，在随后的200年中，英国成为进口商品的非凡消费者。这类商品中最早引入且最受欢迎的就是糖（Mintz，1985）。

蔗糖最初培植于巴布亚新几内亚，蔗糖最早在印度被加工。它经由中东和地中海东部到达欧洲，由哥伦布带到新世界（Mintz，

1985）。巴西和加勒比地区的气候对于种植蔗糖来说是十分理想的地方，欧洲人在那里建立种植园以满足对蔗糖持续增长的需求。这促使了17世纪以单一经济作物为基础的种植园经济的发展——这种体系被称为单一作物生产。

在一个不断增长的国际市场中，对蔗糖的需求推动了跨大西洋奴隶贸易的发展及以奴隶劳动力为基础的新世界的种植园经济的发展。到了18世纪，英国对原棉的需求增长导致了现在的美国东南部地区的快速定居，还使该地区出现了另一种基于奴隶的单一作物生产体系。像蔗糖一样，棉花也是刺激世界体系发展的一种关键贸易品。

明白了吗？ 你能确定现代世界体系的范围，并对其出现做出解释吗？

>> 工业化

到18世纪时，**工业革命**（Industrial Revolution）——通过经济的工业化而从“传统”向“现代”社会的历史性转型（1750年后的欧洲）——的舞台已经搭好了。工业社会的种子早在18世纪以前就被种下了（Gimpel，1988）。例如，1589年，英国就发明了针织机，这远早于两三个世纪以后它在工厂发挥营利作用的时间。中世纪晚期出现的布厂是寻求风力和水力等新能源的前兆，这些都赋予工业革命以特征。

工业革命 通过经济的工业化而从“传统”向“现代”社会的历史性转型（1750年以后的欧洲）。

工业化需要资本以供投资。已经确立的越洋贸易和商业的体系用其产生的利润来供应这些资本。富有的人寻找投资机会，并最终在机器及驱动这些机器的动力中找到了机会。资本和科学创新刺激了发明。工业化使农业和制造业的产量都得到了提高。

欧洲的工业化是从家庭体系的制造业（或者家庭手工业体系）发展而来的（并最终取代了家庭制造业）。在这种体系中，一位组织者兼企业家提供原料给工人，让他们在家庭内部生产，再从工人手中收回成品。这类企业家要运作的领域可能会跨越几个村庄，需有拥有材料、支付报酬并安排营销。

工业革命的原因

工业革命开始于棉制品、铁和陶瓷。这些是被广泛使用的商品，对它们的制造可被分解成机器能够完成的简单的常规动作。当制造业从家里搬到工厂，当机械化取代手工艺，农业社会便发展成了工业社会。由于工厂生产廉价的日常用品，工业革命导向了产量的急剧增长。工业化刺激了城市的发展，并创造出一个新型的城市，在这样的城市中，工厂聚集在那些有着廉价的煤炭和劳动力的地区。

工业革命始于英国，随着工业化的推进，英国的人口开始急剧地增长。在18世纪，英国的人口翻了一番（尤其是在1750年以后），在1800年至1850年间，又翻了一番。人口的激增刺激了消费，但是利用传统的生产方法，英国的企业家无法满足这些增长的需求。这就推动了进一步的实验、创新和快速的技术变革。

英国的工业化利用了自然资源上的优势。英国的煤炭和铁矿石十分丰富，并且有适航水道与容易开发的海岸。它是一个航海的岛国，坐落于国际贸易的十字路口。对于进口原材料与出口制成品来说，这些特征赋予了英国一个理想的位置。英国工业发展的另一

学习小贴士

工业化将工人吸引到一个核心的生产点（例如一个工厂），而在家庭制造业体系中，人们在自己家庭内部工作。我们当代的经济为何被称为“后工业化的”呢？

个因素就是，18 世纪的殖民帝国的大部分被英语移民家庭占据，他们心系祖国并试图在新世界中复制欧洲文明。这些殖民地购买了大量的英国产品。

还有人指出，特定的文化价值观和宗教有助于工业化。英国新兴的中产阶级中的许多成员，都是非国教徒的新教徒。他们的信念和价值观鼓励了工业、节约、对新知识的传播、创造性及接受变革的意愿（Weber，1940，1958）。

学习小贴士

工业革命始于英国有多重原因：（1）（英国及其殖民地的）人口的急剧增长刺激了商品需求；（2）英国的原材料（煤炭和铁矿石）丰富，这对生产至关重要；（3）导航方面的专业知识为进口和出口的发展提供了便利；（4）中产阶层中新教徒的增长，鼓励了职业道德的发展。

明白了吗？ 你能解释英国发生工业革命的原因吗？

>> 工业化的社会经济影响

工业化的社会经济影响是多重的。1700 年至 1815 年间，英国的国民收入增长了三倍，到 1939 年增长了三十多倍。舒适的标准提升了，但繁荣并不是均匀的。起初，相对于在家庭内部的生产，工厂工人的薪资较高。之后工厂主开始在那些生活水平低、有着廉价劳动力（包括妇女和儿童）的地区重新招募劳工。

正如查尔斯·狄更斯在《艰难时世》（*Hard Times*）一书中描述的状况，随着建有工厂的城镇和工业城市的发展，社会病症愈加严重。废料和烟雾污染了 19 世纪的城市。住房拥挤且不卫生，用水和排污设施都不充足。人们经历了猖獗的疾病，承受着持续上升的死亡率。

流行文化

麦当劳是一家全球连锁的企业，其产品中的配料阐明了历史性世界体系的缩影。仅就巨无霸而言，它的两个全牛肉的饼就是来源于被旧世界驯养的牛。大麦克汉堡与蛋黄酱相同，都是在法国发明的。莴苣来源于埃及，奶酪是在印度通过对牛奶（旧世界）的发酵而成的，洋葱源自巴基斯坦西部。再谈到芝麻籽（印度）小圆面包（中东的小麦）。鸡蛋松饼中的鸡蛋是由东南亚的鸡产出的。早餐中的墨西哥卷饼主要是由玉米或谷物制作而成的，这是一种新世界的产品——就像你的牛奶或奶昔中的巧克力。进行两天的食物记录。然后搜索“食物起源”或查阅诸如 http：//www.foodtimeline.org/ 一类的网址来看你自己的食谱，它是如何证明我们每天所吃的食物是有多样性起源的。

工业化的分层体系

卡尔·马克思与马克斯·韦伯关注与工业化相关的分层体系。马克思从对英国的观察及他对 19 世纪的工业资本的分析中，看到了两个对立的阶级之间一个明显的和简单的划分——社会经济分层，这两个阶级分别是：**资产阶级**（bourgeoisie，资本家）与**无产阶**

级（proletariat，没有财产的工人）（Marx 和 Engels，1948，1976）。资本家的起源可以追溯到海外冒险和创造出一个富有的商业阶级的世界资本主义经济。

工业化将生产从农场和农舍转移到了作坊和工厂，后者便于机械动力的利用，工人们也可以组合起来运作重型机器。资产阶级是工厂、矿山、大农场及其他生产资料的所有者。工人阶级或无产阶级是那些不得不以出卖劳动力为生的人。随着食物生产的减少，城市移民的增多和失业率的提升，工人必须通过资产阶级才能使用生产工具。

资产阶级 卡尔·马克思所指出的对立阶级之一；生产资料（工厂、矿山、大农场及其他生产资料）的所有者。

工人阶级（无产阶级）那些必须以出卖劳动力为生的人，在马克思的阶级分析中，是资产阶级的对立面。

工业化加速了无产阶级化的进程——工人与生产资料相分离。资产阶级还控制着通信手段、学校及其他重要的机构。阶级意识（对所属经济群体的集体利益和个人身份的认知）是马克思阶级观点中的一个重要部分。马克思将阶级视为可以调动人类的力量去影响历史进程的强大集体力量。基于共同的经验，工人们可以发展出阶级意识，这将导致革命性的变革。尽管在英国并未发生无产阶级革命，但工人们发展出了自己的组织以保护他们的利益，并增加他们在工业利润中的份额。19世纪期间工会和社会政党的出现，表达了一种正在兴起的反对资本主义的精神。英国工人运动所关心的是使幼小的儿童从工厂中解脱出来，并且限制女性和儿童的工作时间。工业核心国家的分层的轮廓逐步成型。资本家控制生产，但是劳工会组织起来争取更高的薪资和更好的工作环境。到了 1900 年，许多政府都有工厂立法和社会福利计划。在核心国家，大众的生活水平随着人口的增加得到了提升。

> 这就是曼彻斯特老城，重读我的描述，我要强调的是自己并未夸大事实，为了传递那些垃圾、废墟和不宜居性，以及对这一社区建设无视所有对洁净、通风和健康的考虑的给人的印象，我的描述只算得上是轻描淡写……这里引起恐惧和愤怒的一切都是最近才发生的，从属于工业时代。
>
> 弗里德里希·恩格斯：《英国工人阶级的状况》

在现今的资本主义世界体系中，所有者与工人之间的划分是世界性的。然而，在工业国家里公开上市的公司使资本家与工人之间的划分复杂化了。现在一些美国工人通过退休金计划和个人投资，在生产资料方面拥有自己的私人利益。他们是股东而非无产的工人。关键的区别在于富有者控制了这些资料。现在主要的资本家并不是那些可能会被成千上万的股东所取代的工厂所有者，而是首席执行官或董事会的主席，但是两者均不能在实际上拥有企业。

现代分层体系

现代分层体系并不是简单的和两分的。它们包括（尤其是在核心与半边缘国家）一个有技艺的和专业性的中产阶层工人。格哈德·伦斯基（Gerhard Lenski，1966）提出在发达的工业社会，社会平等倾向于增加。社会大众增加了自己获得经济利益和政治权力的机会。在伦斯基的框架中，政治权力向大众的转移反映了中产阶级的增长，这减弱了所有者阶层与工人阶层之间的两极化。中产阶级职业的扩散为社会流动创造了机会。分层体系成长得更加复杂（Giddens，1981）。

分层体系的复杂性一直没有引起许多美国人的注意，这些人将自己定位为中产阶级。对美国中产阶级作为一个巨大的未分化

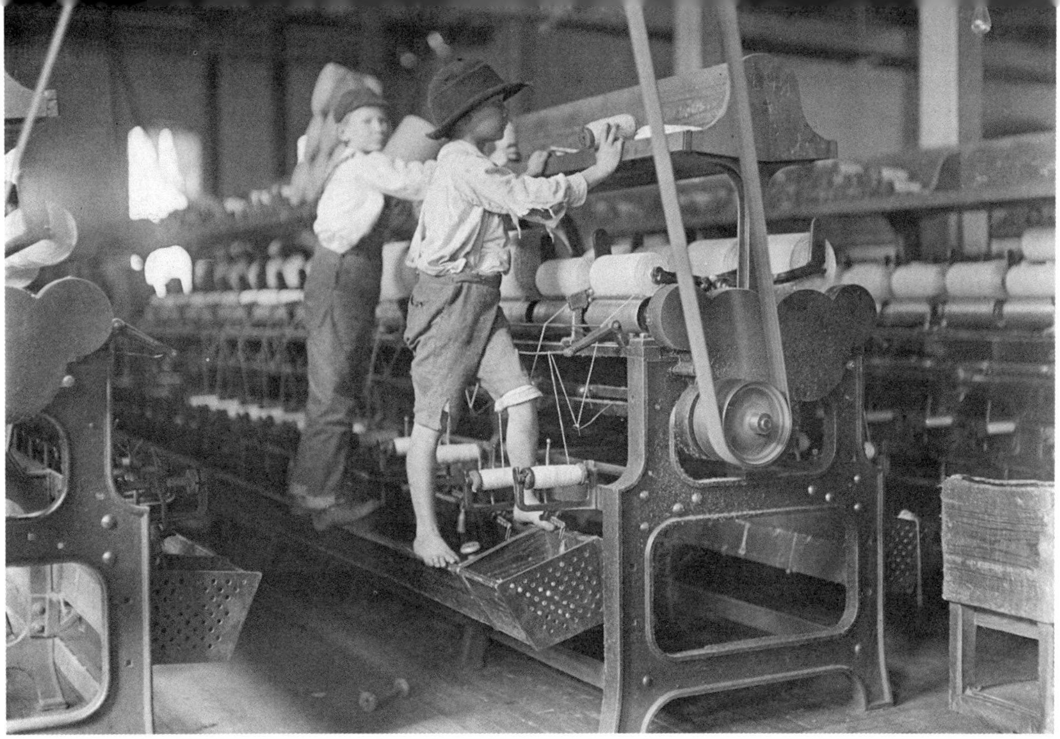

在19世纪及20世纪早期，妇女和儿童经常会在工厂工作很长时间。正如上图1909年乔治亚州梅肯的纺织厂所示。

群体的感知，掩盖了将最贫穷的美国人与最富有的美国人区分开的在收入和财富上的实质性差别。这个差距一直在扩大。

根据美国人口普查数据，从1970年到2009年最顶层（最富有的）1/5的美国家庭在国民收入中的份额提升了16%，而所有其他层级所占的份额都下降了。最底层的1/5所占股份的比例下滑最为明显——17%。2009年，最上面的1/5占据了国民总收入的50%，而最底层的1/5仅占3%。1970年这一数据分别为43%和4%。与2000年的14∶1和1970年的11∶1相比，2009年的比例是15∶1。换句话说，2009年，美国最富有的1/5的家庭，年均收入为170 844美元，是最贫穷的1/5的家庭的15倍，后者的年均收入仅有11 552美元（DeNavas-Walt，Proctor和Smith，2010）。

当我们考虑的是财富（投资、所有权和财产等）而非收入时，这种对比甚至更为突出：最顶层的1%的美国家庭大约持有36%的国家财富（Allegretto，2011）。在资本净值方面，他们是中产阶级或标准家庭的225倍（参阅下页图“2009年度美国最富有的1%对中产阶级的财富的比值”）。这是有记录以来的最高比值。最上层的1%所拥有的财富多于底部90%的总和（Witt，2011：229）。

2007年12月至2009年6月，最严重的经济衰退加剧了不平等。所有美国人都受到了影响，穷人比富人遭受了更大的苦难。没有财产或有负财产的家庭的百分比从2007年的19%飙升到了两年后的25%。在2007年和2009年，最富有的1/5的美国人的家庭财富缩水了16%，但是底层的80%缩水了25%。由于这种不一致，最富有1/5的家庭财富的比例上升了2%，达到了87%。底层的80%贡献了这两个百分点，只保有了13%的财富。对这种不一致及穷人更穷、富人更

文化思考

问一些你认识的人，他们认为自己属于什么社会阶层。你自己呢——你将自己放置在哪个社会阶层？你认为为什么许多美国人认为自己是中产阶级？与作为中产阶级相关联的文化价值观是什么？

2009 年度美国最富有的 1% 对中产阶级的财富的比值

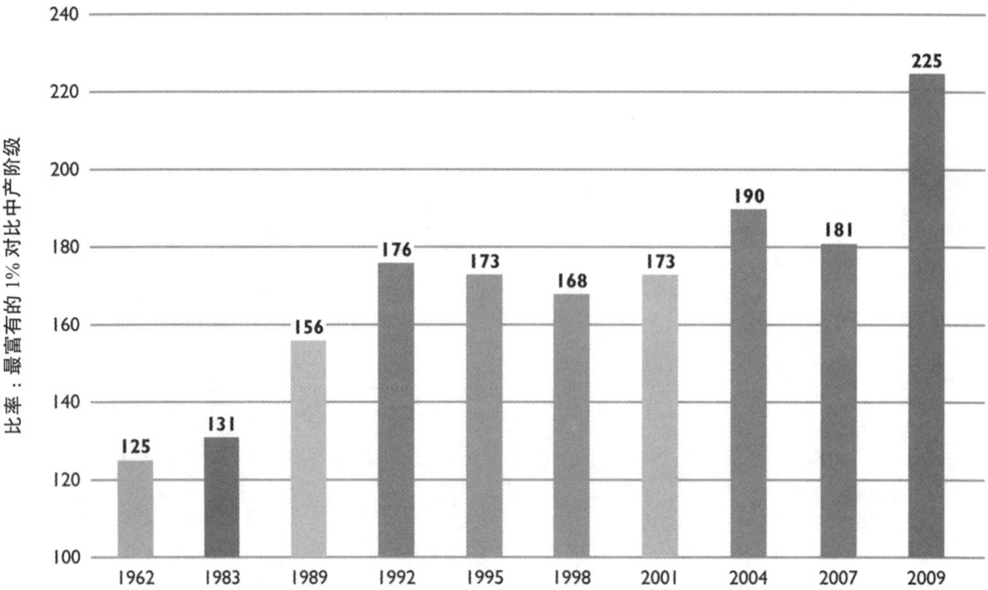

资料来源：阿勒格雷托（Allegretto，S. A.，2001）"美国人财富动态"（The State of Working America' s Wealth），摘要文章第 292 号。经济政策研究所（Economic Policy Institute），3 月 23 日。http：//www.epi.org/page/_/Briefingpaper 292.pdf.

富的认知，导致了 2011 年的占领运动。那个运动从华尔街开始并快速在美国许多其他城市和加拿大扩展开来。

正如我们在"政治制度"一章中所看到的，韦伯（Weber，1922/1968）定义了社会分层的三个维度：财富、权力与声望。尽管如韦伯所表明那样，财富、权力和声望是划分社会等级的独立成分，但是它们也往往相互关联。韦伯也认为，以族群、宗教、种族、民族为基础的社会身份会比阶级（基于经济地位的社会身份）具有优先性。除了阶级对立，现代世界体系被基于族群、宗教和民族的集体身份所分割（Shannon，1996）。阶级冲突更多地发生在民族内部，民族主义阻止了全球阶级联合，对工人阶级来说尤其如此。尽管资产阶级在大多数国家政治上占支配地位，但是增长中的财富已经让核心国家更容易地保证更高的工资（Hopkins 和 Wallerstein，1982）。然而如果没有世界体系，核心国家的工人的生活水准的提高就不会发生。从边缘到半边缘向核心的财富流动让核心国家的资本家保持利润的同时满足核心国家工人的需求。在边缘和半边缘，工资和生活水平要更低。当今的世界分层体系（world stratification system）以核心国家的资本家和工人共同与边缘国家的工人之间的巨大反差为特点。

明白了吗？ 你能确认包括阶级问题在内的工业化的经济社会影响吗？

学习小贴士

在韦伯看来，社会分层的三个维度分别是财富、权力与声望。

>> 殖民主义

世界体系理论强调一种全球文化和经济的存在，也强调当地人和国际力量的历史接触、关联和权力差异。过去五百年来，影响文化接触的主要力量一直是商业扩张、工业资本主义及殖民的核心国家的支配（Wallerstein，1982，2004b；Wolf，1982）。由于国家的形成在之前已经完成，工业化加速了当地参与到更大的网络。根据包德利（Bodley，2007）所言，持续的扩张是工业经济体系独有的特点。队群和部落是小规模、自足的以生计为基础的体系。与此相对，工业化的经济是高度专业化的系统，其中因市场交换而产生的利润是主要的动机（Bodley，2007）。

在19世纪，欧洲的商业利益推动了对市场的一致寻求。这个过程导致了欧洲在非洲、亚洲和大洋洲的**帝国主义**（imperidism）侵略行动。帝国主义是指将一个国家或帝国的统治扩展到外部民族，以及获取并保持外国殖民地的一种政策。帝国主义可以追溯到早期的国家，包括旧世界的埃及和新世界的印加。亚历山大大帝建造了一个希腊帝国，而尤利乌斯·恺撒和他的继任者扩张了罗马帝国。更近的例子包括英国、法国及俄罗斯（Scheinman，1980）。

1850年之后，欧洲的帝国扩张得到了快速发展的交通的帮助，这推动了对南北美洲和澳大利亚内部定居点稀少的广大地区的殖民化。新殖民地从工业中心购买大量的商品并运回小麦、棉花、羊毛、羊肉、牛肉和皮革。欧洲殖民主义的第一阶段是哥伦布之后对美洲和加勒比的利用和开发。一个新的第二阶段始于1875年到1914年欧洲国家对殖民地的竞相争夺，为第一次世界大战搭好了舞台。

殖民主义（Colonialism）是指很长时间内一个外部权力对一个领地及其人民进行的政治、社会、经济和文化的支配（Bremen和Shimizu，1999；Cooper和Stoler，1997）。如果帝国主义和国家一样古老的话，殖民主义可以追溯到腓尼基人，在三千年前，他们在东地中海沿岸建立了殖民地。古希腊人和古罗马人是贪婪的殖民者，也是帝国的缔造者。

帝国主义 指将一个国家或帝国的统治扩展到外部民族，以及获取并保持外国殖民地的一种政策。

现代殖民主义的第一阶段出现在欧洲的“大发现时代”——对美洲和通往远东航线的发现。1492年之后，作为阿兹特克人和印加人最初征服者的西班牙人，在新世界——加勒比、墨西哥及现在变成美国版图的南部部分，还有中美洲和南美洲——大范围地开发和殖民。在南美洲，葡萄牙统治了巴西。争取独立的反抗和战争在19世纪早期结束了欧洲殖民主义的第一阶段。巴西在1822年宣布从葡萄牙独立。到1825年西班牙的大部分殖民地在政治上也都独立了。西班牙把持古巴和菲律宾直到1898年，此后通过别的方式退出了殖民地。在殖民主义的第一阶段，西班牙和葡萄牙，还有英国和法国是主要的殖民国家。英国和法国支配了第二阶段。

英国殖民主义

在1914年的鼎盛时刻，英帝国覆盖了世界上1/5的土地，统治了全球1/4的人口。像其他欧洲国家一样，不列颠有两个阶段的殖民主义。第一个阶段伴随着16世纪伊丽莎白时代的航行而开始，不列颠获得了北美洲的大部分地区，加拿大的圣劳伦斯盆地，加勒比的一些岛屿，非洲的一些奴隶站和在印度的利益。

殖民主义 在很长时间内一个外部权力对一个领地及其人民进行的政治、社会、经济和文化的支配与压榨。

不列颠与西班牙、葡萄牙、法国和荷兰分

学习小贴士

在欧洲的殖民主义有两个阶段：（1）哥伦布之后的对新世界的探险与剥削；（2）殖民竞争，到第一次世界大战结束。

享了对新世界的开发。不列颠大体上将墨西哥及中美洲和南美洲留给了西班牙和葡萄牙。1763 年“七年战争”的结束导致了法国从加拿大和印度大部分地区的退出，之前在这些地方法国与不列颠进行着竞争（Cody，1998；Farr，1980）。

美国独立战争结束了英国殖民主义的第一阶段。不过很快，号称“日不落帝国”的英国第二阶段殖民帝国在第一阶段的灰烬上崛起。不列颠人从 1788 年开始在澳大利亚定居，但在 1815 年之后定居更为密集。到 1815 年英国已经从荷兰那里攫取了南非。1819 年新加坡的建立，为英国延伸到南亚大部分地区和中国海岸的贸易网络提供了一个基地。此时，作为英国传统竞争对手的帝国，尤其是西班牙，已经在殖民范围上严重缩小。作为帝国力量和世界领先的工业国家，英国的地位一时还无法撼动（Cody，1998；Farr，1980）。

在维多利亚时代（1837—1901），随着英国对领土和更多贸易许可的持续攫取，首相本杰明·迪斯雷利（Benjamin Disraeli）通过了一项将帝国主义看作承担“白人负担”——诗人拉迪亚德·基普林（Rudyard Kipling）所发明的一个短语——这一观点加以美化的对外政策。帝国的人民被认为无法管理自己，所以需要不列颠的指导来让他们文明化和基督教化。这一父权主义和种族主义的教条为英国对中非和亚洲部分地区的攫取和控制提供了借口（Cody，1998）。

第二次世界大战之后，伴随着追求独立的民族主义运动，英帝国开始瓦解。印度在 1947 年独立，爱尔兰共和国在 1949 年独立。在 20 世纪 50 年代后期，非洲和亚洲的去殖民化加速。今天，英国和它的前殖民地之间的联系主要是语言和文化上的，而非是政治上的（Cody，1988）。

法国殖民主义

两个阶段也是法国殖民主义的特点。第一阶段开始于 17 世纪早期的探险。在 1789 年法国革命之前，传教士、探险家和商人已经在加拿大、路易斯安那地区、几个加勒比海岛及印度的部分地区为法国开辟出了定居点（niches）（Harvey，1980）。1763 年的《巴黎和约》结束了“七年战争”，“七年战争”在美洲对应的是法国和印第安人之间的战争。和约将加拿大给了大不列颠，而法国保留了西印度的瓜德鲁普和马提尼克等富庶的产糖岛屿。

第二阶段法帝国的基础在 1830 年到 1870 年之间建立。英国对利润的急切追求导致了扩张，但法国的殖民主义更多是被国家、教会和武装力量而非单纯的商业利益所激发。

当然，法国跟英国一样，在它们的殖民地中有实质性的商业利益，但它们也像英国那样把自己的行为说得冠冕堂皇。其目标是在所有的殖民地中植入法国的文化、语言和宗教，即罗马天主教（Harvey，1980）。

法国使用两种形式的殖民统治：在具有很长国家历史的地区，例如摩洛哥和突尼斯实施的间接统治（Indirect Rule），通过当地的领袖和固有的政治结构进行统治；以及在

文化思考

“白人负担”（white man’s burden）（帮助他人的需求被认为是为了他们自己着想）的观念是企图用来美化殖民主义扩张的世界观。是否有一些像“白人负担”这样的事物影响着当下政治中的事件？

文化思考

欧洲中心主义是将欧洲的经验和观点看作优于其他的视角。你认为对欧洲中心主义的批评合理吗？欧洲白人（或他们的后代）的视角是否支配了对历史和文化的思考？你认为一个非欧洲中心观点的视角该考虑些什么？

非洲的很多地区法国官员所进行的直接统治（Direct Rule），在那些地方法国通过建立新的政治结构来控制多样化的社会，这些地方在以前是没有国家的。像不列颠帝国一样，法帝国在第二次世界大战之后开始解体。

殖民主义与认同

在今天的新闻中，很多地缘政治的标签在殖民主义之前都没有对应的含义。整个的国家及其内部的社会群体和组成部分，都是殖民主义的发明。例如，在西非，按照地理学的逻辑，几个相连的国家可以合并成一个（多哥、加纳、象牙海岸、几内亚、几内亚比绍、塞拉利昂、利比亚）。与此相反，他们被殖民主义所推动的语言、政治和经济的差异分割开来。

数以百计的族群和“部落”都属于是殖民主义的建构（Ranger，1996）。例如，坦桑尼亚的苏库玛（Sukuma），最早在殖民地当局登记为一个部落。之后传教士将一系列的方言标准化成了单一的苏库玛语言，并将《圣经》和其他宗教文本翻译成了这一语言。从那时候起，这些文本就被在教会学校里讲授，并同时向欧洲的外国人及不说苏库玛语的人教授。时间久了，这就使得苏库玛的语言和族群特点变得一致了（Finnstrom，1997）。

正如在东非大部分地区，卢旺达和布隆迪的农民和牧民生活在同一地区并说同一种语言。尽管他们的社会组织是“极端等级化的”，几乎“像种姓一样”，但在历史上他们分享同一个社会世界（Malkki，1995：24）。一直有一种倾向认为，放牧的图西人比从事农业的胡图人要高级。图西人一直以贵族的形象出现，胡图人则是平民。然而在分发身份证的时候，比利时的殖民者简单地将所有拥有超过10头牛的人都认定为是图西人。有更少牛的拥有者都被登记为胡图人（Bjuremalm，1997）。

后殖民的研究

在人类学、历史和文学中，后殖民研究这一领域在20世纪70年代获得了突出的地位（Ashcroft，Griffiths 和 Tiffin，1989；Chakrabarty，2007；Cooper 和 Stoler，1997）。**后殖民**（postcolonial）涉及欧洲国家和它们所殖民过（主要是1800年之后）的社会之间的接触。在“二战”之后解体的欧洲帝国，在1914年曾统治着85%以上的世界（Petraglia-Bahri，1996）。“后殖民的”这一术语也被用来一般性地描述20世纪后半叶，即紧接殖民主义的一个时期。甚至更一般地说，殖民主义或许可以用来指称反对帝国主义和欧洲中心主义的立场（Petraglia-Bahri，1996）。

你了解吗

前殖民地的公民经常反对自由主义的改革。例如，世界各地的人们——从印度的妇女群体到亚马逊盆地的当地人卡亚普人——已经组织起来抵抗水电站大坝的建设。

后殖民 是指到欧洲国家和他们所殖民过（主要是1800年之后）的社会之间的接触；更一般地说，殖民主义或许可以用来指称反对帝国主义和欧洲中心主义的立场。

之前的殖民地（后殖民的）可以被划分为定居的、非定居的和混合的（Patraglia-Bahri，1996）。定居的国家拥有大量的欧洲殖民者和更稀疏的土著人口，包括澳大利亚和加拿大。非定居的国家包括印度、巴基斯坦、孟加拉共和国、斯里兰卡、马来西亚、印度尼西亚、尼日利亚、塞内加尔、马达加斯加和牙买加。所有这些都有大量的当地人口和相对少的欧洲定居者。混合的国家包括南非、津巴布韦、肯尼亚和阿尔及利亚。这些国家有大量的欧洲定居者，但也有许多当地人口。

由于这些国家的不同经验，后殖民必定是一个宽泛的术语。例如美国，被欧洲殖民并打了一场从英帝国取得独立的战争。美国

明白了吗？ 你能评价一下殖民主义的历史如何影响到当今世界体系中国家之间的关系吗？

是一个后殖民国家吗？由于它在当今世界的权力地位，它给美洲土著待遇（有时候被称为内部殖民）及它对世界其他地方的吞并，它通常不被认为是一个后殖民国家（Petraglia-Bahri，1996）。后殖民的研究正在成长，使得对不同环境中对权力关系的大范围研究成为可能。这一领域的更广泛的话题包括帝国的形成、殖民化的影响及后殖民国家的今天。

>> 发展在世界体系中的角色

干预哲学 殖民主义、征服、传教或发展的指导原则；一种外部人引导当地人到特定方向的意识形态正当化。

在工业革命时期，有一股强大的思想潮流认为工业化是一个有机发展和进步的有益过程。许多经济学家还认为工业化增加生产和收入。他们试图在第三世界（“发展中”）国家创造一个如同最先在18世纪的大不列颠自发发生的那种进程。

我们已经看到不列颠曾用一种“白人负担”的观点来将其帝国主义的扩张加以美化，法国则冠冕堂皇地宣称其在殖民地中致力于一种文明使命——一个文明化的使命。这两种观念都阐释了一种干预哲学，一种外人将当地人导向特定方向的意识形态正当化。经济发展计划也包含**干预哲学**（intervention philosophy）。约翰·布迪雷（John Bodley，2008）认为干预——无论是殖民主义者、传教士、政府还是发展规划者做出的——背后的基本信仰在一百多年来一直没变。这一信仰认为工业化、现代化、西方化和个人主义是值得追求的进化优势，推动这些的发展规划将会给当地人带来长期利益。在一种极端的形式中，干预哲学会将开化的殖民地居民或其他世界规划者假定的智慧与“低级”和“落后”的当地人所被设想的保守性、无知或“陈旧”对立起来。

新自由主义

自由主义作为一个目前有影响力的干预哲学，包含了一系列在过去三十年中广为传播的假定。新自由主义的政策正在被包括后殖民社会在内的发展中国家采用并实施。**新自由主义**（Neoliberalism）是新古典经济自由主义的当下形式，后者在亚当·斯密（Adam Smith）著名的资本主义宣言《国富

人类学的工作

帕特里夏·恩斯沃斯（Patricia Ensworth）有一个人类学的硕士学位，同时接受了金融服务和软件测试的训练。她曾帮助公司开发出具有文化兼容性的软件程序。例如，她辨认出了北美和亚洲在软件使用实践中有区别的文化差异。美国的销售代表喜欢在与客户接触之后直接将数据输入计算机。然而，这一系统在亚洲不起作用——那里有专门的职员会承担这一责任——因为销售代表在等级上被排于职员之上，不希望去做基本的数据输入。为取得成功，软件设计者需要改变用户界面和安全规则。全球化让所有国家在商业中走得更近，人类学家在搭建文化隔阂之间的桥梁方面具有关键作用。

学习小贴士

资本主义经济学发展的三个阶段：（1）亚当·斯密的自由主义（政府处在经济之外）；（2）凯恩斯主义的经济学（政府刺激经济）；（3）自由主义的经济学（政府推动自由贸易）。

论》中被提出，此书在工业革命刚刚过后的1776年出版。斯密宣称自由放任（不干涉）的经济是资本主义的基础：政府不应该涉足国家经济事务。斯密认为自由贸易是一个国家经济发展的最好方式。不应该存在对制造业的限制、商业障碍和关税。这一哲学被称为自由主义是因为它试图将经济从政府控制中解放或自由化。经济自由主义鼓励“自由的”企业和竞争，以利润的生产为目的（注意一下此处自由的含义与美国的广播谈话中所大众化的那个含义间的差别，后者人们使用“自由”——通常是一个贬义词——作为“保守的”反面。具有讽刺意味的是，亚当·斯密的自由主义是今天资本主义的保守主义）。

自由主义在美国一直盛行到20世纪30年代富兰克林·罗斯福（Franklin Roosevelt）总统的新政。大萧条产生了一个向凯恩斯主义经济学的转向，它挑战了自由主义。约翰·梅纳德·凯恩斯（John Maynard Keynes，1927，1936）坚持认为，充分就业对资本主义的发展来说是必须的，因此政府和中央银行应该干预经济以增加就业，并且政府应该提供公共物品。

1991年之后，经济自由主义有了一次复兴，现在以新自由主义被人们所知，已经在全球范围内扩张。在世界各地，强有力的金融机构，例如国际货币基金组织（IMF）、世界银行及美洲开发银行，都奉行新自由主义的政策（Edelman和Haugerud，2004）。新自由主义必然意味着开放的（没有关税和障碍）国际贸易和投资。利润以通过降低成本的方式被追逐，无论是通过提高产量，解雇员工或寻找能够接受低工资的工人。为了换取贷款，后社会主义的和发展中国家的政府被要求接受新自由主义哲学，这一认为解除管制可以促进经济增长，而经济增长最终会通过一个有时被称作“下滴”（trickle-down）的过程使得每个人都受益。与对自由市场的信仰和缩减成本的观点相伴随的是，实行缩减政府开支的紧缩政策的趋势。这使得减少在教育、医疗和其他社会服务上的公共开支成为必要（Martinez和Garcia，2000）。

新古典自由主义 亚当·斯密的古典经济自由主义，指政府应规范民营企业，自由市场必须有规则；是当代的一种主要的干预哲学。

明白了吗？

你能描述一下干预哲学是如何共同塑造了殖民政策及当代新自由主义经济发展的方式吗？

>> 今日世界体系

尽管不同国家在世界体系内部转换了它们的位置（参见表10-1），工业化的扩散在今天还在继续。到1900年，美国变成了一个核心国家，在钢铁、煤炭和棉花生产上超过了英国。在几十年（1868—1900）的时间里，日本从中世纪的手工业经济转变成了工业经济，在1900年加入了半边缘行列，并在1945年到1970年间进入了核心行列。

21世纪的工业化增加了数以百计的新产业和数以百万计的新岗位。生产增加往往超出了直接的需求，导致了广告等试图将工业所制造出来的所有东西都卖出去的策略。大规模生产催生了一种强调占有欲和炫耀消费的消费文化。

21世纪事情会如何发展？在世界范围内，年轻人正在放弃传统的对生计的寻求并追逐现金。一首流行歌曲曾经发出疑问“你怎么能够在他们将要见到巴瑞（Paree）之后，让他们安心待在农场呢？”现在很多人见过巴瑞——也就是巴黎（Paris）——及其他世界性的都市，或许不是亲自见过，而是在印刷品或屏幕画面上见过。今天的年轻人受到了更好的教育，比以前更了解这个世界的逻辑。他们时时面临着一种离开农场的更好生活的物质和文化承诺。他们寻求付工资的工作，但工作是稀少的，导致了跨国的移民。如果不能合法地获得现金，他们就通过非法途径寻求。

各种场景下的能源消费

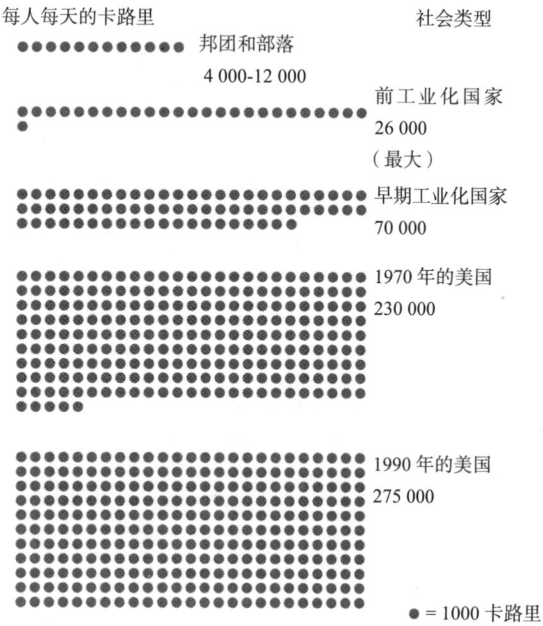

资料来源：引自约翰·伯德雷（John H. Bodley）著《人类学与当代人类问题》（*Anthropology and Contemporary Human Problems*），翻印得到伯德雷本人的许可。

最近，包括美国和西欧各国在内的工业化国家的工作岗位也很紧张。随着美国奋力从 2008—2009 年的危机中摆脱出来，其股票市场在 2009 年 3 月到 2012 年 4 月间翻了一番还多。在一场许多人认为是“无工作的复苏”之中，盈利性不断增加的公司把持着它们的资金而不是用来雇用新员工。要记住，资本主义的目标是要产生利润并保持盈利。在一个全球经济中，盈利并不一定要从雇用公民同胞中产生。工作被持续外包，机器和信息技术持续地代替人工。航空公司和银行等公司引诱顾客绕过人的服务。即使在工业世界之外，虽然主要是在其内部，网络使得更多的人在线购买机票、打印登机牌、租赁汽车、预定宾馆房间、转账和付账单成为可能。作为一个虚拟书店，亚马逊也在不断变成一个百货店，不仅预示着“妈妈和爸爸”商店，甚至西尔斯（Sears）和无线电器材公司（Radio Shack）都有被人们遗忘的危险。2011 年国界被打破。今天，当一个人试图通过电话与一个真人讲话时，那个人在孟买或马尼拉与在明尼阿波利斯市或迈阿密的可能性一样大。

出于某些原因，许多公司宣称劳工组织限制了它们在全球经济中的流动性、适应性和利润率。美国的公司已经变得更加在意识形态上反对工会，并在打击组织化的企图方面更为激进。工会仍然给它们的工人带来利益。2010 年参加工会的员工每周的收入——917 美元仍然比未参加工会的员工每周的收入——717 美元要高（Greenhouse，2011）。然而，美国的工会成员在过去 70 多年已经降到了其最低点。美国参加工会的劳动力的比例在 2010 年

表 10-1　世界体系中国家的兴衰

边缘到半边缘	半边缘到核心	核心到半边缘
美国（1800—1860）	美国（1860—1900）	西班牙（1620—1700）
日本（1868—1900）	日本（1945—1970）	
	德国（1870—1900）	
韩国（1953—1980）		

资料来源：1996 年托马斯·香农（Thomas R. Shannon）版权所有。得到伯塞斯书业集团（Perseus Book Group）旗下的西观出版社（Westview Press）重印许可。

2012 年部分国家的能源消费

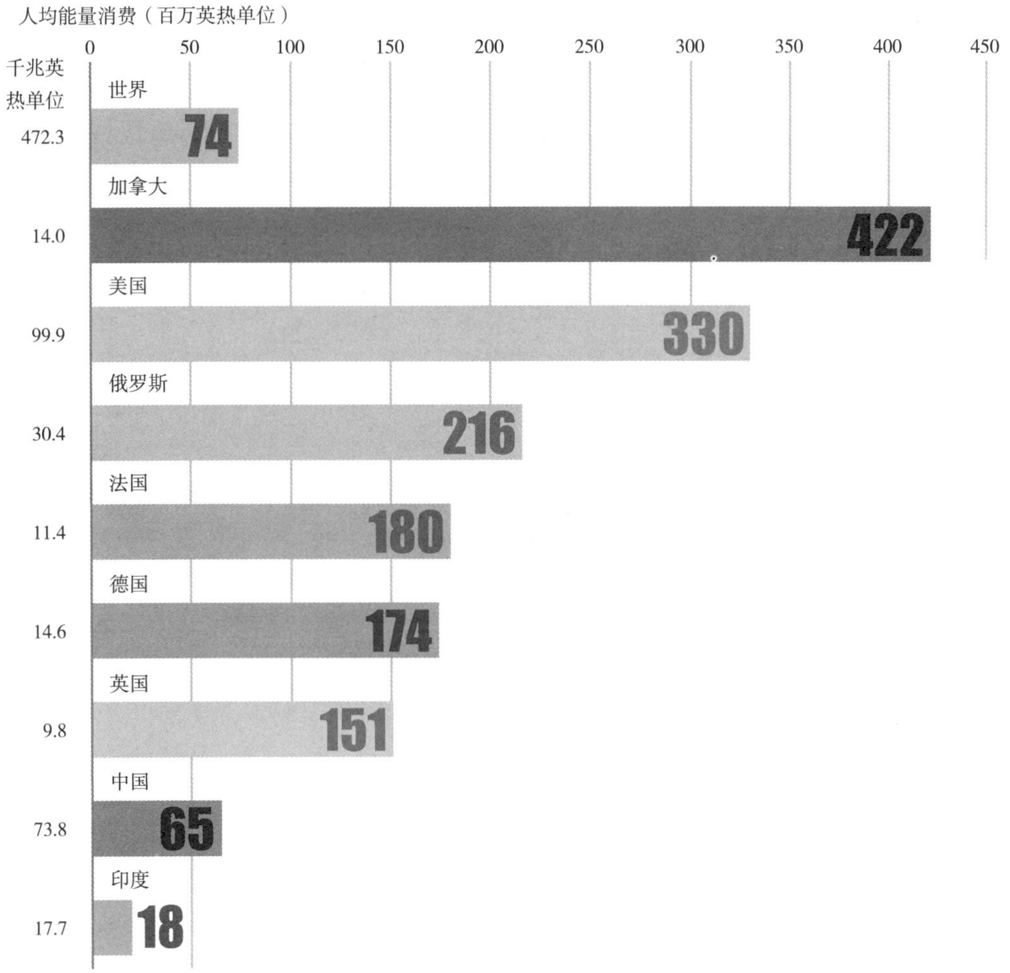

资料来源：基于 2012 年《美国统计摘要》（*Statistical Abstract of the United States*）的数据（表 1383），第 864 页。

是 11.9%，在 1983 年是 20.1%，在 20 世纪 50 年代中期是更高的 35%。私人部门参加工会的员工数量在 2010 年保持在 710 万人，与之相比公共部门有一个更大的份额——760 万人（Greenhouse，2011）。你知道哪些工作是被工会组织起来了？你有多大可能参加工会？

能源消费与工业衰退

工业化使得对可再生能源的依赖有必要转换到使用化石原料。经过数百万年的储藏，化石燃料能源（石油、天然气、煤炭等）正在被快速地耗尽，以此支持一个前所未有的消费水平。美国的人口是世界上不可再生能源的最大消费者，其人均能源消费是狩猎采集或部落社会人均能源消费的 35 倍（Bodley，1985，2008）。

本页“2012 年部分国家的能源消费”比较了美国和部分其他国家能

文化思考

一个个体消费的能源量有时候被称作“能源脚印”。你的能源脚印有多大？每天你在哪些物品上使用能源？要吸收多少能量才形成你昨天所消费的食物？其中有多少是来自化石燃料？

源消费的人均值和总量。美国构成了世界每年能源消费的21.1%，与此相比中国的是15.6%。但是美国人均能源消费是中国人均值的6倍，是印度居民均值的21倍。

工业化和工厂劳动现在是拉丁美洲、非洲、大洋洲和亚洲许多社会的特点。工业化扩展的一个影响在于对当地经济、生态和人口的破坏。两个世纪以前，当工业化正在发展的时候，5 000万人口仍然生活在政治独立的邦团、部落及酋邦中。这些非国家社会占据了大面积的地区，虽然并非完全隔离，但是只受到民族国家和世界资本主义经济的微弱影响。在1800年，邦团、部落和酋邦控制了地球的一半面积和20%的人口（Bodley，2008）。工业化使得平衡向有利于国家的方向倾斜（Hornborg和Crumley，2007）。

原住民 特定地域的最初居住者；常常会是文化上独特的被殖民的部落民的后裔，其中有许多的人都渴望自治。

随着工业化国家对非工业化国家的征服、吞并和“发展”，出现了大规模的种族大屠杀（genocicle）。种族大屠杀是指通过战争和杀戮有意消除一个群体的政策。博德利估计，在1800—1950年每年平均有25万当地人死去。除了战争，其原因包括外来的疾病（当地人缺乏对其的抵抗力）、奴隶制、土地攫取和其他形式的驱逐和贫困（Bodley，2008）。

许多当地群体被整合进了民族国家，他们在其中作为少数族群生活着。尽管这些族群已经在不同程度上失去了他们祖先的文化（部分的族群灭绝），他们还保留着一种族群认同。另外，作为在文化上独特的和具有自我意识的被殖民民族，许多部落人的后代生活在当今的民族国家中。许多这样的民族向往自治。作为他们领土的最初居民，他们被称作**原住民**（indigenous people，Maybury-Lewis，2002）。

在全球范围内，许多当代国家正在重复——以一个加快的速度——欧洲和美国在工业革命时期所开启的资源消耗过程。幸运的是，当今世界拥有在工业革命前几个世纪所不具有的环境监督机构。由于国内和国际的合作与制裁，现代世界或许可以从过去的教训中获益（Hornborg，McNeill和Martinez-Alier，2007）。

明白了吗？ 你能指出当今世界体系的特点吗？

参与进来！

学着将你的餐盘看作一个世界体系的地图。美国的餐饮严重依赖货物和劳工的进口。通过网络查询来补充一种特定食物（包装常常标志来源）的来源信息，用你所吃的食物来获取全球资本主义和全球不平等的信息。例如，我们假设你吃的葡萄来自加利福尼亚。穿过墨西哥移民过来的洪都拉斯人可能收获了你的葡萄。尽管为了极低的工资工作，洪都拉斯的移民工人整体上能够将大量汇款以美元形式寄回洪都拉斯。美国的哪些人能够从中获利，如何获利？洪都拉斯的哪些人会获利？给出这些事实，你对洪都拉斯在世界体系中经济权力的位置如何设想？

本章回顾

I. 世界体系的发展是在何时，又是出于什么原因，它今天又如何？

- 随着欧洲人与进入欧洲影响范围的其他民族建立了跨大洋的贸易，一个世界经济和政治关系的体系在 15 世纪兴起。在之后的几百年中，一种人员、资源、产品、观念和疾病的交换将旧世界和新世界联系在了一起。到 18 世纪，被跨大洋的贸易所支持的欧洲工业化加速了工人与生产手段的分离。今天的资本主义世界经济保持了工厂主和工人之间的对立，但是权力向大众的部分转移已经弱化了两极分化。当下的世界分层以核心国家的资本家和工人共同与边缘国家的工人之间的对立为特点。工业化意味着当地经济、生态和人口的破坏及资源消耗的加速。

II. 欧洲殖民主义何时及如何发展，它的历史影响如何在后殖民的研究中得以表达？

- 欧洲殖民主义的第一阶段开始于哥伦布之后对美洲的开发和利用。在 19 世纪，对新市场的寻求使得欧洲国家攫取和把持殖民地。在这一殖民主义的新阶段（1875—1914 年），英国和法国在各自的殖民地中推动他们的商业利益，并试图“文明化”当地人。殖民者建立了整个的国家及这些国家内部的分区。后殖民是指欧洲殖民化的长期影响及对殖民结束之后时期的研究。之前是殖民地的定居的、非定居的和混合的国家具有不同的殖民经历。美国尽管曾被殖民过，但鉴于在它在当今世界的权力地位，它给美洲土著待遇及它对世界其他地方的吞并，它通常不被认为是一个殖民国家。

III. 殖民主义、发展、工业化、新自由主义如何体现了干预哲学？

- 殖民力量从事于政治、社会、经济和文化的支配。非西方民族“落后性”家长制观点帮助殖民力量将帝国主义的扩张“合法化”。发展计划假定在“发展中”国家重蹈“第一世界”的道路会给它们带来长远的利益。强大的金融机构实施着新自由主义的政策，这意味着开放的贸易和投资、价格控制及削减政府对社会服务支持的紧缩政策。

突击测验

选择题：

1. 现代世界体系最好被理解为：
   a. 一个族群不断从民族国家中分离的体系
   b. 一个反映了马克思阶级冲突理论的社会阶级分层体系
   c. 一个各民族在经济上和政治上相互依赖的全球体系
   d. 一个主要的对立是核心国家内部的资本家和工人相互竞争的体系
2. 下列哪项关于世界体系的命题是错误的？
   a. 三种不同的经济和政治权力的位置是核心、半边缘和边缘
   b. 这一理论将社会看作由相互联系的部分构成
   c. 这一理论宣称自从旧世界和新世界建立常规的联系之后，一套经济和政治的关系成为构成了全球大部分地区的特点
   d. 这一理论主要适用于西方国家的经济和政治关系
3. 帝国主义是指将一个国家或帝国的统治延伸到国外民族并占有国外殖民地，而殖民主义特别是指：
   a. 一个外部政权在一个长时间段内对一个领地及其人们所实行的政治、社会、经济和文化支配
   b. 前殖民地获得独立之后，帝国的影响消失了
   c. 欧洲对一个领地的支配
4. 下列哪一项命题不是现代世界体系的特点？
   a. 21世纪的工业化增加了数以百计的新产业和数以百万计的新工作
   b. 大规模生产促进了消费文化的兴起
   c. 在能源消费总量方面，美国在印度和中国之后
   d. 工业化引起了对当地的经济、生态和人口的破坏

填空题：

1. ______ 是指投资到商业中的以生产利润为目的的财富和资源。
2. 卡尔·马克思提出的两个对立的社会经济阶层是 _____ 和 ______。
3. ______ 这一术语被用来描述20世纪下半叶欧洲国家与它们的前殖民地之间的关系。

答案：1.c；2.d；3.a；4.c
1. 资本；2. 资产阶级，工人阶级；3. 后殖民

第十一章

族群与种族

本章要点

- 族群与族性
- 人类的生物多样性与种族概念
- 种族与族性
- 种族的社会建构
- 族群、民族与民族国家
- 族群宽容与适应
- 族群冲突的根源

了解我们自身

你如何理解人类的“多样性”？或许你会联想至“种族”或“民族”这样的词。

可能你觉得差异就是皮肤或是眼睛的颜色，发型或是身高，那些一眼就能识别的特征。实际上，人类生物意义上的差异远远超过可观察到的生物学差异。例如：我们对食物不同的消化能力，我们对特定疾病的先天抵抗力及敏感度。

在当代的北美，每天所遇到的人，他们的祖先曾居住在不同的陆地上。第一个（本土的）美国人必须跨越连接西伯利亚和北美的大陆桥才来到了美国。后来的移民，其中可能也有你的父辈祖辈，航线可能已经跨越海洋和陆地，从各国到南美也不再是难事。他们来这的原因有很多，有一些是自愿来的，有的则是上着镣铐被带过来的。如今，移民大军的队伍在不断壮大，以至于成百万的人们经常跨过国界或居住在远离祖籍的地方。美国的人口有数百万的移民，这些人的生物特征反映了他们对于原先而不是现在的居住环境的适应性。

多样性也包括同一个人在不同环境中不同的身份认同。人类灵活的适应性使得我们能够有意识地（有时是无意识地）根据场景的不同转变自我表现。例如意大利人，他们主张在家和在外面要穿着不同的套装。他们对外出的着装的投入更大，也正是如此，意大利时尚产业生机盎然。为什么公众形象重于私下的形象，这是因为私下里的打扮只是给家人和亲人看的。行为和身份认同会随着环境而改变。一个人既可以是个黑人也可以是个西班牙人，既可以是一个父亲也可以是个球员。对一个身份的认同是在特定场景下的承认和感知，这套制度是区别于另外一套制度的。在非裔美国人中，一个“西班牙”棒球员可能是黑人，在西班牙则是西班牙人。当有人问起：“你是谁？”时，你会马上想到什么？是不是会随着情景的不同而有所变化？又是如何变化的呢？

>> 族群与族性

族群 通过文化的相似性（由群体中的每一个成员所共享的）和差异性（群体之间的差异）区分出不同的群体。族群成员具有共同的信仰、价值观、习惯、习俗、规范、共同的语言、宗教、历史、地理和亲属关系及（或）人种。

族性 对于一个种族的身份认同以及情感，由于对某一种族的归属感而受到其他种族的排斥。

任何一种文化，由于具备共同的背景，**族群**（ethnic group）成员共享某种信仰、价值观、习惯、风俗和规范。这种区别可能源于语言、宗教、历史经验、地理位置、亲属关系或是“人种”的不同（Spickard，2012）。族群的标志包括集体的名称、共同传承的信仰、团结的意识及占据一定领土的联盟，这个群体并不一定真正占有这片地土（Ryan，1900：xiii，xiv）。图表“2010 年美国种族 / 族群的认同状况”列出了美国人的族群，见美国 2010 年人口普查所报道的。

文化思考

并非族性而是何种认同人们能够依据他们所处的情境来进行判断呢？提示：考虑到个体的社会阶级、宗教、关系地位等。

2010 年美国种族 / 民族的认同状况

要求的认同	数目（百万）	百分比
白人（非西班牙裔）	196.8	63.7
西班牙裔	50.5	16.3
非洲裔	38.9	12.6
亚洲人	14.7	4.8
美洲印第安人	2.9	0.9
太平洋岛人	0.5	0.2
两个或更多种族	9.0	2.9
全部人口	308.7	100.0

资料来源：美国人口调查局，10 年一度的人口普查数据，2010 年。

据弗雷德里克·巴斯（Fredrik Barth，1969）所言，族性在一定意义上是人们给自己赋予了一个确定的民族身份并为他人所认同。**族性**（Ethnicity）意味着个体对一个族群的认同感和情感归属，以及因为从属于这个族群而对其他族群产生的排斥感。族群情感及相应的行为与族群、国家的变迁具有高度的一致性。对民族认同感受到重视程度的变化可能反映政权交替或是个人生活圈的变化（年轻人让渡，老年人发挥余热，一个族群的背景）。

文化差异可能与种族、

学习小贴士

身份的组成既包括人们如何界定自身也包括他对自己的界定。

文化思考

2008 年，在奥巴马获选美国总统之后，有人说“后种族”世界到来了，在这个世界里，种族再也不是通向成功的阻碍了，你同意这种说法吗？

阶级、地区或宗教相关。个体常常会有多个群体认同。人们可能会忠实于（依据环境）他们的邻里、学校、家乡、州 / 省、地区、国家、陆地、宗教、族群或是兴趣小组（Ryan，1900：xxii）。在一个复杂的社会里，如美国或加拿大，人们时常协商他们的社会身份。我们“戴着不同的帽子”以展现自己有时是一种角色，有时是另外一种角色。

身份转换

有时我们的身份（也称社会地位）是相互排斥的。同时既是非裔美国人又是白人，既是男性又是女性，这很困难。有时，假设一个身份或加入了一个群体要求转变既有经验，从而获得一个新的前所未有的身份，就像成为一个重生的基督徒。

有些地位并不互斥，并且具有相关性。一个人可以既是非裔美国人又是西班牙人，或者既是母亲又是参议员。一个身份通常对应一套制度，另一个身份对应另一套制度。我们将此称为社会身份的情景协调（Leman，2001）。例如，当西班牙人想要改变身份时，他们可能会更改自身的族群归属。“西班牙人”主要是基于语言划分出的种类，包括白人、非裔美国人、西班牙语为母语的人混血及他们有种族意识的后裔（他们可能是土著的美国人甚至是亚裔西班牙人）。“西班牙人”也是美国增长最快的一个族群，他们来自不同地理起源，如波多黎各、墨西哥、古巴、萨尔瓦多、危地马拉多米尼加共和国、中部和南部的西班牙语国家及加勒比岛国。“拉丁美洲人”是个很宽泛的种类，它包括了巴西人（说葡萄牙语的人）。不同国别的人如图表“2009 年美国西班牙人和拉丁美洲人”（不包括巴西人）所示。

墨西哥裔美国人（也称奇卡诺人，Chicanos）、古巴裔美国人和波多黎各人可能会联合动员起来改善一些西班牙普遍存在的问题（如反对仅用英文书写法律条款）。但在其他场合中，他们又分离成为三个独立的利益团体。一般来说，古巴裔美国人比墨西哥裔美国人和波多黎各人更富有，所以他们的利益诉求和投票模式会有所不同。古巴裔美国人常常将票投给共和党，而墨西哥裔美国人和波多黎各人更倾向于投给民主党。一些世代住在美国的墨西哥裔美国人和新的西班牙移民（如来自中部美洲的人）已经无共

2009 年美国西班牙人和拉丁美洲人

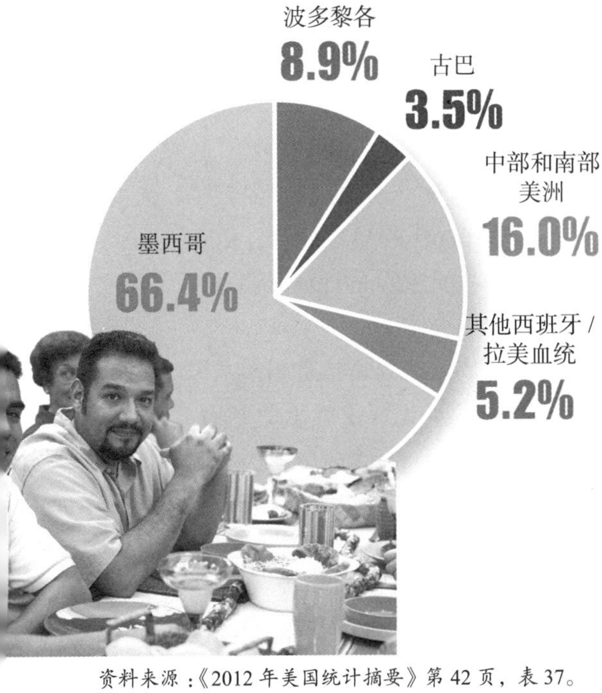

资料来源：《2012 年美国统计摘要》第 42 页，表 37。

明白了吗？ 你能够给“族群”下个定义吗？并且指出根据情境转化和更改族群身份意味着什么？

同之处了。有些美国人（特别是英语流利的人）宣称西班牙民族在一定程度上比其他人更认同美国人的身份。

少数民族 他们在社会政治等级制度中是处于从属地位的，他们的地位处于弱势，较少获取资源。

多数民族 在社会政治等级制度中属于上层地位的，占支配或是控制地位的群体。

种族 基于具有某一生物特征而形成的族群。

种族主义 因为某种生物基础而歧视一个族群。

种族分类 基于共同的祖先将人划分为相互独立的类别。

在很多社会中，种族、族群或社会地位是与社会-政治等级制度相联系的。有一个被称为**少数民族群体**（minority group），与**多数民族**（majority group）相比，他们是处于从属地位的，他们势力处于弱势，较少获取资源。族群通常是指少数民族群体。当一个族群被假定为有相同的生物特征（特别是有相同的“血统”和基因的人），则他们被认为是同一**种族**（race）。对这样一个群体的歧视就是**种族主义**（racism）（Cohen，1988；Montagu，1997；Scupin，2003；Shanklin，1995；Wade，2002）。

你知道吗 基因使得一些有非洲血统的人与亚洲人或北欧人有更多相同遗传物质，反而使他们与自己的非洲同伴没有太多的共同点。换句话说，你可能和跟你长得一点都不像的人有相同的遗传基因，而那些跟你长得很像的人却不一定和你是同一种族的。

>> 人类的生物多样性与种族概念

本书的图片仅仅展示了人类生物变异的一些侧面，更多的例证来自每个人的亲身经历。环顾教室、图书馆、购物商场或不同地方，你一定会看到祖先居住在不同地方的人。在美国和加拿大，这种外形的多样性是显而易见的，而人类学的工作就是要解释这些差异。

以前，科学家主要通过两种途径来研究人类的生物多样性：其一，种族分类（广义上说）；其二，最新的解释方式聚集于理解差异的特殊意义。首先，我们要考虑**种族分类**（Racial Classification）引起的问题——基于共同祖先将人类大致地划分为数个相互区别的类型（有目标的）。接下来我们将以几个例子来解释人类生物多样性的特殊表现，如浅色皮肤与黑色皮肤的不同存在意义。生物多样性对我们是实际存在的、重要的且显而易见的。现代科学家认为与其花费精力划分不同种族的类别，还不如解释人种多样性更富有成效。

究竟何为种族？理论上，一个生物意义上的种族要在地理上与其他物种相分离。一个物种指的是一群可以自由交配并生产后代，这些种类能够延续种族的血脉。种族是狭义上的物种，它同样可以和同种的亚物种交配，但它因为地域分离而不能实际完成交配。一些生物学家也将“种族”等同于“品种”，如狗或玫瑰。因此，比特犬和吉娃娃能常被认为是不同的品种的狗类。这些被驯养的种族已经被人工饲养很多年了。人类（智人）没有这样的品种之分，由于人类彼此之间没有如此充分的地域分离，因而不存在那么独立的群体。

同一种族被认为是具有相同基因的一群人（从共同的祖先那里继承的基因）。但早期的学者用表型特征来划分人类种族，如肤色。表型指的是有机体突出的特征，它具有外显的生物学特点（解剖学与生理学）。人类拥有近百种明显的（可观察的）生理特征，其中包括肤色、发型、眼睛的颜色与血缘群体有相似的面部特征（可观察的）以及

文化思考

应用传统的种族分类法，试图鉴别图片中的人群：通常情况下，种族是根据祖先和外貌来分类的。如果不知道他们的共同祖先，你能否识别他们的“种族”？传统上对于识别种族人群的分类，如何使其更加准确？

学习小贴士

以种族划分人群会有什么错误？

- 人类群体内部没有足够远的地域分离，就不存在基因分离的群体。
- 很多个体甚至是全部人类，没有谁能单纯地归属于某一种族类别。
- 并非所有表型的差异有基因的基础。

某种酶。

以表型来划分种族类型存在着哪一个特征最为重要的问题？应该以身高、体重、身材、面部特征、牙齿、头盖骨的形状还是以肤色来判定种族？直到今天，许多学术著作及百科全书依然宣称三大种族的存在——白人、黑人、黄种人。这种过度简单的划分法顺应了 19 世纪末 20 世纪初时对种族政治的应用。如此一分为三的框架使得欧洲白人将其领土上的非洲人、亚洲人以及美洲土著隔离开来。在第二次世界大战以后，殖民帝国开始崩塌，科学家们也开始质疑这种种族分类。

先将政治放在一边，一个很明显的问题在于使用种族标签，而这种标签并不能精确地描述肤色。“白”通常是指粉色、米黄色或是黄褐色的皮肤，“黑”指深棕色皮肤，“黄”则是指米黄色或是黄褐色皮肤。这些概念还有一些听起来很科学的同义词，如“高加索人”“黑人”，但他们与“白人”“黑人”“黄种人”一样，没有科学的根基。

诚然，很多人并不能简单地归入三大人种的任何一种，例如波利尼西亚人究竟归属于哪一类人种？波利尼西亚是由北夏威夷、东复活节岛、纽西兰西南部组成的三角地带。难道古铜色皮肤的波利尼西亚人属于高加索人或蒙古人？一些科学家也意识到了这个问题，他们将波利尼西亚人单独划分出来，在原有的三大类的基础上再加一类。但是，美洲土著人提出了另外一个问题：他们是红种人还是黄种人？科学家们不得不增加第五种种族——红种人，也叫美洲印第安人。

很多南印度人是黑皮肤，但是因为他们的面部特征和发型，科学家们不得不将他们归为黑人。正因如此，一些人开创了一个与这些人相区别的种族，澳大利亚土著、猎人和采集者谁才是这个孤立大陆上的原住民？从肤色上来看，一些人大概会认为澳大利亚土著人与热带非洲人是同一种族。无论如何，与欧洲人相同的发色（浅色或是红色）和面部特征让很多科学家认为他们属于高加索人种。但是，澳大利亚人从基因上或历史上接近于任何这些种族而不是亚洲人。意识到这一个问题，科学家们常常将澳大利亚土著人视为一个独立的种族。

最后，科学家们认为南非喀拉哈里沙漠的桑族人（也即布须曼人）的肤色介于棕色人种到黄种人之间。那些觉得桑族人的肤色更接近黄种人的科学家将他们归为亚洲人。理论上说，同种族之间比异种族之间拥有相同的祖先的可能性更大。在桑族人和亚洲人中间没有证据表明他们有共同的祖先。更合理的推断是，桑族人被归为开普人（来自好

文化思考

种族缺乏生物基础并非是无重要关系的，试想下种族问题是如何困扰今天的人？

望角的人族），这类人被认为是与其他栖息于热带非洲的种族截然不同的一类种族。

但是，当任何单一的特征被用于划分种族归属的根据时，相似的问题也会产生。以面部特征、身高、体重等其他显著特征为评判标准的尝试同样让人忧虑。尼罗蒂人是居住在流经乌干达和苏丹的尼罗河上游地区的土著人。尼罗蒂人长得很高，并拥有长而窄的鼻子。斯堪地纳维亚人同样身材高挑，他们有相似的鼻子。既然认为尼罗蒂人和斯堪的那维亚人与那些身体矮小的（邻近的）并且有不一样鼻子的人有亲近的关系是没有道理的，那么认为他们与彼此有密切关系也是没道理的。

将多种身体特征组合在一起作为种族划分的依据会更科学吗？这样做或多或少可以绕开上文讨论的问题，但其他问题就产生了。第一，肤色、身材、头骨形态、面部特征（包括鼻型、眼睛形状、嘴唇厚度）并不适合组成一套测量标准。如深色皮肤的人有高有矮，并且他们的发型有直有卷。深发色的人的肤色也会有浅有深，他们的发型、面部特征、身高及体重都是多样化的。因此，身体特征的组合是复杂多样的。此外，遗传因素（环境因素）对表型特征的影响还尚未明确。

对基于表型的种族分类还有最后一点争议：表型的一个基本假设是基因可以共享，并且它能在一个相当长的时期内维持其自身的稳定性。但是，表型的相似点与不同点并不一定是因为基因，环境的变化也深刻地影响着个体的成长与发展。个体表型特征发生变化并不依赖于基因变化，有很多的例子可以说明：20 世纪早期，弗朗茨·博厄斯（Franz Boas，1940—1966）详细地描述了移民美国的欧洲孩子头颅骨形态变化的全过程。欧洲移民倾向于与本族人结婚，所以发型变化排除了源于基因改变的可能。有一些孩子出生于欧洲却是在美国长大，新环境催生了他们身体特征的改变，可能是由于饮食结构的变化。如今，人们普遍意识到饮食可改变新生代的平均体重，这些变化与种族或是基因毫无关系。

明白了吗？ 你能识别和评估科学家为什么会因为生物分类遭到广泛质疑的理由吗？

解释肤色

传统的种族分类认为生物特征是由遗传因素决定的，并且它们能在相当长的时间内稳定不变。我们现在知道生物学相似性不表明拥有共同的祖先，如居住在热带的非洲人和澳大利亚土著人的肤色都很黑，但是并不拥有共同的祖先。因此，以生物性来判断人种是不合理的。再者，随着人类生物多样性的复杂化表现，科学家们在解释肤色多样化时取得了突破性进展。现在，我们由分类转向解释，其中自然选择发挥了关键的作用。

自然选择是由达尔文（Charles Darwin）和华莱士（Alfred Russel Wallance）首先确认的，他们认为在既定的环境中（如热带雨林），有一些人比另外一些同类人群（最适者）更适合在该环境中生存和再生产。若干年以后，那些不适应的有机体灭绝，而那些能适应的有机体生存下来并不断地繁衍生息。自然选择在肤色发生变化的过程中发挥了重要的作用，这解释了人类生物的多样性。在以上提到的例子中，比较各种关于人类生物变异的解释。

黑色素是人类肤色的主要决定性因素，它是一种产生于表皮层或外表层的化学物质，深色皮肤的人往往比浅色皮肤的人能生成更多更大的黑色素细胞。通过过滤掉阳光中的紫外线，黑色素为抵御如晒伤和皮肤癌疾病提供了良好的保护层。

在 16 世纪以前，世界上大部分为深色皮肤的人生活在热带地区，在南北纬 23 度，也即南北回归线之间呈带状分布。从始至终，在这片旧大陆上深色皮肤与热带雨林栖息地之间的关联性一直存在着，旧大陆是人类及其祖先居住了近百万年的土地。肤色最深的非洲人并不是生活在阴凉的热带森林之中，而是在开阔的草地和草原上。

热带之外的地区，肤色日趋变浅，如非洲北部，肤色逐渐由深棕色转向浅棕色。如果由中东向欧洲南部，由中欧向北欧位移，就会发现肤色越来越浅。与非洲不同，美国地区中的居民的肤色要浅一些。对比之下，在美国，热带地区的居民并没有深肤色。这是因为浅肤色的亚洲人的祖先移居到了新大陆而成为美洲土著人。这发生在一个较近的时间内，大约能追溯到 18 000 年之前。

除了移民，我们如何解释导致人类肤色差异的地缘因素？自然选择能回答该问题。在热带，大量的紫外线辐射给浅肤色人种造成了极大的威胁，造成不适的状态。首先，紫外线辐射能导致严重的晒伤，这除了不适感还会导致身体缺陷。通过对汗腺的破坏，烧伤损害了身体排汗的功能，从而抑制了机体调节自身温度的能力（即温度调节）。晒伤同样会增加对疾病的敏感度。然而，浅肤色人种在热带会暴露在紫外线中并进而引发皮肤癌（Blum，1961）。黑色素是人体天然的保护层，由于它能使人免受晒伤及患皮肤癌的危害，因此，它提升了较深肤色人种在热带生存的优势，从而有更高的存活率和再生产的机会。

人类肤色对地缘分配的另外一个筛选作用在于它与人体内维生素 D 的合成有关。多年前，卢米斯（W. F. Loomis，1967）发现了紫外线对人体产生维生素 D 具有刺激作用。赤裸的身体在充足的阳光下会自发地生成维生素 D。但是，在多云阴冷的环境中，大部分的时间里人们都是穿得很多，如北欧人，浅肤色的人在这里完成了进化。衣物阻碍身体合成维生素 D，缺乏维生素 D 将会减少身体对钙质的吸收。由于营养不良导致疾病，如佝偻病，这种病会使骨头变软或是变形。女性，如果患佝偻病就会出现盆骨变形而不能生育。在高寒的北部地区，浅肤色可以使少量直接暴露的皮肤最大化地吸收紫外线，进而促进维生素 D 的生成。深色皮肤被北部地区排除在外，因为深色皮肤中的黑色素会将紫外线屏蔽。

今天依然存在自然选择：近期，从印度和巴基斯坦移民到英国北部的东亚人比英国的普通民众更易患上佝偻病及骨质疏松症（同样与缺乏维生素 D 及钙质有关）。另外一个与此相关的例子：爱斯基摩人（因纽特人）与阿拉斯加北部地区及加拿大北部的本土居民。正如尼娜·亚布隆斯基（Nina Jablonski，引自 Iqbal，2002）所言："环顾阿拉斯加，人们会觉得土著人的脸像幽灵一样苍白。"这么说的其中一个背景是在地质年代时，当地人没有长期居住在这片地区。更重要的是，他们传统饮食结构中包含着大量的海产品，如鱼油，这些食物能够提供充足的维生素 D，从而能减少体内不必要色素的沉积。此外，以当今工作中的自然选择为例，"当一个人拒绝当地的鱼和海洋哺乳动物等本土食物时，他们更易患上维生素 D 缺乏症，如儿童易患佝偻病，成年人易患骨质疏松症。"（亚布隆斯基，引自 Iqbal，2002）。肤色并非一成不变，肤色不断进化的可能性相当大。

亚布隆斯基及乔治·查普林（George Chaplin，2000）认为，肤色受到地理作用的另外一个重要原因是紫外线对叶酸（对人体的发育尤其关键的营养物）形成的影响。叶酸需要进行细胞分裂，产生新的 DNA，孕妇需要大量的叶酸来保证处于胚胎期的细胞能

知道了吗

在 20 世纪 30 年代以前，牛奶中还未添加维生素 D 时，佝偻病在美国引发忧虑。国立卫生研究院（The National Institution of Health）认为缺乏维生素 D 的直接原因是较少与阳光接触。可以认为添加维生素 D 版的牛奶是应对缺乏接触阳光的环境压力的一种濡化。

够快速地分裂，因此，叶酸与个体再生产有着直接关系。缺少叶酸会使胚胎期的人体神经管缺失（NTDs）。人体神经管缺失是神经管不完全闭合的标志，脊柱及脊髓会因此发育不良。单个神经管受损，也称无脑畸形，会导致死产或出生后迅速夭折。另外一种神经管损伤存活率会更高，但新生儿会患有严重的残疾，包括小儿麻痹。人体神经管缺陷成为次于心脏畸形，是第二大人体先天缺陷症。如今，育龄期的妇女被建议摄取一定量的叶酸来确保幼儿不会患上如脊柱裂的先天性缺陷。

阳光和紫外线会阻碍人体生成叶酸，众所周知，黑色素抑制了紫外线的危害（如晒伤及其后果），因而深色皮肤更能适应热带的生存条件。时至今日，我们仍然能发现黑色素的适应性，因为它能保存人体中的叶酸，更防止了人体神经管缺失的侵害。通常浅肤色人种的体内含有的叶酸要多于深色皮肤的人（Jablonski 和 Chaplin，2002）。研究表明非洲人和非裔美国人，甚至是他们中营养不良的人都较少患叶酸缺乏症。叶酸同时在繁殖过程中发挥着另外一个重要作用——产生精子。在鼠类实验中发现，叶酸缺乏会导致雄鼠不育，同样的情况也会发生在人类身上。

当然，如今具有生物适应性的文化替代物使得浅肤色的人种可以在热带居住，深色皮肤的人也可在极北的地区生存。人们可以穿衣，也能寻找到乘凉防晒的地方，用防晒霜来保护没有黑色素防护的皮肤。并且，居住于北部的深色皮肤的人当然可以通过日常的饮食来摄入充足的维生素 D。孕妇经常会被建议摄取和补充叶酸。即便如此，浅肤色的人患脊柱裂的可能性还是较高。亚布隆斯基及查普林（Jablonski 和 Chaplin，2002）认为，人类肤色的多样化是一种达到均衡状态的结果，这样满足了进化的需要：第一，避免受到紫外线侵害（如保护热带的深色皮肤的人）；第二，提供充足的维生素 D（保护生活在热带之外的浅肤色的人）。

以上关于肤色的讨论证明人种分类的基本假设的谬误，也即共同的祖先并不一定是生物相似性的唯一原因。时至今日，自然选择在人类肤色的变异性方面及对于许多其他人类在生物性方面的差异性和相似性的贡献极大。

明白了吗？ 你知道科学家如何以自然选择来解释人类生物多样性吗？

>> 种族与族性

种族，就像通常说的民族一样是一种文化分类而非生物分类。族性，包括种族，源于特定社会中的相对理解及对这种理解的维持，而不是基于共同基因做出的科学分类（Wade，2002）。

很难从生物性来界定人类的种族。种族更可能是文化建构的产物，即便普通人认为种族是一个生物学的概念术语。种族是存在的，这一信仰在公众中比起在科学家中更加普遍。在美国，人群中的生物差异非常大，他们会采用各种各样的标签来区分人种。

我们常常听到“族群”及“种族”，但在美国文化中，并没有将二者划出清晰的界线。在 1992 年 5 月 29 日的《纽约时报》公开发表的一篇文章中讨论了美国民族构成的变化，文章认为西班牙人“可以说是任何一个种族”（Barringer，1992：A12）。换句话说，西班牙人是一个多民族横跨的种族，如“黑人”与“白人”。当日，《时代》杂志的一篇文章报道了 1992 年春洛杉矶的动乱：“数百名西班牙人的移民身份遭到质疑，仅仅是因为他们的种族归属问题”（Mydans，1992a：48）。这里使用了“种族”显然是不合理的，因为西班牙人通常是指以西班牙语为母语的民族，是基于语言划分出来的民族而非基于生物性因素划分的种族。鉴于这些洛杉矶民众是因为其西班牙人身份遭到质疑，所以这篇文章是在讨论族群问题而非种族问题或种族歧视问题。

近期的一个事件，当时身为上诉法院法官的索尼娅·索托马约尔（Sonia Sotomajor）发表的一次演讲。2009 年 5 月，索托马约尔刚被美国总统奥巴马提名为最高法院大法官，并于同年 8 月通过议案。2001 年，索托马约尔为纪念法官马利奥·奥尔莫斯，在加州大学伯克利分校法学院发表了一次名为“一个拉美裔法官的声音”的演讲。索托马约尔在演讲中说到“我希望有一名像我一样经验丰富并且聪明的拉丁美裔女性，能比一位不曾经历过同样生活的白人男性做出更明智的判决。”（Sotomayor，2001/2009）

包括前白宫发言人纽特·金里奇（Newt Gingrich）和脱口秀主持人拉什·林博（Rush Limbaugh）在内的保守派人士认为索托马约尔的此次发言可作为判断她是“种族主义者”或是“反种族主义者”的可靠依据。无论如何，需要再次重申的是拉丁美裔（Latina，特指女性）是一个族群分类而不是种族划分。我猜测，索托马约尔用了“白人男性”（white male）一词，这样一个包含“民族—性别”分类的词大概也只是想指代那些少数民族的男性。这些来自于我们日常生活中的事件无一例外地反映了种族与族性是难以辨别的。用“族性”而非“种族”来形容任一社会群体中的个体似乎更为恰当，如非裔美国人、亚裔美国人、英裔美国人、西班牙人、拉丁美裔男性、拉丁美裔女性，甚至是非西班牙裔白人。

流行文化

尽管美国文化日益多元化，但一些流行电视节目中的主要演员均是来自于同一民族的，如《阿飞正传》《欲望都市》《明星伙伴》《抑制热情》《单身汉》及《未婚女子》。其他的一些节目，从《欢乐合唱团》到真人秀《美国偶像》《生存者》及《真实世界》等，它们的主要演员有了明显的差异。《欢乐合唱团》及《真实世界》展现出了何种多样性？在以上提及的节目中，你如何理解多样性的在场与缺场的？

>> 种族的社会建构

种族是拥有特定文化的成员所认为的族群，但实际上，种族是由社会建构出来的。我们每天听到的“种族”是文化的或社会的，却不是生物的分类。正如许多美国人错误地认为“白人”与“黑人”两词有显著的生物差别，并且这些词意味着种族分离。但是这些标签就像种族主义是对其他社群的污蔑，实际上，“白人”与“黑人”是特定的文化认同而不是以生物基础区别的群体。

次血统：美国的种族

美国如何对种族进行文化建构的？在美国文化中，个体出生时就获得了他（她）的种族身份，类似于先赋地位，但种族并不是基于生物性或是血统。就以一个黑人与一个白人在“混合种族”的婚姻中生下的孩子为例。众所周知，孩子身上继承了父母双方各 50% 的基因。但是，美国文化并不承认这种遗传性，而将这个孩子看成是黑人。这种划分是武断的，从基因（基因组成）来看，这个孩子理应划归白人。

> **继嗣** 是指基于个体祖先某些方面的特征来建立起的一套社会认同。
>
> **次血统** 规定在一个由不同社会经济地位所组成的家庭（伴侣）里，他们所生下的孩子会自动继承父母双方中地位较低下一方的族群身份的规则。

美国划分种族地位的规则是独断专制的。在美国的一些州，任何有黑人祖先的人，不管距离多么久远，这个人都会被划分为黑人。这是一个**继嗣**（descent）的规则，它以血统来判断个体的社会地位，而不是以其在当代美国中的稀有性来归类。这个规则被称为“**次血统**（hypodescent）”（Harris 和 Kottak，1963），“次”意味着较低的。次血统将美国社会分成不同的群体，这些群体在财富、权势和声望等方面都是不平等的。

次血统的规定对黑人、亚洲人、美洲原住民及西班牙人产生了不同的影响（Hunter，2005）。美洲土著或是西班牙人的身份认同比黑人的更易于达成共识。这个归类的制度并不确切，基于生物性的假设也不那么明显。

如果一个人的祖先（曾祖父母或祖父母）是美洲土著人，他是否会被认定为美国土著，取决于美国联邦法律或州的法律，甚至可能取决于印地安部落族长的判断。一个西班牙人的孩子（是或不是美洲土著人，取决于他的出生背景）可能会要求得到西班牙身份认同。很多有着印度或是拉丁美洲祖父辈的美国人认为自己是白人，并且他们没有要求得到少数民族身份认同。

文化思考

根据你自己的经验，肤色和种族通过哪几种方式来影响人们的判断和评价？

美国人口普查中的种族

从1790年以来，美国的人口普查局就开始收集关于种族的数据。1990年的人口普查将人种分为“白人”“黑人”“印地安（美国）人”“爱斯基摩人”“阿留申人或是太平洋岛民”及“其他”。有一个单独的问题：西班牙人和拉美裔人的文化遗产，这可以在2010年人口普查的种族分类问卷中看到。

增加一个“多种族”分类的尝试被全国有色人种协进会（NAACP）和拉扎国民议会（一个西班牙的倡导小组）给否定了。种族划分问题是一个政治问题（Goldberg，2002），这个问题牵扯到一系列的资源分配、就业、选区选民和联邦政府针对少数民族的项目基金事宜。次血统规则导致人口普遍增长，它关系到民族分类的问题。少数民族认为，如果他们的成员数量下降，其政治影响力就会减弱。

但是世事多变。从1980年（680万人）到2010年（超过1900万人），选择“其他”类别种族的人增长了3倍，这意味着现存的分类不够

2010年人口普查中关于种族和西班牙人的问题

5. 这个人是美洲西班牙裔，拉美裔还是西班牙出生？

☐ 不是，非其中的任意一个
☐ 是的，是墨西哥，墨西哥美国人，芝加哥人
☐ 是的，是波多黎各人
☐ 是的，是古巴人
☐ 是的，其他的西班牙人、拉丁美洲人或西班牙血统（记录下来源地，例如：阿根廷、哥伦比亚、多米尼加、尼加拉瓜、西班牙。）

6. 这个人是什么种族的？（在选项前的方框内打“☒”，可多选）

☐ 白人
☐ 黑人，非裔美国人
☐ 美洲印地安人，阿拉斯加土著（记录下登记的名字或是主要的部落。）

☐ 亚裔印度人　☐ 日本人　☐ 夏威夷土著
☐ 中国人　☐ 韩国人　☐ 关岛人或查莫罗人
☐ 菲律宾人　☐ 越南人　☐ 萨摩亚人
☐ 其他亚洲人种（记录下他们的民族，如老挝人、泰国人、巴基斯坦人、柬埔寨人等）　☐ 其他太平洋岛民（记录下他们的民族，如斐济人、汤加人等）

☐ 其他种族（记录下来）

资料来源：2010年美国人口普查局人口普查问卷。

2006 年人口普查数据，加拿大可识别的少数民族人口

百分比		
100.0%	**全部人口**	31 241 030
4.0%	南亚人	1 262 865
3.9%	中国人	1 216 515
2.5%	黑人	783 795
1.3%	菲律宾人	410 695
1.2%	阿拉伯 / 西亚	374 835
1.0%	拉美人	304 245
0.8%	东南亚人	239 935
0.5%	韩国人	141 890
0.3%	日本人	83 300
0.4%	其他可识别的民族	116 895
0.4%	多民族可识别的少数民族	133 120
16.2%	**总计所有可认别的少数民族人口**	5 068 090
83.8%	**非少数民族（如多数民族）**	26 172 940

资料来源：Statistics Canada，2006 Census。

精确，人们对此不满意。2000 年的人口普查数据显示，2.4% 的美国人在填答问卷时，选择自己属于两个以上的民族。这个数据在 2010 年的人口普查时增长到了 2.9%。在美国种族分类的传统系统下，种族间通婚人数及他们的孩子的人数在不断上升。毫无疑问，“混合人种”“两种人种”或“多种族人种”的孩子认同他们父母各自的特征。对于这些孩子来说种族识别是个大问题，但是次血统武断的确定种族身份使他们很困惑。当种族认同和性别认同出现不一致时，这个问题会尤其混乱。例如，有白人父亲和黑人母亲的男孩，或是有白人母亲和黑人父亲的女孩。

与美国相比，加拿大的人口普查是如何看待种族问题的？加拿大人口普查询问的是“可识别少数民族”，而非种族。加拿大的《公平就业法》认为“可识别少数民族”人种既不是土著人（又叫做加拿大原住民），又不是高加索人，也不是白种人（加拿大 2001 年统计数据）。本页的数据显示，“南亚人”和“中国人”是加拿大最可识别的少数民族。值得注意的是，2006 年时加拿大所有可识别的

文化思考

想象一下你作为陪审员之一，就是否要增加“多民族”这个类别的话题，你会支持或反对哪一方？

少数民族人口增长到了 16.2%（从 1996 年的 11.2% 增长到 2006 年的 16.2%），与美国 2000 年人口普查的 25% 到 2010 年人口普查增长到 36% 形成鲜明对比。更特别的在于，虽然 2001 年加拿大黑人人口（2.5%）和美国 2010 年的非洲美国人（12.6%）相比少一些，但是，同年加拿大的亚洲人口明显比美国的这一数据高出 4.8 个百分点。仅有一小部分比例的加拿大人口（0.4%）要求可识别的多民族身份认同，而美国在 2010 年有 2.9% 的人要求有多民族身份认同。

加拿大可识别的少数民族人口已经稳步增长。据统计，1981 年可识别的少数民族只占总人口的 4.7%，而 2006 年增长到了 16.2%（本书写作最新的统计数据）。少数民族增长的速度要远远快于加拿大所有人口的增长速度。在 2001 年到 2006 年间，总人口增加了 5%，而少数民族增长了 27%。如果近期的移民潮不消退，加拿大可识别的少数民族将会迅速占到总人口的 20%。

“非我族类”：日本的种族

美国文化在种族社会化建构的过程中忽视了重要的差异，如生物的、语言的、地缘出身等。北美也犯了同样的错误，它将日本看成是种族、民族、语言和文化无差异（同质的）的社会——这是一种由日本人民自己建设的猜想。有学者调查发现，日本有 10%

的人是来自不同种类的少数民族。其中包括土著的阿伊努人，被并入辖区的冲绳人及流浪的部落民，族际通婚的小孩及外来的移民，特别是韩国人，其数量已经超过 700 000 人（De Vos，Wetherall 和 Stearman，1983；Lie，2001；Ryang 和 Lee，2009）。

在日本，种族从文化上是如何被建构的？日本人（占多数的民族）认为自己和他人是完全对立的，无论是本国国民还是外来者都被认为"非我族类"。此外，他们认为"非我族类"应该得到维持，同化通常是不被鼓励的。文化唯物主义，尤其是采取种族隔离和禁止族间通婚与工作，让他们待在"他们的地方"。

在种族建构的过程中，日本文化认定一个族群有其特定的生物基础，当时没有证据说明他们这样的想法是合理的。日本社会遗弃的部落民族就是最好的例子，这个被污名化的民族至少有 400 万流民。部落民族在身体特征上和基因上与其他的日本人没有明显的区别。曾经，有些部落民隐藏自己的身份，与日本的多数民族结婚。这具有欺骗性的婚姻，如果其部落民族的身份被对方发现，最后将会以离婚收场（Aoki 和 Dardess，1981）。

部落民族被日本的多数民族视为与自己截然不同的。因为祖先、血统（抑或是血液或基因）的不同，部落民被认为是"非我族类"。多数民族企图以不鼓励与其他民族结合的方式来保持血统的纯正性。部落民族的居所被划分到郊区或城市，冠以"部落民聚集区"（buraku）的称号，即种族标签的雏形。与多数民族相比，部落民较少受到高中或大学的教育。一旦他们和多数民族进入一样的大学，他们就面临种族歧视。多数民族的孩子和老师拒绝与他们同桌共饮，因为他们被认为是不干净的。

申请大学入学资格、找工作或在政府部门求职，日本人必须列表登记他们的居住地址，这将成为他们家庭或是家族登记簿的一部分。这张表会很清楚地显示一个人所处的住宅区，并且从他的居住地可以推断其是否

这些照片是康拉德·科塔克在 2003 年和 2004 年在巴西拍摄的，由此可以窥见当代巴西人种表型的多样性。

文化思考

巴西、日本的种族标签与美国的异同点是什么？

为部落民族。学校和公司会因为这个信息对其成员区别对待（搬家是最好掩盖的方式，这样会让部落民族住址在登记表中消失）。为了限制种群混淆，多数民族也会通过婚姻中介来清查自己继承人的未来配偶。对于部落民族的祖先，他们检查的尤为谨慎（De Vos 等，1983）。

部落民族起源于历史上阶层分化体系，可追溯到德川幕府时代（1603—1868 年）。在那时，四大阶层的排序依次是武士、农民、工人和商人。部落民族的祖先处于这个阶层下层，他们一是居无定所，做着诸如宰杀牲畜和处理死尸一类的脏活。部落民族还做着类似制作皮革制品和养殖牲畜的工作。与多数民族相比，部落民族更有可能做人工劳动力（包括农活）。因此，他们被归为这个国家里的下等阶层。在日本，部落民族比其他少数民族犯罪的可能性更高，并且卖淫、从事娱乐行业和体育事业的可能性也更高（De Vos 等，1983）。

就像非裔美国人，部落民族被划分为不同的阶级。有部分工作是专门留给部落民族的，一些部落民族的人通过这些工作积累了一定的财富（如制鞋厂厂主），也有一些部落民族的人在政府部门中找到工作。在经济上富余的部落民甚至可以通过国内外的旅行永久性摆脱自己受歧视的处境。

部落民族经历的歧视如同非裔美国人在美国受到的歧视。部落民族常常住在村子里，邻近居住条件和卫生条件较差。他们受教育、找工作、享受便利设施和卫生设施的权利遭到限制。为回应部落民族的政治动员，日本已经取消了对部落民族法律体系上的歧视，并且致力于提高部落区的生活条件。但是，日本还是没有像美国一样采取积极的教育和工作行动计划。对非多数民族的歧视现象仍在公司层出不穷。一些雇佣者说，雇用部落民族会给公司带来不洁的想象，导致在竞争中处于不利地位。

表型与流动性：巴西的种族

与美国和日本相比，巴西在种族社会建构的方式上有更大的弹性和更少的排他性。和拉丁美洲其他地方一样，巴西族群分类的排他性较小，它允许个体改变其种族分类。巴西和美国都经历了一段奴役史，但它并不存在次血统制度。

巴西人采用很多种族标签，曾经报道过的有超 500 种（Harris，1970），远远多于美国和日本。在巴西东北部，康拉德·科塔克发现在阿姆波比有 40 个不同的种族词语，然而这个村落只有 750 人（Kottak，2006）。巴西在传统的分层系统中发现了并试图描述他们人群中的身体变异。美国曾经也使用过这个系统，只识别出了三到四种种族，因此美国人没有看到种族显著的身体差异。巴西还使用了一些其他特征来建构社会种族。在美国，种族身份是个体的先赋地位，它由次血统决定并且很难发生

学习小贴士

文化决定了不同的种族建构。在美国，人种的判断是基于肤色及其祖先。在日本，则是基于祖先和先赋地位。在巴西，是基于肤色和发质，并且种族身份更像是自致性地位。

你知道吗

在巴西人口普查时，涉及种族的问题是询问肤色，而非血统。如果你在巴西可能会需要懂得以下几个单词：白色（branca）、黑色（preta）、黄色（amarela）、棕色（parda）、土著人（indigena）、不明确的（undeclared）。

表型 有机体明显的特征。表型具有“明显的生物学”意义（生理学以及解剖学意义）。

改变。在巴西，种族认同更具有灵活性，更像是种自致性地位（achieved status）。巴西的种族分类关注表型，即有机体明显的特征。**表型**（phenotype）具有“明显的生物学”意义——生理学及解剖学特点，包括肤色、发型、面部特征及眼睛的颜色。巴西人的表型和种族标签会因为环境因素而发生变化，如大量的阳光照射或潮湿的空气对头发的影响。

当身体特征发生变化时（如阳光改变肤色或是潮湿的空气改变了发型），巴西人的种族术语也会发生改变。此外，在社会生活中，种族是无关紧要的，因为人们常常会忘了给别人贴过的标签，有些人甚至会忘了为自己贴的标签。在阿姆波比，科塔克时常在不同的时间告诉同一个人在小村里的其他人（或者自己）的种族。在美国，这个人是“白人”或是“欧洲美裔”，但在阿姆波比时，他用了很多除了“白人”之外的词，如体重轻的、金发的、浅肤色的、红头发的、较淡的黄褐色皮肤、黄褐色皮肤。他用这些词来描述科塔克及其他人。用什么词因人而异、因时而异，每天都不尽相同。最好的信息提供者是一个肤色深的人，在形容他自己时用的词一直在变：从深色到黑色再到深褐色。

几个世纪以来，美国和巴西的人口组成相当混杂，他们的祖先有美国土著、欧洲人、非洲人及亚洲人。即便不同国家之间相互通婚，巴西和美国的文化却还是塑造了不同的结果。这种差异的历史因素主要归结于两国移民的不同性格。早期移居美国的英国人主要是妇女、男性及他们的家庭，但移居巴西的葡萄牙殖民者却只有男性（多为商人和冒险者）。许多葡萄牙男子与当地的女性结婚生子，并将其混血后代视为自己的继承者。像北美同类别的人一样，巴西的庄园主与他们的奴隶发生性关系。出于人口和经济的原因，巴西的农场主最终会解放这些孩子们，有时甚至是他们唯一的孩子。这些得到自由的庄园主的后代（奴隶）会成为监工或工头，形成巴西新兴经济的中产阶层。他们不被划分到奴隶阶层，而是加入到中间阶层。在巴西，次血统规则并不适用，白人与黑人之间也不存在隔离现象（Degler，1970；Harris，1964）。

民族国家 一个拥有自治主权的政治实体，如美国和加拿大。

在当今的世界体系之中，巴西的种族分类系统在国际认同的政治和权利运动背景下出现了新的变化。正如越来越多的巴西人声明其当地人（土著巴西人）的身份，也有越来越多的人坚持自己黑人的身份，在非洲聚居区的成员也有强烈的自我身份的意识。特别是在巴西东北地区的一些州（如巴伊亚州），这些地区深受非洲人口和文化的影响。为此，公立大学还采取了积极的行动计划，旨在吸引更多当地居民尤其是黑人入学就读。在国际运动以及获取基于种族的战略资源的背景下，种族身份逐渐增强。

明白了吗？ 试描述在美国、日本与巴西，种族是如何进行社会建构的？

>> 族群、民族与民族国家

“民族”这一术语与部落或是族群可以列为同义词。这三个概念均被用于指涉一种拥有同种语言、信仰、历史、地域、祖先及亲属关系的文化，如塞内卡族（美洲印地安人），我们既可以说这就是“民族”，也可以称其为“部落”或“族群”。但现在民族意味着国家（一个独立自主的、拥有中央集权的政治单位或政府）。民族与国家变成为同义词。所谓的**民族国家**（nation-state）指的是某一自治的政治实体，一个国家如美国。“国家是一个不可分割的整体”（Farner，2004；Gellner，1997；Hastings，1997）。

由于移民、战争及殖民主义，很多民族国家的民族并没有在族群上实现同质化。费伦（Fearon，2003）研究发现：70% 的国家都会有一个占总体人口 65% 左右的第一大族群，第二大族群或是最大的少数民族则约占总人口的 17%。只有 18% 的国家仅有一个民族，并占总人口的 90% 以上。

民族国家与想象的共同体

曾经拥有或是想再次获得自治政治地位的族群（他们自己的故乡）被称之为**国民性**（nationalities）。本尼迪克特·安德森（Benedict Anderson）认为，他们是“想象的共同体”。即便他们变成民族国家（nation-states），他们仍旧是“想象的共同体”，因为大部分成员即使能感觉到伙伴关系，也很少会有交集（Anderson，1991：6~10）。他们只能通过想象参与到同样的组织中。

安德森对西欧人的民族主义进行了追踪调查。民族主义因帝国主义的扩张而崛起，可追溯至 18 世纪，如英格兰、法兰西及西班牙。安德森强调了语言与印刷业在培养欧洲民族意识中发挥的重要作用。小说及报纸是“想象的共同体的两种形式”（形成所有的人阅读同样的资料，见证同样的事件的情况）。因此，小说和报纸在 18 世纪进入了全盛时期（Anderson，1991：24~25）。

在 18 至 19 世纪，政治剧变、战争及移民最终迫使想象的民族共同体解体。

为了创造多部落、多民族的国家，殖民者将贫穷与原有的文化联系在一起，树立边界。但殖民体制却在民族国家之间制造了一个新的想象的共同体，如黑人认同（Négritude），这是由居住于西部非洲法语区的非洲知识分子所发起的。黑人认同源起于殖民早期的社团及有相同经历的年轻人团体（来自于几内亚、马里、象牙海岸、达喀尔威廉音乐学院及塞内加尔的青年人）（Anderson，1991：123~124）。

明白了吗？ 在考虑殖民史的前提下，你能否评估出族性与政治地位的关系？

>> 族群宽容与适应

族群多样性常常伴随着积极的群体互动和共存，也可能产生冲突（简要讨论）。一些民族国家（包括一些欠发达的国家）的多文化族群可以互相理解、相互包容。

同化

同化（Assimilation）指的是当一个少数族群迁移到以另外一种文化为主导的国家之中时可能会经历的变化过程。同化可以使少数族群接纳主流文化的模式和规则。融合于主流文化意味着不再存在一个独立的文化单位。一些国家比某种国家容易被某种文化所同化，如巴西。19 世纪末，巴西迁入了大量的移民，他们大部分来自于德国、日本、中东及东欧等国家和地区。这些移民同化了巴西的文化，这种文化在葡萄牙后裔、非洲后裔和美洲土著族群中扎下了根。这些移民的后代说的是官方语言（葡萄牙语），也深深地融入了当地的文化。在第二次世界大战期间，作为同盟国一方的巴西强行禁止其国民使用葡萄牙语以外的任何语言，尤其是德语。通过这种方式，巴西实现了对移民的同化策略。

国民性 一个曾经拥有主权的政治国家（他们自己的家乡）或是希望再次获得主权的族群。

同化 一个少数民族在迁入另外一种文化主导的地区时发生改变的过程。当这个少数民族融入当地文化时，它将不再以一个独立的文化单位存在。

多元社会

同化并不是必需的，没有同化的族群间也可以和谐相处。即使族群间经历了几代人的接触，族群差异仍然存在。在巴基斯坦斯瓦特，弗雷德·巴斯（Fredrik Barth，1958，1968）对三个族群进行了研究。研究中，巴斯挑战了一个传统的观点：交往导致同化。他的研究表明，族群间没有同化照样可以世代保持接触。

巴斯（Barth，1958，1968：324）将多元社会这一个概念由巴基斯坦扩展到了整个中东，**多元社会**（Plural Society）指一个具有不同民族的社会，这些民族的经济既相互独立又相互依赖，如每个群族开发利用不同的环境资源。在巴斯看来，当不同的族群占据不同生物圈时，民族之间的界线是稳定持久的。那就是说，他们以不同的方式谋生，不存在竞争。合乎理想地，他们需要相互依赖、互通有无。当不同的族群使用同样的生物圈时，在军事实力上更为强势的一方通常会取代较弱势的一方。假如他们各自的生物圈只有少部分出现重合，并且弱势的族群较擅长利用边缘地带的环境，那么他们还是有可能共存的（Barth，1958，1968：331）。因为生态圈的特殊性，民族边界和相互依存得以维持，尽管每个族群的文化独特性会发生改变。在文化与民族之间，巴斯（Barth，1958，1968）将分析的视角由个体文化或族群文化转向族群之间或文化之间的关系，巴斯为族群研究做出了重要贡献。

多元社会 一个融合族群差异、生态特殊性（通过每个族群应用不同的环境资源）及各族群的独立性的社会。

多元文化主义 在一个国家里，文化多样性的观点被认为是好的并且可取的观念，一个多元文化的社会将个体社会化，不仅仅通过融入主流的（国家的）文化，也融入一个族群文化。

多元文化主义与族群认同

多元文化主义（Multiculturalism）是指在一个国家里认为文化多样性是合适的并且是可取的观念（Kottak 和 Kozaitis，2012）。多元文化模型与同化模型相对，同化模型中少数族群试图抛弃自身的文化传统及价值，并以多数族群的文化来代替。多元文化鼓励文化民族传统的实践。在多元文化的社会中，个体的社会化不仅仅是融入主流（国家）文化，也是融入族群文化。在美国，上百万的人不仅会说英语，还会说其他语言；不仅喜欢美国风格的食物（如苹果派、牛排、汉堡包），同样喜欢民族美食；不仅会欢庆全国性的节日（7 月 4 日及感恩节），还会举办民族的宗教庆典节日。

> **你知道吗**
>
> 美国的一些州（如亚利桑那州、阿拉巴马州及乔治亚州）授予执行机构向当地居民索要其市民身份的证明，无论这人是否是犯罪嫌疑人。这引起了一个意外的负面结果：2011 年，在非法移民被遣送出境后，乔治亚州的农场主失去了近 40% 的劳动力，并且损失了 1.4 亿美元的财政收入。为避免 2012 年再次出现劳动力短缺，州政府不得不让犯人来采摘水果和蔬菜。

在美国和加拿大，多元文化主义的思潮逐渐兴起。这也是近几年来族群的规模和数量逐渐崛起的反映。如果这个趋势继续发展，美国的族群成分将会发生极大的改变。

即使现在，因为移民与不同人口的增长，一些城市中，白人的数量远超少数族群。举例来说，2009 年纽约居住着 8302659 人，其中黑人占 25%，西班牙人占 12%，非西班牙裔白人占 36%。此外，2010 年洛杉矶的黑人占总人口的 9%，西班牙人占 48%，亚洲人占 12%，其他占 29%（包括非西班牙裔美国人）（U.S. Census Bureau，2010）。2006 年

10月，美国人口数量达到了3亿人，超过2亿是在39年前，而突破1亿则是在久远的91年前，即1915年。在过去40年里，国家的民族构成也发生了巨大的变化。在1970年的人口普查中，美国第一次对西班牙人口进行统计，数据表明他们代表美国总人口的4.7%。到2010年，统计数据显示西班牙人超过了5千万人，增长到16.3%。非裔美国人也从1967年的11.1%增长到2010年的12.6%。同时，非西班牙裔白人及英裔白人（“洛杉矶人”）从83%下降至63.7%。1967年，来自世界各地却是在美国出生的人口数少于1千万，占5%；如今已增长到3800万，占12.5%（美国人口统计局，2010）。2011年，对美国来说是极为重要的一年——少数族群的新生儿的数量已超过了美国新生儿总数的一半以上，约占50.4%（Tavernise，2012）。1973年，美国公立学校的绝大部分学生是白人，占全校的78%，少数族群占22%（黑人、西班牙人、亚洲人、太平洋岛民及其他）。2004年，美国公立学校仅有57%的学生是白人，余下的43%的学生均为少数族群。依此增长趋势，少数族群学生的人数在2015年超过白人学生，而这种状况已经在加利福尼亚、夏威夷、密西西比、新墨西哥及得克萨斯州发生了（Dillon，2006）。

一个世纪以前，欧洲东部和南部的移民大量地涌入美国，他们对群体人员的构成产生了相似的影响。一项有关美国公立学校的研究（1908—1909年）发现，只有42%的学生是当地人，另外58%的学生则是移民人口。现在崇尚的是文化多元，而那时实行的却是同化政策。如今，美国宗教的教室中重新获得了如20世纪初那样的族群多样性。当时，作家康拉德·科塔克的父亲与祖父母（出生于奥匈帝国时期，并以德语为母语）刚迁入美国。

作为对民族多样化和民族意识的回应，很多白人重新要求自己的民族身份，如意大

美国正在转型成一个多元文化的社会，它被不断壮大的民族队伍推动着，如纽约的唐人街（如图所示），紧凑的建筑群在同一座城市像极了浓缩的意大利。

美国的民族构成

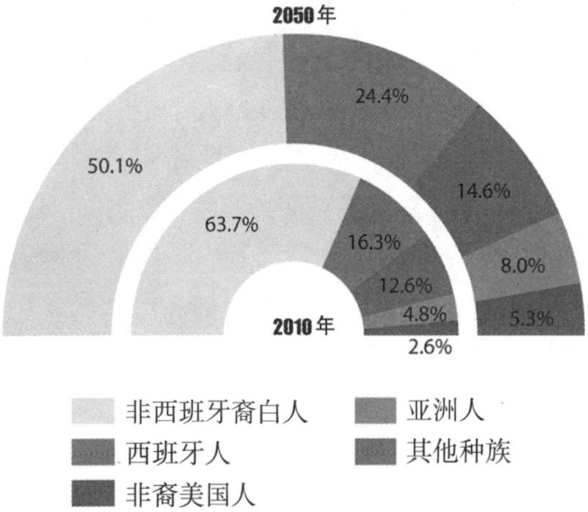

在美国，白人及非西班牙裔白人的数量逐渐下降。2050年人口结构的预期图（如上图所示）（来自于美国人口统计局2008年的报告）。尤其值得注意的是2010年至2050年，西班牙人在美国人中所占比例的剧烈变化。

数据来源：基于2010年美国人口统计局的数据（每十年一次的人口普查）及2008年美国人口统计局的调研。

利、阿尔巴尼亚、塞尔维亚及立陶宛的民众。此外，人们还积极加入本民族协会（俱乐部或是组织）。有些组织刚创立不久，另外一些已经建立几十年了，即便他们在20世纪20年代到50年代的民族同化过程丧失了一些群体成员。

多元文化主义试图告诫人们不仅要在理解和互动过程中依赖相似性，而且要尊重差异性。多元文化主义也强调国家内部族群之间的互动及他们对国家的贡献，这一理论体系同时也认为种族之间是应该相互帮助、相互学习的。一些力量在推动北美由同化模式转向文化多元模式。首先，多元文化主义反映了近年来大规模移民的事实，特别是从欠发达国家迁移到像美国一类的发达国家。具有全球规模的现代移民给其东道国引来了前所未有的民族变动。多元文化与全球化密不可分：人们借助现代的交通方式移民他国。人们通常是在电视等媒介中或是通过到其他国家的日益增多的游客身上习得其他国家的生活方式（Inda和Rosaldo，2008）。

在欠发达国家，移民也被快速的人口激增及劳动力不足（包括受过教育的及未受过教育的）所促发。随着传统的农村经济的不断衰落，再加上机械化进程的加快，空闲劳动力的农民涌进城市。在城市中，农民及其子女仍然有找不到工作的风险。在欠发达国家受过教育之后，人们会渴望能找到更有技术含量的工作。他们也希望参与到国际的消费文化之中，享受那些令人愉悦的高科技产品，如电冰箱、电视机及手机（Ahmed，2004）。

全球化席卷了每个国家（如欧洲及北美），似乎正在经历民族复兴。作为长住居民的族群以其强大的行动力正向西班牙的巴斯克及加泰罗尼亚，法国的布列塔及科西嘉岛，英国的威尔士及苏格兰迈进。美国和加拿大变得日趋多元化，其内部多样性值得关注（Laguerre，1999）。“熔炉”不复存在，他们更像是一碗“沙拉”，尽管放在同一个碗里，虽用同一种沙拉味道搅拌，每种成分却依然独特。

学习小贴士

美国走向文化多元模式的原因有两个：第一，随着全球化的进程，人们为获得受教育机会及找到更有技术含量的工作机会而移居他国，这使得民族日益多样化。第二，民族自助组织不断向少数族群提供帮助，使族群联合起来提高自身的政治地位。

文化思考

回忆你熟悉的街道或是你的家乡，它们像个“大熔炉”还是像“沙拉”。这里有没有经历过民族复兴，为什么？

明白了吗? 你能推测出，在多元文化族群中，哪一种情况可以使族群和谐共存?

>> 族群冲突的根源

族性是建立在一个社会或国家中能感知到的文化相似性和差异性基础之上的，可以以和平的文化多元主义来表现，也可以以歧视或暴力冲突的形式表现出来。民族差异的根源（潜在的认为是族群冲突的根源）可以是政治的、经济的、宗教的、语言的、文化的或是种族的（Kuper，2006）。为什么民族差异会导致战争或暴力？大概是因为资源分配不均，或是经济（政治）竞争、歧视和偏见及对民族身份的污名化表达引起的不公平感（Friedman 等，2003；Ryan，1990：xxvii）。

偏见与歧视

引发民族冲突常常与偏见（态度及判断）或歧视（行为）相关。**偏见**（Prejudice）指的是因行为、价值、能力或是特质等原因贬低（看不起）某一群体。当人们告知他人自己的民族风俗习惯以及如何应用这些规矩到个体时，偏见形成了。**刻板印象**（Stereotype）是指一套僵化的（常常是不受人欢迎）的规矩，它界定了族群内成员的行为规范。有偏见的人们会认为某些族群的成员会根据他们的风俗习惯来行动，反过来说，这些成员的任何作为都会成为刻板印象的证据，他们以此行为来形成自己的刻板印象（有时候是对某个族群低劣的意见）。

歧视（Discrimination）是指对一些群体及其成员有伤害的政策及实践。歧视实际上不是一种合法处罚行为，更不是法律的一部分。如美国少数民族（相对其他美国人）往往更多受到来自国家的政策法规及公正系统的歧视，这是最为严酷的待遇。虽然不公平的待遇是非法的，但它依旧在发生。南北美的分离及非洲的种族隔离是两个证明非法歧视的例证，而它们已不复存在。在美国和非洲中，以法律区分了黑人与白人的不同权利和特权，甚至两者间社会往来（“混合”）的权利都被依法剥夺了。

偏见 指的是因行为、价值、能力或是特质等原因贬低（看不起）某一民族。

刻板印象 指一套僵化的（常常是不受人欢迎）的规矩，它界定了族群内成员的行为规范。

歧视 伤害其他族群或其成员的政策及实践。

马赛克的芯片

尽管多元文化模式在北美日益突显，但民族竞争及冲突仍旧显而易见。存在新成员的冲突，如中美洲人与那些早已存在的族群（如非裔美国人）之间也都有矛盾和冲突。1992 年春，在西部中心城市洛杉矶，民族对抗发展成了骚乱。事情起因于在看过罗德尼·金受到暴力逮捕的录像带后，陪审团却认为四名白人警察无罪（Abelmann 和 Lie，1995）。

被激怒的非裔美国人向白人、韩国人及拉丁美裔发起了攻击，他们以暴力来表达自己对多元文化发展前景的失望情绪。在洛杉矶暴乱之后，《纽约时报》与 CBS 新闻联合发布的民调结果显示：非裔美国人并不看好大量的移民能改变现在的生活现状，只有 23% 的非裔美国人觉得他们比新来的移民有更多的机会，却有两倍以上的白人持有同样的观点。

文化思考

民族的习俗或其他的规矩是如何影响人们的？试从年龄、性别及社会阶层等方面分析。举几个例子说明为什么习俗会引起歧视。如何抵制风俗中有害的部分，以及如何改变受歧视的状态？

压迫的后果

促使种族冲突的是一些歧视行为，如种族灭绝、强制同化、文化灭绝及文化殖民。民族歧视的极端行为就是**种族灭绝**（Genocide），是有意识地通过屠杀来清除一个族群的行动，就像纳粹德国对犹太人的迫害。强势群体试图摧毁某一民族的文化[**种族文化灭绝**（Ethnocide）]，或是强迫他们归顺主流文化（强制同化）。一些国家会制裁或禁止某种族群的语言及其风俗（包括宗教仪式）。

种族灭绝 试图或者已经通过大规模的屠杀造成某一族群的成员死亡的政策。在屠杀前会依据身体、基因或其他的生物性特征来判断个体是否属于特定族群。

种群文化灭绝 强势群体销毁其他族群的文化的行为。

难民 因为躲避迫害或战争，被迫或主动离开一个国家的人。

族群驱逐（Ethnic Expulsion）的政策旨在消除国内不同文化的族群，有很多例子，1972 年，乌干达驱逐了 74000 个亚洲人。驱逐政策会产生难民，所谓的**难民**（refugees）即指为逃避迫害或战争而被迫或是主动离开一个国家的人。

一些国家在民族觉醒之前的殖民国家建设就埋下了民族冲突的隐患。伴随着南亚次大陆划分为印度及巴基斯坦两国，超过 100 万人在暴行中被杀害，阿拉伯人与犹太人的矛盾也开始于英国管理时期。

人类学的工作

比利·威利（Billy Willey）换了新的工作，他即将成为一名社区警察。在此前的面试过程中，他被问到如何与不同文化背景的人打交道？他认为自己已经做了充分的准备，因为他刚参加了人类学的课程。在课堂上，他学会思考文化差异，也反思了自己的民族中心主义。在被雇用后，比利说接受人类学课程的全面培训是很有意义的。日后的工作将会面临各种各样的状况，而他在课堂上的所学必会在此体现出价值。此后在警察学校的正式培训中，一位教员在比利的课堂上介绍到当地社区中不同种族、文化、族群的人口正在急速增长，因此，受过人类学训练的人会更适应社区里多民族间交往的需要。

明白了吗？ 你知道种族之间产生冲突和暴力的原因吗？

参与进来！

测试你在体育运动中对族性和“种族”的刻板印象。你认为何种族性使运动员在下列运动中更常见：曲棍球、棒球、足球和篮球？在邻近的城市，你挑选出你熟悉的专业运动队或是校园的运动项目。找到他们的花名册，然后借助这些运动员的照片和他们的姓氏发现其族群背景。观看每一项运动的比赛并找出最佳运动员。根据这些名单和赛场上的运动员，你是如何形成你的刻板印象的？有特殊族群背景的运动员会更擅长或是甚至成为某运动的领军者吗？如果是，你觉得社会的民族的刻板印象发挥了何种作用？是运动员早年对某种文化的适应，还是他们家庭的居住地和社会阶层背景？考察交互式运动是美国人类学协会关于种族研究的一部分。

本章回顾

I. 民族与族性是如何进行社会建构的?

- “族群”与“种族”来源于不同社会对差异的相对理解，以及对差异相对维持的方式。“种族”是一个有争议的科学概念，因为人们不可能单纯地归属某一种族分类。当代的人类学采取了另外一种更见成效的办法来解释人类生物多样性。今天的人类学家将目光聚焦于特殊的生物性差异上，如肤色，并且用自然选择这个概念来解释它们。族群的成员用共同的语言、宗教、历史经验、地理位置和亲属关系等来判断是否是同一“人种”。族群的标志可能包括集体的姓氏，共同的祖先信仰，集体意识及与某一片土地的真实或是观念上的联系。种族是族群的一种，但它往往是以拥有共同的生物性为基础的。种族标签意味着文化上的群体识别。

II. 在美国、日本及巴西这三个国家，种族分化差异是如何产生?

- 在美国，种族的界定是基于生物基础，并且种族地位是先天的。美国文化武断地分配着人们的种族地位。不同社会经济阶层组成的家庭中的孩子被认为是少数民族群体的成员。当有两种或以上血统的孩子开始反抗次血统规则带给他们的压制时，美国传统的种族分类开始发生改变。在日本，明确的种族差异足够断定一个人的地位是否在他人之下。有“纯正”血统的多数派与少数派的婚生后代遭到了污名化。在巴西，分类机制更富有弹性，并且种族的认同更像是一种自致性地位。如果说巴西人的表型发生了改变，那么种族标签也会发生相应的改变。

III. 族性的消极方面和积极方面是什么?

- 民族多样性常常与冲突及优势群体产生相互作用和共存。对少数群体的同化可能是被期待，也可有可能是被强制的。即便是多元文化主义者在寻找不同的方法来实现良性互动或是向对方学习，冲突还是不能避免的。资源分配不均衡，经济或是政治的竞争，偏见及歧视都可能引发冲突和暴力。种族灭绝是对一个群体的蓄意消灭。种族文化灭绝、强制驱逐及文化殖民主义同样威胁着族群的多样性，也将引发更激烈的冲突。族性可能成为流动群体实现自我救助和应对民族歧视的基础，也同样可能是民族国家分裂的导火索。

突击测验

选择题：

1. 科学家们更愿意用下列哪一种表述来解释人类的生物多样性，而不是根据种族来划分人类？
   a. 肤色是一个有效划分人类种族类别的标准
   b. 所有人类都能单一地归属一种或是其他种族
   c. 科学家们用四到五种或更多的生理特征来鉴别种族，结果发现这些特征总是在群体中以单位出现
   d. 自然选择，在北部地区用于抵抗皮肤中的黑色素的集中，有助于区分肤色
2. 关于种族划分与种族两个概念，下列哪种说法更准确？
   a. 都在形容少数民族
   b. 都以文化而非生物性来进行分类
   c. 美国文化以一种极端的区分他者的方式定义这些术语
   d. 都以生物性为划分的基础
3. 不同社会经济阶层组成的家庭中的孩子被看作是更弱势一方的成员，是何种规则或是原则在产生作用？
   a. 次血统
   b. 自然选择
   c. 种族交叉
   d. 自致性地位
4. 巴西和美国的种族划分有何不同？
   a. 在巴西，种族是先赋的角色
   b. 巴西人发明了各式各样的种族标签，这常常让人们混淆种族
   c. 巴西人的种族认同感是易变的，更像是一种自致性地位
   d. 巴西人的表型仍然在改变
5. 当少数民族迁移到由另外一种文化主导的国家时，以下哪种说法不正确？
   a. 在迁移民族的第二代或是第三代身上才会发生同化
   b. 他们可以继续使用自己的语言，保持自身的生活方式并与当地文化关系谐调
   c. 如果他们要维持种族边界，并以不同于其他群体的方式利用环境资源，那么他们将会与其他群体在生态上相互依存
   d. 当群体之间控制了不同的生物圈时，群体之间的边界是稳定并且长久的
6. 下列选项中哪一个词能描述占主导的群体试图毁灭某一族群的文化，或是迫使他们顺应主流文化？
   a. 殖民主义
   b. 种族灭绝
   c. 族群文化灭绝
   d. 族群驱逐

填空题：

1. 在种族和族群之间选一词填空，本章节建议用 _______ 替代种族来描述任何一个社会群体。
2. _______ 指有机体的显著特征及其明显的生物性。
3. _______ 是作为有价值的，并且值得保持的文化多样性的观点。
4. _______ 指的是群体的行为、价值、能力以及特性受到同化时，群体本身弱化。

答案：1. d；2 b；3.a；4.c；5. a；6. c
1. 族群；2. 表型；3. 多元文化主义；4. 偏见

第十二章

应用人类学

本章要点

- 什么是应用人类学
- 应用人类学家的角色
- 发展人类学
- 创新的策略
- 人类学与教育
- 城市人类学
- 医学人类学
- 人类学与工商
- 职业生涯与人类学

了解我们自身

改变永远都是好的吗？创新永远值得追求的观念在美国文化中就是一条公理，尤其是在广告中。“创新与进步”是我们经常听到的俚语——比听到“越老越值得信任”频繁多了。你认为哪个是最好的——改变或维持现状？“新的”并非一直都是“进步的”，这个观念是从可口可乐公司那里得到的一条惨痛的教训。1985年，可口可乐公司改变了先前的软饮形式，引入了“新的可乐”。在经过很多顾客的抵制后，可口可乐公司重新回到了原来的、熟悉的且可信赖的经典“可口可乐”品牌，并且一直兴旺到现在。新的可乐（New Coke）的历史为顾客提供了一个经典的案例。可口可乐公司力图实行一场自上而下的变革（一种位于由层级顶端发起的变革，而不是由受变革影响最大的人发起的）。顾客不欢迎可口可乐公司改变它的产品。高管们然后做出了那个决定。

很多人类学家在市场研究领域工作，他们可以帮助鉴别实际的和潜在的客户做了什么、想了什么和需要什么。精明的规划者分析和听取那些符合当地需求的决断。人们发生了什么转变——哪些人发生了转变——他们想要什么？如何把相互冲突的愿望和需要调和？应用人类学家将帮助我们回答这些问题，在此过程中，人类学家对于理解变迁是否有必要以及变迁如何发生扮演着非常重要的角色。

当与文化相契合的时候，创新最容易成功。应用人类学能为旨在促进社会经济变迁及商业发展的国际项目提供有益的指导。一个组织要拓展其边界，就必须创制一个文化策略以满足新环境的需要。在它们的国际扩张中，公司和组织学习到一个道理：利润的赚取、成绩的获得要与当地的文化习俗相适应，而不是简单地追求美国化。

>> 什么是应用人类学

就像我们在第一章所看到的，应用人类学是使用人类学的数据、视角、理论和方法去识别、评判和解决当代的问题（Ervin，2005）。应用人类学家使人类学对这个世界有意义和帮助。例如，医学人类学家在公共卫生项目中充当文化的阐释者，帮助这些项目适合于当地的文化。发展人类学家为世界银行、美国国际开发署等国际组织工作，或与他们协同合作。垃圾学的研究结果，以及废物的考古学研究可以为环境保护局、造纸工业、包装和贸易协会提供帮助。考古学也可以应用到文化资源管理和历史保护等方面。生物人类学家可以在公共卫生、营养、遗传咨询、老年化、药物滥用和精神健康的项目中应用他们的专长。法医人类学家与警察、医学检查者、法庭及国际组织合作以鉴别犯罪、事故、战争和恐怖主义中的受害者。语言人类学家研究医患的沟通方式，揭示方言的差异如何影响课堂中的学习。大多数应用人类学家寻求人道的和有效的方式去帮助当地人（表 12-1 给出了在应用人类学在所有四个分支领域中的案例）。

民族志的方法在应用人类学中是一种特别有价值的工具。记住民族志学者获得社会的第一手资料，与普通人一起生活、观察并从中学习。社会变迁项目中的非人类学家的研究者经常乐于与官员交谈，阅读报告并抄录数据。然而，应用人类学家会很早地要求“带我去当地人那里”。人类学家知道在变迁中人们扮演着积极的角色，“当地人”具有“专家”缺少的知识和信息。

人类学的理论乃是四个分支领域的发现与概括的根本，同时也指导着应用人类学。恰如理论助益于实践，应用也可以促进理论提升（Rylko-Bauer，Singer 和 van Willigen，2006）。正如我们比较社会变迁的项目，我们对因果的理解逐渐深刻。我们为那些在传统和古代文化中发现的文化变迁增加新的理论概括。

表 12-1　人类学的四个分支研究领域及两个维度

人类学的分支领域（学院派人类学）	应用的案例（应用人类学）
文化人类学	发展人类学
考古人类学	文化资源管理（CRM）
生物或体质人类学	法院人类学
语言人类学	课堂中语言多样性的研究

学习小贴士

人类学家和其他许多专家的两个主要区别：(1) 人类学家强调与当地人谈话；(2) 人类学家的整体性研究取向。

文化思考

马林诺夫斯基和其他早期人类学家由于支持西方国家的殖民主义活动已经受到批判。你认为人类学家应该代表谁的需要和谁的目的？在马林诺夫斯基时代，鼓吹为了当地人的权益而研究的风险和好处将会是什么？

>> 应用人类学家的角色

早期的应用

在英国（殖民主义的背景下）及美国（本土的美国政策背景下），应用是早期人类学的一个核心关切。在转向新生事物之前，我们应该考虑旧事物的一些危险。对于大英帝国来说，特别是对于它的那些非洲殖民地，马林诺夫斯基（Malinowski，1929）提倡“实践的人类学”（他为殖民时代的应用人类学提出术语）应该聚焦于**西方化**（westernization）——欧洲文化向部落文化扩散的过程。马林诺夫斯基既不质疑殖民主义的合法性，也不质疑人类学家在殖民主义活动中的角色。他没有看到，为了建议当地人应该被允许拥有多少土地、欧洲人应该得到多少土地而研究土地占有制、土地使用的人类学研究对于殖民统治有什么毛病。马林诺夫斯基的观点是早期人类学，特别是在欧洲（尤其是英国、法国和葡萄牙），与殖民主义之间的历史联系的一个例证（Duffield 和 Hewitt，2009；Lange，2009；Maquet，1964；Rylko-Bauer，Singer 和 van Willigen，2006）。

在第二次世界大战期间，美国的人类学家研究日本和德国的“远距离的文化”（culture at a distance），以试图预测美国敌人的行为。战后，应用人类学家在美国太平洋岛屿的各个托管领地工作，以便促使美国政策在当地得到有效的执行。美国人类学协会（AAA）已经提出，在伦理上强烈反对将人类学用于战争地区和为了收集军事情报。最近，已经出现对人类学家参与到伊拉克和阿富汗的“人类地域系统”（HTS）项目的批评。人类学的研究不应对人类学家所研究的当地人造成潜在的危害。

学术的与应用的人类学

第二次世界大战之后，婴儿潮——开始于 1946 年并在 1957 年达到巅峰——促使了美国教育系统的大扩张。新的初级的、社区的和四年的学院开始兴起，人类学成为学院课程的一部分。在 20 世纪五六十年代，大多数美国人类学家成为大学的教授，也有一些仍旧工作在机关和博物馆里。

学术的人类学在 20 世纪 70 年代早期继续发展，特别是在越南战争期间。大学生蜂拥似地进入人类学的课堂去了解其他的文化。学生对东南亚特别感兴趣，而那里的本土社会正在被战争所扰乱。许多人类学家抗议超级大国对非西方的生活方式、价值观念、习俗和社会系统持明显的漠视态度。

西方化 欧洲文化向部落社会传播的过程。

在 20 世纪七八十年代，大多数人类学家仍旧工作于大学和博物馆中。但是，越来越多的人类学家受雇于国际组织、政府、商业、医院和学校。美国人类学协会估计，现在有超过一半的人类学专业的博士寻求非学术性工作。这种应用转向已经使这个专业受益。它迫使人类学家考虑自己的研究应具有更广阔的社会价值和应用价值。

今天的应用人类学

大多数当代的应用人类学家视其现在的工作与殖民时代的工作已经截然不同。现代的应用人类学通常被看作是一门有效用的专业，执着于服务于当地人，正如人类学家所言，为那些被剥夺了公民权利的人们代言。尽管如此，应用人类学家也有一些听众，他们既非贫穷，也不缺少权利。一名人类学家作为为商业服务的市场研究者，他会为雇主探索如何提高利润。这种目标能提出伦理的困境，就像在文化资源管理中出现的一样。致力于文化资源管理（CRM）的人类学家，在遗址由于发展或公共事业受到威胁时为如何保存重要遗产出谋划策。一个文化资源管理公司被那些寻求修路或建工厂的人所雇用。委托人可能强烈地希望得到这样的结论：没有什么遗址需要被保护。

即使他们没有为殖民者或军队工作，应用人类学家仍旧要面临伦理的难题：研究者应该忠诚于谁？坚持真理会带来哪些问题？当人类学家未制定他们被要求实施的政策时会发生什么？人类学家应如何批评他所参与的项目（Escobar，1991，1994）？人类学的专业组织已经通过制定道德规范和伦理承诺来强调这些问题。比如卡伦·蒂斯（Karen Tice，1997）所指出的，对伦理问题的关注已经成为今天应用人类学教学中最重要的议题。

发展人类学 应用人类学的一个分支，它聚焦于社会问题、文化维度、经济发展。

促进公平 减少绝对的贫困，使财富更均衡的分配。

人类学家是研究人类问题和社会变迁问题的专家，他们研究、理解和尊重文化多样性的价值。鉴于这个背景，人类学家可以提出建议、规划和实施社会政策而影响人们。应用人类学家适当的角色包括：（1）找出当地人所理解的变迁的需要；（2）与那些人共同设计合适的文化转变和敏感的社会转变；（3）保护当地人免于有伤害的政策以及可能威胁到他们的项目。

明白了吗？ 你能描述应用人类学的历史并确定今天的应用人类学家的恰当角色吗？

>> 发展人类学

那些从文化的维度上关注经济发展的各种社会议题的人类学分支被称为**发展人类学**（development anthropology）。发展人类学家不仅仅实施由他人制定的发展政策，他们也制定和引导政策（对该问题的更多细节讨论参阅发展人类学相关著作，参阅 Edelman 和 Haugerud，2004；Escobar，1995；Ferguson，1995；Nolan，2002；Robertson，1995）。

伦理的问题仍旧困惑着发展人类学家（Escobar，1991，1995）。国外的援助通常不能到达有需要的和苦难最深重的地方。国际的捐赠者、政治领导人和有权势的群体优先考虑政治的、经济的及战略的问题。政策制定者的兴趣点不能和当地人的最大愿景相契合。虽然大多数发展项目的目的在于提高生活质量，但是目标地区的生活水准经常出现下降（Bodley，1988）。

公平

最近，对发展政策宗旨的一个通常的论述是促进公平。**促进公平**（increasedequity）意味着减少贫穷，将财富更加平均分配。如果项目是为了促进公平，那么他们必须获得具有改革意愿政府的支持。有钱的和有势力的人就非常典型，他们对威胁其既得利益的项目往往持抵制态度。

一些发展项目实际上扩大了财富的不均。这是由于它们对平等产生了负面的影响。一个在开始时就不均衡的资源分配会导致项目

文化思考

公平（equity）与平等（equality）有什么区别（平等意味着个体或群体被同等对待，并取得相同的利益）？在将平等作为发展目标的努力中会有哪些挑战？

结束后更大的社会经济的不平等。以巴西的巴伊亚为例（Kottak，2006），帆船的拥有者（但不是“非所有人”）取得了贷款为他们的船购买发动机。为了偿还贷款，船的拥有者提高了在他们船上打鱼的人上缴所得的比例。若干年后，他们利用增加的收益购买更大、更昂贵的渔船。结果是分化——在一个原本平均主义的社区中，一些有钱人产生了。这些事件挫伤了个体的积极性，并妨碍了渔业的进一步发展。由于新的渔船十分昂贵，一些曾经想在渔业方面发展的有抱负的年轻人不再可能获得属于他们自己的渔船。他们转而成为陆地上的劳动力。为了避免产生这种结果，信贷发放机构必须找出有进取心的年轻渔民并给予他们资金支持，而不是只给那些渔船拥有者和功名成就的商人贷款。

明白了吗？ 你能甄别出发展人类学家所面临的一些挑战吗？

>> 创新的策略

发展人类学家应与当地人紧密合作，以评估和帮助他们认识到自己的愿望和对变革的需求。资助发展项目在A地区是不适合的，而在B地区是适合的，或者在不需要的地方提供资助是一种浪费金钱的表现，许多具有当地色彩的需求正迫切需要被解决。发展人类学能帮助确定出A地区和B地区的需求，并制定相应的项目。那些通过与当地人商谈，并重视当地人需求的以人为本的项目应该受到重视（Cernea，1991）。其后，发展人类学家才能工作，确保采用适用于社会的方式实施一个好的项目。

你知道吗

美国前总统贝拉克·奥巴马的母亲斯坦丽·安·邓纳姆·苏托洛博士（Dr. Stanley Ann Dunham Soetoro，1942—1995）是一名应用人类学家。她于1992年在夏威夷大学取得博士学位。她的博士田野工作是在印度尼西亚的爪哇岛进行的，她研究了当地的手工艺术品。后来，她成为了美国国际开发署和福特基金会的顾问。

在一项针对全球68个农村发展项目的比较研究中，康拉德·科塔克发现，具有文化兼容性的经济（culturally compatible）发展项目在经济效益上是那些不兼容的项目的两倍（Kottak，1990，1991）。这个结果表明在制定规划时使用人类学的专长是划算的。为了使社会效益和经济效益最大化，一个项目必须满足五个标准：（1）文化的兼容性；（2）能够反映当地人的需求，（3）在制定和实施项目时，要让当地人参与进来；（4）要利用或整合传统的组织；（5）具有灵活性。

过度创新

在科塔克的比较研究中，具有文化兼容性的成功项目避免了**过度创新**（overinnovation，太多的改变）的弊端。我们应期望人们抵制那些要求对其日常生活做出巨大转变的项目。通常人们想要去改变，正好是为了保持他们所拥有的东西。改变行为的动机来自于传统的文化和对日常生活细致入微的关注。农民生活的价值观不是诸如“学习一

过度创新 这类发展项目的特征在于要求人们的日常生活发生巨大转变，特别是那些干扰人们日常物质生活追求的东西。

种更好的方式”“进步”“增加技术知识”“提高效率”“采用现代科技”的抽象表述（那些短语是干预理念的例证）。

相反，人们的目的是现实的和明确的。他们想要提高稻田的产量，为仪式积累资源，让子女上学，或是为了税单而积攒足够的钱。生计劳作者的目标和价值不同于那些赚工资的人，恰如他们不同于发展规划者的介入式的理念。在规划中，不同的价值体系必须被认真考虑。

发展项目的失败要么体现在经济上，要么体现在文化的不兼容性上（或者两个都有）。例如，一个在南亚的发展项目试图推进洋葱和辣椒在当地的种植，希望以此来调整先前存在的种植水稻的劳动密集型的结构。在这个地区，经济作物的种植并没有形成传统。它与已经存在的种植业和农民的利益形成了冲突。种植辣椒和洋葱的农民人数达到巅峰，这与当初种植水稻的情形是一样的，农民会优先考虑种植经济作物。

另一个幼稚的、文化不兼容的项目是在埃塞俄比亚的一个过度创新的计划。它的主要失误在于执意要把游牧民转化为固定的耕种者。它忽略了传统的土地权利。外来者——商业农民——占有了过多游牧民的土地。牧民被要求定居下来从事农业。这个项目帮助了富有的外来者，而非当地人。计划的制订者天真地希望从事自由放养的牧民放弃祖先留下来的生活方式，而付出三倍的努力去种植水稻和为老板摘棉花。

无差别化 是一种规划中的谬误，将欠发达的国家视为一种无差别的群体；忽视文化的多样性，并为具有差异的项目受益人采用统一的方式（经常是族群中心主义的）。

学习小贴士

能够牢记一个成功项目的五个标准，这些标准能够使项目的社会效益和经济效益最大化。

文化思考

无差别化的概念使我们注意到当努力推动当地经济发展时，要特别重视当地文化。一项在津巴布韦进行的研究认为，木材短缺的解决办法是在共有的林场里植树。在你的社区，共同拥有的土地存在吗？为什么存在或不存在？

无差别化

无差别化（underdifferentiation）的谬论是这样一种认识倾向：认为“欠发达国家”有很多相似之处，而事实并非如此。发展机构经常忽视文化的多样性（如在巴西和布隆迪两国之间），采取一个统一的方式对待非常不同的人群。由于忽略了文化多样性，许多项目也试图强加不相容的财产观念和社会构成单元。通常来说，有缺陷的社会设计假定包括：（1）私有的个人主义的生产单元由一个个体或一对夫妇构成，并以核心家庭为单位进行生产；（2）合作社。

一个有瑕疵的欧美模式（个体和核心家庭）的例子是一个西非的项目，在那里扩大的家庭是基本的社会单元。这个项目成功了，尽管它本身是一个有瑕疵的社会设计，但是项目的参与者使用他们传统的扩大的家庭网络去吸引了更多的移民。最终，有两倍于原计划的人口受益，因为扩大的家庭成员蜂拥似地到达了项目区。在那里，移民使用了他们传统社会的准则去修改强加给他们的项目。

第二种充满疑问的外国社会模式是合作社，它在发展策略中很常见。在一项关于农村发展项目的比较研究中，新的合作社运行的情况极为不佳。只有能够利用已存在的当地层面的共同组织的时候，合作社才能够获得成功。一个更为普遍的推论是：当参与群体基于传统社会组织或基于成员的社会经济的相似性而建立时，群体将是最有效率的。

现在需要一种这些外国模式的替代品：在经济发展项目中，要更多地使用本土模式。本土模式就是那些传统的社会组织，如在非洲、大洋洲和其他许多国家都有的宗族、世系和其他扩展性的亲属群体，这些组织一般共有地产或其他资源。最具人道性和产出性的变迁策略是，在每一个目标地区依据传统的社会形式进行创新和规划。

本土模式

许多政府对于提高民众生活水平的承诺既不诚恳，也不现实。另外，主导势力的阻挠也使政府无法实施亟须的改革。尽管如此，在一些国家，政府越来越多地扮演民众代理人的角色。马达加斯加提供了一个案例。马达加斯加的人民在国家建立前就被组织成继嗣群体。梅里纳人——马达加斯加前殖民时期的主要创建者——将继嗣群体编入它的组织结构中，把重要群体的顾问成员引荐给国王，并赋予他们官方的权威。梅里纳国为它所管辖的人们提前做好了准备。国家征税，并组织劳动力参加公共项目的建设。作为回馈，国家按照需要重新分配资源给农民。它也为人民提供保护，免于战争和奴隶的攻击，并允许人民在和平时期种植水稻。政府保证水稻种植所需要的水利资源。对于那些有抱负的年轻人，国家允许他们通过辛勤的工作和学习成为国家的官僚。

整个梅里纳国家的历史——并且包括现代的马达加斯加，在个体、继嗣群体和国家之间都有很强的联系。在当地的马达加斯加社区，居民是基于血缘的，因此这里的社区比拉丁美洲或北美的社区更具凝聚力和同质性。在20世纪60年代，马达加斯加从法国解脱出来获得了政治的独立。在1966—1967年，当康拉德·科塔克在那里做田野调查时，虽然马达加斯加仍然在经济上依靠法国，但是政府已经有经济发展的政策，其目的在于使马达加斯加能够自力更生、养活自己。政府的政策强调增加大米的产量，大米是一种生存作物，而不是经济作物。而且，当地社区具有传统的合作社模式的特点，其组织的团结建立在亲属关系和血缘关系之上，因此在发展过程中没有什么障碍。

从一定意义上来说，继嗣群体已被预先用于国家的发展。在马达加斯加，当地的继嗣群体的成员通常集中他们的资源去教育有抱负的成员。一旦受过教育，这些男人和女人就会在国家中取得经济上有保障的位置。他们会把这些经济上的利益再分给自己的亲属。比如，他们会为农村的堂兄弟（姐妹）提供房子和膳食并帮助他们上学和找工作。

马达加斯加的案例表明，当政府官员是“人民”中的一员（而不是什么精英），与老百姓紧密连接在一起时，他们更可能使国内经济获得发展。与此形成对比的是，在拉丁美洲，领导人和追随者经常来自不同的社会经济阶层，没有任何亲属关系、继嗣关系或婚姻关系，也缺乏共同的背景文化。当精英统治的时候，精英通常会富裕起来。尽管如此，最近拉丁美洲已经选出一些非精英的领导人。当巴西的下层阶级（实际上整个国家）中出了一位总统时，他们在社会经济中才能受益。路易士·伊纳西奥·达·席尔瓦（Luiz Inacio da Silva），一位只受过四年教育的前工厂工人担任了两届领导人（在2011年结束），成为了西半球最受欢迎的领导人之一。

实事求是的发展政策促进发展，而非过度创新。当一个项目的目标是保存某个事物并使其运转得更好时，那么许多变革才有可能发生。成功的发展项目尊重、至少不侵扰当地的文化模式。有效的发展项目通常会利用本土文化实践和社会结构。当国家与世界资本主义经济联系愈加紧密的时候，社会组织的本土形式将不可避免地受到冲击，并转化为核心家庭式的、非个人性的、疏远的社会结构。继嗣群体连同他们传统的社群主义和有机团结，在经济发展中扮演着重要角色。

明白了吗? 你能评估过度创新和无差别化的谬误是如何导致发展项目失败的吗？你能甄选一个好的方式吗？

>> 人类学与教育

人类学与教育（anthropology and education）这个研究领域，对文化的关注也是非常基本的，其研究涉及课堂、家、街坊、社区（Spindler，2000，2005）。在课堂中，人类学家观察教师、学生、父母和参观者之间的互动。朱尔斯•亨利（Jules Henry，1955）对美国小学课堂的经典研究展示了学生如何学习遵从，以及如何与同辈相竞争。人类学家将儿童视为整个文化的创造物，儿童的濡化过程与对教育的态度取决于一个包含家庭和同辈群体的更广阔的背景。

社会语言学家和文化人类学家在教育研究领域并肩工作。在对波多黎各人中西部城市的7年级学生的一项经典研究中（Hill-Burnett，1978），人类学家揭示出一些教师所持有的错误观念。教师错误地认为波多黎各人的父母没有非西班牙裔人那么重视教育，但是深度访谈表明，波多黎各人更重视教育。

人类学与教育 在教室、家庭、社区展开人类学的研究。视学生为整体文化的产物。濡化的过程与对教育的态度归属于一个更广阔的背景，包括家庭、同辈群体和社会。

人类学家也识别出了一些阻碍西班牙裔接受足够教育的实践活动。比如，教师联合会和教育委员会同意教学“英语作为外语”。但是，他们不给那些说西班牙语的学生提供双语教师。学校安排所有阅读水平差的学生（包括非西班牙裔）到“英语作为外语”的班级。在课堂中教师不讲西班牙语，儿童也只能讲英语，这种教育的灾难造就了一批具有阅读障碍和行为问题的学生。讲西班牙语的学生仅在阅读上落后，而并非在所有科目上落后。如果一个讲西班牙语的人教他们科学、社会科学和数学，直到他们在这些科目中有些积淀可以用英语学习，那么他们至少可以不掉队。

文化思考

基于你的经验和观察，在你的国家的教育体制中有哪些问题？有哪些利益相关者卷入了这种局面（一个利益相关者是指参与某类行动并受其影响的人）？你怎么着手去找出解决此问题的办法？

>> 城市人类学

几个世纪以来，城市都被包括世界资本主义和殖民主义的全球力量所影响（Smart和Smart，2003）。由于现代运输和通信系统引起的时空压缩，因此城市在世界体系中扮演的角色最近已经发生改变。换言之，由于联系和出行如此便捷，任何事情都显得离我们很近。

在全球化的背景下，大众传媒已经成为引导人们日常生活、梦想和期望的本土性因素。虽然人们生活在特定的地域，但是他们的想象并未受到当地的限制（Appadurai，1996）。媒体传递的图片和信息使人们关注城市。人们部分由于经济的原因迁移，此外也会去那些发生重大活动的地方。巴西的农村人常常讲到城市运动、城市活动和娱乐活动，并视其为重要的东西。国际移民趋向于定居在大城市，在那里很多事情正在进行，他们能感觉像在民族聚居区的家中一样。加拿大是在澳大利亚之后成为在国外出生的人口比例最高的国家：71%的移民到加拿大的人定居在多伦多、温哥华或蒙特利尔。接近一半的多伦多市民在加拿大之外的地方出生（Smart 和 Smart，2003）。

自工业革命之后，城市生活已经稳步提高。2008 年，居住在城市的世界人口比例首次超过 50%，到 2050 年将会达到 70%（H 和 werk，2008）。在 1800 年，仅有 3% 的人口是城市居民，1900 年是 13%，1980 年超过 40%，现在则超过 50%（H&werk，2008；Smart 和 Smart，2003）。在 1999 年，比较发达的国家（MDCs）有 76%的城市人口，而在欠发达国家（LDCs）则是 39%。尽管如此，城市化增长率在欠发达国家增长较快（Smart 和 Smart，2003）。仅仅是在非洲和亚洲，一周之内就有 100 万人口迁入城市（H&werk，2008）。在 1900 年，世界上只有 16 个城市人口超过 100 万，而在 2005 年则有 314 个城市人口超过 100 万。

现在，有 10 亿的人生活在城市贫民窟里，大多数缺乏可放心的水、卫生设备和公共服务（H&werk，2008；Vidal，2003）。如果这一趋势继续下去，那么城市人口增加、贫民窟人口集中，还将要伴随着犯罪率的上升和水、空气与噪声的污染。这些问题在欠发达国家将会成为最严重的问题。

随着工业化和城市化在全球扩展，人类学家增加了对这些问题及它们引起的社会问题的研究。**城市人类学**（urban anthropology）包括（基础的）理论研究和应用研究这两个维度，它是针对全球化和城市生活进行的跨文化研究和民族志研究（Gmelch 和 Zenner，2002；Smart 和 Smart，2003；Stevenson，2003）。美国和加拿大成为城市人类学研究的竞技场，研究主题包括移民、族性、贫困、阶层及城市暴力（Vigil，2003，2010）。

城市人类学 围绕世界城市及其周边进行的人类学研究，包括城市社会问题、城市和其他环境的差异以及城市生活适应等方面的内容。

都市与乡村

人类学家罗伯特·雷德菲尔德（Robert Redfield）是城市化的一位早期研究者，农村社区是面对面的社会关系，与农村社区形成对比，城市生活的许多方面具有非人格性的特征。雷德菲尔德（Redfield，1941）提出，城市化研究应该沿着农村-城市连续体的思路。他描述了分布在一个连续体中四个点的价值和社会关系的差异。在墨西哥的尤卡坦半岛，雷德菲尔德对比了一个封闭的讲玛雅语的印第安人社区、一个农民村庄、一个小的省城及一个大都市。几项在非洲（Little，1971）和亚洲的研究被雷德菲尔德的观点影响，雷德菲尔德认为，城市是中心，通过城市文化创新的成果可以传播到农村和部落社会。

在任何国家中，城市和农村表征不同的社会系统。尽管如此，当人、产品、图像和信息从一个地方传到其他地方时，文化传播和借鉴还是会发生。农业移民将农村的实践和信仰带到城市，并将城市的模式带回家乡。他们的乡村经历和社会形式会影响其对城市生活的适应。城市居民也创

流行文化

观看几集福克斯电视剧《骨头》（*Bones*）——这是基于凯丝·莱克斯（Kathy Reichs）创作的文字而改编的，凯丝·莱克斯是一位体质和法院人类学家。《骨头》是少数几部展现专业人类学家的电视剧目之一。剧中人物布伦南（Temperance Brennan），又被她的 FBI 同事希利·布斯（Seely Booth）叫做“骨头”。当你观看这个电视节目时，请留意接下来的问题：布伦南博士的态度、信仰和观点与演员表中的其他演员有哪些区别？她的话语与文本中所呈现的人类学的观点有哪些相同和相异之处？把你引述和记录下来的布伦南博士的话语拿给你的老师，问他对这些问题有何看法。

造出新的机构以满足特殊的城市生活需要（Mitchell，1966）。

在应用人类学的取向中，城市规划开始时要在一个具体的城市背景中识别关键社会群体——以此避免无差别化的谬误。识别这些群体之后，人类学家可以挑选出他们改变的愿望传达给基金资助机构，并和基金资助机构、当地人一同工作实现这些目标。在非洲，相关的群体可能包括族群协会、职业群体、社会俱乐部、宗教群体和丧葬互助会。通过这些群体会员关系，非洲城市维持着广泛的个人间接触和支持网络。这些群体可以提供现金支持，并可以为他们农村的亲戚提供住宿。有时候，一些群体视他们自己为一个巨大的亲属关系网，一个包含城市和农村成员的集团。成员之间相互称呼“兄弟”或“姐妹”。正如在一个扩展型家庭一样，富裕的人帮助相对贫困的人。但是，一个人不适当的行动能够导致其被驱逐出群体——在一个大规模的、族群异质性的城市中，这是一个悲惨的命运。

城市应用人类学家的角色之一是帮助相关的社会群体与城市的机构打交道，如法律和社会服务部门，新来的移民可能对这些很陌生。在一些北美城市中，像在非洲一样，基于血缘关系的族群协会与城市群体相关联。来自洛杉矶的一个案例，这里有美国最大的萨摩亚移民社区（超过 12 000 人）。在洛杉矶的萨摩亚人利用他们传统的马泰（Matai）系统（马泰是“酋长”的意思，现在，马泰系统表示尊敬老年人）去处理现代城市问题。有这样一个案例：在 1992 年，一个白人警官开枪射杀了两个没有武器的萨摩亚兄弟，当地领导人使用马泰系统去安抚愤怒的年轻人（他们已经形成了帮派，就像在洛杉矶地区的其他族群组织一样）。社群的领导人和长者组织召开了一个所有人参与的社区大会，他们劝导年轻人要有耐心。之后，萨摩亚人使用了美国的司法系统解决了这一问题。他们针对涉案警官提出了一项民事诉讼，向美国司法部施压在这起案件中启动民事权利索赔（Mydans，1992）。并非所有涉及帮派冲突的案件都能如此平和地以法律方式解决。

> 我必须承认，我个人衡量成功是按照个体为其人类同胞的贡献这个标准来评定的。
>
> 玛格丽特·米德

詹姆斯·维吉尔（James Vigil，2003，2010）梳理了在大规模移民适应美国城市背景下帮派暴力的状况。他指出，在 20 世纪 70 年代之前，最大的帮派是在东部和中西部城市的白种人少数民族聚集区。在之后的帮派事件中，涉及拳头、棍棒和刀具的群架就非常典型了。现在，帮派通常由非白人族群构成，手枪代替了原来的非致命武器。帮派仍旧由大多数男青年组成，他们一起长大，通常都是低收入的街坊，大约有 10% 的男青年会加入帮派。女性的帮派成员要少得多，比例通常在 4%~15%。帮派组织按照年龄来分级，年长的成员通常指使年轻的成员（通常 14~18 岁）对对手发起暴力行动。

包含大多数现在帮派成员的人口开始就定居在城市的贫困区域。在东海岸，这些区域通常是破败的社区，罪犯的生活方式在那里已经呈现。在洛杉矶周围，城市移民在原来的空地上建立了很多寮屋定居点。移民趋向于远离中产阶级，因此这限制了他们的融合。受限于这种习惯，且面对过度的居住

文化思考

应用人类学家如何面对城市暴力犯罪问题？在这项研究中，哪些群体将要卷入其中？

你了解吗

尽管从20世纪70年代末期开始，美国的药物利用开始下降，但是吸食毒品被拘留的案件数量增加了两倍。超过一半的联邦监狱的囚徒犯有毒品罪，6%的囚徒犯有偷盗罪，3%是暴力侵犯罪。为什么一些麻醉剂（咖啡、酒精）是合法的，而另一些是不合法的？

拥挤环境，穷人们经常体验到挫败感，这就导致了他们的攻击性行为（Vigil，2003）。此外，许多工业和工作都从内城区搬到了远郊和国外。他们的工作局限于最低阶层的职位，许多城市弱势群体的年轻人因此从事非正式的和非法的经济行为，特别是毒品运输使暴力犯罪更加严重（Singer，2008；Vigil，2003，2010）。

>> 医学人类学

医学人类学（Medical Anthropology）既是理论的，也是应用的/实践的学科，它的领域涉及人类学所有的四个分支领域（Anderson，1996；Briggs，2005；Brown 和 Barrett，2010；Dressler 等，2005；Joralemon，2010；Singer 和 Baer，2007；Trevathan，Smith 和 McKenna，2008）。医学人类学研究影响特定人群的疾病和健康状况（以及为什么），还有在不同的社会中疾病是如何社会性地得到建构、诊断、管理和治疗的？

疾病（disease）是指被合乎伦理地观察到或被科学所证实的，由细菌、病毒、菌类、寄生虫或其他病原体引发的健康威胁。**病患**（illness）是个体感受到的健康不良状况（Inhorn 和 Brown，1990）。对健康与否的感知，连同健康诊疗和问题，都是由文化建构的。不同族群和文化，认可不同的疾病、症状、病因并发展出不同的健康医疗体系和诊治策略。

疾病的发病率和严重性也是变化的（Baer，Singer 和 Susser，2003；Barnes，2005）。群体差异在美国表现得非常明显。凯佩尔、皮尔士和瓦格纳（Keppel，Pearch 和 Wagener，2002）研究了美国统计局1990年至1998年使用的10个健康状况指标的统计数据，对象涉及非西班牙裔白人、非西班牙裔非裔美国人、西班牙裔、美洲印第安人或阿拉斯加土著人及亚裔或太平洋岛人。非裔美国人在其中6个指标（总死亡率、心脏病、肺癌、乳腺癌、中风、凶杀）超出其他组，超出范围为2.5%~10%。其他族群的自杀率（美国白人）、交通事故死亡率（美洲印第安人和阿拉斯加土著）较高。总的说来，亚裔的寿命最长（Dressler 等，2005）。

医学人类学 研究疾病、健康问题、医疗保健体系及不同文化和族群中的病理，它结合了生物人类学和文化人类学。

疾病 合乎伦理地观察到或被科学所证实的，由细菌、病毒、菌类、寄生虫或其他病原体引发的健康威胁。

病患 个体感受到的健康不良状况。

赫尔达多和他的同事指出，在南美洲原住民当中，健康不良普遍存在，夭折也经常发生。原住民的平均预期寿命至少比其他南美洲人少20年。2000年，巴西和委内瑞拉的原住民的寿命低于塞拉利昂人，而塞拉利昂报告的人口寿命是全世界最低的（Hurtado 等，2005）。

应用人类学家能够为改善原住民与其他人口之间巨大的健康不平衡做点什么呢？赫

学习小贴士

鉴别、分类和解释患病的三种方式，也称之为疾病理论：（1）人格性的；（2）自然性的；（3）情绪性的。

尔达多和他的同事（Hurtado 等，2005）建议分三步走：（1）识别原住民社区面临的最紧急的健康问题；（2）收集解决这些问题的信息；（3）与负责原住民公共卫生项目的机构和组织合作实施解决方案。

在许多地区，世界体系和殖民主义通过传播疾病、战争、劳役和其他破坏因素使原住民的健康状日益恶化。在传统时期和古代，狩猎–采集的人，由于成员人数少且具有移动性和相对的封闭性，大多数影响农业和城市社会的流行传染病不会发生（Cohen 和 Armelagos，1984；Inhorn 和 Brown，1990）。诸如霍乱、伤寒和黑死病等传染病在人口稠密的地区频发，比如在农民之间和城市居民中。疟疾的传播与人口的增长、源于粮食生产的森林砍伐联系在一起。

一些疾病及肥胖之类的身体状况，随着经济发展和全球化而迅速增加（Ulijaszek 和 Lofink，2006）。血吸虫病可能是目前已知的传播最快的和最危险的寄生感染。它通过生活在池塘、湖泊、排水沟等腹足类动物传播。一项在埃及尼罗河三角洲的村庄做的研究（Farooq，1996）说明了文化（宗教）在血吸虫病传播中扮演的角色。减少这些疾病的应用人类学的方法是，看当地人是否认为在病菌携带者（如水中的蛇）与这些疾病存在关联。如果当地人认为不存在关联，这些知识就可以通过积极的群体、学校和媒体提供给当地人。

全球最高的艾滋病感染率和与艾滋病相关的死亡率都在非洲，特别是在非洲南部。艾滋病杀死了具有生产能力的成年人，只剩下儿童和老年人，但是他们不能替代已经失去的劳动力（Baro 和 deubel，2006）。在非洲南部和东部，艾滋病和其他性传播疾病（STDS）沿着高速公路传播，主要经由卡车司机和妓女之间的交易。随着来自农村地区的年轻男人在城市里、劳动力市场和矿区寻求工作，性传播疾病也通过卖淫活动传播。

文化思考

针灸治疗——一种将针扎入身体减轻病痛的中国医疗技术，属于哪种类型疾病理论的例证？

当这些男人回到自己的家乡，他们把病毒传染给了自己的妻子（Larson，1989；Miller 和 Rochkwell，1988）。在欧洲、亚洲、北美洲和南美洲，城市也是性传播疾病的“黄金地带”（Baer，Singer 和 Susser，2003；French，2002）。文化因素也影响艾滋病病毒的传播，男性割包皮后就不容易感染艾滋病。

在不同的社会中，疾病的种类和发病率是不同的，对疾病的文化认知与治疗也是不同的。健康的标准是文化建构，它随时间和空间的变化而变化（Martin，1992）。此外，所有的社会都有乔治•福斯特（George Foster）和巴巴拉•安德森（Barbara Anderson）所谓的“疾病理论系统”，以鉴别、分类和解释疾病。福斯特和安德森（Foster 和 Anderson，1978）总结出关于患病发生的三种基本理论：人格性的（Personalistic）、自然性的（Naturalistic）和情绪性的（Emotionalistic）。人格的疾病理论把患病推给代理人身上，比如巫师、女巫、魔鬼或祖先的灵魂。自然的疾病理论则按照客观情况解释患病。西方医学或生物医学就是一个例子，它将患病与科学的事实联系起来，这里没有什么魔鬼去侵袭受害人的故事。因此西方医学将疾病归因于生物体（如细菌、病毒、真菌或寄生虫）、事故、有毒物质或基因。

其他自然主义的民族医学体系将健康不良归因于不平衡的体液。许多拉丁社会按照“热”或“凉”来对事物、饮品和环境状况进行分类。人们相信，当他们在不适当的条件下饮食热或凉的东西，身体就会出现问题。比如，一个人在热水澡之后不能饮用冷的东西，在月经期间（一个“热”的状态下）不能吃菠萝（一个“凉”的水果）。

情绪性的疾病理论认为情感经历可以引起患病。比如，拉丁美洲人可能会因为焦虑或惊吓患上一种叫所思拖（Susto）的病（Bolton，1981；Finkler，1985）。它的症状（嗜睡、迷糊、心烦意乱）与那些“丢魂儿”（Soul Loss）的情形相似。马达加斯加人也有类似的病情诊断。现代的精神分析也已经开始研究情感对于身体和心理健康的影响。

所有社会的**卫生保健体系**（health caer sytem）都包含信仰、习俗、专门医师、保障健康的诊疗的技术。一个社会的疾病–因果关系理论影响着治疗手段。当疾病被归结为一种人格的原因时，具有巫术和宗教性质的专家就成了实际的治疗者。

除了狩猎者和采集者之外，“世界上最古老的职业”还有**诊疗者**（curer），而且经常是萨满。诊疗者的角色具有一些普遍性的特征（Foster 和 Anderson，1978）。诊疗者的选择（父母督促、继承、想象、梦的指定）过程和训练过程（萨满的学徒，医学学校）也是文化界定的。最终，诊疗者被资深的实践者认证，并获得一种职业形象。病人相信诊疗者的技术，向其咨询。

我们不应该族群中心主义地忽略**科学医学**（Scientific Medicince）和西方医学本身之间的差异。尽管在技术、基因学、分子生物学、病理学、外科学、诊断学及应用等方面存在优势，但是许多西方医学程序在逻辑或事实上没有道理。开药过量、不必要的外科手术、非人格化的不平等的医患关系是西方医疗系统可质疑的特点（Briggs，2005，针对这种不平等的语言方面所做的论述）。此外，抗生素的过度使用，不仅对人，而且也包括动物饲养，可能正在引起抗药微生物的激增，这可能成为一个长期的全球性公共卫生威胁。

但是，生物医学在很多方面都胜过部落的诊疗技术。虽然诸如奎宁、可卡因、麻醉剂、麻黄素和萝芙木碱是在非工业社会中发现，但是现在上千种有效的药物可以治疗众生的疾病。预防性保健在20世纪得到了提高。现在的外科手术比传统社会的那些技术更安全，也更有效。

卫生保健体系 保证健康、预防治疗疾病的信仰、习俗及专家；一种文化的普遍性。

诊疗者 经过选拔、训练、认证以及专业形象的获取等一系列濡化过程而取得的专业角色；病人向诊疗者咨询，病人相信诊疗者的特殊能力，并给予诊疗者一些特殊报酬；具有文化普遍性。

科学医学 一种基于科学知识和程序的卫生保健体系，包含病理学、微生物学、生物化学、外科、诊断技术和应用等领域。

工业化和全球化已经引起他们自己的健康问题。现代的压力因素包括营养不良、危险的机械、非人格化的工作、隔离、贫困、无家可归、物质滥用以及噪音、空气和水的污染（McElroy 和 Townsend，2003）。在工业化国家中，由经济、社会、政治和文化因素引起的健康问题与由病原体引起的健康问题一样多。譬如，在当代的北美，贫困引发了很多疾病，包括关节炎、心脏病、腰背疼痛、听力和视力障碍（Bailey，2000）。贫困也是传染病传播的一个因素。

当前，在美国和其他发达国家，身体健康已经变成一种与族群不平等相关的东西（Foucault，1990）。个体被希望按照新的医学知识规定他们的行为，形塑他们自身。那些这样做的人获得卫生公民的身份，卫生公民是指拥有对身体、卫生和疾病的现代理解，他们注意个人卫生，生病时依赖于医生和护士。那些行为相反的人（如吸烟者、过度饮食者和有病不看医生的人）被描绘成不健康，并因为其健康问题受到责备（Briggs，2005；Foucault，1990）。

今天，即使得了像霍乱一样的流行病也可以被解释为一种道德的失败。它假定人们只要按规矩做事就可以避免“可预防的”疾病。个体被期望按照科学的要求行事（如喝

"开水"、不吸烟)。同性恋男人、吸烟的人、退伍军人成为了要逃避和受歧视的目标，仅仅因为他们属于一个看起来有较大疾病风险的群体（Briggs，2005）。

健康干预措施一定要适合当地文化，并要被当地人所接受。当西方的医疗技术被引进之后，人们通常保持许多传统方式，但也接受一些新的方法（Green，1987，1992）。本土的诊疗者可以继续治疗一些病（如神灵附体），内科医生则治疗其他的病。当病人康复后，本土的诊疗者和内科医生分享成功。

若能模仿非西方的医患共同体的关系，使疾病治疗更具人性化，西方的系统可能会更加完善。西方医学倾向于在生物学和心理学的解释之间画上一条严格的分界线。非西方的理论通常不会进行这样严格的区分，而把健康不佳归为身体的、情绪性的和社会的综合原因。身心的对立是西方民间分类的一部分，而不是属于科学的（Brown 和 Barrett，2010；Helman，2001；Joralemon，2010；Strathern 和 Stewart，2010）。

医学人类学也考虑新的科学和医学技术对于生存、死亡和人观（Personhood）（意即成为一个人）的影响。几十年来，关于人观的分歧——比如生命什么时候开始和结束，一直是关于避孕、堕胎、协助死亡以及安乐死等问题的政治和宗教讨论的一部分。最近，一些讨论还加上了干细胞、试管婴儿、人工助孕、基因筛检、克隆及延长生命的医学治疗。如果康复无望，一个人的身体将要被保持存活多长时间？

考夫曼和摩根（Kaufman 和 Morgan，2005）强调，在今天的世界里，低技术与高技术的生死是不同的。一位绝望的非洲年轻母亲死于艾滋病，而在世界的另一头，作为花费了 5 000 美元体外受精的结果，一位享有特权的美国婴儿诞生了。由于探讨和比较人出生、存在和死亡的条件，以及研究在 21 世纪生与死的边界如何正在受到质疑和协商，医学人类学家受到了越来越多的关注。

学习小贴士

西方使用的生物医学的优势：（1）有效的药物；（2）预防保健体系；（3）安全的外科手术。弱势：（1）开药过量；（2）精神和身体的对立；（3）不必要的手术；（4）冷漠的医患关系。

文化思考

思考本章所列举出的有争议的健康议题。你是怎么认为的？比如说，使用医学手段延长寿命，协助临终病人自杀。

明白了吗？

你能提供一个案例，解释患病是由文化建构的吗？在不同社会中，治病是如何进行的？你能解释全球化影响卫生的一些渠道吗？

>> 人类学与工商

几十年来以来，人类学家借助于民族志去理解商业机构（Arensberg，1987；Jordan，2003）。例如，在对一个汽车工厂的民族志研究中，参与到这个共同系统中的人可以分为工人、厂长和行政管理者等不同的社会类别。每个组都具有不同的态度、价值观和行为模式等特征。这些特征通过“微观的濡化”过程传递下来，在一个有限的社会系统内，人们通过这一过程学习特定的角色。民族志研究“无界限的”本质要求使人类学家可以在工人与管理者之间来回穿梭。每个工人既有个人的观点，在一定程度上，又分享他（或她）所在群体的文化特征。应用人类学家扮演“文化的经纪人”，将管理者的目标或工人的关切传达给另一方（Ferraro，2010）。

卡罗尔·泰勒（Carol Taylor，1987）强调，在一个大型复杂的组织中（如一个医院或一家公司）一位“驻地人类学家”的价值。当信息和决定沿着一个等级森严的结构传递时，不受边界限制的民族志学者就能够成为敏锐的洞察者。如果获许观察与访谈所有类型和层级的成员，人类学家可以得到对组织状况和问题的独到见解。像施乐、IBM、苹果这些高科技公司都雇用不同角色的人类学家。近距离观察人们如何实际地实用计算机产品，人类学家与工程师一起设计更加方便实用的产品。

那些对于商业有价值的人类学的关键特征包括：（1）作为收集资料的民族志和观察；（2）聚焦于多样性；（3）跨文化的专长。商业领域的人已经认识到人类学家是文化多样性和在自然情境中（包括家庭和办公场所）观察行为的专家。贺曼贺卡（Hallmark Cards）公司已经招聘人类学家去观察派对聚会、假期和族群的庆祝仪式，以提高其为目标受众设计贺卡的能力。应用人类学家按常规也会走进人们的家中去看他们如何实际地使用产品（Sunderland 和 Denny，2007）。

明白了吗？ 你能说出人类学家在面对教育、城市、卫生和商业等领域中的一些主要议题吗？

>> 职业生涯与人类学

许多大学生发现人类学非常有趣，并且考虑主修这个专业。但是，他们的父母或朋友可能会打击他们：“主修人类学，未来你要找什么样的工作？”回答这个问题的第一步是考虑一个更一般的问题，“大学毕业后，你要去做什么？”答案却往往是，“没什么，没有一个长期的努力、思考和规划。”一项针对密歇根大学本科毕业生的调查显示，工作与主修专业之间没有什么必然的联系。医学、法律和许多其他专业需要高级的学位。虽然许多大学在工程、商业、会计、社会工作等专业授予学士学位，但硕士学位通常才可能在这些领域获得最好的工作。人类学家，通常也需要一个高级学位，几乎一直是博士学位，然后才可以在学术部门、博物馆或应用领域获得一份高收入的工作。

一个视野宽阔的大学教育，即使专修人类学，也能为学生在其他领域取得成功打下坚实的基础。一项针对女执行官的最新调查显示，大多数人并非主修商业，而是社会科学或人文学科。在本科毕业后，她们才学习商业，获得商业管理的硕士学位。这些执行官感到，宽广的本科教育使她们的商业职业生涯受益匪浅。人类学的学生继续学习医学、法律、商业，并在许多与人类学没什么关系的领域获得成功。

人类学宽阔的视野能为许多种类的工作提供有帮助的知识和世界观。例如，一位人

人类学的工作

埃菲法·赛义德（Afeefa Syeed）在“美国国际开发署”（USAID）的亚洲和中东局工作。她的兴趣在于研究文化共同体如何认识和创造机会去提高他们的生活质量。她发现，没有人类学专业背景就不可能向社区咨询，而更有可能把项目强加给当地人。比如说，她发现，菲律宾的年轻人被招募到训练领导人的项目中，但是这些年轻人承认对成为领导人没有任何兴趣。与此相类似，她发现，许多阿富汗的妇女受到了如何从事商业的训练，但她们承认，其实她们更想找到一份工作。要避免这些自上而下的规划和经济发展中的“无差别化”的问题，像埃菲法这样的人类学家扮演着决定性的角色。

文化思考

你对哪种工作感兴趣？人类学对你可能有什么用？

类学专业的本科生，后来取得了商业的硕士学位，这为他在国际商业领域工作打下了良好的基础。视野宽阔是人类学的品质证明。人类学家从生物的、文化的、社会的和语言的角度研究人，这种研究是跨越时空的，研究对象既包括发达国家，也包括欠发达的国家；既包括简单社会，也包括复杂的机构。大多数学院都有人类学课程，这些课程聚焦于拉丁美洲、亚洲和北美土著社会这些特殊地区，并比较它们的文化。从这些课程中学习到的外国地区的知识在许多工作领域都是有用的。人类学的比较视野、长期聚焦于第三世界、对多样化生活方式的推崇，它们结合起来能为海外工作提供良好的基础。

为了在北美工作，人类学所关注的文化正在受到越来越多的关注。每一天我们都听说一些文化差异和社会问题，它们需要用一种多元文化的观点（一种识别和调节族群差异的能力）来解决。政府、学校、医院和商业经常要与不同阶层、族群和文化背景的人打交道。医生、律师、社会工作者、警官、法官、教师和学生，如果能够理解社会差异，意识到我们的方式只是世界族群多样性中的一种，那么他们就会工作得更好。

构建现代国家的族群传统知识和信仰，对于规划和实施那些影响族群的项目非常重要。规划社会发展——无论是北美的社区组织，还是海外的经济发展——的经历表明，在一个项目或政策实施之前应该做一个适当的社会调查。只有当本地人想要改变且项目适合他们的生活方式和传统的时候，项目才更容易成功、有益和有效。

具有人类学背景的人在很多方面都能做得出色。即使一个人的工作与人类学看似无关，但当我们与其他人一同工作时，人类学的背景也能够提供一种有益的导向。对于我们大多数人来说，这就是我们的日常生活。

明白了吗？ 一个人类学学位能提供哪些技能和职业机遇？

参与进来！

与三个不同文化背景（不同族群、不同宗教和不同地区）的同学谈话。表明你正在调查不同族群对患病和治疗的理解。问每一个同学下面的问题，关于他们最近一次得病的情况。

- 你当时有什么症状?
- 你怀疑是由什么引起的?
- 你们那边的人对这种病有没有什么特别的信仰？它的起因是什么？如何治疗?
- 你去看内科医生或其他健康顾问没有？如果去了，如何诊断的？怎样治疗的？你找到可接受的诊疗了吗？如果是，有效吗？（如果你没有去看医生，解释你怎么去治疗这种病。）
- 描述一下在接受诊断和治疗之后你身体的舒适状况。

从这些个案中，对于“文化背景如何影响我们的患病和治疗经验”你能得出什么结论?

本章回顾

I. 改变怎么可能是坏的？

- 应用人类学认识到，社会或经济变迁的设计可能带来意想不到的负面结果。如果一个外国的援助项目优先考虑有权势的利益集团的需要，而不是那里最需要帮助的人，那项目实施之后，需要帮助的人的生活水准可能会实际地下降。通过富人实施的项目可能严重地扩大经济的不平等。一个项目在开始时就资源分配不均，项目完成之后更大的不均衡就会产生。项目不能按照具有濡化性的手段、不应用本土的社会模式，就不太可能造福于当地社区。

II. 人类学如何应用到教育、医疗和商业中?

- 人类学和教育的研究者研究与教育相关的各种情境。研究者可以鉴别学校中有问题的实践活动、教师秉持的错误观念、以及教师、学生、家长互动中产生的问题。研究者然后据此提出政策建议。医学人类学家认为，不同的社会具有相异的医疗系统，健康和疾病都是文化建构的结果。医学人类学家在公共卫生项目中充当文化的解释者，帮助确保以符合当地文化的方式介入。在商业和其他组织中，民族志学者发展了一种独特的视角审视组织的状况。他们帮助解决文化多样性的议题，研究消费者如何使用产品，把经理人的目标和工人的关切传达给其他群体。

III. 人类学的学习如何适应一个职业的道路?

- 人类学的比较视角、四个分支领域、多元文化的眼界可以为国际商业、政府、学校、医疗、私人企业及其他需要识别族群差异和理解社会问题的利益群体提供基本的帮助。具有高级学位的人类学家能在学术部门、博物馆或应用人类学领域找到工作。无论什么类型的职业，一种人类学的背景都能帮助和指导我们与他人更好地合作。

突击测验

选择题：

1. 按照课本，应用人类学家最有价值的、最与众不同的工具是什么？
   a. 遗传学的知识
   b. 精通环境问题
   c. 统计学的专长
   d. 民族志学的方法
2. 现在，一位应用人类学家最可能做？
   a. 提供信息帮助殖民统治
   b. 为在国际政治舞台缺少声音的当地人提供协助
   c. 用调查研究解决经济问题，以换取雇主的回报
   d. 为水下考古学监督考古遗址的受控洪泛（controlled flooding）
3. 下面针对城市项目的论述，哪些不是应用人类学的取向的目标？
   a. 与目标群体社区一同工作，确保一项提议的变迁能够有效地实施
   b. 为所有的城市社区创造一个普遍的政策
   c. 在城市背景下，识别关键的社会群体
   d. 从目标社区提取出人们的需要和愿望，并将其传递给基金机构
4. 下述哪项是对医学人类学最好的描述？
   a. 它研究土著居民在社会（提供技术先进的卫生保健）中如何保持他们传统的诊疗方法
   b. 它研究传统的卫生知识如何与西方的医疗体系相结合
   c. 它是西方医学的理论研究和应用，以解决全世界的健康问题
   d. 它研究在不同的社会中，患病、诊断和治疗是如何社会建构和管理的
5. 一家企业或其他复杂的组织为什么要雇用人类学者？
   a. 为了获得对组织问题的独特的、民族志式的观点
   b. 为了学习美国人类学协会的伦理规范
   c. 为了确保工人的关注点在工人自身的方面，而不转移到管理者身上
   d. 因为人类学家比社会学家便宜，也更拿得出手
6. 针对人类学与职业，下面哪一个是错误的？
   a. 人类学提供丰富的人类生活知识，这些知识在很多工作中是有用的
   b. 在人类学课程中获得的关于外国文化的知识可以为国际商业工作做准备
   c. 人类学聚焦于文化及其多样性，这对任何一个职业都是有价值的，它可以为解决问题提供多元文化的视角
   d. 为了获得理论人类学、应用人类学或博物馆人类学的职位，人类学学生不需取得一个高学位

填空题：

1. _______ 考察经济发展的社会文化方面。
2. 术语 _______ 描述了努力获取过多变迁的发展项目的结果。
3. 提高 _______ 描述了减少绝对贫困、促进财富更均衡分配的目标。
4. 医学人类学使用术语 ________ 指涉被科学所证实的，由一种已知的病原体引发的健康威胁，使用术语 ________ 指涉个体感受到的不良的健康状况。

答案：1. d；2. b；3. b；4. d；5. a；6. d
1. 发展人类学；2. 过度创新；3. 平等；4. 疾病，病患

第十三章

全球化世界中人类学的作用

本章要点

- 全球化：其含义与本质
- 全球气候变化
- 环境人类学
- 族际接触
- 制造与再造文化
- 流动人口
- 原住民
- 多样性的连续性

了解我们自身

现代技术使我们比以往更加容易地将地球感知为既是一颗行星又是我们的世界。

民族志学家可以使用谷歌地图，对他们所要研究的那些处在世界遥远角落的社区进行定位。人类学家甚至利用了太空图像来选择他们究竟要研究哪些社区。例如，丽萨·吉伦、康拉德·科塔克及其同事们就对马达加斯加砍伐森林的原因感兴趣。为此，他们仔细观察了连年来拍摄的一系列卫星图片，以确定森林覆盖率显著降低的区域。接着，他们去了马达加斯加，并在这些区域内做实地研究。

想象一下，一个外星人在相似的图片中能够“看到”什么，是件很有趣的事情。如果外星生命乐于研究地球上的生灵，而不是要征服或控制其居住者，那么就有许多待其解释。从宇宙空间，可以看到地球上特大城市的电网，极端的气候事件所引发的动力故障也可能会反映出全球气候的变迁。全球化趋势的加剧包括对矿物燃料的依赖和矿物燃料排放的增长、人口增加，以及从生存向现金经济形态的转移。这些趋势促进了农业集约化、资源消耗（从森林砍伐到原油泄漏）及从农村向城市和跨越国界的移民。

反过来，在美国、加拿大和西欧，这样的国际移民增加了它们文化的多样性。现在，遍布美国的小镇上都有中国的餐馆和出售日本寿司的商店。比萨和玉米饼是地道的美国味儿。麦当劳的分店就出售墨西哥卷饼和拿铁咖啡，还有原型起源于德国汉堡并为大家所熟悉的三明治。你每日碰到的不仅仅是各式产品，还有一些人们的母国和文化被人类学家世代研究——这使文化人类学在一个相互联系日益紧密的世界中与我们的日常生活更为相关。

本章运用了一个人类学的观点来看待当代的全球性问题。首先，我们考虑一下全球化这一术语的不同含义。事实上，某些有着全球性影响的危机引起了关于气候变化（即全球变暖）的讨论。接着，我们回到发展的问题上，这回就伴随着一种干预理念，这种理念寻求利用全球生态道德而不重视文化的差异性和自主性。还要考虑的是，滥砍森林对地球生物多样性的威胁。本章的后半部分从生态学转向当代的人口、技术、资金、信息、图像和思想意识的流动，这些流动有助于全球消费文化。通过使不同社会中的人进行直接交流的媒体、旅游和移民，全球化促进跨文化的交流。最后，我们思考这样的交流和外部联系如何影响本地人，以及那些人如何组织起来面对和处理国家与全球的事务，包括他们在推进人权、文化和政治权利方面的动员。

需要注意的是，在单个章节中讨论所有的，甚至是大部分在当今显著的和被人类学家所研究的全球性问题都是不可能的。一些这类问题（比如战争、流离失所、恐怖主义、非政府组织）已在前几章涉及。关于一系列全球性问题的实时性分析，详见约翰·伯德利（John H. Bodeley，2008a，2008b）和理查德·罗宾斯（Richard H. Robbins，2008）的最新书籍。这些人类学家关心的当下的全球性问题包括饥饿、国际干预、维和、全球健康和环境卫生，但并不仅限于此。

>> 全球化：其含义与本质

在第二章中，全球化被刻画为一系列推动世界变迁的过程，在这个世界中国家和人们越来越相互联系、相互依存。其影响力包括国际产品、贸易和资金，旅行和旅游，国际移民，媒体、互联网及其他高技术信息的流动。在最后一章，需要对全球化做一个更深入的研究。

马克·史密斯和米歇尔·道尔（Mark Smith 和 Michele Doyle，2002）对两种全球化的含义做出了区分：

作为事实的全球化：生产、通信及技术在世界范围内的传播和连通。这种含义和上文所描述的及在第二章中的含义相似。

作为意识形态和政策上的全球化：由国际货币基金组织（IMF）、世界银行及其他国际性财政机构所做出的努力，为商品和服务创造了一个全球性的自由市场。

从第二种意义上来说，对于新自由主义经济学家来说，全球化就是世界应有的走向。对于他们的反对者——反新自由主义者来说，这并不是世界应选择的道路（Lewellen，2010）。正是新自由主义对于全球化的这种看法产生了第二章中描述的抗议。

第一种含义更为中立。系统性的和连贯性的全球化反映了世界系统持续不断地增长。在其当下的形式中，这种存续了几个世纪的系统有一些全新的方面。更值得注意的是：全球沟通的速度、全球网络的规模和大量的国家交易。

互联网使信息和资源在全球范围内迅速地交换和分配成为可能，这些常常能够瞬间完成。现在，空间上分散的活动可以被及时地调整。那些曾经需要面对面交流的活动，现在可以在非特定个人间进行，还往往跨越很长的距离。例如，你通过网络订购某些东西，你要对话的唯一对象就是送货司机（Smith 和 Doyle，2002）。在亚马逊网站上，接受和处理您订单的电脑可能分处在不同的大洲，而您所订购的产品可能来自世界上任何一个地方的一间仓库。

对关于商品和全球化的研究的评论（Haugerud，Stone 和 Little，2000），特德·卢埃林（Ted Lewellen，2010）指出，现在普通食品要穿过 1 300 英里的路程，转 12 次手，才能到达美国消费者手中。他提醒那些希望发展出一个良好的“制度自觉”（system awareness）的当代人类学家们，地方性的田野工作并不足够。他们还需追溯生产、加工、广告、配送及消费的网络。

米歇尔·伯拉沃伊（Michael Burawoy）建议研究者“从研究‘点’向研究‘域（面）’转移，也就是点之间的关系”（Burawoy，2000：xii）。他观察到，人们越来越多地跨越国界过谋求过上更好的生活，保持着同一个祖国或多个国家在社会的、金融的、文化上和政治上的联系。这类跨越多个地方的民众包括商业和智力领袖、发展工作者、跨国公司的成员及国内迁徙者、农业和建筑业工人（详见 Lewellen，2010）。

到 21 世纪初，跨国公司的产值占全球产量的 1/3，全球贸易的 2/3（Gary，1999：62）。利润取向的跨国公司将生产、销售和服务转移到劳动力和原材料廉价的区域。由于工业的搬迁和外包给国外，劳动力的全球化产生了失业“回老家”。

跨国公司也寻找新的市场，努力在不同的目标群体中创造出新的需求，尤其是青年市场。年轻人越来越围绕消费，尤其是名牌产品，来构建其身份和关系。成功的跨国公司，如耐克、苹果、可口可乐、麦当劳，在推广其品牌时投入了巨额资金。目标就是使某一特定的品牌成为人们看待自己的方式中不可分割的一部分。精明的品牌设法“让他们变得年轻”（Klein，2000；Smith 和 Doyle，2002）。

跨国公司（如通用汽车）越来越影响国家政策，并且试图与政客和政府官员建立互惠联盟，尤其是那些与世界贸易最相关的人。跨国公司的影响扩展到主要的跨国玩家，如欧盟和世界银行。随着金融市场的全球化，国家对于其自身经济体的控制力降低。诸如世界银行、国际货币基金组织、欧盟和欧洲央行这类机构，通常会制约和决定国家的经济政策。

随着资本主义在全球范围内传播，一国之内和国家之间的富有与贫穷之间的差距进一步扩大。这条在美国扩大了的代沟在“世界体系与殖民主义”一章中讨论过。大卫·兰德斯（David Landes，1999）计算了个人平均所得在世界上最富有的国家和最贫穷的国家之间的差别，结果是 400∶1，工业革命开始之时，这个比率大约是 5∶1。知识在当今全球经济中发挥的主要作用就是加速差距，由于知识往往集中在核心国家及其特定区域内。知识资本主义评估产生新想法的市场价值，将它们转化到产品中，并且提供消费者所需的服务（Leadbeater，1999）。

全球化另一个主要的组成部分就是危机的全球化（Smith 和 Doyle，2002）。生态风险成倍增长。危险与工业产品相联系，或者一次网络攻击可以迅速地传播，从而造成超乎想象的后果。气候风险也成为全球化的问题了。每位矿物燃料的消费者都为全球气候的变化做出了自己的“贡献”，这正是我们所转向的。

全球温度变化

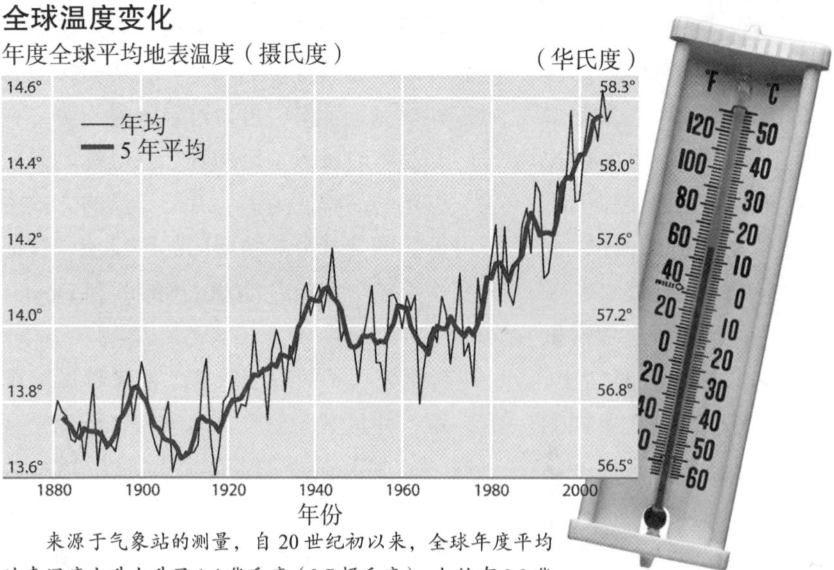

来源于气象站的测量，自 20 世纪初以来，全球年度平均地表温度上升上升了 1.4 华氏度（0.7 摄氏度），大约有 0.9 华氏度（0.5 摄氏度）的上升是从 1978 年开始的。

资料来源：戈达德太空研究所，“对气候变化的理解和回应：国家研究院报告的要点”，http：//dels.nas.edu/basc/Climate-HIGH.pdf。

明白了吗？ 你能描述并解释一下全球化的主要特征吗？

>> 全球气候变化

2005 年与 2010 年并列成为创纪录的最热年份，这一数据由美国国家航空航天局戈达德太空研究所（NASA’s Goddard Institute for Space Studies）提供，他们研究了 131 年来的数据。自 20 世纪初起，地表温度大约上升了 1.48 华氏度（0.78 摄氏度）。这一上升大约有 2/3 是从 1978 年开始的（详见“全球气温变化”）。科学测量确认，全球变暖并非是由于太阳辐射的增加，主要原因是人为的——由人类及其活动所引起的。这一研究还坚持认为，7 亿人口与他们的动物、谷物和机器，与 12000 年前（粮食生产出现以前）居住在我们星球上的大约 5 亿狩猎采集者相比，对环境的影响更大。

温室效应 来自受困的大气气体的温暖。

气候变化 全球变暖，加上海平面、降水、风暴方面的变化和生态系统的影响。

由于地球气候不断变化，关键问题就在于：气候变化归咎于人类活动和自然气候变化的比例是多少？许多科学家同意人类活动在全球气候变化方面起主要作用。随着人口增长和对在大气中产生温室气体的矿物燃料的迅速增长的利用，人类因素如何不那么显著？

温室效应（greenhouse effect）是一种保持地表温暖的自然现象。没有温室气体——水蒸气（H_2O）、二氧化碳（CO_2）、甲烷（CH_4）、一氧化二氮（N_2O）和臭氧（O_3），我们所知的生命将不能存在。正如一扇温室的窗户，这样的气体使阳光能够进入，又能阻止热量从大气中流走。自工业革命起，所有那类气体都已经增加。现在，温室气体的大气浓度已经达到了 40 万年来的最高水平。如果不采取行动来使其放慢速度，它将继续升高，全球温度也是如此（National Academies，2007）。

在全球变暖这个问题上，科学家倾向于气候变化这个术语。**气候变化**（Limate Change）这个词指出，除了持续上升的温度，在海平面、降水、风暴方面也会发生变化，还会影响

表 13-1 使地球升温和降温的都有什么

变暖	
二氧化碳（CO_2）	有着自然的和人类的来源，其程度由于矿物燃料的燃烧而增长
甲烷（CH_4）	由于人类活动的增加而上升，活动包括家畜养殖、种稻、垃圾堆利用、萃取、处理以及天然气的运输
臭氧（O_3）	有着自然源，尤其是在化学物质消耗臭氧层的平流层中。当碳氢化合物和氮氧化物污染物相互作用时，臭氧也产生于对流层（大气中较低的一部分）中
一氧化二氮（N_2O）	从农业的和工业的来源中上升
卤化碳（Halocarbons）	包括氯氟烃（CFCs），维持到氯氟烃禁令出现之前的电器中的制冷剂中
气溶胶（Aerosols）	一些使行星变暖的悬浮粒子和液滴。燃烧矿物燃料或者植被时，就会产生黑炭颗粒（烟灰）。一般情况下，会吸收太阳辐射而起到升温的作用
降温	
海冰（seaice）	将日照反射回太空
冻土层（Tundra）	将日照反射回太空
气溶胶（Aerosols）	一些会使行星降温；（SO_4）通过燃烧矿物燃料所得的气溶胶将日照返回到太空中
火山喷发（Volcanic eruptions）	排放二氧化硫气体，一旦到了大气中就形成硫酸盐气溶胶和灰烬，两者都会把日光反射回太空中
升温 / 降温	
森林（Forests）	滥砍森林使陆地区域将更多的日光反射回太空中（降温）；它还会消除吸收二氧化碳的树木（升温）

生态系统（表 13-1 总结了各种使地球升温和降温的因素）。气候变化对于区域气候模式的确切影响还未被最终确定。陆地区域比海洋区域升温更多，在高纬度地区升温最高，如加拿大、北美和北欧。气候变迁可能会使这些区域受益，为他们提供比较温和的冬天和延长生长季节。然而，对于世界范围内更多的人来说，这将是有害的。我们已经了解到，在北极地区，气温的上升幅度将近是全球平均水平的两倍。北极的景观和生态系统正迅速而显著地变化着。

美国国家科学院已经发布多个关于气候变化的报告。那些报告被总结为一本名为《理解和应对气候变迁》（*Understanding and Responding to Climate Change*，2008）的可供下载的手册，是我们这部分讨论的基础（Crate

和 Nuttall，2008）。

满足全球能源的需求成为减缓气候变化的一个最大阻碍。在美国，大约有 80% 的能源利用来源于矿物燃料。世界范围来看，能源利用会随着经济和人口的“爆炸”而持续增长。矿物燃料的替代品中就有核能和光能、电能和生物质能发电机这样的可再生能源技术。

文化思考

乙醇，由粮食制造，是一种替代性的燃料资源。对于乙醇的批评者声称，它提高了食物成本，生产乙醇消耗的能源多于生产效益。其他人则确保利用乙醇可以使环境显著受益。做一项线上调查。对于这一争论，当今的主要立场是什么？

>> 环境人类学

人类学家一直关心环境力量是如何影响人类的，还关心人类活动是如何作用于生物圈和地球自身的。20 世纪 50 年代至 70 年代，见证了一种研究领域的出现。这项研究被称为文化生态学或**生态人类学**（Ecological Anthropology）。这一领域关注文化信念和实践如何帮助人类适应其环境，以及人们是如何运用其文化要素来维持其生态系统的。

早期的生态人类学家表明，原住民群体在管理其资源和保护其生态系统中所做的合理工作。这类群体有着将资源进行分类的传统方式，调整其用途并保护环境。**民族生态**（Ethneocology）是环境实践和观念的任一社会组，也就是环境的社会文化模型及其与人和社会的关系。随着跨越人口、机构、信息和技术的移民、媒体和贸易，原住民的民族生态学越来越受到挑战。面对国家和国际社会对于利用和节能的激励，曾经保护当地和区域环境的民族生态学系统越来越无效和不适用了。

生态人类学 对环境濡化的研究。

民族生态学 一套有关环境实践和观念的文化集合。

人类学家通常会见证那些对他们的研究对象及其环境的威胁。这些威胁中有商业伐木、工业污染及外部管理系统对生态系统的干预（Johnston，2009）。现在的生态人类学，也称环境人类学（environmental anthropology），不仅试着理解环境问题，还试图找到其解决办法。这类问题必须在国家和国际的层次上妥善处理（如全球变暖）。即使在偏远地区，生态系统的管理现在也涵盖多个层次。例如，作者丽萨·格宗（Lisa Gezon，2006）发现，在马达加斯加北部的安坦卡拉纳人中，不同层级的管理部门都声称有权利用和管理自然资源及当地的生态系统。在这里，实际的和可能的管理者包括当地社区、传统的领导（地区的国王或首领）、省级和国家政府、世界野生动物基金会、世界自然基金会（以前是世界野生动物基金会）和一个国际非政府组织（NGO）。当地人的风景地貌、思想认识、价值观念和传统的管理系统面临着来自各方的抨击。局外人试图按照自己想象中的改造当地的风景地貌和文化。例如，许多农业发展项目的目标，看起来就是要使世界尽可能多地与美国中西部的农业州相似。这样，往往就会有机械化耕作和核心家庭所有权的尝试，虽然这些制度可能并

文化思考

你是否做过任何“对全球有利”的事情？一名环境学家想要说服你所在的城镇和社区花费更多以购买环保产品，你会给他什么建议？

不适用于那些远离美国中西部的区域。当这些发展项目试图用文化上的外来观念替代原住民制度时，这个项目往往会破产（Kottak，1990）。

对于地方自治的全球出击

当发展威胁原住民及其环境时，就可能发生与环境变化相关联的文化之间的冲突。当旨在保护的外部管理遭遇原住民及其民族生态学时，与环境变化相关的第二种文化冲突就可能发生。就像发展规划一样，保护性的计划会要求人们改变其方式来实现规划者的目标，但这并不是当地人的目标。在马达加斯加、巴西、美国西北部的太平洋沿岸等不同的国家和地区，人们就被要求、劝告或强制性地抛弃基本的经济活动，因为这样有利于“自然”或“整个全球”。在巴西，“利于全球”这个项目运行得并不好，该区域的亚马逊是国际环境学家的关注点。巴西人民抱怨局外人（如欧洲人和北美人）为自身的经济增长而损毁其自身的森林后，才促进“全球需要”和“拯救亚马逊”。一些促进彻底改变的发展计划，在制定和实施那些影响当地人的政策时，并未将他们纳入考虑，而出于好意的保护计划可能与这些发展计划一样麻木不仁。当人们被要求放弃其生活的基础时，他们通常就会抵抗。

环境保护主义的传播可能会显示出一些关于植物与动物对比人类的“权利”和价值的完全不同的概念。在马达加斯加，许多学者和官员都抱怨，比起关心马达加斯加人，外国人看起来更关心这个地方的狐猴和其他濒临灭绝的物种。正如当地的一名地理学家向康拉德·科塔克所言：“下次你再来马达加斯加的时候，就没有马达加斯加人了。所有人都将会饿死，一只狐猴将会在机场迎接你。”比起动物和植物的生存，大多数的马达加斯加人将人类贫困视为更加紧迫的问题。

另一方面，谁能质疑涵盖保护生物多样性的谈话是一个有价值的目标？对于应用生态人类学的挑战是，面临无情的人口增长和商业扩张，为实现多样性的保护而设计文化上适当的战略。如何使人们支持那些至少从短期来看会减少其获得资源的机会的保护手段？基本上，正如发展计划一样，最有效的保护战略就是关注当地人的需求和愿望。

> **你知道吗**
>
> 传统的环保知识往往为现代问题提供解决方案。在秘鲁南部的一项发展项目，就使用了在一千年以前就废置的灌溉和排水系统。这使低洼的、易受水淹的并且排水不良的土地进行粮食生产。

森林采伐

森林采伐是全球化风险的另一种表达。森林的减少将会导致温室气体（二氧化碳）量的增加，这种气体将促使全球变暖。热带雨林虽然只覆盖了地球陆地表面的6%，但它至少包括了地球上一半的物种。对热带雨林不间断地伤害也是全球生物多样性减少的一个主要原因。

世代的人类学家都在研究人类的经济活动（古代的和现代的）是如何影响环境的。人类学家了解到，比起为牲畜寻找饲料的人，食物的生产者（农民和牧民）通常会更多破坏环境。人口增长和农业规模化的需求，导致古代中东和中美洲的许多区域出现森林滥采滥伐的情况（Hornborg 和 Crumley，

> **学习小贴士**
>
> 文化压倒环境论题的冲突会发生在：（1）当发展规划是地方资源受到贬低之时；（2）当外在的权威对当地人强制实施一种保护措施之时。

2007)。即便今日，仍有许多农民把树木视为大株杂草而被移除，从而让土地更富有生产力。

通常情况下，森林采伐是受人口驱动的——由人口压力引起。例如，马达加斯加的人口以年均3%的增长率上升，每一代翻一番。人口压力导致迁移，包括城乡迁移。马达加斯加的首都塔那那利佛，在1967年有100 000人口，到2007年人口增长至2000 000人左右。

如果城市居民依赖于燃烧取自乡村的木材，城市人口的增长就会刺激对森林的滥砍滥伐，这在马达加斯加是事实。随着森林流域的消失，粮食的产量降低。马达加斯加因其土壤颜色而以“大红岛”著称。在那座岛上，土壤侵蚀和水分流失所带来的影响是肉眼可见的。从其河流来看，马达加斯加似乎正流血死去。持续增多的水分流失，再也不能涵养树木，导致了那些靠近湍急河流的地势低洼的稻田被腐蚀，还导致了灌溉沟渠中的泥沙淤积（Kottak，2007）。

森林采伐的原因包括对自给自足经济的人口压力（来源于生育和迁移）、商业扩张、道路建设、经济作物及城市扩张相关的燃烧木材的需要，以及与牲畜和放牧相关的清除和烧毁。森林减少隐含着多种原因的这一事实隐含着一种政治意涵：不同的森林采伐的情况需要不同的保护策略。

我们能做什么？这个应用人类学家参与讨论的问题（详见第十二章），刺激政策制定者考虑新的保护策略。限制与那些被指定为公园的林区接触的传统方法，随后雇用了公园守卫，并惩罚违规者。现代策略更可能去考虑居住在森林中或临近森林的居民（往往是穷人）的需求、愿望和能力。由于有效地保护依赖于当地民众的合作，因此在设计保护策略时，一定要着重考虑他们所关心的。

你知道吗

2009年，随着马达加斯加政局的不稳定，由国外公司造成的非法木材开发显著地增长，即使是在受保护区域。

改变行为的理由一定要对当地人有意义（Sillitoe，2007）。在马达加斯加，比起“保护生物多样性”这类全球目标，森林对于农业的经济价值（作为抗侵蚀机制和潜在的灌溉用水的蓄水池），对阻止森林破坏是更为有力的刺激。大部分马达加斯加人并不清楚狐猴和其他特有物种只存在于马达加斯加。而且，如果保护森林会破坏他们的生活，这种知识也不会太多地刺激他们这样做。

为抑制全球森林采伐的威胁，我们需要行之有效的保护策略。法律及执法有助于减少以经济为导向的、由燃烧和清除林木所造成的森林采伐的情况。但是当地人仍将利用和滥用林地。对于以环境为导向的应用人类学的一大挑战就是，使森林保护工作能吸引当地人，并确保他们合作。应用人类学家必须努力使“有利于全球的”有利于人民。

文化思考

人们关心对于哪种保护方式更为有效的争论：建起栅栏并雇用看守使人们退出保护区域，还是将当地人融为搭档，并且有限度地利用濒临灭绝的资源。你认为每种方法各自的利弊是什么？

>> 族际接触

从20世纪20年代起，人类学家就已经从两方面研究这些由工业和非工业社会之间的接触而引起的变迁。针对“社会变迁”和“濡化”的研究成果非常丰富。英国和美国的民族志学者分别使用那些术语来描述相同的过程。濡化是指各种群体进行连续的直接接触所带来的变化——群体之一或双方在文化模式上的变化（Redfield，Linton和

Herskocits，1936：149）。濡化与扩散或文化借鉴不同，后两者无需直接接触就可发生。例如，大多数吃热狗（法兰克福香肠）的北美人，从未去过德国的法兰克福；而大多数的丰田车主或寿司爱好者也未曾去过日本。尽管濡化可适用于任何持续的文化接触和变迁的情况，但这一术语最多还是用于描述**“西化”**（westernization）及其他——西方扩张对原居民及其文化的影响。这样一来，那些穿着店里买来的衣服，学习印欧语系语言适应外国习俗的当地人，都被称为受同化的。濡化可能是自愿的，也可能是被迫的，其进程会遭遇相当大的阻力。

对当地文化不同程度的破坏、支配、抵抗、残存、适应和修正，可能紧随不同种族之间的联系出现。在最具破坏性的遭遇中，本地和从属的文化面临着消亡。在因本地社会与更加强大的局外者的接触而导致破坏的情况下——尤其是带有殖民主义和扩张主义时代特征的情况——紧随最初的遭遇之后往往会有一个“震撼期”（Bodley，2008）。外来者可能会攻击或剥削本地人。这样的剥削可能增加死亡率，破坏生存，割裂亲属团体，损毁社会支持系统，刺激新的宗教运动，如在“宗教”一章研究的货物崇拜（Bodley，2008）。在“震撼期”期间，可能会出现由军事力量支持的民间镇压。这些因素可能会导致群体文化崩溃（种族文化灭绝）和物理灭绝（种族灭绝）。

学习小贴士

扩散（diffusion）是文化借鉴的一种形式，它不通过直接接触就可发生；而可能是自愿的或被迫的濡化，是指通过直接接触而发生的变化。

明白了吗？ 你能找出那些为人类学家所一直关心的环境问题（包括全球变暖和滥伐森林）的各种解决办法吗？

人类学的工作

获得人类学的学士学位后，斯蒂芬妮•西格尔（Stephanie Siegel）完成了两所执法学院的学习，并在华盛顿找到了一份警官的工作。她使用自己在人类学课程中所学的知识，与不同国家的人沟通，与遍布美国的游客交流。有一次，她遇到了一个非常激动的澳大利亚男子，在政府大楼附近晃悠。斯蒂芬妮与这名德国男子谈话，使他平静下来，并向她倾诉自己的问题——他声称自己看见了幽灵。她的监督官随后评价她在这件事情中的灵敏和成功，并透露那个男子拒绝同第一个到场的警员谈话。

文化帝国主义

文化帝国主义（cultural imprialism）是指以牺牲其他文化为代价的一种文化的快速扩张和前进，或者这种文化对于其他文化的压迫。因此，法兰西殖民帝国中的孩子从那些同样在法国使用的标准化课本中，学习法国的历史、语言和文化。当时的塔希提人、马达加斯加人和塞内加尔人通过背诵关于“我们的祖先高卢人”的书本来学习法语。

西化 西方扩张对原居民及其文化的影响。

文化帝国主义 以牺牲其他文化为代价的一种文化的快速扩张和前进，或者这种文化对于其他文化的压迫。

当代全球力量在何种程度上推动文化帝国主义？随着同质化的产品到了世界上更多人的手中，一些评论者将现代技术、媒体和全球品牌的扩张视为消除文化差异。其他评论者指出，某些创新使社会群体（本地文化）可以表达自身，还使他们可以生存（Marcus 和 Fischer，1999）。例如，无线电广播、电视机、数字媒体和越来越普及的互联网持续地将当地事件带到更大多数公众的视野之中。苏珊·博伊尔（Susan Boyle）在英国电视台表演的歌曲《我曾有梦》（*I Dreamed a Dream*）很快就轰动了互联网，这让她成了全球明星。若不是 YouTube（视频网站），对于博伊尔嗓音的欣赏可能只限于英国区域。你最近在视频网站上看到的是什么？当代媒体在刺激和组织当地及社区许多类型的活动上发挥作用。思考 YouTube、脸书和推特——全球网络完成这些事情的方式。

在巴西，当地的实践、庆典和表演在外部力量的背景下发生了变化，这些力量包括大众传媒和旅游业。在阿勒姆波普镇（Kottak，2006），电视报道使人们对哲甘卡（Cheganca）这种传统年度表演的参与度持续上升。它是一个渔民模拟葡萄牙人发现巴西的舞蹈表演。在电视摄像机和照相机都来阿勒姆波普镇记录这个表演之前，阿勒姆波普人就去国家的首都表演哲甘卡。这些摄像素材供给了一档电视节目，它以许多遥远地区的传统表演为特色。

许多沿着亚马逊河的城镇，现在为了电视和摄影机的需要而都别出心裁地举行一年一度的民间仪式。例如，在亚马逊的帕坦町镇（Parantins），无论何时到达该地，大量的游客都能看到这座镇子一年一度的布巴闵博野（Bumba Meu Boi）节日的录像。这是一个模仿斗牛的传统表演，部分在国家电视台播出。当地社区为了向媒体和游客表演，对传统的仪式规模进行保护、恢复和加强，这种类型的表演正在扩展。时下，你可以在 YouTube 上观看阿勒姆波普镇和帕坦町镇中这些年度事件的影像片段。

巴西大众传媒还促进了像狂欢节和圣诞节这类节日的传播和流行（Kottak，1990a）。电视帮助狂欢节超越其传统的城市中心而在整个国家传播。当地对于狂欢节的全国播放及其外部标志（精心设计的游行、服饰和狂热的舞蹈）的反应，并不是对于外部刺激简单或一致的回应。

当地的巴西民众以多种方式做出回应，而不是直接参与狂欢节。他们一般并不会接受狂欢节本身，而是修改其本土节日来配合狂欢节的氛围。也有一些人积极地摒弃狂欢节。阿勒姆波普镇就是一个例子，在那儿狂欢节从未成为重要的节日，可能是由于其发生的时间与本土主要节日——在二月举行的纪念阿西西的圣弗朗西斯的节日——在时间上几乎一致。过去，村民没有能力庆祝两个节日。现在，阿勒姆波普镇的人民不仅反对狂欢节，还越来越不那么热衷于庆祝自己主要的节日。阿勒姆波普镇人对圣弗朗西斯节成为“一个外来者的要事”而感到不满，因为每年二月它都会吸引成千上万的游客来阿勒姆波普镇。村民认为，商业利益和外来者已经将圣弗朗西斯占为己有。

与这些趋势相反的是，现在许多阿勒姆波普镇人说他们喜欢，也更多地参与六月的节日，这些节日纪念圣约翰、圣彼得和圣安东尼。过去，经观察，在规模上看，这些节日比纪念圣弗朗西斯的节日要小得多。现在，阿勒姆波普镇人正以一种新的活力和热情来庆祝这些节日，正如他们对外来者及其庆祝活动所做出的反应，既是通过电视播放的，也是真实存在的。只有当地人合作，国家的和全球的才能变成那样。

文化思考

你认为现代技术，尤其是大众传媒，在何种程度上是或不是文化帝国主义的代理人？请举出具体的例子。

明白了吗？ 你能确定那些由工业社会和非工业社会的接触而引起的变迁吗？包括扩散、文化霸权主义和与迁移相关的那些。

>> 制造与再造文化

在全球化的进程中，随着人们对从外部接收的信息、想法和产品进行评估，并将自己的意义赋予其中，他们不断地创造和重塑文化，而那些意义则反映了人们的文化背景和经历。

流行文化本土化

随着全球力量进入新型社区，它们就被**本土化**（indigenized）了，即加以修正以适应当地文化。在快餐、音乐、电影、独特风格、科学、庆典与政治观念和制度等不同的文化领域，就是如此（Appadurai，1990；Fiske，1989）。一个经典的例子就是《蓝博》（*Rambo*，系列中的第一个）是如何被澳大利亚土著本土化的。埃里克·迈克尔斯（Eric Michaels，1986，1991）发现，《蓝博》在澳大利亚中部沙漠中的土著居民间流行，这些人从电影中制造了他们自己的意义。他们的解释与电影创作者的意想相差甚远。澳大利亚土著人将蓝博视为一个来自第三世界的、对抗白人压迫者的人。这种看法表达了他们对于白人家长式统治和不平等种族关系的不满。澳大利亚土著人还猜想在蓝博和被他营救的囚犯之间，存在着部落关系和亲属联系。基于他们的经历，这一切都有意义。澳大利亚土著人不成比例（大量）地出现在澳大利亚的监狱中，他们最有可能的救世主是某些同他们有着私人联系的人。

图像的全球系统

所有文化都通过梦想、幻想、歌曲、神话和故事来表达想象力。然而，现在更多地方越来越多的人们想象“比以前他们所想象的更广泛的‘可能的’生活。这种变化的一个重要来源就是大众传媒（无线电、电视、电影、视频游戏和网络），它们呈现一个关于可能性生活的丰富的、不断变化的存储”（Appadurai，1991：197）。作为传媒中心，美国被加入了加拿大、日本、西欧、巴西、墨西哥、尼日利亚、埃及、印度等构成的全球系统。

本土化 加以修正以适应当地文化。

像印刷业一样（Anderson，1991），电子传媒可在其自身的界限之内（有时超越界限）传播不同国家的文化，这样就加强了民族文化认同。例如，上百万曾经与城市、国家和国际事件及信息相隔绝的巴西人，现在通过网络，尤其是电视，参与到一个更大的“全媒体管理”（Appadurai，1991）中（Kottak，1990a，2009）。许多美国人都误以为提供给海外的美国节目必然能战胜当地节目，实际上，当有更吸引人的当地节目竞争时，这种想法往往是不成立的。

在巴西，最热门的网络（环球电视网）在很大程度上依赖于其自身的制作品，尤其是浪漫电视肥皂剧（夜间连续上演的情节剧，常与美国肥皂剧作比较）。环球电视网每晚向世界上最多的和最忠实的观众（通过电视卫星，国内外大约有 8000 万观众）放映。吸引这一群体的节目就是由巴西人为巴西人民制作的。如此一来，这并非是北美文化通过全球化的传播，而是由全球电视网传播的泛巴西（pan-brazilian）民族文化的一种新形式。这再次地证明了我们在前几章讨论的濡化的重要性，对此，我们可以概括，如果高质量的当地选择是可利用的，那么无论在何地，外来文化的规划都不会做得很好。包括日本、墨西哥、印度和尼日利亚等许多本民族产品非常流行的国家都证实了这一点。

流行文化

你最喜欢的科幻片或电视节目是什么？哪些对于其他星球的想象在你的印象里最突出？你能很容易地想象《星球大战》中已经消亡的星球、可怜的老艾德伦（Alderan）、在舍利塔系统中的尤达的朦胧世界和塔图因星球上的两个太阳吗？《阿凡达》的潘多拉呢？对你而言，这类电影中的想象可能像那些真实存在的星球一样熟悉。再想想电影中是如何描绘这些外星人的。一方面，是外乡人的无害植物收藏家和阿凡达濒临灭绝的纳威人。另一个更为主要的方面，就是地球会是胜利者，正如在《独立日》《星河战队》《V》及其他一百种电影中所展现的。其他影片也是，最为著名的是《地球停转之日》（1951年和2008年的版本），有着无所不能的特点，无所不能的星际事务的守护者。如果这些真的存在，那么在科幻片中所描述的问题与本章所研究的全球性问题如何联系？

在确保跨国生活之人的种族和民族身份方面，大众传媒也起作用。如果群体迁移了，他们可以通过全球媒体保持同彼此和自己家乡的联系。**离散之人**（Diaspora，从一个原始的、祖先的家园散开的人们）为某些媒体、交流、品牌、旅行服务扩大了市场，后者针对现居于世界各地的特定的种族、民族或宗教团体。

离散之人 从一个原始的、祖先的家园散开的人们。

一种消费的全球文化

除了电子传媒，另一个关键的跨国力量就是资金。跨国公司及其他企业超越国界，寻找可投资和获利的地方。一名叫阿尔君·阿帕杜莱（Arjun Appadurai，1991：194）的人类学家解释道，“金钱、商品及人员在全球范围内无止境地互相追逐”。现在，许多拉美社区的居民依赖因国际劳动力迁移而汇入的外部资金。美国经济也越来越受国外投资的影响，尤其是来自英国、中国、加拿大、德国、荷兰和日本的投资（Rouse，1991）。美国经济也越来越依赖于国外劳动力——通过劳动力迁移和劳务出口。

全球化是由人口、技术、产品、资金、信息、图像和思想的流动所驱使的（Appadurai，1990，2001）。商业、技术和传媒增加了全球范围内对商品和想象的渴望（Gottdiener，2000）。这迫使民族国家接受一个全球性的消费文化。当今，几乎每个人都参与到了这种文化当中。极少有人从未见过打着西方产品广告的T恤。美国和英国摇滚明星的唱片响彻里约热内卢的街道，而从多伦多到马达加斯加的出租车司机都播放着巴西的音乐。农民和部落人也参与到全球经济中，不仅是因为他们着迷于金钱，还是由于他们的产品和想象被世界资本主义所占据（Root，1996）。他们被他人商业化了（正如在《暮光之城》系列中的奎鲁特国）。此外，当地人也会通过像文化生存这样的手段，出售他们自己的想法和产品。

文化思考

一种媒体帮助确立一种民族身份的方式是，创造与非该国公民的人所不同的意义。电视和其他媒体所展示的非西方人民的形象如何？你认为这些形象是否公平地代表了那些人？

明白了吗？

对于人们将自己的意义赋予他们从外部接受的文化影响之上，你能对这些方式做出评价吗？

>> 流动人口

阿尔君·阿帕杜莱（1990：1）将当今全球化世界特征化为“跨本土的”“交互系统”，这个世界是“全新的”。人们似乎比原来走得更多。通常情况下，跨越国界的是旅游者、移民、劳动力、难民、朝圣者、改变宗教信仰者、商人、发展工作者、非政府组织的工作人员、政客、恐怖分子、士兵、体育界名人和媒体传播图像。

在前面的章节中，我们看到为动物寻找饲料的人和牧民通常是半游牧或游牧民族。当今，人类活动的范围急剧扩大。跨国迁移如此重要，许多墨西哥居民发现“和周围的重要关系一样，他们最重要的亲属和朋友可能是生活在几百或者几千英里以外的人”（Rouse，1991）。许多移民和他们的本土社区保持着联系（电话通话、电子邮件、拜访、汇款、观看“民族电视”）。在某种意义上，他们是跨本地生活的——同一时刻的不同地方。例如，纽约市的多米尼加人被赋予的特征就是生活在“两岛之间”：曼哈顿和多米尼加共和国（Grasmuck 和 Pessar，1991）。许多多米尼加人像来自其他国家的移民一样，暂时移民到美国，通过挣钱来改变他们回到加勒比地区后的生活。

有这么多“流动”人口，人类学研究的单位从当地社区扩展至流散之人。作为人类学家，我们更多地追寻我们曾研究过的村民的后代，随着他们从乡村搬进城市，跨越国界。

后现代性（Postmodernity）描述当今处于不断变化之中的世界，保持着活动的人根据地点和背景，学着管理多个身份。大多数情况下，**后现代**（Postmodern）是指既定的规则、标准、种类、区别与界限的模糊和崩溃。后现代一词源自于**后现代主义**（Postmodernism）一词，后现代主义是始于20世纪70年代并出现在现代主义之后的一种建筑风格和建筑运动。后现代建筑反对现代主义的规则、几何秩序和庄严性。现代主义建筑被预期有着一个明晰和具功能性的设计。后现代设计是“比较散乱的”（Messier），并且更有趣。它从不同的年代和地点吸收多样化的风格——包括流行的、民族的和非西方的文化。后现代主义超越经典的、精英的和西方文化的形式，推广其“价值”。现在，后现代还用来描述音乐、文学和视觉艺术方面的类似发展。从这一起源来看，后现代性描述的是一个这样的世界：其中的传统标准、差别、群体、界限和身份都是开放的、向外扩展的且正在崩溃的。

政治与民族单位的新类型已经出现了。在一些地区，文化和民族群体在更广泛的关联中结合起来。相关例子就包括越来越多的泛土著美国人（pan-Native American）认同（Nagel，1996）和一种国际性的泛部落运动。因此，1992年6月，“世界土著居民会议”在里约热内卢与UNCED（联合国环境与发展会议）同时召开。与外交官、记者及环境学家一道而来的是300名在现代世界中存活的部落多样性的代表——从拉普兰到马 里（Brooke，1992；May-Lewis，2002）。

文化思考

如此多的人有着全球性的联系，这使人类学家在田野工作中面临新的挑战。你认为，研究像迁移这样跨地理区域的现象，民族志学者可利用哪些方法和技术？

后现代性 处于不断变化之中的世界的状态，人们保持着活动，其中确定的群体、界限、身份、反差和标准，都在向外扩张，并且被打破。

后现代 大多数情况下，描述既定的标准（规则、标准）、种类，区别和界限的模糊和崩溃。

后现代主义 一种出现在现代主义之后的建筑风格和运动。同现代主义相比，它较少整齐均匀，缺少功能性，不够庄严，但是更有趣，更乐于包括多种时期和文化的元素。现在，后现代还描述音乐、文学和视觉艺术方面的类似发展。

此次会议本身就是一个受联合国赞助的世界论坛，可能是地球最接近行星委员会的一件事情。

明白了吗？ 你能说明全球化对于文化界限和区分的影响吗？

>> 原住民

1982年，伴随着联合国原住民族工作组（WGIP）的创建，“原住民”这一词汇进入国际法。这个工作组的成员来自六大洲，每年召开一次会议。1989年，《土著人权利宣言》的草稿由原住民族工作组起草，1993年经联合国讨论通过。一个国际劳工组织（ILO）起草169公约支持文化的多样性和自助赋权，1989年获批准。这类文件伴随着原住民族工作组的工作，已经促使政府、非政府组织和国际机构采用旨在使当地人受益的政策。现在，世界范围内的社会运动，在他们追求社会、文化和政治权利的过程中，把“原住民”这一词语用作自我认同的标签（Brower和Johnston，2007；de la Pena，2005）。

在讲西班牙语的拉丁美洲，社会科学家和政治家现在比起印第欧（indio，印第安人）更支持原住民（indegena，本地人）这个词。前者是一个殖民词汇，是欧洲的胜利者对美洲原住民使用的。大部分拉丁美洲国家在19世纪20年代从西班牙和葡萄牙获得独立时，这些原住民的境况并未提高。由于新型国家的白人和混血儿（尤指拉丁民族与印第安族的）精英，殖民地土著及其生活方式看起来与（欧洲）文明相关（de la Pena，2005）。

直至20世纪80年代中期到晚期，拉丁美洲的公共政策还在强调同化。印第安人有着一个浪漫的过去，但是现在除了博物馆、旅游业和民俗活动，他们是被边缘化的。原住玻利维亚人和秘鲁人被鼓励以农人（Campesinos）作为自我认同。过去的30年，见证了一个同化——混合——文化差异的巨大转变。在厄瓜多尔，过去被视为讲盖丘亚语的农民群体，现在被归类为有自己区域的原住群体。巴西现在承认了东北部的30个新的原住群体，这一区域原来被视作是原住民已经流失。现在，危地马拉、尼加拉瓜、巴西、哥伦比亚、墨西哥、巴拉圭、厄瓜多尔、阿根廷、玻利维亚、秘鲁和委内瑞拉在官方都是多元文化（Jackson和Warren，2005）。许多国家机构承认原住民在文化特性和政治代表上的权利。在哥伦比亚，原住民区域获得了与其他任何地方政府同样的利益（de la Pena，2005）。

存在于全球化背景之下的原住民权利运动，包括关注人权、妇女权利和环保主义的跨国运动。跨国组织帮助原住民对立法施加影响。20世纪80年代起，在拉丁美洲出现了一个从专制向民主统治的普遍转向。不平等和歧视仍然存在，在调动原住民方面仍存在阻力，包括暗杀领导及其拥护者。

科本斯和格斯歇（Ceuppens和Geschiere，2005）探索了一股最近在世界多个地区掀起热潮的土生土长（autochthony）（本地的或者来自于被发现地的）概念，这一概念含蓄地呼吁要排除陌生人。土生土长（Autochthony）和土著（Indigenous）这两个词语都可以追溯到古典希腊史，有着相似的含义。土生土长指自我（self）与土壤（soil）。从字面上来看，“土著”是指“出生于内部”（born inside）的意思，在古希腊中有“在屋子内”（inside the house）出生的含义。每种概念都强调从陌生人那里守护祖先土地（继承物）的需要，还有先到者比后来移民享有特殊权利的权利——合法的与非法的（Ceuppens和Geschiere，2005）。

20世纪90年代，土生土长在非洲许多地区都成了一个问题，它鼓励排除（欧洲的和亚洲的）“陌生人”的暴力行为。与此同时，在欧洲，土生土长还成了关于移民和多元文化争论中的一个关键概念。欧洲多数人群体都声称土生土长的人（Autochthon）这个标签。这个单词突出了在世界日常政治中排除陌生人这种假定的显著性（Ceuppens 和 Geschiere，2005）。一个为人所熟悉例子就是美国，正如在最近关于非法移民问题上的争论所展现的。

本土政治中的认同

本质主义（essentialism）描述的是一个将认同看作是既定的、真实的和不动的过程，以便隐藏认同发展的历史过程和政治。很显然，认同并不是固定的。我们在“民族和种族”一章中了解到身份是流动的和混合的。人们抓住特定的、有时是相互矛盾的自我标签和身份。例如，一些秘鲁团体自认为混血儿，但仍视自己为原住民。认同是一个流动的、动态的过程，通过多种方式可以成为原住民。无需说着当地的语言或身穿“本土”的衣服。认同是特定的个人和群体，经过各种各样的协商，在特定的时间和地点中所声称的。土著人同与其他的认同内容共存，这些内容包括宗教、种族和性别，并且必须在这样的背景中加以管理。认同必须被视作：（1）潜在的复数；（2）经过一个特殊的过程形成；（3）在特定的时间和地点成为某人或某事的方式（Jackson 和 Warren，2005）。

明白了吗？ 你能解释“土著”这个词是如何成为政治上十分重要的认同制造者吗？

明白了吗？ 你可以指出那些对理解全球化至关重要的人类学研究方法吗？

>> 多样性的连续性

在我们全球化的世界中，通过促进一个更以人为本的社会变迁的愿景，人类学发挥着至关重要的作用，其中涉及人类生物的和文化的多样性。人类学的存在本身就是一个对理解全世界人类中间的相似与差异的持续需要的贡献。人类学教导我们，比起其他物种，人类的适应性反应更为灵活，这是由于我们主要的适应性手段都属于社会文化意义上的。然而，过去的文化形式、制度、价值观及风俗总是在影响着后来的适应，这就产生了持续的多样性，并且赋予不同群体行动和反应以一定的独特性。出于对我们专业责任的理解和认识，让我们一同努力，使人类学这项针对人类的研究在所有的科学中成为最人本主义的。

你知道吗

“美洲印第安人运动”（The American Indian Movement，缩写为 AIM）是一项北美原住民的运动。美洲印第安人运动协会是在 1972 年成立的，它的目标基于一种所有北美原住民团结起来的信念。美洲印第安人运动协会推进了宗教自由，即从摆脱政府的控制的自由以及所有“本土美国人”（Native Americans）的福祉。

参与进来！

选择一个现代问题，并且调查其历史和当前地位。这类问题可能包括一场战争或一次冲突、基于性别和族性的歧视，移民、卫生保健，或者石油扩张及替代性燃料的发展。当你研究这个问题的时候，要考虑到影响它的政策和实践。例如，对待移民，你可能会考虑双方国家的经济机会以及治理合法和非法移民的政策。不论你提出的问题是什么，认同群体都会受其影响。以研究移民为例，你就要涉及移民自己及回老家后的家人，还有其所在国的各种各样的群体，包括雇主、政客、社会服务提供者，还有整个社区。不同群体的优势是什么？他们又面临着何种挑战？考虑一下公众的观念：与那些你认识，并且关心你所提出问题的人聊天，了解他们提出应该怎样做的观念。结论就是，你认为应采取哪些步骤来应对你的问题？

本章回顾

I. 全球气候变化是如何与全球化相联系的？伴随着其他的环境威胁，人类学家如何能同时研究这两个进程？

- 全球化有两个意义：作为事实（生产、通信及技术在世界范围内的传播和连通）以及作为意识形态和政策（国际金融力量为商品和服务，努力创造一个自由市场）。现代生态人类学关注的是理解那些必须在国际、国家和地方层面上处理的环境威胁，并为其寻找解决方案。全球气候变化包括持续上升的气温和海平面的变化、降水、暴雨和生态系统。人口增长和化石燃料用量的不断增加促进了这些变化。全球力量挑战原住民，外部环境监管面临当地的民族生态学。人类学家坚信，最有效的保护策略是那些关注当地人民的需求和愿望的策略。

II. 什么是文化帝国主义，什么力量可以有效地支持它或反对它？

- 文化帝国主义是一种以牺牲其他文化为代价的文化的传播和发展，这里强加于其他文化之上的修改、替换或破坏。现代大众传媒有时被视为文化帝国主义的代理人，也是使当地文化能够用以表达自身的手段。电子传媒可以强化国家和民族认同。从世界中心进入新社会的文化力量，经常被修改以适应当地文化。商业、技术和大众媒体增加了全球对商品和想象的渴求。农民和部落居民参与世界系统，部分是因为世界资本主义挪用了其产品和想法，但原住民也会向世界出售自己的想法和产品。

III. 什么是原住民？他们的重要性如何及为什么在今年有所增加？

- 世界范围内的社会运动，使用原住民（indigenous people）这一术语作为自我认同的政治标签，是基于过去的压迫而来的，但现在它表示对社会、文化和政治权利的追求。国际法和联合国的原住民工作组的努力，影响了政府、非政府组织、国际机构采取旨在了解并使原住民受益的政策。原住民权利运动，存在于跨国运动的全球化背景下，这些运动关注人权、妇女权利和环保主义。世界上许多地方都从土生土长（autochthony）这个概念中看到了其高潮，暗含着当地人排除陌生人的要求。原住民的认同是不固定的、多重的，有时会在特定的时间和地点中产生矛盾。

突击测验

选择题：

1. 科学的测量方法证实，全球气候变暖并不是由太阳辐射造成的，其主要原因是人为的。这意味着：
   a. 人类及其活动导致了全球变暖
   b. 这些原因是本土化的
   c. 全球变暖是由那些影响人类的正常气候波动所造成的
   d. 原因是那些服务于政治目的的社会建构
2. 由本地文化与更强大的局外人相接触所引发的变化，以下关于这些变化的说法中，哪些是错误的?
   a. 变迁只发生于接触的一方
   b. 西化是濡化的一种形式，涉及西方扩张对于本地人及其文化的影响
   c. 民族接触可能会导致对本土文化的破坏、控制、抵抗、适应和修正
   d. 宗教的劝服会促使种族文化的灭绝
3. 一种文化的扩张和进步是以牺牲其他文化为代价，或者强加在其他文化之上，这些文化又被它修正、替代或损毁。这种文化最准确地称为：
   a. 文化相对主义
   b. 西化
   c. 文化帝国主义
   d. 濡化
4. 为使来自世界中心的力量与当地文化相适应，而对其加以修改时，这种过程被称为：
   a. 宗教的劝服
   b. 本土化
   c. 濡化
   d. 同化
5. 以下关于大众传媒的陈述中，哪些是正确的?
   a. 在提供各种可能性生活图景的方面，美国在媒体中心中是独一无二的
   b. 媒体图像和思想往往过于普通和“管理严格”（top-down）而不能有助于创造和扩展民族与族群认同
   c. 美国的电视节目未必能在与当地的竞争中获胜
   d. 只有当人们生活在他们自己起源的国家时，大众媒体才能发挥维护族群认同的效用
6. 在拉丁美洲，以下哪些会成为受追求原住民认同和赋权的本土人所驱动的期望?
   a. 支持本地人（Indigena）而非印第安人（Indio）的称谓
   b. 一个从文化差异向同化的政策转移
   c. 国家宪法对于本地人的政治代表权的承认
   d. 参与到跨国本土人权利运动之中去

填空题：

1. 相对于全球变暖，科学家更喜欢 ____ 这个术语。这个术语指明，除了持续上升的气温，海平面、降水、风暴，以及生态系统的影响也都发生了变化。
2. 一个 ____ 是有关环境实践与观念的任何社会设置，也就是其对于环境的文化模式及其与社会和人的关系。
3. ____ 是指那些由群体间持续地直接接触所引起的变化。然而，____ 不经直接接触就可以发生。
4. 由于在当今社会中，流动中的人如此之多，人类学研究的单位从当地社会去扩展到 ____，这个术语是用来描述一个扩展到其他地方的区域产物。

答案：1. a；2. b；3. c；4. b；5. c；6. b
1. 气候变暖；2. 生态学；3. 濡化，传播；4. 离散之人

学术词汇表

A

濡化（acculturation）：不同文化直接持续接触时导致的文化特征的交换；部分或全部族群的文化模式可能发生改变，但各个群体仍保持不同。

自致性地位（achieved status）：通过天赋、行动、努力、活动及成就而获得的社会地位（例如，强人或已定罪的重刑犯）。

适应（adaption）：有机体借此去应对环境压力的过程。

农业（agriculture）：前工业社会的作物耕种体系，它以持续而密集的土地和劳动力的使用为特点。

人类学（anthropology）：对于人类物种及其最近祖先的研究。

人类学和教育（anthropology and education）：在教室、家庭、社区展开人类学的研究。视学生为整体文化的产物。濡化的过程与对教育的态度归属于一个更广阔的背景，包括家庭、同辈群体和社会。

应用人类学（applied anthropology）：人类学资料、视角、理论以及方法的应用，以确定、评价以及解决当下的社会问题。

考古人类学（archaeological anthropology）：人类学分支之一，俗称考古学，指通过保存的遗物重构、描述及解释人类行为和文化模式；以史前史研究闻名。

先赋地位（ascribed status）：人们极少有选择甚至没有选择就可以占据的社会地位（例如，种族或性别）。

同化（assimilation）：是一个少数民族在迁入另外一种文化主导的地区时发生改变的过程。当这个少数民族融入当地文化时，它将不再以一个独立的文化单位存在。

B

队群（band）：觅食者们最基本的社会组织。一个队群包括少于 100 人，它往往季节性地拆分。

大人物（big man）：园艺种植者部落和半游牧部落中经常发现的人物，大人物并不占据办公室，但却通过创业和对别人的慷慨获取声名。他的财富和地位都不传递给他的继承者们。

生物人类学（biological anthropology）：也称体质人类学，人类学分支之一，研究不同时空人类的生物多样性，例如，原始人的进化、人类遗传学、人类生物适应性，还包括灵长类动物学（猿猴的行为与进化）。

C

酋邦（chiefdom）：介于部落和国家之间的一种社会政治形式；建立在亲属关系基础之上，拥有不同的资源获取途径和一种长久性的政治结构。

氏族（clan）：根据规定的血统所组成的单系继嗣群。

气候变化（climate change）：全球变暖，海平面增加、降水、风暴方面的变化和生态系统的影响。

复合型社会（complex societies）：存在着社会分层和中央政府的大型主流的国家。

纠纷解决（conflict resolution）：纠纷被社会性制度化和解决的方式；在所有的社会中都会发现，但是解决的方法在国家中要比在非国家中更正式化和更有效力。

核心价值观（core values）：整合一种文化并有助于与其他区分的重要的、基本的或中心的价值观。

相关性（correlation）两个

或多个变量之间的相关即是当一个（变量）变化时，其他的也会发生变化（共变），例如，温度和湿度。

文化人类学（cultural anthropology）：人类社会和文化的研究；描述、分析、解释，并阐明社会和文化的异同。

文化殖民主义（cultural colonialism）：在一个国家或是帝国中，统治族群或是国家将其文化 / 理念强加于他人。

文化顾问（cultural consultant）：民族志学者在田野中结识的人，他们会教授前者关于其社会与文化方面的知识（也被称为信息提供者）。

文化帝国主义（cultural imperialism）：以牺牲其他文化为代价的一种文化的快速扩张和传播，这种文化对其他文化进行修正、替换或者损毁。

文化相对主义（cultural relativism）：认为文化是有差异的，并值得尊重的观点。人类学是以方法论为特征的，而不是道德相对主义：为了充分了解另一种文化，人类学家试图理解其成员的信仰和动机。方法论上的相对主义并不排除做出道德判断或采取行动。

文化资源管理（CRM）：应用考古学的一个分支，目的在于受到大坝、高速公路及其他项目所威胁的场地。

文化权利（cultural rights）：指某些赋予群体而不是个人，如宗教和少数民族和土著社会的权利。

文化（culture）：掌控行为和信仰的传统和习俗；为人所独有；通过学习而得到传递。

诊疗者（curer）：经过选拔、训练、认证以及专业形象的获取等一系列濡化过程而取得的专业角色；病人向诊疗者咨询，病人相信诊疗者的特殊能力，并给予诊疗者一些特殊报酬；具有文化普遍性。

D

继嗣（descent）：指基于个体祖先某些方面的特征来建立起的一套社会认同。

继嗣群体（descent group）：其成员声称来自共同的祖先所组成的长期的社会单位；部落社会的基本原则。

发展人类学（development anthropology）：应用人类学的一个分支，它聚焦于社会问题、文化维度、经济发展。

离散之人（diaspora）：从一个原始的、祖先的家园散开的人们。

差异性获得（differential access）：不平等的资源获取；酋邦和国家的基本属性。上级有途径获取这些资源，相比之下，下级获取资源的途径却被上级限制。

扩散（diffusion）：不同文化间直接或间接的借用。

歧视（discrimination）：伤害其他族群或其成员的政策及实践。

疾病（disease）：合乎伦理地观察到或被科学所证实的，由细菌、病毒、菌类、寄生虫或者其他病原体引发的健康威胁。

国内－公共二分法（domestic-public dichotomy）：对比女性在家庭中的角色和男性在公共生活中的角色，女性的工作和价值有着一个相当的社会意义上的贬值。

嫁妆（dowry）：妻子的群体大量送给丈夫群体的礼品。

E

生态人类学（ecological anthropology）：对环境濡化的研究。

经济（economy）：资源的生产、分配和消费的体系。

主位的（emic）：关注当地人的阐释以及价值标准的研究策略。

濡化（enculturation）：指在文化经过习得及在代际之间传递的社会过程。

内婚制（endogamy）：同一社会群体的人之间通婚的婚姻。

促进公平（equity increased）：减少绝对的贫困，使财富更均衡的分配。

族群（ethnic group）：通过文化的相似性（由群体中的每一个成员所共享的）和差异性（群体之间的差异）区分出不同的群体。族群成员具有共同的信仰、价值观、习惯、习俗、规范、共同的语言、宗教、历史、地理和亲属关系及（或）人种。

族性（ethnicity）：对于一个种族的身份认同以及情感，由于对某一种族的归属感而受到其他种族的排斥。

族群中心主义（ethnocentrism）：认为自己的文化是最好，评判不同人群的文化的行为和信仰是按照自己的标准。

种族文化灭绝（ethnocide）：强势群体销毁其他族群的文化的行为。

民族生态学（ethnoecology）：一套有关环境实践和观念的文化集合。

民族志（ethnography）：对特定文化的田野调查。

民族学（ethnology）：社会和文化的比较的理论研究；比较不同时间和空间的文化。

客位的（etic）：强调观察者的而非当地人的阐释、分类和价值标准的研究策略。

外婚制（exogamy）：与一个人的亲属集团外的人交配或者婚姻，一种文化的普遍性。

扩展家庭家户（extended family household）：包括三代或更多代居住在一起的居住模式。

F

家庭（family）：一组人（如父母、子女、兄弟姐妹、祖父母、孙子女、叔叔、阿姨、侄子、侄女、表兄弟姐妹、配偶、兄弟姐妹、女婿、公公婆婆，养子养女或继子继女）是以某种方式相关联的人群，如“血统”（共同的祖先或血缘关系），或者婚姻。

原生家庭（family of orientation）：个人出生和长大的核心家庭。

新生家庭（family of procreation）：个人结婚生子时建立的核心家庭。

财政（fiscal）：关于金钱和税收。

食物生产（food production）：植物种植与动物驯养。

G

性别角色（gender roles）：一个文化赋予男女的任务和规范。

性别刻板印象（gender sterotypes）：这种印象被极简化但是却将男女两性的典型特质深深扎根在文化中。

性别分层（gender stratification）：显示的是男女间不平等的报酬分配（社会认可的资源、权力、特权和个人自由），表明他们处于社会等级制中的不同位置。

性别人类学（genealogical method）：作为整体的人类学领域，包括文化人类学，考古人类学，生物人类学以及语言人类学。

普通人类学（general anthropology）：作为一个整体的人类学领域，由文化、考古、生物以及语言人类学所构成。

一般性（generality）：存在某些社会但不是全部社会中存在文化模式或特征。

种族灭绝（genocide）：试图或者已经通过大规模的屠杀造成某一族群的成员的死亡的政策。在屠杀前会依据身体、基因或其他的生物性特征来判断个体是否属于特定族群。

全球化（globalization）：包括扩散、迁移、濡化在内的一系列过程，能够促进改变如今这个相互关联的世界。

温室效应（greenhouse effect）：来自受困的大气层气体的气温升高。

H

卫生保健体系（health care system）：保证健康、预防病治疗疾病的信仰、习俗以及专家；一种文化的普遍性。

霸权（hegemony）：一种统治意识形态的内化。

整体性的（holitic）：指的是对人类整体状况的研究：跨越过去、现在和未来，涵盖生物、社会、语言和文化诸方面。

人科动物（hominids）：指动物家庭的成员，包括化石和在世的人类、黑猩猩和大猩猩。

人亚科原人（hominins）：包括现代人类在内的进化序列产生的成员，区别于黑猩猩和大猩猩。

园艺（horticulture）：一种前工业社会的作物种植系统，其中土地间歇性休耕。

次血统（hypodescent）：规定在一个由不同社会经济地位所组成的家庭（伴侣）里，他们所生下的孩子会自动继承父母双方中地位较低下一方的族群身份的规则。

I

病患（illness）：个体主观的感受到的健康不良状况。

乱伦（incest）：与近亲发生性关系。

独立发明（independent invention）：相同的文化特质或模式由于类似需求和环境变化，在不同的文化中的变化。

本土化（indigenized）：加以修正以适应当地文化。

知情同意（informed consent）：民族志学者从社区成员那里寻得的参与调查的协议。

知识产权（intellectual property rights）：是每一个社会的文化基础——它的核心信念和原则。知识产权是一种群体权力（文化权利），允许土著人掌控可能知道和使用他们的集体知识和其应用的人。

国际文化（international culture）：超越国界的文化传统。

双性人（intersex）：这个词包含一系列的特征，包括外部生殖器官（阴茎、阴道等）和内部的生殖器官（睾丸、卵巢等）的不一致。

访谈提纲（interview schedule）：构建一个正式访谈的民族志工具。为引导访谈而提前备好的表格，家户与个体在系统上是有所准备的。这与问卷调查形成鲜明对比，因为调查者与被访者之间存在私人联系，并且会记录下人们的回答。

K

关键文化顾问（key cultural constant）：一位对当地生活的特定方面的专家，他们还帮助民族志学者对其进行理解。

L

法律（law）：一套法律准则，包括审判和强制执行；国家组织社会的特征。

生活史（life history）：文化顾问提供的生活史，提供有关既存文化与文化变迁的个人的文化肖像。

世系群（lineage）：基于血统证明的单系继嗣群。

语言人类学（linguistic anthropology）：人类学的一个分支，它研究语言在时间和空间上的变化，包括语言和文化之间的相互关系；包括历史语言学和社会语言学。

聘礼（lobola）：一般是在婚前，或婚后丈夫和他的亲属送给妻子和她的亲戚的礼物。

纵向研究（longitudinal research）：通常是基于重访的，对于一个社区、社会、文化或其他单元所做的长期研究。

M

多数民族（majority groups）：在社会-政治等级制度中属于上层地位的，占支配或是控制地位的群体。

市场法则（market priciple）：交换中的利益中心法则在国家，尤其在工业国家中占据主导地位。商品和服务被买卖，而其价值则由供需所决定。

母权制（matriarchy）：在社会政治组织中，女性比男性发挥主导作用的一种政治体制。

母系继嗣（matrilineal descent）：单系继嗣规则，人们出生时自动加入母亲氏族的继嗣群，并在一生中都属于这个团体。

从母居（matrilocality）：婚后习惯与妻子的亲戚居住，让孩子们在母亲所在的社区成长。

生产工具（或要素）（means or factors of production）：土地、劳动、技术和资本——主要生产资源。

医学人类学（medical anthropology）：研究疾病、健康问题、医疗保健体系以及不同文化和族群中的病理，它结合了生物人类学和文化人类学。

少数民族（minority groups）：他们在社会-政治等级制度中是处于从属地位的，他们的地位处于弱势，较少获取资源。

生产方式（mode of production）：组织生产的方式，一套社会关系，通过它劳动得以部署，由此，以工具、技巧、组织和知识为手段从自然中夺取能量。

多元文化主义（multiculturalism）：在一个国家里，文化多样性的观点被认为是好的并且可取的观念，一个多元文化的社会将个体社会化，不仅仅通过融入主流的（国家的）文化，也融入一个族群文化。

N

民族文化（national culture）：同一个国家的公民所共享的文化经验、信仰、习得的行为模式和价值观。

国民性（nationalities）：一个曾经拥有主权的政治国家（他们自己的家乡）或是希望再次获得主权的族群。

民族-国家（nation-state）：一个拥有自治主权的政治实体，如美国和加拿大。

新居（neolocality）：一对夫妇寻找一个新的地方居住，不与任一方的父母居住或在父母附近居住的婚后居住模式。

季节性迁移放牧（transhumance）：整个牧民群体（男人、妇女以及孩子）连同他们的动物全年移动。

O

职位（office）：长期的政治位置。

过度创新（overinnovation）：这类发展项目的特征在于要求人们的日常生活发生巨大转变，特别是那些干扰人们日常物质生活追求的东西。

P

部落联合会（pantribal sodality）：一个在部落中处存在的非亲属群体，范围包括许多村落。

参与观察（participant observation）：一种具有代表性的民族志方法，参与到研究者所观察、描述和分析的事件中去。

特殊性（particularity）：独特的或独特的文化特质、模式或集成。

牧民（pastoralists）：人们使用以饲养家养动物为基础的食物生产适应性策略。

父权制（patriarchy）：由男性规定的女性比男性拥有更少的社会政治地位，包括较少的基本人权的政治制度。

父系继嗣（patrilineal descent）：一种单系血统规则，人们在出生时自动加入父亲的血统，并且一生都属于父系氏族的成员。

从父居（patrilocality）：婚后习惯与丈夫的亲戚居住，让孩子在他们父亲的社区成长。

农民（peasant）：小规模的农业种植者生活在一个国家中，他们有义务支付租金。

表型（phenotype）：有机体明显的特征。表型具有"明显的生物学"意义（生理学以及解剖学意义）。

多偶婚（plural marriage）：也称为一夫多妻制。在同一时间的婚姻中一个男人有两个或更多的妇女（一夫多妻制）或者一个女人有两个或两个以上的男人（一妻多夫）。

多元社会（plural society）：一个融合族群差异、生态特殊性（通过每个族群应用不同的环境资源），以及那些群体的族群独立性的社会。

一妻多夫（polyandry）：多偶婚的变体，一个女性有至少一个丈夫。

多配偶制（polygamy）：在同一时期，有三个或更多的配偶的婚姻，也叫作多偶婚。

一夫多妻（polygyny ）：多偶婚的变体，一个男性有至少一个妻子。

后现代性（postmodernity）：处于不断变化之中的世界的状态，人们保持着活动，其中确定的群体、界限、身份、反差和标准，都在向外扩张，并且被打破。

后现代（postmodern）：一般情况下，描述既定的标准（规则、准则）、分类、区别和界限的模糊和解构。

后现代主义（postmodernism）：一种遵循现代主义的建筑风格和运动。同现代主义相比，它较少整齐均匀，缺少功能性，不够庄严，但是更有趣，更乐于包括多种时期和文化的元素。现在，后现代还描述音乐、文学和视觉艺术方面的类似发展。

权力（power）：某人的意愿强制于其他人身上的能力——做自己想做的事，是政治地位的基础。

偏见（prejudice）：指的是因行为、价值、能力或是特质等原因贬低（看不起）某一民族。

声望（prestige）：尊重、尊敬或者对行动、契约或者对模范品质的支持。

灵长类动物（primates）：包括人类、猿、猴和狐猴等原猴类等在内的灵长类动物。

R

种族分类（racial classification）：基于共同的祖先将人划分为相互独立的类别。

种族主义（racism）：因为某种生物基础而歧视一个族群。

互惠（reciprocity）：三种交换法则中的一种。相同社会等级的人们之间的交换；队群和酋邦社会中的主要交换模式。

再分配（redistribution）：酋邦，许多古代国家以及某些存在经济管理的国家的主要交换模式。

互惠连续体（reciprocity continuum）：关于交换，一个从一般性互惠（紧密联系的/顺延的回环）到平衡性互惠，再到消极互惠（陌生人/即时性的回环）的序列。

难民（refugees）：因为躲避迫害或战争，被迫或主动离开一个国家的人。

S

样本（sample）：选取一个较小的研究群体代表较大的人群。

科学（science）：一个系统性的研究领域或者知识体系，其目标便是通过实验、观察以及推论，而得出可以让人信服的对周遭物质的和身体现象的解释。

科学医学（scientific medicine）：一种基于科学知识和程序的卫生保健体系，包含病理学、微生物学、生物化学、外科、诊断技术和应用等领域。

两性异形（sexual dimorphism）：不仅仅在第一性征（生殖器官）和第二性征（胸部、声音、头发浓密）上不同，在平均身高、体重、强韧性和伸展性上也有差异。

性取向（sexual orientation）：一个人固有的对另一个性别（同性）或相反的性别（异性）或者两种性别（双性）所具有的性吸引和性活动；还有缺少性吸引（无性），被称为一个人的性倾向。

社会控制（social control）：维持规范，解决纠纷的社会系统领域。

社会政治类型学（sociopolitical typology）：分类标准体系建立在政治组织的规模和复杂性以及政治制度的有效性基础之上；包括队群、部落、酋邦和国家。

国家（民族-国家）（state/nation-state）：是对特定领土和民众有管辖权的复杂的社会政治体系，并且存在大量在占有物、财富、声望和权力方面的对照物。有一个独立的中央组织的政治单位、政府。

地位（status）：在社会中决定个体适合

的任何位置；可能是先赋的，也可能是自致的。

刻板印象（stereotypes）：指一套僵化的（常常是不受人欢迎）的规矩，它界定了族群内成员的行为规范。

分层（stratification）：一个系统带有社会经济分层的特征。

亚文化（subcultures）：在同一复杂社会中共存的与亚文化群体有关的不同的文化传统。

社会下层（subordinate）：在社会分层体系中更低，或者非特权团体。

社会上层（superordinate）：在社会分层系统中更高的或者占有特权的团体。

调查研究（survey research）：除了人类学家以外，在社会学家中的特征性的调研程序，它通过抽样、客观数据的收集和数据分析研究社会。

象征（symbol）：某一种的语言或非语言的信号，能够在并非必然或者自然联系的条件下人为地以及约定俗成地去代表其他事物。

T

跨性别者（transgender）：那些性别认同与他们出生时的生物性别和在婴孩时社会赋予他们的性别相冲突的人，被称为跨性别者。

游牧（transhumance）：牧业的两个变体中的一个，在这种生计方式中部分人口连同羊群季节性移动，然而，另一部分人口则在原村庄中定居。

部落（tribe）：是建立在园艺或者游牧基础之上的一种社会政治组织形式。部落中不存在社会经济分层和中心化的规则，也不存在强制性政治决策的途径。

U

无差别化（underdifferentiation）：是一种规划中的谬误，将欠发展的国家视为一种无差别的群组；忽视文化的多样性，并为具有差异的项目受益人采用统一的方式（经常是族群中心主义的）。

单系继嗣（unilineal descent）：母系继嗣或父系继嗣。

普遍性（universal）：存在于每种文化的事物。

城市人类学（urban anthropology）：对世界都市中及其周边进行的人类学研究，包括城市社会问题、城市和其他背景的差异以及城市生活适应等方面的内容。

V

变量（variables）：区别一个人或事物的属性（如性别、年龄、身高、体重）。

村庄头人（village head）：在一个村庄中处于领袖职位，具有有限的权威，并以先例和说服来领导大家。

W

财富（wealth）：一个人所有的物质财富，包括收入、土地，以及其他形式的财产，是经济地位的基础。

西化（westernization）：欧洲文化向部落社会传播的过程。

译后记

美国人类学家丽萨·格宗（Lisa Gezon）和康拉德·科塔克（Conrad Kottak）所著人类学教科书《丰富多彩的人类文化》终于接近译校的尾声，在这里写上几句话，以记录整个翻译的过程以及诸位初稿翻译参与者的各自贡献。该书的第一作者是第二作者的学生，而后者作为美国密歇根大学人类学系的资深教授，曾在撰写人类学教科书上影响卓著，最近看到他出版的第十四版的人类学教科书也已经翻译成中文即将出版。

开始接受并负责组织此书翻译的任务是因为讲授《人类学概论》这门大学本科课程的需要，我最一开始试图从中了解一些新的人类学的知识，慢慢地也被其中言简意赅的文字以及丰富多彩的富有启发性的知识板块所吸引，先由我来翻译出纲目和一些重要术语，并带领着前后两届的研究生一起翻译出初稿，最后再由我来从头到尾地校订翻译。按照本书章节顺序先后参与到初稿翻译的人员名字分列如下：第一章（马子媚）、第二章（马子媚、张洁）、第三章（朱枫、张文潇）、第四章（张文潇、杨修业）、第五章（朱添谱、单慧玲）、第六章（朱添谱、罗士泂）、第七章（李笑言、李星辰）、第八章（朱枫、李笑言）、第九章（付来友、李飕飕）、第十章（付来友）、第十一章（赵梓竹、张洁）、第十二章（陈学金、李飕飕）、第十三章（张文潇、杨修业）。最后又由张洁负责了术语部分的第一稿的翻译，并由我来最后重新校订完成。

无疑，此书反映了美国人类学的一些新进展，内容也并非那样拘泥于烦琐的理论以及过于冗长和详尽的事实，而是在一种提纲挈领的叙述之中告诉我们许多人类学主张和以往的人类学家在世界各地的田野研究的学术成就。可以说这是一本试图初步了解人类学知识概貌的一本不错的入门书，当然也是一本内容编排和体量适中的教学用书。我认为，凡是有兴趣翻阅读此书的人一定会从中受益，这不仅是知识意义上的，而且还是文化意义上的。

人类学并非是一门简单的学问，但也并非那么门槛过高，让人望而生畏。对于一个有心关注自己生命和生活之人而言，人类学必然是一门极为有趣的且进入之后越发离不开的学问。它可以告诉我们很多跟我们不一样的生活态度和文化差异，使得不同的人群之间可以进行一种顺畅的交流，也可以使得一种过度自我中心的文化自我觉知到其他文化中心的存在，并知道世界并非只有某一个文化中心的存在。凡此种种，都似乎可以归为人类学所能启示出来的意义和理解。因此本书每一章的开篇都会谈到“了解我们自身”这个问题，这一点对于今天世界上的人而言是很重要的，且到目前为止，这还是尚未完成的一个研究课题。希望所有有志于对我们人类自身加以很好理解的人，都有一份对于人类学的关怀和贡献。如此去做，我们可以少很多自以为是的个体主义，减少很多不必要的因为走进单向度思考的死胡同中去的那种迷茫和无谓的牺牲，不论是时间上的还是身体上的。更可以借此减少因为盲目的自我中心意识的膨胀而给整个世界所带来的那些本可以避免的灾难和危机。

可以这样说，当经济学试图要告诉你利益最大化之时，人类学家会告诉你这种利益是被重重的社会关系以及文化价值所缠绕着的，它是无法单独去实现的；当政治学试图告诉你以邻为壑的各自为战的相互警戒状态之时，人类学告诉你要学会一种“美人之美”的文化欣赏的姿态；还有，当法学家试图告诉你一种通过所谓理性所构建的法律通行于世界之时，人类学家会告诉你，在很多地方人们实际上相安无事，但却不一定非要有现代法学家所说的那种理性的法律在制约着他们的心灵。这些便是人类学的魅力所在，在细心的阅读之中，你或许会发现更多。

赵旭东

2016年2月25日写于亦乐斋

版权声明

Lisa Gezon

Conrad Kottak

CULTURE 2014,SECOND EDITION

ISBN: 9780078035043

北京市版权局著作权合同登记号：01-2014-5789 号